我的宇宙观系列丛书之 7

与先贤大师的哲学对话

张大军◎著

中共中央党校出版社
The Central Party School Publishing House

图书在版编目（CIP）数据

与先贤大师的哲学对话——我的宇宙观系列丛书之七/张大军著．—北京：中共中央党校出版社，2015.5（2016.10 重印）
ISBN 978-7-5035-5519-0

Ⅰ．与…　Ⅱ．张…　Ⅲ．哲学–通俗读物　Ⅳ．B–49

中国版本图书馆 CIP 数据核字（2014）第 303677 号

与先贤大师的哲学对话——我的宇宙观系列丛书之七

责任编辑　周　慧　任丽娜
版式设计　李　灵
责任校对　马　晶
责任印制　宋二顺

出版发行　中共中央党校出版社
（北京市海淀区大有庄 100 号）
邮　　编　100091
网　　址　www.dxcbs.net
电　　话　（010）62805800（办公室）　（010）62805824（发行部）
经　　销　新华书店
印　　刷　三河市南阳印刷有限公司
字　　数　452 千字
版　　次　2015 年 5 月第 1 版　2016 年 10 月第 2 次印刷
开　　本　700 毫米×1000 毫米　1/16
印　　张　26
定　　价　58.00 元

前　　言

一

《我的宇宙观》系列著作一共有八卷，它们分别是：《打开宇宙的另一扇门》《广义与狭义生命论》《我从哪里来，又到哪里去?》《进入阴性物质世界》《宇宙的秩序即道德的秩序》《不同维数时空和生命的美》《与先贤大师的哲学对话》和《华严智慧拾零》。其中前四卷由香港天马出版有限公司分别于2006年和2007年出版。这一次我想将全书八卷本一起放在大陆出版。

这一套系列著作从构思到写作，前后花去了17年时间。如果说不是用电脑写作和在互联网上检索资料的话，可能还要花费多一倍的时间。因为《资本论》的篇幅比这一套系列著作还少一些，马克思却花费了40年的光阴，而且由于是手工劳动，也严重地损害了他的健康。所以当本书第七卷脱稿之际，我发自内心地向电脑和互联网的发明者致以深切、崇高的敬意。没有他们，我的著作不可能这么顺利地写作和问世。我曾多次引用爱因斯坦的一段话表达我对恩人的感激之情，现在还要在这里引用。爱因斯坦说："我每天上百次地提醒自己：我的精神生活和物质生活都依靠着别人（包括生者和死者）的劳动，我必须尽力以同样的分量来报偿我所领受了的和至今还在领受着的东西。"①

《与先贤大师的哲学对话》的写作，是在《不同维数时空和生命的美》凌晨完稿之后，于当天下午开始的。在我的日记上留下了完稿时的记录。现抄录于下：

① 《爱因斯坦语录》，第8页。——《我信仰什么》（大约1930年），参见《论坛和世纪》，第84期，1930年，第193—194页；再刊于《我的世界观》第8—11页，杭州出版社2001年版。

2009年2月14日　星期六　晴　晚饭后大风

今天写完第六卷跋，至此这一卷就算正式完稿了。全书总计315页，计37万字。跋写得满意。

小丽有些感冒，晚上稍好。

晶晶从福州打来电话，明日回到北京。

博士生小徐到家。

从现在起休息一个礼拜，筹划写作《与先贤大师的哲学对话》。

夜灯下　1：04　西郊

但是我没有等到一个礼拜之后开始写作第七卷，而是在当天下午就开始了，除了2月15日的日记作了记录，在这一天的工作日志上也写着：**下载完20位先贤大师的材料。查阅苏格拉底的资料，并着手草拟第1章的章节。**

那么为什么要这样着急地写作第七卷呢？我在第六卷的跋中不由自主地作了透露："不知道是什么原因，当《不同维数时空和生命的美》的写作刚刚过半，这些先贤大师们就好像不时地轮番闯入我的脑海，抑或是无意间在我的眼前晃来晃去。以至有时我不得不把在键盘上敲击的手指停下来，靠在椅子上镇静片刻，作稍许休息。这一切似乎在提醒我，《与先贤大师的哲学对话》的写作时间不可拖得太久，否则连他们都等得有些急不可耐了。现在第六卷的跋即将写完，是否预示着不久就要开始新的工作了？我想应该是这样的，至少在一个礼拜之后吧。"

如上所说，我没有等到一个礼拜之后，而是当天就开始了写作。

从那时至今，经过五个月零26天日日夜夜的笔耕，《与先贤大师的哲学对话》的写作终于完稿了。在8月9日这一天的工作日志上写着：**晚上10时28分，写完第20章第5节。至此，《与先贤大师的哲学对话》，全部脱稿。乌拉！胜利！**

二

《与先贤大师的哲学对话》的写作，主要的困难不是收集资料、提炼内容和动笔写作，而是在于如何进入这20位先贤大师中的每一位的境界当中。我的体验是，每当写完一章，也就是要和这一位大师告别的时候，我总是怀着一种恋恋不舍的心情。但是要想让他尽快地从脑海里消失是不可能的，这就必然为我进入下一位大师的境界带来困难。因此，每当上一章结束和下一章开始之际，是我在心理上和思想上最“痛苦”的时刻。有时候到了无可奈何的地步，就只有静静地躺在床上，听任脑识处在一片空白中，让时光悄悄地流失，完全成了一种无所作为的样子。这个时候只有等待……

本书的第4章是与第欧根尼的对话。好长一段时间，我总觉得第欧根尼就在跟前。他的身上穿着一件破袍子，光着脚，脚丫子上沾着泥巴。肩上搭着一条口袋，一只手里拿着一根橄榄枝做的棍子，风风火火地朝人多的地方跑去，嘴里不停地绝望地喊着：“人呢，你在哪儿？我多么孤独！”似乎又听到他讨饭时学着狗叫的“汪汪！”声。第欧根尼是苏格拉底的学生安提西尼的得意门生，犬儒学派的代表人物，写了14部哲学著作和7个剧本。他出身贵族，但是为了宣传和实践学派的思想、学说，硬是将一切都舍弃了，连同起码的生存条件和人的宝贵的尊严。我不禁感叹人类中居然有这样的身体力行者！所以要忘记第欧根尼是困难的。可是他老在跟前又如何和下一位大师搭上话呢？

无奈之中，我只有静静地待着，在心里一遍又一遍地继续和他对话。有时候，我甚至在默默地恳求他去做自己的事吧！

进入每一位大师的境界不容易，分手告别时更为困难。这是我在写作时每每经历的深刻的体会。可是相比之下，一旦进入了某一位大师的思想和生活领域之后，却感到无比的幸福。这时好像大师就在我跟前一样，他的举手投足、一颦一笑，似乎都看得清清楚楚。他的娓娓而谈以及和我的争辩，他的喜怒哀乐，全都浮现在眼前。每当这种境界出现的时候，经验告诉我：创作的最佳时刻到来了。这时——我便成了我与大师对话的电脑录入员了。

这是一种人格上的分裂。是我的副本——生命在阴性物质世界的存在形式和大师的生命在阴性物质世界的存在形式相互交流的过程，而这一切又通过灵魂传达到我的正本——生命在阳性物质世界的存在形式。[①] 要明白这个道理差不多需要将这七卷书全部阅读完，而且还要有一定的悟性。

罗素说，[②] 所有确切的知识属于科学，科学还无法解答的问题则属于哲学。《我的宇宙观》系列著作则是用哲学来回答现代科学还无法解答的诸多问题。因为它的起点就是超前思维，所以一开始便给人以望而生畏的感觉。这是没有办法的事情，是由研究本身的规定性所决定的，也是命运之使然。

马克思说："在科学的道路上没有平坦的大路可走，只有不畏劳苦，沿着陡峭山路攀登的人，才有希望达到光辉的顶点。"[③] 又说："在科学的入口处，正象在地狱的入口处一样，必须提出这样的要求：'这里必须根绝一切犹豫；这里任何怯懦都无济于事。'"[④] 我们应该记住这一至理名言。

三

在这一卷中，我和20位先贤大师的哲学对话，就是在上述情况下进行和完成的。而今全书已经写完，似乎他们和我谈话的声音犹在耳边……

叔本华说："生命是一团欲望，欲望不能满足便痛苦，满足便无聊，人生就在痛苦和无聊之间摇摆。"[⑤] 现在《我的宇宙观》系列著作已完成七卷，我还做什么呢？一时间的确在"痛苦和无聊之间摇摆"。

当然出版问题仍旧是一个令人十分头痛的事情。15年来这个课题没有立项，没有经费，而且我是在担任繁重的领导工作之余，在

① 参见拙著《宇宙的秩序即道德的秩序》5.2"一个人的正本和副本是辩证的统一"。

② 伯特兰·阿瑟·威廉·罗素（Bertrand Arthur William Russell，1872—1970）罗素家族是与斯坦利家族齐名的英国世袭贵族，因而他又被称为第三代罗素伯爵。罗素是20世纪英国著名哲学家、数学家、逻辑学家、历史学家，无神论或者不可知论者，也是西方著名的、颇有影响的学者和和平主义社会活动家。罗素被认为是与弗雷格、维特根斯坦和怀特海一同创建了分析哲学。他与怀特海合著的《数学原理》对逻辑学、数学、集合论、语言学和分析哲学有着巨大影响。1950年，罗素获得诺贝尔文学奖，以表彰其"多样且重要的作品，持续不断的追求人道主义理想和思想自由"。

③ 马克思：《资本论》第1卷，人民出版社1975年版，第26页。

④ 《马克思恩格斯选集》第2卷，人民出版社1972年版，第85页。

⑤ 参见《叔本华名言语录：叔本华人生哲学思想的智慧》。http：//www.sina.com.cn/.

完全没有任何经济收益的情况下从事研究和写作的。前四卷的出版也是困难重重，掏了腰包之后才得以上印。现在要在大陆出版这一套著作，谈何容易！除了通过严格的书报检查制度之外，没有哪一家出版社愿意赔钱出书。当然，还有人们对这个理论体系接受到什么程度的问题。不过这倒没有什么可怕的，如果说没有这个理论勇气我就不会一直写到今天。想到这里我就只有痛苦而没有无聊。因为接下来艰难的跋涉还在后头。

将来等到读者拿到一套崭新的《我的宇宙观》系列著作八卷本的时候，背后一定有许多悲壮而辛酸的故事。到那时候我再讲给大家听……

感谢中央党校出版社。

是为本卷之前言。

张大军

2009 年 8 月 12 日上午 10 时 18 分
写于北京东城和平里小镇新居
2015 年 1 月重新修订

CONTENTS 目 录

第10章 与慧能的对话

第11章 与托马斯·阿奎那的对话

第12章 与朱熹的对话

第13章 与笛卡儿的对话

第14章 与休谟的对话

楔　　子

一

通过对两千五百年中外哲学史的梳理，礼贤下士，末学请到了20位先贤大师。他们是：苏格拉底、柏拉图、孔子、第欧根尼、庄子、孟子、韩非、董仲舒、葛洪、慧能、托马斯·阿奎那、朱熹、笛卡儿、休谟、康德、马克思、尼采、弗洛伊德、杜威、萨特。他们的生命形式，都是生命在阴性物质世界的存在形式。没有肉身，是他们生命形式的主要特征。但是，由于灵魂是一个人肉身同步缩小（或放大）的虚的形式，① 因而他们的形体又总是以虚的形式频频出现。以虚的形式出现的生命体，由不可见光构成，② 通常人的眼睛是看不见的；其发出的声音是次声波和超声波，通常人的耳朵也是听不到的。③ 然而敏感的人却能够感知到他们的存在。④ 这20位先贤大师中，阴寿

---

① 参见拙著《宇宙的秩序即道德的秩序》4.3“灵魂是人体肉身同步缩小（或放大）的虚的形式的数学证明”。

② 光本身分为可见光和不可见光，能引起视觉的电磁波称为可见光，仅占宇宙光波的2%。其波长范围约在红光的0.77微米到紫光的0.39微米（亦即7700—3900埃）。可见光就是我们通常看见的红、橙、黄、绿、青、蓝、紫七色光。不能引起视觉的电磁波称为不可见光，占到宇宙光波的98%。它分为波长在0.77微米以上到1000微米左右的红外线和波长在0.39微米以下到0.04微米左右的紫外线。不可见光还包括红外线、微波、短波、中波、长波及紫外线、X射线、V射线、宇宙射线等。红外线和紫外线虽然用肉眼看不见，但是却可以用光学仪器或者摄影机来察见发射这种光线的物体。宇宙间绝大多数不可见光，现在的仪器仪表根本测不出来。人的眼睛对光的感受范围十分有限，只局限在通常看得见的红、橙、黄、绿、青、蓝、紫七色光。由于这种先天性的限制，因而宇宙间绝大多数由不可见光构成的事物人的眼睛是看不见的。

③ 人的耳朵只能听到20～20000赫兹频率的振动，而20赫兹频率以下的次声波和20000赫兹频率以上的超声波就根本听不见。这些次声波和超声波发出的声音被宗教界人士称为天籁之音。

④ 资料显示，有的特异功能者可以看见生命在阴性物质世界的存在形式，并且能够听到发出的声音。

年龄最大的是苏格拉底（公元前 469—前 399），[1] 2408 岁。阴寿年龄最小的是萨特（1905—1980），29 岁，他活着时的形象许多人至今还记忆犹新。因为在四维以上多维时空的阴性物质世界时光是倒流的，所以他们都显得很年轻。

二

这 20 位先贤大师的生命在阴性物质世界的存在形式，是由灵魂、意识（不完全意识）、潜意识（狭义）和潜意识（广义）四大要素构成的。

其结构式是：

灵魂 + 意识（不完全意识）+ 潜意识（狭义）+ 潜意识（广义）

灵魂是阴性物质的正物质（阴＋）和以衰变形式存在的阳性物质的负物质（阳－）即反物质构成的矛盾对立统一体。在灵魂的结构中，表现为以衰变形式存在的阳性物质的负物质（阳－）即反物质围绕着阴性物质的正物质（阴＋）做旋转式运动。在这种运动中，产生和向四周发射出灵魂波——－阴′＋。灵魂从植入一个受精卵的时候起，产生和发射的灵魂波——＋阴′－就具有固定的频率和波长，一生都不会改变。在灵魂波上，全息了一个人前世和今生的所有信息和密码。阳性物质的负物质（阳－）围绕着阴性物质的正物质（阴＋）做旋转式运动时，其速度在光速的下限，因而阳性物质的负物质（阳－）即反物质就成为似衰变而未衰变的东西，就像土星的光环一样美丽。也因为其旋转速度接近光速，就表现出轻微的重量来，所以灵魂是有质量的。[2]

灵魂波是灵魂自身在运动中发出的具有特殊频率和波长的电磁波，其结构式是：－阴′＋。一个人灵魂产生和发射的灵魂波——－阴′＋，具有特定的

---

① 一个人的阴寿是相对于阳寿而言的。阳寿是指从受精卵产生、分娩呱呱坠地，到走完生命历程、最后死亡的全部时间，也就是生命在四维时空的阳性物质世界——生命在阳性物质世界的存在形式之全部时间。阴寿是指从死亡之时算起，到灵魂从生命在阴性物质世界的存在形式上断裂，然后植入一个受精卵，再轮回出世的全部时间。也就是生命在四维以上多维时空的阴性物质世界——生命在阴性物质世界的存在形式之全部时间。参见拙著《进入阴性物质世界》18.1“阴阳两个物质世界的生命存在形式是相通的”。

② 参见拙著《进入阴性物质世界》1.3“突破相对论时空观与树立灵魂和意识的新概念”。

频率和波长，生前和死后都不会改变。

意识（不完全意识）是相对于意识而言的。什么是意识？意识是以衰变形式存在的阴性物质的负物质（阴一）和阳性物质的正物质（阳＋）即特指的脑构成的矛盾对立统一体。在意识的结构中，表现为以衰变形式存在的阴性物质的负物质（阴一）即阴性物质的反物质围绕着阳性物质的正物质（阳＋）即特指的脑做旋转式运动。在这种运动中，产生和发射出思维波——＋阴′一。脑意识从诞生的时候起，产生和发射的思维波——＋阴′一就具有固定的频率和波长，一生都不会改变。在思维波上，全息了一个人现世经历的人和事的所有信息与密码。阴性物质的负物质（阴一）围绕着阳性物质的正物质（阳＋）即特指的脑做旋转式运动时，其速度在光速的上限，因而阴性物质的负物质（阴一）即阴性物质的反物质就成为似衰变而未衰变的东西，仍然像土星的光环一样美丽。因而在我们每个人的脑袋周围，都有一圈缠绕的“彩带”在不停地旋转着，非常美丽和壮观。也因为其旋转速度下降到光速的上限，就表现出轻微的“重量”来，不过现代计量仪器测定不出来。所以意识的质量，还是主要指一个人脑容量的重量。生命由阳性物质世界的存在形式变为生命在阴性物质世界的存在形式，其关键是肉身不复存在。因为肉身不复存在，作为阳性物质的正物质（阳＋）即特指的脑也就不复存在了。这时代替脑的位置的是这个人生前脑意识产生和发射的具有特定频率和波长的思维波——＋阴′一。一个人脑意识产生和发射的思维波——＋阴′一在宇宙空间累积着。它和阴性物质的负物质（阴一）组合成意识（不完全意识）。其结构式是：

一阴
＋阴′一

所以，生命在阴性物质世界的存在形式就只有意识（不完全意识）。思维波——＋阴′一存在于其中。

思维波是意识自身在运动中发出的具有特殊频率和波长的电磁波，其结构式是：＋阴′一。一个人脑意识产生和发射的思维波——＋阴′一，具有特定的频率和波长，生前和死后都不会改变。

潜意识（狭义）是灵魂的镜像物，存在于阴阳两个物质世界的交汇处。它在结构及运动方式上和灵魂完全一样，在此略去不谈。

潜意识（广义）分为个人的潜意识（广义）和宇宙的总体的潜意识（广义）。

个人的潜意识（广义）是阴性物质的正物质（阴＋）和阴性物质的负物

质（阴一）构成的矛盾对立统一体。在个人的潜意识（广义）的结构中，表现为以衰变形式存在的阴性物质的负物质（阴一）围绕着阴性物质的正物质（阴+）做旋转式运动。其运动速度在光速的上限，因而阴性物质的负物质（阴一）就成为似衰变而未衰变的东西，仍然像土星的光环一样美丽。不过个人的潜意识（广义）存在于四维以上的多维时空，它本身就是阴性物质世界的一部分。因此，这个矛盾对立统一体的运动，除了阴性物质的负物质（阴一）围绕着阴性物质的正物质（阴+）做旋转式运动之外，阴性物质的负物质（阴一）和阴性物质的正物质（阴+）还间隔地有节奏地发散和收敛，其速度也是在超光速的基点上有规律地或快或慢地变换着。个人的潜意识（广义）和宇宙总体的潜意识（广义）在运动中相连接，一方面将自身融入到阴性物质世界中去，参与生命信息和密码程序的编制；另一方面和整个阴性物质世界交换能量和信息，以供人体正常活动之所需。

宇宙的总体的潜意识（广义）是阴性物质的正物质（阴+）和阴性物质的负物质（阴一）构成的矛盾对立统一体，即整个阴性物质世界，或者说是阴性物质世界资料库（宇宙大脑）。它连接着宇宙间所有生命的个人的潜意识（广义）。打一个比方，宇宙总体的潜意识（广义）是浩瀚的大海，所有生命的个人的潜意识（广义）是无数的江河、溪流。在宇宙总体的潜意识（广义）的结构中，表现为以衰变形式存在的阴性物质的负物质（阴一）围绕着阴性物质的正物质（阴+）做旋转式运动。其运动速度在光速的上限，因而阴性物质的负物质（阴一）就成为似衰变而未衰变的东西，仍然像土星的光环一样美丽。在这个矛盾对立统一体的运动中，除了阴性物质的负物质（阴一）围绕着阴性物质的正物质（阴+）做旋转式运动之外，阴性物质的负物质（阴一）和阴性物质的正物质（阴+）还间隔地有节奏地发散和收敛，其速度也是在超光速的基点上有规律地或快或慢地变换着。阴性物质的正物质（阴+）是气（炁）功师练功时发出的外气（炁），阴性物质的负物质（阴一）在特殊的条件下能够观测到。①

这里说的20位先贤大师的生命在阴性物质世界的存在形式，其构成的四大要素仅是从共性即普遍性上讲的，至于每个人的灵魂、意识（不完全意识）、潜意识（狭义）和潜意识（广义）在具体构成上，仍然存在着差异，所以才有每个人不同的个性、学养和成就，等等。

① 参见拙著《宇宙的秩序即道德的秩序》8.1“奇妙的小水珠现象”；“否定之否定——重提以太学说”。

三

这20位先贤大师的生命形式之所以至今仍然是生命在阴性物质世界的存在形式，还没有机会轮回转世，就在于我们一代又一代人总在崇拜他们、思念他们的原因所致。因为他们曾经为人类的思想和文化做出过杰出的贡献，所以我们后世的人世世代代都在怀念他们、敬仰他们。其结果是，每个人的每一次怀念、敬仰，都给他们生命在阴性物质世界存在形式的灵魂和思维波之间的链条上，增加一个量子水平的灵魂波——－阴′＋和思维波——＋阴′－。于是日积月累、年复一年，灵魂和思维波之间的链条就达到坚不可摧。既然它断裂不了，灵魂就游离不出来，也就没有可能和机会进入一个受精卵轮回出世。如下图示之：

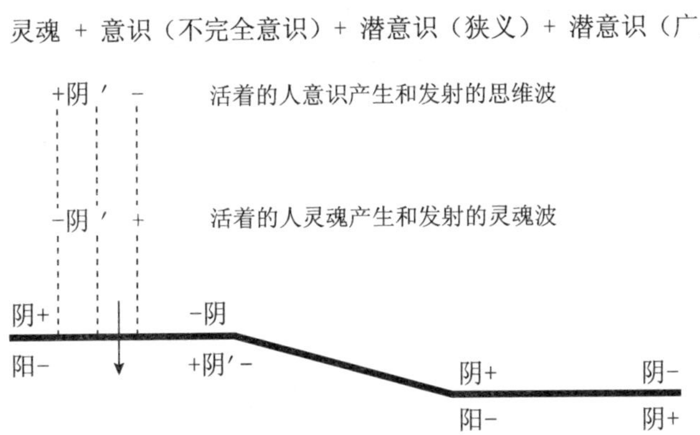

生命在阴性物质世界生命的存在形式结构图

另外，人的心理能力是他在“心—脑”一致时的外部表现。一个人只要做到“心—脑”一致，他的灵魂和意识就会因各自结构的不同而在运动中产生一种“力”；这种“力”在本质上是可以测量到的能量。灵魂和意识各自在运动中产生的“力”的耦合，就形成心理能力的合力。正是这种心理能力——思念的力量，加固了思维波和灵魂之间链条的稳固性，从而延缓其断裂。

这实在是人类的一种无奈。因为要推进社会思想和文化的发展，就必须继承这些先贤大师的思维成就，其中包括对他们的思想、著作的学习，也就无形中在崇拜他们、思念他们，于是就不自觉地加固其生命在阴性物质世界存在形式的灵魂和思维波之间的链条。这是一种如康德所说的“二律背反”，连康德自己也没有办法回避，至今他的灵魂仍旧被牢牢地固定在生命在阴性物质世界存在形式的思维波的一端。因而也就没有轮回出世的机会和可能性。

由此也解释了为什么近百年来全世界大师级的人物越来越少的原因。另一方面，也从一个侧面看出四维以上多维时空的阴性物质世界的确是一个充满智慧的领域，因为有那么多的大师级人物云集在那里嘛！

四

欧美科学家通过大量的科学实验，证明生命在阴性物质世界的存在形式是一种客观存在。其中最有名的是意大利著名灵性生命研究专家马协娄·巴希博士的科学实验。他用一种特殊的通讯仪器来收录那些神、鬼（魂）的声音。在2004年12月5日晚的一次实验中，他关掉了收音设备开关，但是神、鬼（魂）的声音照旧传了出来，说明这些声音的传播并不是以收音设备为媒介的。这在科学上是一个巨大的突破。还有，2004年2月的一天，一位印度学者在一个土著部落的墓地，用一架数码相机（digital camera）拍摄到神、鬼（魂）的影像。这可能是目前拍摄的较为清晰的一张生命在阴性物质世界的存在形式的照片，在互联网上传播之后，引起了人们深深的思考。①

如果有一天我们能够拍摄到不同维数时空生命的照片或影像，又可以和它们进行对话，就必将使人们的眼界大为开阔，思想空前解放。这是人类对物质世界认识上的质的飞跃，是值得“人—神”共庆的盛大节日。

我相信，当未来科学发展到一定高度，人们只需要戴上一副特制的眼镜，就能够看见不同维数时空生命的景象；只需要戴上一副特制的耳机，就能够自由地和这些不同维数时空的生命对话。那么，就让我提前戴上由未来科学家研制的这种特制的眼镜和耳机，和20位先贤大师——苏格拉底、柏拉图、孔子、第欧根尼、庄子、孟子、韩非、董仲舒、葛洪、慧能、托马斯·阿奎那、朱熹、笛卡儿、休谟、康德、马克思、尼采、弗洛伊德、杜威、萨特，逐一进行对话吧！因为我有肉身，就不可能穿越时空隧道而去四维以上多维时空的阴性物质世界寻找他们，只能烦劳先贤大师们穿越时空隧道来到四维时空阳性物质世界各自原先的国家，然后我再前往一一登门拜访。

---

① 参见香港佛陀教育协会2006/5视频。钟茂森：《因果轮回的科学证明》第四部分“对不同维次空间生命的研究”视频照片。www. sina. com.

第1章　与苏格拉底的对话[①]

3月初的希腊雅典，已经有一丝春意了。爱琴海风光旖旎，令人有一种说不出的心神荡漾的感受。海是湛蓝的、天是湛蓝的，连远方岛屿上民居的门窗也漆成一色的湛蓝，诚如诗人荷马形容的爱琴海是“醇厚的酒的颜色”。[②]

苏格拉底刚刚去过爱琴海岸边牧歌式的渔村、橄榄树园。他依然穿着一件普通的袍子，没有穿鞋子，大步地走在雅典街头，嘴里喃喃地说：“我只知道自己一无所知。”然后他步上一个高台，挥舞着拳头开始讲演：“雅典的公民们！过去我得到那个坏名声，只是由于我有某种智慧。……”

但是高台下人来人往，熙熙攘攘。并没有什么人注意苏格拉底的讲演，这使他感到十分晦气。他转移了一下话题，继续说：“我到处走动，没有做别的，只是要求你们，不分老少，不要只顾你们的肉体，而要保护你们的灵魂。”这时候我赶到了他的跟前，恭敬地听他给我一个人演说。苏格拉底显然很感动也很激动，一边演说，一边诧异地看着我。

这时我看清了苏格拉底的容貌，他的脸庞像泥塑的一样，着一点儿古铜色。有着扁平的鼻子，肥厚的嘴唇。凸出的眼睛，放射着烈焰一般的光芒。他的身材矮小而笨拙，但是显得十分结实。

苏格拉底演讲了约40分钟，末了走下高台，张开双臂热烈地和我拥抱，尽行西方儒雅人士的礼节。然后他感激地说：“今天你是我唯一的忠诚的听众。”当我说明来意之后，他又紧紧地握着我的手，“欢迎来自东方的客人!”他把手往前边指了一下，随之领着我一同向雅典卫城走去。

---

① 苏格拉底（Σωκράτης，英译：Socrates，公元前469—前399）古希腊著名的哲学家、思想家和教育家。他和他的学生柏拉图及柏拉图的学生亚里士多德并称为“希腊三贤”。他被后人广泛认为是西方哲学乃至整个西方文化最早的奠基者。苏格拉底的思想对后世的影响，历经2000多年，长久不衰。

② 荷马（μηρος，英译：Homeros，约公元前9世纪—前8世纪），相传为古希腊的游吟诗人，盲人，生于小亚细亚。他根据几个世纪口头流传的讲述公元前12—前11世纪特洛伊战争及有关海上冒险故事，创作了长篇叙事史诗《伊利亚特》和《奥德赛》，两者统称《荷马史诗》。

1.1 神的使者

雅典卫城即雅典古城堡，位于雅典西南部。雅典是古希腊的政治文化中心，卫城是供奉雅典庇护者雅典娜的地方。公元前 450 年，雅典伯里克利斯（Perikles）统治，他委任当时希腊最有名的雕塑家菲迪亚斯（Phidias）重新建筑雅典卫城的神庙，鉴于雅典国家的政治机构早已被迁移到城市的底部，这里完全成为了雅典人膜拜崇尚诸神，尤其是雅典城的守护女神雅典娜的宗教圣地。卫城东西长 280 米，南北最宽处 130 米，地势险峻，仅在西面有一上下出入的通道，战争中又是坚固的要塞。看到雅典卫城，实在令人震撼不已。

古堡由著名的帕特农神庙、埃雷赫修神庙、雅典娜神庙和卫城山门等古建筑组成，这些建筑，几乎全部用洁白的大理石建成，基本上沿周边布置。它们相互之间既不平行也不对称，给人以最佳的观赏效果。

苏格拉底拉着我的手在卫城的神庙之间流连忘返。然后在奥林匹亚村的宙斯神庙前停了下来。他有些感伤地向我讲述了宙斯神庙的建造过程。

宙斯神庙是为了祭祀宙斯而建的，① 也是古希腊最大的神庙之一。建于公元前 470 年，于公元前 456 年完工，多利斯式（Doric—style）建筑，由建筑师伊利斯人李班（Libon of Elis）设计，宙斯神像则由雕刻家菲迪亚斯（Phidias）负责。神殿本身则是采用多利克式（Doricorder）建筑。表面铺上灰泥的石灰岩，殿顶则用大理石兴建而成，神殿共由 34 条高约 17 米的科林斯式（Corinthian）石柱支撑着，面积达 41.1 米×107.75 米。庙前庙后的石像都是用派洛斯（Paros）岛的大理石雕成。两个门厅的中楣饰板上有描绘着希腊英雄的 12 项业绩。宙斯神庙尤以象牙和黄金的塑像而闻名于世。庙内西边人字形檐饰上的很多雕像，是十足的雅典的风格。众神之父宙斯又是万民之父，不仅统治上天，还统治着俗世的人类。宙斯的圣兽是鹫，圣木为榕树。古希腊人恭敬地称他为“主人”、“国王”。他护卫着城邦的法律与公正，保护着城邦的安全与财产。奥林匹克运动会最初就是为了纪念宙斯而举行的。

宙斯神庙于公元 475 年毁于火灾，但是，遗存的 15 根廊柱依然洁白如玉。神庙的三角形人字墙上的雕刻作品迄今仍然存在。

苏格拉底和我坐在一根廊柱下，开始了如下的谈话。

---

① 宙斯（Zε ύs，或 Δiαs，英译：Zeus ），众神之父。希腊神话中的主神，第三任神王，是奥林匹斯山的统治者。

苏格拉底： 今天雅典公民怎么了？过去可是男男女女都围着我，围得水泄不通，愿意听我讲演的，难道说他们现在不需要苏格拉底了？

末　学： 先生，整个人类都需要苏格拉底。但是，您忽视自己现在的身份了。

苏格拉底： 我的身份……我是苏格拉底。

末　学： 先生，您现在的身份是生命在阴性物质世界存在形式的苏格拉底。

苏格拉底：（哈哈大笑）啊哟，这个身份已经 2408 年了。难怪雅典公民对我熟视无睹，他们既看不见我的形象又听不到我的声音。真是……

末　学： 先生，您对您目前的状况满意吗？

苏格拉底： 不满意。因为我是神的使者，是神赐予雅典人的一个礼物。我的任务就是探求对人最有用的真理和智慧。我与世界相遇，我自与世界相蚀，我自不辱使命，使我与众生相聚。可是现在我怎么讲、怎么说，雅典人全都没有感觉，我多么想像以前那样重新回到他们中间去。

末　学： 可是您的事迹和您的言论早就在人类中传播了。

苏格拉底： 这都是过去很久的事情了。苏格拉底也要进步和发展嘛。

末　学： 先生，既然您是神的使者，我想请您谈谈神好吗？

苏格拉底： 那么你是有神论还是无神论？

末　学： 我是我的论证中的有神论。

苏格拉底： 你的论证中……说给我听！

末　学： 在《宇宙的秩序即道德的秩序——我的宇宙观之五》第 3 章宇宙间“神—人—兽”大格局的奠定中，论证了神、人、兽在宇宙生命坐标第Ⅳ象限的位置。神的位置是：横坐标轴 X 靠近坐标原点的一个点，和纵坐标轴 Y 上的任意一点，在特定的时空条件下相碰撞而形成的生命在阴性物质世界的存在形式。宇宙间诸神的位置，是在横坐标轴 X 靠近坐标原点的无数个点的区间，和纵坐标轴 Y 上无数个点的区间在特定的时空条件下相交汇，从而在欧几里得几何坐标系或者黎曼几何坐标系上的表示。可见，神——生命在阴性物质世界的存在形式之佼佼者，是愈益靠近纵坐标轴 Y 的全部具有阴性物质功能——特异功能的生命形式。它没有肉身，或者说只有观念上的肉身，是一种最高级的生命形式。因而神是“全知、全能、全在”。

苏格拉底： 噢，当然神没有肉身。我们的需要越少，我们就越近似神。神灵为自己保留了那对于最为重要的东西的认识。而你说的欧几里得几何坐标系……

末　学： 先生，是在您公元前 399 年去世之后又过了 74 年，即公元前

325 年诞生的一位古希腊著名数学家欧几里得建立的几何学体系。

苏格拉底：（机智地）要是我晚生 74 年就好了！

末　学：是啊，就是这阴差阳错的 74 年，使人类在科学研究上耽误了上千年的时间。不然这个世界就决不会是现在这个样子了。

苏格拉底：话不可以这样说。每一个时代的人，都有神赋予的不同使命。那么，人在宇宙生命坐标第Ⅳ象限的位置呢？

末　学：人的位置是：离开横坐标轴 X 原点一段距离，也就是毗邻着神在横坐标轴 X 靠近坐标原点的距离的一个点，和纵坐标轴 Y 上的任意一点，在特定的时空条件下相碰撞而形成的生命在阳性物质世界的存在形式，就是人的生命形式。人类的位置，是在生命坐标第Ⅳ象限，横坐标轴 X 离开坐标原点的无数个点的区间，和纵坐标轴 Y 上无数个点的区间在特定的时空条件下相交汇，从而在欧几里得几何坐标系或者黎曼几何坐标系上的表示。可见，人——生命在阳性物质世界的存在形式之智慧者，是离开纵坐标轴 Y 一段距离既有常规功能又有特异功能的生命形式。他是有肉身的高级的生命形式。

苏格拉底：兽呢？

末　学：在宇宙生命坐标第Ⅳ象限，离开横坐标轴 X 原点更远距离，也就是毗邻着人在横坐标轴 X 离开坐标原点更远距离的一个点，和纵坐标轴 Y 坐标上的任意一点，在特定的时空条件下相碰撞而形成的生命在阳性物质世界的存在形式，就是兽的生命形式。兽的位置，是在横坐标轴 X 离开坐标原点更远距离的无数个点的区间，和纵坐标轴 Y 坐标上无数个点的区间在特定的时空条件下相交汇，从而在欧几里得几何坐标系或者黎曼几何坐标系上的表示。可见，兽——生命在阳性物质世界的存在形式之弱智者，是离开坐标纵轴 Y 更远距离既有常规功能又有特异功能的生命形式。它是有肉身的低级的生命形式。

苏格拉底：（站起来，双手鼓掌）啊呀，这都是神的旨意，神的安排！

1.2　灵魂轮回、灵魂不灭

我随着苏格拉底站起来，一眼望见远处湛蓝的爱琴海。

爱琴海位于土耳其西部、希腊东部，与地中海相连，有着长长的海岸线。爱琴海的魅力不仅在于水，还有那些充满神话和文化色彩的岛屿。断了臂依然风姿绰约的维纳斯，引发特洛伊战争却仍被千古惊羡的海伦……

苏格拉底给我讲了关于爱琴海的传说。

很久以前，克里特岛上米诺斯国王的一个儿子在雅典被人杀害了，暴怒的国王向雅典兴师问罪，强迫雅典国王签订了一项条约：雅典每隔七年要供奉七对童男、童女给克里特国王米诺斯的儿子——牛首人身的怪物米诺牛享用。雅典惧怕克里特的强大，按时纳贡，结果搞得民怨沸腾。这时血气方刚、忧国忧民的雅典王子提修斯为拯救自己的子民，自荐前去供奉怪物。王子临行前与雅典国王也就是父亲爱琴约定，如能杀掉怪物，归来时船上将悬挂白帆。

在克里特岛上，雅典王子提修斯深得米诺斯国王女儿的爱慕，她帮助王子提修斯走出迷宫杀死了怪物，并营救出被作为贡品的孩子们逃出克里特岛。在归途中，神谕提示王子提修斯必须放弃他的爱情，否则将会受到神的惩罚。王子只好将美丽的公主留在荒凉的孤岛上，悲痛地离去。沉浸在痛苦之中的提修斯忘记了与父亲的约定，船只悬挂着黑帆一路驶回。当伫立岸边望眼欲穿的雅典国王看到远方漂近的黑帆时，无法接受失去爱子的现实，纵身投入了大海。后来，人们为了纪念这位爱子情深的国王，便将这片海域称为：爱琴海。

最后，苏格拉底说："雅典国王的灵魂不死！"

于是我和苏格拉底就灵魂的问题，作了如下的谈话。

末　学：先生，请谈谈您创造的灵魂（soul）的概念。

苏格拉底：灵魂是什么？"它在我们里面，不论它是什么，由于它我们才被指出是聪明的或愚笨的，好的或坏的。"①

末　学：明白了。在人之中的灵魂——这个神圣的东西的"工作"或"功能"，是教人去认识、去理解事物的本来面目，特别是去认识善和恶，从而指导和驾驭着一个人的活动，目的是避免邪恶、成就善行的生活。

苏格拉底：对了。灵魂实则是一个人的无形的副本。

末　学：先生，你能具体地谈一下灵魂的结构吗？

苏格拉底：这个我就爱莫能助了，我只是直觉。说说你的看法。

末　学：灵魂是阴性物质的正物质（阴＋）和以衰变形式存在的阳性物质的负物质（阳－）即反物质构成的矛盾对立统一体。平常灵魂栖息在人的心窝处。在宇宙生命坐标第Ⅳ象限，还可以做出灵魂及意识的结构图。

苏格拉底：是呀是呀，所以我说要是我晚生 74 年就好了！（笑）

末　学：先生，其实我们今天的研究都是循着您的足迹走过来的。您创造了灵魂的概念。自此之后两千多年的时间里，一直统治着欧洲人的思维。

① 参见〔英〕A. E. 泰勒、〔奥〕T. H. 龚珀茨著，赵继铃、李真译：《苏格拉底传》，商务印书馆 1999 年版，第 87 页。

使文明人有了一个灵魂的标准的假定，从而生活在理智和道德的规范中。一个人的灵魂就等同于他本人，因而人们做任何事情，都要掂量一下这样做是否对得起自己的灵魂，在无形中就要尽最大的努力将事情做得最好。

苏格拉底：过奖了。灵魂学说中最重要的是灵魂轮回、灵魂不灭。

末　学：灵魂轮回我作了论证。它表现为根据指令，灵魂从生命在阴性物质世界的存在形式之与思维波相连的链条上断裂下来，然后不失时机地植入一个受精卵中。如果说一个人死亡之后，灵魂就从心窝处游离出来。如此循环往复、永无休止……但是灵魂不灭，恐怕难以说服人？

苏格拉底：为什么？

末　学：因为世界上凡是产生的东西，都有灭亡的时候，灵魂也不例外。

苏格拉底：是的，辩证法从来如此。可否这样理解灵魂不灭的含义：作为个体的灵魂，它经过一个或长或短的时间也会分解。

末　学：构成灵魂的矛盾的两个方面分解。

苏格拉底：作为整体的灵魂，个体的灵魂分解之后又会重新组合，构成新的灵魂。人类的所有信息都蕴含在里面，从这个意义上讲灵魂是不灭的。即使将来发生了宇宙大挤压，人类的“种”还保存在被挤压的灵魂当中。

末　学：先生，是否每个人灵魂的矛盾统一体在宇宙间持续的时间有差别？

苏格拉底：当然了。善的美的伟大的灵魂就不容易分解，因为它保存着人类的美好和良知的“种”。相反，恶的丑的渺小的灵魂很快就会分解，因为人类不需要它的存在。凡是没有需求的东西就很难存在下去。

末　学：我明白了。您创造的灵魂概念是您的学说中最重要的部分。

苏格拉底：遗憾的是，至今灵魂的概念还有一部分人接受不了。

末　学：这是时间迟早的问题。自从您把灵魂从肉体中分离出来以后，人的存在就被分割为两部分：肉体——感性的东西；灵魂——理性的东西。进一步也就引申为物质世界和精神世界以对立统一的方式存在。这个意义是划时代的！

苏格拉底：所以我的理论也一直被争论下去，我是个唯心论者啦……

末　学：您要用灵魂也就是“心”来规整宇宙间的一切事物，而且还要为“灵魂轮回”、“灵魂不灭”寻找多方面的论证。在这些方面，可以说您是穷毕生的精力，直到被雅典公民法庭错误判决而致死。

苏格拉底：是啊，我因此而没有完成神交给的使命。

末　学：先生，您也不用那么遗憾了。佛教关于生命轮回、灵魂不灭已经讲得很透彻了。佛教的理论就是对您的灵魂学说的补充。

苏格拉底：不不不，不是这样。迦毗罗卫国净饭王的王子（释迦牟尼，公元前 565—前 486）比我早生 96 年，他圆寂 17 年后我才出生。所以当我创造灵魂的概念的时候，佛教已经有了灵魂之说。不过那时希腊和印度相隔太远，也不通消息。所以只能说我是欧洲人最先提出灵魂的概念的。以后欧洲哲学家和佛教对灵魂学说都有发展，不过在我看来，佛教还是走在最前边的。

末　学：就在您和释迦牟尼出生的前后，还有我们中国的孔子（公元前 551—前 479）也出生了。孔子的思想也影响了中国和东方 2000 多年。

苏格拉底：孔子比我早生 82 年，他逝世 10 年后我才出生。不过那时希腊和中国相隔太远，也不通消息，所以我并不知道孔子的思想。我们三个人算起来释迦牟尼是大哥、孔子是二哥，我是小弟弟啦。

末　学：先生，为什么在公元前 6 世纪到公元前 5 世纪不到 100 年的时间，南亚次大陆出现了释迦牟尼佛祖、东方出现了孔子这位圣人、西方又出现了您这位哲人，这难道说是历史的巧合吗?

苏格拉底：不不不，不是巧合。这是神的刻意安排！所以我很早就意识到自己是神的使者，我把自己看作是神赐予雅典人的一个礼物，一只牛虻，一个肩负着神的使命助人从善的使者。

1.3　美德即知识，愚昧是罪恶之源

接着苏格拉底带我去了卫城的两座神庙。我们先去了埃雷赫修神庙，苏格拉底告诉我，这里原先供奉过一尊雅典娜的木制雕像，楚楚动人，而又庄严、神圣。然后又去了帕特农神庙，那是供奉雅典娜女神的最大神殿。

埃雷赫修神庙坐落在帕特农神庙的北面，这里有雅典娜当年为人类栽下的第一棵橄榄树。埃雷赫修神庙是卫城建筑中爱奥尼亚样式的典型代表。它特殊的建筑风格主要体现在神庙的北面柱廊，在石柱的位置上，有六根人像柱，它们是六个着古典服装、头上顶着雕有馒形花饰的浅篮的少女像。少女们的身姿挺拔婀娜，将圆柱应有的坚固稳定同雕像的动感完美地融为一体。她们身着的长袍自然流畅地垂落下来，同时又着重点明了那丰满匀称的躯体，下半部袍身的深褶皱的线条同古典圆柱的沟槽相呼应。除了左边的第一尊人像柱是复制品外，这里的其他雕像都被较完善地保存了下来。充当柱头的浅篮是古希腊建筑中最有独创力、最美丽的一种。这些人像柱给神庙增添了动感和活力。

埃雷赫修神庙是继帕特农神庙之后建筑的，它的设计者是费罗克莱，建筑时期是公元前 421 年至公元前 406 年。它从东至西有一个位差有 3 米高的坡度，主门朝东面开，柱廊是由六根爱奥尼亚圆柱撑起的，在这里原来供奉

着主神宙斯、海神波塞冬、雅典的缔造者，以及最初的传说中的英雄人物的雕像。特别是曾供奉过一尊雅典娜的木制雕像。遗憾的是现在除了雅典娜和波塞冬的神位之外，其余的都了无踪影了。由于神圣橄榄树的存在，这一部分没有建筑上屋顶。由北面的柱廊可进入波塞冬占据的那部分，柱廊也是由六根爱奥尼亚圆柱构成的。同东面柱廊的区别是这里的圆柱四根在前，两根在侧，显得更为壮观。除了精致的柱头外，还有交织盘缠的柱脚、圆柱线脚装饰。六尊石像其中四尊在前、两尊在旁边，排列在大理石护墙前，使柱廊形成一个规则的长方形。人像柱廊中的少女形象，据说是依照卡利亚城姑娘在祭祀阿特米丝女神活动中，头顶供奉品的样子制作的。这类人像柱在此后的两千多年中不断被人们临摹仿制，至今在欧洲各国的花园或古老建筑中都能看到它们优美高雅的身姿。

帕特农神庙矗立在卫城的最高点——一座石灰岩的山冈上。帕特农神庙之名出于雅典娜（Αθηναά，英译：Athena）的别号 Parthenon，即希腊文Παρθενωσ的转写，帕特农原意为贞女，是雅典娜的别名。帕特农神庙原为歌颂雅典战胜波斯侵略者的胜利而建。设计人为伊克梯诺（Ictinus）和卡里克利特（Callicrates）。这里是供奉雅典娜女神的最大神殿，它不仅建筑规模宏伟，而且庙内还存放着一尊由菲迪亚斯亲手制作的，用黄金象牙镶嵌的全希腊最高大的雅典娜女神像。它从公元前 447 年开始兴建，9 年后大庙封顶，又用 6 年之后各项雕刻也告完成。①

公元前 438 年，帕特农神庙借着盛大的帕那太耐节正式奉献给雅典娜。帕那太耐节是雅典人的重要节日，其间常常举行体育竞技、歌舞活动和穿过全城直至神庙的巡行。巡行活动中最有特色的是：一件由雅典城少女织成的羊毛长袍被挂在一只船的主桅杆上，船被抬在牛车上，这样缓缓移向神庙，羊毛长袍最后被奉献给雅典娜。接着进行的是祭祀活动，献给女神的牺牲是牛或羊。牲口的选择是极为重要的一点，它必须强壮、健康，没有伤口更没有缺陷。牺牲品身上的骨头和肥肉被堆在祭坛上烧，重要的是从这里升起的烟必须升到神像上方，这样神才能充分享用祭品。这种祭神方式据传说是普罗米修斯发明的，在分割牺牲品之后，他诱使宙斯选择骨头和油肉那一部分，将精肉留给人类。

帕特农神庙是希腊全盛时期建筑与雕刻的主要代表，有“希腊国宝”之

---

① 菲迪亚斯（英文 Phidias 或 Pheidias，古希腊文：Φειδιας，约公元前 490 或前 485—前 432 或前 430）古希腊著名雕塑家、建筑设计师，雅典人。主要活动时期在约公元前 490—公元前 430，政治家伯里克利的挚友和艺术顾问，是当时最负圣名的艺术家。

称，也是人类艺术宝库中一颗璀璨的明珠。5 世纪中叶，神庙被改为基督教堂，雅典娜神像被移去。1458 年土耳其人占领雅典后将神庙改为清真寺。1687 年威尼斯人与土耳其人作战时，炮火击中了神庙内的一个火药库，炸毁了神庙的中部。1801—1803 年，英国贵族埃尔金勋爵将大部分残留的雕刻运走。许多原属神庙的古物，现散落在不列颠博物馆、卢浮宫、哥本哈根等地。19 世纪下半叶，曾对神庙进行过部分修复，但已无法恢复原貌，现仅留有一座石柱林立的外壳。这座神庙历经两千多年的沧桑之变，如今庙顶已坍塌，雕像荡然无存，浮雕剥蚀严重，但从巍然屹立的柱廊中，还可以看出神庙当年的丰姿。

看到帕特农神庙如今的样子，苏格拉底格外伤心，一行混浊的老泪沿着面颊流了下来。他用低沉的声音缓缓地给我讲了雅典娜的故事：

雅典娜是掌管智慧与正义战争的女神，罗马名字弥涅耳瓦（Minerva）。她是希腊奥林匹斯十二主神之一，也是奥林匹斯三处女神之一。在远古的神话中，雅典娜是一位女天神，乌云和雷电的主宰者，丰产的女神，和平劳动的庇护者，女战神。她教会人们驯养牛马、制造车船；她赐予世人犁和耙、纺锤和织布机，因此被认为是妇女劳动尤其是织布技术的保护者。雅典娜有一个别名叫厄耳伽涅（Ergane），意思是女工。她又是科学的庇护者，是人类智慧的女神；她赐予人间法律、民主和正义，旨在维护社会秩序。

可以看出苏格拉底对雅典娜充满了崇敬和缅怀之情。于是我和苏格拉底就人类的伦理道德等问题，作了如下的谈话。

末　学：先生，伦理道德在您的学说中占有重要的位置。您的名言是：德行就是知识。请您谈谈这个问题的重要性？

苏格拉底：其实这个问题一开始你也提到了。比如，宇宙间“神—人—兽”大格局的奠定。人为什么要有伦理道德，这还不明白吗？

末　学：（会心地微笑）是的，从宇宙生命坐标第Ⅳ象限神、人、兽所在的位置看，人正好处于神与兽之间。那么为什么一定要在神和兽之间诞生一个人类呢？而且人类的出现还不到上百万年的时间。

苏格拉底：这就是神的旨意和安排，也是人的造化。

末　学：为什么呢？

苏格拉底：这就只有神知道了。不过以我的“无知”之见，在人诞生之前，神与兽在宇宙生命坐标第Ⅳ象限相处一定是很别扭的，因为神性和兽性的差异太大，几乎是冰炭不相容的。所以在这二者之间就一定要产生一个缓冲的东西，这就是凡是有需求的东西就一定会出现的。

末　学： 于是就诞生了人类。

苏格拉底： 正是。

末　学： 这不就推翻了达尔文的进化论吗？您说呢？

苏格拉底： 我平生只知道一件事，我为什么是那么无知。

末　学： 先生，您这是所问非所答。

苏格拉底： 其实我已经回答你了。

末　学：（有所领悟）好吧，还是请您谈谈您的伦理道德思想。

苏格拉底： 我已经说过，这个问题一开始你也提到了。人为什么要有伦理道德？在下正想听听你的看法。

末　学： 因为人的一边紧靠着神，所以人性中就包含着神性。譬如，人的割不断的宗教情结就是神性的反映；人群中有不少人以做善事为乐，慈悲为怀。又因为人的另一边紧靠着兽，所以人性中就包含着兽性。譬如，人群中就有人面兽心的人，这样的例子不胜枚举。

苏格拉底： 那么，什么是神性？什么是兽性？

末　学： 神性代表“全知、全能、全在”，宣示无限神圣的思想、无限纯洁的品质；神性显示着圣洁、崇高。神性是永恒的至善、至美、至真。兽性则是任凭生理本能的驱使，去谋“食”，去谋“性”。在同类之间为了谋“食”又谋“性”，在异类之间主要是为了谋“食”，统统展开弱肉强食的残酷竞争。因而根本不可能有什么文明道德可言。

苏格拉底： 其实在任何人身上既有神性的一面，又有兽性的一面。好人是神性的一面居于主导地位，坏人则反其道而行之。

末　学： 伦理道德就是从道德的范畴规范人的言行，使人性中多一些神性，少一些兽性。日积月累，形成一种道德的习惯势力。

苏格拉底： 是啊，得形成一种社会的道德约束力。凡是违反伦理道德者都是从贪婪开始的。

末　学： 所以您说我们的需要越少，我们就越近似神。

苏格拉底： 别人为食而生存，我为生存而食。在这个世界上，除了阳光、空气、水和笑容，我们还需要什么呢！

末　学： 先生，您很快乐吗？

苏格拉底： 不，神的使者只有使命没有快乐。这个世界上有两种人，一种是快乐的猪，一种是痛苦的人。做痛苦的人，不做快乐的猪。但是，如果把世上每一个人的痛苦放在一起，再让你去选择，你可能还是愿意选择自己原来的那一份。所以命运注定我一开始就是痛苦的。

末　学： 您的痛苦的因由是？……

苏格拉底：作为神的使者，我为自己没有很好地完成神赋予的使命而痛苦。我的阳寿是 70 岁，阴寿至今 2408 岁，加起来 2478 岁。这两千多年时间我每天都在思考、演说，然而这个世界怎么了？好像人人都麻木不仁，不可救药似的。他们不明白美德即知识，愚昧是罪恶之源。不去追求知识和文明，而是物欲横流，纸醉金迷。加之饥荒、疾病、连年战火，真好像是世界末日到了似的。

末　学：先生，那还有什么好的办法吗？

苏格拉底：有！这就是教化——教育。

1.4　教育不是灌输，而是点燃火焰

和苏格拉底就人类的伦理道德等问题对话之后，我总有一种沉甸甸的感觉。觉得我们就这个问题还没有谈完，因为今天人们的许多做法距离古希腊人理想中的完美道德差距尚远。人们好像天生就要挨鞭子似的，不由神去抽打他们的脊梁骨就不会惊醒，更不会自觉自愿地去做好人好事。

苏格拉底好像猜透了我的心思，但是并不作声。

他和我从帕特农神庙又走到埃雷赫修神庙，两个人靠着穿古典服装、头上顶着雕有馒形花饰浅篮的少女像的石柱小憩。他不愿意离开这里，心里好像又想着雅典娜的故事和我们刚才的谈话。他把头靠在石柱上慢慢地睡着了，并且有了轻轻的鼾声。……

大约过了 20 分钟，苏格拉底醒来了。我将随身带的饮料和食品送到他的手上，他示意不享用这些。我问为什么，也笑得十分开心，夹带着一丝狡黠，说："您又忽视我现在的身份了！"

"噢，我明白了。"我说，"那么您身体自动补充的能量是阴性物质？"

"当然了，所以我的阴寿 2408 岁，活得很健康！"

"祝您健康长寿，但是全人类都希望您快些回到他们中间。"

苏格拉底哈哈大笑，站起来摊开双手，神秘地说："这个只有神知道。"

我接着向他请教关于教育的重要性，他说先讲一个阿波罗的故事吧。

阿波罗（Apollo）是希腊奥林珀斯十二主神之一，是宙斯与黑暗女神勒托（Leto）的儿子，阿耳忒弥斯的孪生弟弟。阿波罗又名福波斯（Phoebus），意思是"光明"或"光辉灿烂"。阿波罗是光明之神，在阿波罗身上找不到黑暗，他从不说谎，光明磊落，所以他也称真理之神。阿波罗很擅长弹奏七弦琴，美妙的旋律有如天籁；阿波罗又精通箭术，他的箭百发百中，从未射失；阿波罗也是医药之神，把医术传给人们；而且由于他聪明，通晓世事，所以

他也是寓言之神。阿波罗掌管音乐、医药、艺术、寓言，是希腊神话中最多才多艺，也是最美最英俊的神祇，阿波罗同时是男性美的典型，艺术之神。

苏格拉底说：“阿波罗是集先知、后知于一身啊！”

末　学：先生，您怎么老说自己“无知”？

苏格拉底：我知道自己的无知，我知我无知。

末　学：为什么这样说呢？

苏格拉底：因为智慧意味着自知无知。无知即罪恶。

末　学：所以您是最有智慧的人。

苏格拉底：（不反对这种说法）重要的是认识你自己（know yourself）。

末　学：我是什么？我是阴阳物质的复合体。在我出生之前，是那一位生命在阴性物质世界的存在形式的父亲或者母亲，给我生身父母的受精卵提供了我的（他或她的）灵魂，我一概不知道。这个灵魂就是我的灵魂。但是，我确实又是他或她的生命借我生身父母的受精卵，又得以在我生身母亲的宫腔内孕育10个月之后而轮回出世。我的生命在阳性物质世界的存在形式是：

肉身	+ 灵魂	+ 意识	+ 潜意识（狭义）	+ 潜意识（广义）
阳+阴-	阴+	阴-	阴+	阴-
阳-阴+	阳-	阳+（脑）	阳-	阴+

在我的肉身之后，拖着一根长长的“辫子”—— 灵魂 ＋ 意识 ＋ 潜意识（狭义）＋ 潜意识（广义），直达阴性物质世界。我的灵魂栖息在心窝处，灵魂中蕴含着前世、今生和未来的所有信息和密码，但是我无从知道它的具体内容；我的意识也是一片空白，以脑为例，它的功能就是储存（记忆）和复制信息，不可能产生新的知识，所以脑是最没有知识的。潜意识（狭义）是我的灵魂的镜像物。最有知识的还是潜意识（广义），可是那是阴性物质世界，是神灵、上帝待的地方呀。说来说去，我自己是没有任何知识的！

苏格拉底：所以我只知道一件事，那就是什么都不知道。

末　学：那么，人的知识是从哪里来的呢？

苏格拉底：说说你的看法，在下洗耳恭听。

末　学：认识和审美同是灵魂产生和发射的灵魂波——－阴′＋，与脑意识产生和发射的思维波——＋阴′－作用客体对象的结果，区别在于作用的形式不同。[①] 认识领域更多地是灵魂波——－阴′＋与思维波——＋阴′－相互耦

① 灵魂波——－阴′＋和思维波——＋阴′－均是具有特殊频率和波长的电磁波。

合，推动思维波——+阴′-在阴性物质世界资料库检索信息和破译密码；审美领域更多地是灵魂波——-阴′+与脑意识产生和发射的思维波——+阴′-彼此分离，由灵魂波——-阴′+——“心”独自感受美的过程。这是两种不同的思维能力，因而产生的结果就迥然不同。前者是思考，后者是审美。

苏格拉底：噢噢，知道的越多，才知知道的越少。美是难的……

末　学：先生，您自知其无知，其实最优秀的人就是您自己。

苏格拉底：噢噢，今天是两个“自知其无知”的人在谈话！（大笑）

末　学：先生，您不是说对现在的人要进行教化——教育，可见教育在您心目中的重要地位。您能给我谈谈您的教育思想吗？

苏格拉底：教育的重要性你在上面也提到了。你先说说。

末　学：我提到了……噢，教育的目的不就是为了增加人性中的神性，减杀人性中的兽性嘛。

苏格拉底：能讲得具体一点儿吗？

末　学：笼统地讲人性比神性有着将近一半的差距，因而人对宇宙和世界诸事物的认识就是一知半解，或者说似懂非懂。人的思想没有那么神圣，品质没有那么纯洁，境界没有那么崇高，因而人永远要以神性为参照系，不断地学习和提高。——教育的必要性和重要性由此也就凸显出来了。人性表现出来的东西不可能都是善的，思想和行为也不可能都是美的，特别是在许多问题上真真假假、鱼龙混杂在一起，更难以辨别真伪，因而神性中的至善、至美、至真，就成为一代又一代人永远追求的目标。人性如果偏离了真、善、美的坐标，就变成了假、丑、恶，这是人性中的兽性的表现。所以教育永远都需要。

苏格拉底：但是教育要有好的方法，才能取得事半功倍的效果。

末　学：先生，您就一并说说您的教育思想和方法。

苏格拉底：要想向我学知识，你必须先有强烈的求知欲望，就像有强烈的求生欲望一样。教育不是灌输，而是点燃火焰。教育是把我们的内心勾引出来的工具和方法。最有效的教育方法不是告诉人们答案，而是向他们提问。

末　学：这不就是启发式教学？

苏格拉底：正是。我的母亲是个助产婆，我要追随她的脚步，我是个精神上的助产士，帮助别人产生他们自己的思想。我不是给人知识，而是使知识自己产生的产婆。思想应当诞生在学生的心里，教师仅仅应当像助产士那样办事。问题是接生婆，它能帮助新思想的诞生。

末　学：那么，如何对待后进的学生呢？

苏格拉底：凡是原本可以做得更好的，也算是懒！每个人身上都有太阳，主要是如何让它发光。

1.5 死亡是灵魂到达彼岸

离开米洛斯岛，我们又来到卫城帕特农神庙前。苏格拉底说，我们已经谈了很多了，剩下的一个问题就是人人都回避不了——最后到哈得斯（δηs，英译：Hades）那里去报到。接着他讲了哈得斯的神话故事。

哈得斯是古希腊神话中的冥神，相对应于罗马神话的普路托（拉丁语：Plūtō）；他是克洛诺斯和瑞亚的儿子，宙斯的哥哥。他的太太是妹妹得墨忒耳的女儿珀耳塞福涅。希腊神话的死亡观不存在带善恶判断的天堂与地狱，而是认为冥界是所有死者唯一的去处。因此，哈得斯的神话形象虽然冷酷，但是并无大多宗教神话中的恶神色彩。古希腊神话中的哈得斯形象也是典型的奥林珀斯英挺男子，不同的是在哈得斯身上有一股驱之不去的尸臭味。又由于神话中的冥府位于地底，因而哈底斯同时也被视为地下矿产的支配者。

苏格拉底显得有一点儿累，因为毕竟是一位超级老人了。最后就死亡问题，我和苏格拉底作了如下简短的谈话。

末　学：先生，公元前 399 年 6 月的一个傍晚，您被雅典法庭处死。这一天，日后被认为是全人类的难日，也被认为是人类历史上最黑暗、最残忍的一天。对此，您怎么看？

苏格拉底：我说过，我是神的使者。我被雅典法庭处死，也是神的旨意。

末　学：可是这有悖于常理，因为您代表着真理啊！

苏格拉底：我像一只猎犬一样追寻真理的足迹。但是真理在未被人们认识之前，什么荒唐的事都会干出来的。

末　学：但是您当时为什么不反抗、不逃跑呢？

苏格拉底：我申辩了，但是没有用。然而我绝不逃跑！

末　学：为什么呢？难道说您不珍惜自己的生命？

苏格拉底：不，我珍惜自己的生命。但是，还有比生命更重要的东西。

末　学：（洗耳恭听）……

苏格拉底：当时有人控告我的罪名是，不敬城邦所敬的诸神而引进新神，败坏了青年。这些都是无稽之谈，但是法律已经作出了判决。

末　学：（不解地）……

苏格拉底：法律同城邦一样，都来源于神，是神定的原则。一方是我在追求真理，舍生取义；另一方是被视为民主政治源头的雅典城邦。遵道德、重公义、法律至宝、法制为贵。它的价值远远高于个人的生命。

末 学：所以先生的死，感情上的取舍成为一种痛苦的折磨，因而就更具悲剧色彩。这是至今让人想起来就心痛的事。

苏格拉底：我平生无憾事。行刑的那天，我打发走妻子桑蒂普和儿女，只有几个朋友在跟前。当我喝下毒汁后，突然想起来，我曾吃过邻人的一只鸡未给钱，请他们替我偿还。……

末 学：先生，您的为人所有的人都知道，可恨的是那些法官！

苏格拉底：不，当时雅典是自由民主制度，法院也有雅典公民陪审团。是雅典公民的意愿让我去死。所以我要遵守公民的意愿，虽然这是错的！

末 学：嗣后，当雅典公民发现他们是用自己的双手掐死了自己伟大的儿子时，个个都追悔莫及。但是为时已晚！

苏格拉底：其实，我不只是雅典的公民，我也是世界的公民。当法庭判决我死刑时我就说：我去死，你们去活，究竟谁过得更幸福，唯有神知道。哪一条路更好，唯有神知道。咱们走着瞧吧！

末 学：实际上，死亡只不过是生命的另一种存在形式。

苏格拉底：……哪一种存在形式？

末 学：生命在阴性物质世界的存在形式。

苏格拉底：所以我一直认为，对哲学家来说，死亡是最后的自我实现。是求之不得的事，因为它打开了通向真正知识的门。

末 学：死亡是灵魂从肉身游离出来……

苏格拉底：灵魂从肉体的羁绊中解脱出来，终于实现了光明的天国的视觉境界。死亡是灵魂到达彼岸，是生命的另一种存在形式。

1.6 暗恋是世界上最美丽的爱情

苏格拉底示意我和他一起去希腊基克拉泽斯群岛最西边的岛屿——米洛斯岛（Melos）看看。我们乘着一只小游艇，绕过了十几个岛屿，才到达目的地。这时已经是夕阳西下的时候了。

米洛斯岛在爱琴海中看似比较荒凉，面积约有 150 平方公里，人口仅有 4000 多人。在岛的西部有一座主峰伊比亚斯，海拔 751 米。米洛斯市还算繁华，阿达姆斯港口却时忙时闲。这里是旅游胜地，接待着世界各地的游客。人们都在争先目睹爱与美的女神——维纳斯的发掘地。

1820 年，在米洛斯岛阿达曼达（Adamanda）附近，一个名叫伊奥尔科斯的农夫，在自家田地里刨地时发现了维纳斯雕像。正在岛上的法国海军军官得知此事后，通过法国大使馆向希腊当时的统治者土耳其联系购买事宜。法国人以很便宜的价格购下了雕像。法国海员们一路拖拽着维纳斯雕像直达船上。经过地上的石头等障碍物，本来完整的两条手臂（其中一只手捧着一只苹果）被折断遗失在岸上，而海员们却拒绝回去找回双臂。——这就是为什么后来的维纳斯没有双臂的原因。① 维纳斯从此远离家乡，来到了法国巴黎的卢浮宫。现藏法国卢浮宫博物馆的维纳斯雕像，为大理石圆雕，高 2.04 米，由阿历山德罗斯雕刻。高贵端庄，其丰满的胸脯、浑圆的双肩、柔韧的腰肢，呈现一种成熟的女性美。人体的结构和动态富于变化却又含蓄微妙，雕像体现了充实的内在生命力和人的精神智慧，在风格上接近公元前 4 世纪古典主义盛期的作品，为希腊时期所少见。雕像残缺的上肢构成了一种独特的美。

在维纳斯出土的 Tripiti 村庄下与 Klima 渔村上，树林里有一块白色的牌子，用三种不同文字注明“在这里发现了米洛斯的维纳斯”。

夕阳的余晖照射在苏格拉底身上，他身着的袍子闪耀着金色的光芒。苏格拉底眯缝着眼睛，久久地凝视着这块牌子，一声不吭。当他从沉思中醒了过来，接着向我讲了维纳斯的故事。……

维纳斯这个名字是罗马人给起的。她是宙斯和大洋女神狄俄涅的女儿，传说是从浪花中出生的，故希腊人称她为阿佛洛狄忒（Aphrodite），即出水之意。维纳斯以美丽著称，是锻冶之神赫准斯托斯的妻子，有关她的恋爱传说很多。例如，她多次与别人相好：与战神阿瑞斯私通 ，生下五个子女；与赫耳墨斯生子；与英雄安喀塞斯生下埃涅阿斯。在荷马时代，她常有时序女神、美惠女神及儿子爱神厄洛斯相随。在罗马，她与当地丰产植物女神维纳斯合并，成为丰收和爱情女神。由于她是埃涅阿斯之母，故被视为尤里乌斯皇祖的女始祖。她的早期形象风华正茂，容光焕发，后常被描绘成裸体女性。

传说海洋女神结婚，没有邀请纠纷女神，纠纷女神十分生气，为了报复海洋女神，她在一个地方放了一只金苹果，上面写着：送给最美丽的女神。

---

① 另据 1999 年 11 月 11 日扬子晚报载：19 世纪法国舰长杜蒙-居维尔的回忆录说，维纳斯是希腊米洛斯农民伊奥尔科斯 1820 年春天刨地时掘获的。出土时的维纳斯右臂下垂，手扶衣衿，左上臂伸过头，握着一只苹果。当时法国驻米洛斯领事路易斯-布勒斯特得知此事后，赶往伊奥尔科斯住处，表示要以高价收买此塑像，并获得了伊奥尔科斯的应允。但由于手头没有足够的现金，只好派居维尔连夜赶往君士坦丁堡报告法国大使。大使听完汇报后立即命令秘书带了一笔巨款随居维尔连夜前往米洛斯洽购女神像，却不知农民伊奥尔科斯此时已将女神像卖给了一位希腊商人，而且已经装船外运。居维尔当即决定以武力截夺。英国得知这一消息之后，也派舰艇赶来争夺，双方展开了一场激烈的战斗，混战中雕塑的双臂不幸被砸断，从此，维纳斯就成了一个断臂女神。

为了得到这个苹果，维纳斯、雅典娜、赫拉争吵起来。她们让神王宙斯来评判她们三个中谁更漂亮。宙斯让阿波罗来评判，结果，为难的阿波罗把这个任务交给凡人帕里斯。最后，帕里斯把苹果给了维纳斯，雅典娜、赫拉十分生气，结果引发了长达 10 年的特洛伊战争。宙斯、波塞冬、雅典娜、阿瑞斯等都参加了。

维纳斯诞生的时候，上天同时创造出了只有白颜色的玫瑰。众女神出于对爱神维纳斯天生美貌的嫉妒，就让玫瑰枝上长着尖刺。维纳斯曾经爱上一位猎人阿多尼斯，他英俊、潇洒，很会体贴人，但同时他又酷爱打猎，即使维纳斯如何反对，他仍然不肯放弃。终于有一天悲剧发生了，阿多尼斯在一次狩猎时被猎物撞成重伤。维纳斯得知后慌忙跑去救他，路途被白玫瑰的刺划破了赤足，鲜血滴在地上。于是在她跑过的地方逐渐开满了鲜红的玫瑰。最终阿多尼斯死了，维纳斯失去了她的爱情。完美的爱神却有着不完美的爱情。直到今天人们在祈求爱情的时候，总是把鲜红的玫瑰送给情人。因为人们希望维纳斯在看到鲜红的玫瑰时，会想起自己与情人曾经追求的幸福，企求她的祝福。

在塞浦路斯流传着这样一个故事。维纳斯经常游泳的地方是波利斯林海滩两个岬角之间的一个小海湾，那里风平浪静，沙白水清。远方有青碧如黛的特鲁多斯山，近处有银灰色的橄榄树相映，幽静安谧，别有一番情致。因为维纳斯常来这里逐波戏浪，这个海滩故有“爱神浴池”之称。离浴池不远处，有一泓清泉流泻，甘美清冽，因为维纳斯浴后常来啜饮，故有“爱神泉”之誉。据说单身男女喝了泉水，会堕入情网，永结同心。已婚男女喝了泉水，会情笃意深，白头偕老。因而游人到此总要掬起清泉喝上几口。

希腊神话中的爱与美之神，拉丁语的金星和星期五都来源于维纳斯的名字。维纳斯有着古希腊最完美的身段和相貌，象征爱情与女性的美丽，被认为是女性体格美的最高象征。作为爱情女神，维纳斯有一条神奇的宝腰带。传说她的女祭司用肉体换钱来为这条宝腰带服务，这与当时的婚姻制度有关。在古希腊，女子结婚时要把自己织成的带子献给她。因为维纳斯的美貌，使众天神都追求她。宙斯（她的父亲）也追求过她但遭拒绝，因此宙斯把她嫁给既丑陋又瘸腿的锻冶之神赫准斯托斯（Hephaestus）。但是她爱的是战神阿瑞斯（Ares），并和阿瑞斯生下了小爱神爱罗斯（Eros），罗马名字丘比特（Cupid），还有其他几个儿女。

文艺复兴时期的莎士比亚为维纳斯撰写了一首长诗。诗中描述维纳斯的恋爱故事。据说，古希腊有一个美男子厄杜尼斯，令世间所有人与物在他面前都为之失色。但是他对恋爱没有丝毫兴趣，只喜欢驰骋于山林之间打猎。

一天，维纳斯偶然碰到厄杜尼斯，一见倾心便招呼他，希望和他谈一会儿；但是厄杜尼斯不愿接近异性，一口便拒绝了维纳斯的好意。维纳斯用法力控制了他的行动，向他倾诉恋爱的奇妙，但是厄杜尼斯始终不为所动，更显出急欲摆脱她的神色。维纳斯用尽一切甜言蜜语，并愿意给予很多条件，厄杜尼斯只是用轻视的眼神望着维纳斯，令她大受刺激晕倒在地上。厄杜尼斯有点内疚，希望得到她的原谅，故此耐心等候维纳斯苏醒。维纳斯醒来后，继续尽力说服厄杜尼斯，但依然受到拒绝。维纳斯突然有个预感，厄杜尼斯会遭遇不测，遂劝他不要冒险去打猎，让她在他的身边，保护他的安全；但厄杜尼斯并不相信，结果他真的于翌晨打猎时，被箭猪咬死。维纳斯赶到时，见厄杜尼斯已死，不禁悲恸欲绝；伤心之余，便诅咒世间男女之间的爱情，永远渗有猜疑、恐惧及悲痛。

末　学：先生，现在我们接着谈爱情，特别是您的爱情生活，可以吗？

苏格拉底：（哈哈大笑）我已经是超级老人了，爱情离我早已远去矣！

末　学：但是您仍然显得年轻，爱情之鸟应该降落到您的身上。

苏格拉底：我显得年轻？是吗？噢噢，这应当感谢这里的时光老人，那倒流的时光对这里的所有人都一视同仁。不光我年轻，释迦牟尼和孔子都年轻，可他们对女性总是敬而远之，特别是我那位长兄释迦牟尼……

末　学：这是因为每个人的信仰不同。先生，我主要想听听你对爱情的看法。

苏格拉底：男人活着全靠健忘，女人活着全靠牢记。

末　学：这是因为男女的性格不同而对生活的态度不同。男人是粗线条的，女人细致入微，并不影响爱情生活。

苏格拉底：是啊，两口子哪能是一个模子压出来的，能过日子就行。就说我那夫人桑蒂普，她爱我爱得要死要活，可是发起脾气来简直就像一头母老虎。有一次桑蒂普叫骂着把一盆水泼在我的头上……

末　学：先生，那您生气了吗？

苏格拉底：跟自己的老婆生什么气呀！我说："桑蒂普一打雷，天就要下雨。"桑蒂普破涕为笑，马上气消了，赶忙过来给我擦头发。

末　学：您真的一点儿都没发怒？

苏格拉底：没有。不过，在你发怒的时候，要紧闭你的嘴，免得增加你的怒气。一个人易怒也是一种错误。人可以犯错误，但是不可犯同一个错误。

末　学：先生，看来桑蒂普很爱您的。那么她知道您是一个伟大的人吗？

苏格拉底：NO，NO！夫人一般都不知道自己的丈夫是一个多么伟大的人，她们多半都认为自己的丈夫也没有什么了不起。要是认为丈夫伟大得不得了，那就糟了，这个丈夫肯定是个平庸的家伙。

末　学：先生，从您对待桑蒂普的态度看，您的确是一个宽容、大度的人。

苏格拉底：如果我能忍受了自己的老婆，也就能忍受任何人了！

末　学：对于不好的婚姻您怎么看？

苏格拉底：噢噢，不好的婚姻就应该向好的方面调整嘛！应当有更多的选择余地。可是，好的婚姻仅给你带来幸福，不好的婚姻则可使你成为一位哲学家。

末　学：男女青年在恋爱之前应当先交朋友，让感情有一个自然的发展过程。不可操之过急，您说呢？

苏格拉底：是啊，只要告诉我你的朋友，我就知道你是什么样的人。特别是不要靠馈赠来获得一个朋友。这一点年轻人要特别注意。

末　学：但是有的男女青年一开始就坠入爱河，难分难舍……

苏格拉底：噢噢，这见得多了。不过往往最热烈的爱情会有最冷漠的结局。

末　学：先生，您对他们的忠告是什么？

苏格拉底：唯有理智最为可贵。

末　学：先生，您还有一句名言。

苏格拉底：什么来着？

末　学：暗恋是世界上最美丽的爱情！

苏格拉底：噢，这种暗恋是只有自己知道的，是发自内心的，是无私的，是秘而不宣的，因而是世界上最美丽的爱情。

末　学：可是，他（她）并没有把情感传达给所爱的人，对方毫无知觉，只是单相思呀。再说，从美学的角度也不好解释。

苏格拉底：所以爱是神圣的，美是难的。……

末　学：先生，请您对青年男女再说几句话吧！

苏格拉底：认识自己，方能认识人生。没有人因为知道了善而不向善的。但要记住，未经审视的生活是不值得过的。

第 2 章　与柏拉图的对话[①]

告别苏格拉底的时候，我说我还要在希腊多待几天，再找找其他的先贤大师。苏格拉底向我推荐去找柏拉图，并讲了柏拉图的一个故事。

苏格拉底说他在年迈之时，想考验和点化一位平时看来很不错的助手。于是就把他叫到床前，对他说："我的蜡烛燃得剩下不多了，得找另一根蜡烛接着燃烧下去。你明白我的意思吗?"

助手赶忙答道："明白，您的光辉思想得很好地传承下去。"

"可是，"苏格拉底说，"我需要一位最优秀的传承者。他不仅富有智慧，而且要有非凡的勇气和信心。你帮我寻找和发掘这样的人吧!"

"好的，好的。我一定竭尽全力去寻找，决不辜负您对我的栽培和信任。"助手认真地说。这位忠诚而勤奋的助手，日夜奔忙在希腊全境到处寻找。可是千辛万苦找来的好几个人，却被苏格拉底婉言谢绝了。

当得知雅典法庭判处苏格拉底死刑之后，助手更着急了。可是苏格拉底却不急不慢，显得异常平静。他把助手叫到自己跟前，抚摸着他的肩膀，说："真辛苦你了！但是你找来的人，我都不满意。"

"我一定加倍努力。"助手恳切地说，"哪怕找遍天涯海角，我也要找到一位能够传承你的思想的最优秀的人。"

几个月后，苏格拉底即将走上刑场，但是寻找传承者的事情还没有眉目，只好再次把助手叫到自己的床边。助手泪流满面，沉重地说："老师，我真对不起您，令您失望了!"

"我没有失望，对不起的才是你!"苏格拉底紧紧地握住助手的手，不无哀怨地说："本来，最优秀的就是你。你却不敢相信这一点，所以才把自己忽略了、耽误了、丢失了。要知道，每个人都可以成为最优秀的人才。关键是能否认识自己、尊重自己和推荐自己……"

---

① 柏拉图（Πλάτων，英译：Plato，公元前 427—前 347）古希腊著名的哲学家、思想家和教育家。西方哲学乃至整个西方文化的奠基者。他和他的老师苏格拉底及他的学生亚里士多德被并称为"希腊三贤"。

这位助手就是柏拉图。

2.1　理念世界与现象世界

我在雅典一所称为阿加德米（Ἀκαδημ ία，英译：Academy）的体育馆附近徘徊，希望能在这里打听到柏拉图的住处。① 体育馆四周都是石板铺的路，毛毛细雨将道路下得湿漉漉的。走在石板上的男男女女大部分都赤着脚，只有少数人穿着一种用麻绳或皮条编织的凉鞋。他们身着宽松的袍子，不无得意地走来走去。过了一会儿，不少人都朝陶器区的一个公园走去。

我跟着一群青年男女也向这座公园走去，只见在公园门口竖立着一块牌子，上面写着："不懂几何学者请勿入内"。进了大门之后才知道，这里就是柏拉图建立的学园，他在此执教已经将近40年了。

学园里风景优美，在一座座石头房子旁边长着橄榄树和高高的地中海松，空气中夹杂着从爱琴海吹来的淡淡的咸味，令人心旷神怡。不用说进入学园的都是柏拉图的学生，怎么有这么多人，这里简直就是一所全日制大学了。只见在树丛中、道路边，不少人都蹙着眉头走来走去，好像在思考着什么重大问题似的；有的三五成群，边走边议论，时而能够听到激烈的争辩声。有的独自一人，默默地靠在一棵橄榄树下，脸上显出一种专注的思考神情……

我向一位卷发的女学生询问柏拉图在哪里，她盯着我迟疑了一下，好像说我怎么可以直呼她老师的名字。不过她还是容忍了我的莽撞，顺手朝林木深处的一座白色大理石砌的房子指了一下。

穿过茂密的树林，走近这座房子时，只见在离房子不远处有一个圆形的亭子，亭子下的石桌旁，坐着一位精神矍铄的长者，他正在用浑厚而富有张力的男低音吟诵《费多》篇中和苏格拉底的对话，——那是一篇关于灵魂的绝妙的谈话。末了他放下手中的羊皮卷，抬起头来看见了我。

我快步走上前去向他深深地鞠了一躬，立刻拿出苏格拉底写给他的字条并说明来意。柏拉图接过来看了，笑着示意我坐在对面的石凳上。这时我发现坐在面前的柏拉图，完全不同于苏格拉底的风度。他有着宏伟的身材，坐在那里腰板也挺得很直。高高隆起的额头下，是一双炯炯有神的眼睛，鼻子

---

① 在雅典有3个大型公共体育馆：阿加德米（Ἀκαδημ ία）、吕克昂（Λ ύκειο）和"快犬"（Κυνόσαργες），每一座都奉献给一位神，用其雕像装饰建筑。每一座体育馆都因为与一个著名的哲学学派相关而著名。柏拉图在阿加德米建立了一所以该地命名的学校，使这座体育馆出名了数百年；亚里士多德在吕克昂建立了一所学校，也以那所体育馆命名；安提西尼（Ἀντισθενης）在"快犬"建立了一所学校，有人认为犬儒学派的名称就来源于此。

微微翘起，抿着的嘴唇显示着意志、忠诚和力量。只是仍然穿着白色的长袍，赤着双脚，这大概是古希腊学者的一种特殊爱好了。柏拉图对我表示热烈欢迎。他让侍者端来浓浓的咖啡，于是就一边品着咖啡，一边作了如下的谈话。

末　学：先生，您的家族曾经是雅典国王的后代，像您这样出身名门望族的人，何以情愿去拜一生清贫、自知无知的苏格拉底为师？

柏拉图：名门望族只能说明我的父辈的地位和身份，与我没有多大关系。再说财富多并不等于知识多，更不等于占有真理。我的老师虽然一生两袖清风，但是他占有真理。我很欣赏他说的“我自知无知”，正是他的这句话，深深地打动并吸引了我那颗年轻的心。因此我就投到他的门下……

末　学：那时您多大年龄？

柏拉图：公元前407年，刚刚20岁。

末　学：那么，您认为老师对您的最大的教诲是什么？

柏拉图：“我自知无知”。在老师那里学习之后，我更进一步认为：不知道自己的无知，是双倍的无知。

末　学：啊，有那么严重吗？

柏拉图：是的，学然后知不足。① 这是你们中国的圣人孔子说过的话。我对这句话也很赞赏。它可以看作是对我的老师的那句名言的一种注释。

末　学：人在许多时候是很无知的，往往是习惯性地将现象当作本质。

柏拉图：对了，这是人的弱点。或者说是人在认识上的弱点。譬如说，这个亭子的圆顶，为什么说它是圆形的呢？

末　学：因为它符合圆的标准。

柏拉图：圆的标准就是人们关于圆的知识，也就是对于圆的理念的认识。

末　学：噢，那么建筑师就是按照圆的理念建造亭子的圆顶的？

柏拉图：对。世界上所有的建筑都是按照建筑的理念建造的！

末　学：包括雅典卫城著名的帕特农神庙、埃雷赫修神庙、雅典娜神庙和卫城山门等古建筑……

柏拉图：不仅如此，世界上的万事万物的出现，都是按照理念复制出来的。但是，即使复制得再逼真、甚或是惟妙惟肖，和理念本身还是有差距的。

末　学：这就是说，理念和具体事物是两个不同的事物。

柏拉图：正是。譬如说，圆的理念就是圆本身，而不是圆的东西（亭

---

① 《礼记·学记》云：“是故学然后知不足，教然后知困，然后能自强也。”

子)；圆的美的理念是这种美本身，而不是圆顶（亭子顶）这种美的东西。

末　学： 这是两个不同的概念和事物。

柏拉图： 所以这就有了两个截然不同的世界：一个是理念的世界；另一个是包含具体事物的现象世界。

末　学： 先生，是否说理念世界存在于人的头脑中，现象世界存在于现实中？

柏拉图： 确切地说，理念世界是通过人的头脑有所表现，但是没有全部表现出来；现象世界存在于现实生活中，也没有全部展现出来。

末　学： 理念世界和现象世界有什么不同？

柏拉图： 理念世界才是真正的实在，而现象世界中的具体事物则有生有灭，它既是自己又不是自己、既存在又不存在。我们就生活在这样的现象世界中！

末　学： 那么理念世界是怎么构成的，它是一个看得见、摸得着的实体，还是看不见、摸不着的虚的实体？它为什么通过人的头脑有所表现？

柏拉图： 我不知道，我的老师也不知道。这得问后来的人了……

末　学： 先生，请您将理念世界和现象世界各自的特点和二者的关系再讲讲。

柏拉图： 你听过我的“洞穴”比喻吗？

末　学： ……

柏拉图：（有点不乐意似的）我都知道孔子的话，你怎么不知道我的“洞穴”比喻？看来希腊离中国还是太遥远了。

末　学： 先生，这是我学习不够。不过，您的《会饮篇》直到 20 世纪才在中国翻译出版。翻译时是将书名叫作《会饮篇》呢，还是叫作《论爱情》，或者还是叫作《飨宴》呢？大家争论不休。当然这也是对您的厚爱的一种表示。

柏拉图： 噢，有这种事。可爱的孔子的子孙……（笑）

末　学： 先生，请您讲一讲您的“洞穴”比喻，好吗？

柏拉图：（兴奋地）在一间地下室里，背靠着矮墙坐着一些囚徒。他们的手脚被绷绑着，头颈被固定在矮墙上，一动也不能动，只能看见对面的墙壁。在囚徒的身后不远处燃起了一堆干柴，火焰冲天，把光亮照在了囚徒前面的墙上。这时有一队人举着各种物件，吵吵嚷嚷从囚徒背靠的矮墙后面依次走过。于是在囚徒面前的墙上就出现了许多影子，吵闹声也从墙壁折射回来传到囚徒的耳朵中。因为囚徒一动也不能动，所以他们习惯性的认识就发生了：他们认为所看到的影子和听到的回声是真实事物本身，绝对不会想到除了影子和回声之外，还有别的实在存在。——囚徒的思想就这样被固化了！

末　学： 噢，人类就好比是这些囚徒，被牢牢地固定在特定的时空中。

柏拉图： 所以人的知识实在有限，颠倒黑白或本末倒置是经常发生的事情。

末　学： 我理解了“我自知无知”、“不知道自己的无知，是双倍的无知”的深刻含义。伟大啊，人类智慧的大脑——苏格拉底和柏拉图！

柏拉图： 过奖了。每一代人都有自己特殊的使命，我和我的老师尽力做到的就是这些了。剩下要做的事情还很多，这就是后面的人的事了，他们一定会比我们做得更好，表现得更为杰出，要不然人类的思想怎么前进？

末　学： 先生，您的“洞穴”比喻浅显易懂，但却深刻地揭示了理念世界和现象世界的特点和关系。

柏拉图： 愈是复杂的东西愈简单，愈是真理愈浅显嘛！

末　学： 我受益匪浅。

柏拉图：（高兴地）说说给我听。

末　学：“洞穴”比喻中，囚徒面前墙上的影子和回声好比是现象世界的具体事物；而背后一队人举着各种物件，吵吵嚷嚷依次走过如同理念世界。而那些囚徒则是深陷于现象世界具体事物而不觉悟的人。

柏拉图：（站起来鼓掌）所以理念世界是真正的实在，现象世界的具体事物是从属于它的，既存在又不存在。正如同墙上的影子和回声，一队人走过来了，它们就出现了，一队人走过去了，它们就消失了。但是这一队人和像、声音依然存在着，只不过囚徒不知道罢了。

末　学： 这就是说，在宇宙间我们人类还有很多很多未被认识的事物。虽然我们不知道它们，但是它们却是客观存在的。

柏拉图： 宇宙是无限的，而人的认识却十分有限。

末　学： 宇宙的无限就是理念世界，而人的有限认识的具体事物则是现象世界。

柏拉图： 无限的理念世界是非物质的，是不生不灭、绝对不变的本体；而由具体事物构成的现象世界则是物质的，是变幻着的、被创造出来的感性的东西。我认为，几何学最接近于理念世界，也是检验人们素质的标准。

末　学： 所以先生在学园门口竖立了一块牌子：“不懂几何学者请勿入内”。

柏拉图：（摊开双手，哈哈大笑）是呀，是呀……

2.2　师生之间相互切磋的典范

柏拉图让我在他的学园里多住几天，并安排他的一个学生陪我到处看看。但是等了一两个小时都没有来，后来捎话说他要等下一节课上完之后才能抽出时间。我心里想，这个学生怎么对老师的话也不听从，还这么难请。柏拉图没有一点儿生气的样子，只是笑笑，对我说："由他去吧，但是他一定会来的。我们还安排了一次谈话呢。"我对柏拉图说让我一个人独自参观，更自由一些。柏拉图点头表示同意，并说："也好，或许在校园里你还能碰见他。"

柏拉图学园像个公园似的，总是人来人往。不过往来的人都是青年学子。这些白面书生，表面上看起来柔弱平静，骨子里却有一股傲慢之气，看那架势似乎唯有他们才能承担历史的重任，解决全人类生存的大问题。

我走到一座教室跟前，大门紧闭着，门上挂着一个标牌：正在上课。可是从窗子往里望去，教室里面空荡荡的，没有一个学生，也听不到老师的讲课声。我很纳闷，这是怎么个上课法呢？

我信步走进一片长满橄榄树的林子里，拐了个弯，再步上一个土坡，这时看见土坡下四五十名学生正被一位青年人带着高声吟唱诗句，他们边走边吟，或者是自由漫谈，浩浩荡荡地围绕着这座土坡转。这可奇怪了，难道说这就是他们在上课吗？那个为首的青年人长着瘦削的身材，清癯的面庞，一双深邃而明亮的眼睛，放射着聪慧的光芒。他很有号召力，全班同学都在听他的指挥，而他总是滔滔不绝地讲着这个那个……

过了好一阵子，青年人宣布下课，学生们也就各自散开了。我走下土坡正好和青年人打了个照面，不承想他主动、热情地伸出了一只手："您好！东方来的客人。羽毛相同的鸟，自会聚在一起。"我握着他的手稍微迟疑了一下，他接着说："老师起先告诉我了，你的东方人的面貌特征使我认出了您。"

我作了自我介绍之后，青年人说："我叫亚里士多德，① 是柏拉图的学生，担任这个班的班长。我是一个逍遥派，今天就和大家逍遥了一堂课。"

噢，原来是这样。班长就有这样大的权力带领全班同学上了这样一堂课！

亚里士多德和我边走边聊，他告诉我他的父亲是马其顿国王腓力二世的宫廷侍医，他也学过医。从 18 岁起，他就在柏拉图学园跟柏拉图学习哲学，还需要学习多长时间，他也不知道。不过他想早点儿出去，他不回避他和柏拉图的哲学观点发生了分歧，他想出去建立自己的学园。

看得出亚里士多德是一个才思敏捷、思想开放，同时又是一个胸怀坦荡、口无遮拦的人。和我初次相识，就公开了他和老师观点的分歧。而我在柏拉图那里却一点儿都没听说，只是从柏拉图的态度上感到对他的这位学生十分

---

① 亚里士多德（ρıστοτ έλης，英译：Aristotle，公元前 384—前 322 年），古希腊著名的哲学家、科学家和教育家。他是柏拉图的学生，亚历山大国王的老师。公元前 335 年，他在雅典创办的吕克昂学校，被称为逍遥学派。马克思曾称亚里士多德是古希腊哲学家中最博学的人，恩格斯称他是古代的黑格尔。

钟爱和宽容，就像父亲对待顶撞自己的儿子那样，骨子里仍然是弥爱的。

第二天下午我如约来到柏拉图的住处，还是在离房子不远的圆形的亭子前，看见亚里士多德早已坐在石桌旁了。我到了之后，柏拉图缓缓地走了出来。大家坐定之后，侍者将端来的咖啡放到每个人面前。

柏拉图：（谦和地笑了一下）我们开始谈吧，还是关于理念的问题。

末　学：先生，您把理念世界和现象世界已经讲得很清楚了。

亚里士多德：（吃惊地看了我一眼）……

柏拉图：（看着亚里士多德）说说你的看法吧！

亚里士多德：老师，您教导我们要善于思考，而神所做的、胜过一切想象中的幸福行为，莫过于纯粹的思考，而人的行为中最接近这种幸福的东西，也许是与思考最密切的活动。我的看法都是经过思考的。

柏拉图：凡是经过思考的东西都有价值，说给我听吧！

亚里士多德：老师，您认为理念是实物的原型，它不依赖于实物而独立存在。

柏拉图：是啊！

亚里士多德：老师，我不同意您的这种看法。

柏拉图：为什么？

亚里士多德：吾爱我师，吾更爱真理。

柏拉图：（会心地笑了）说具体些。

亚里士多德：老师，实际情况不是这样的。现实世界是由各种本身的形式与质料和谐一致的事物组成的。

柏拉图：什么样的质料和形式？

亚里士多德：质料是事物组成的材料，形式则是每一件事物的个别特征。

柏拉图：举例说明？

亚里士多德：就像是现在有一只鼓翅乱飞的鸡，这只鸡的形式是它会鼓翅、会咕咕叫、会下蛋。但是当这只鸡死后，形式也就不再存在了，唯一剩下的东西就是鸡的物质（质料）。

柏拉图：噢，你再具体说说质料是什么？

亚里士多德：质料有四种：第一种是质料因，即形成物体的主要物质；第二种是形式因，即主要物质被赋予的设计图案和形状；第三种是动力因，即为实现这类设计而提供的机构和作用；第四种是目的因，即设计物体所要达到的目的。这第三种动力因和第四种目的因，包含在第二种形式因中。

柏拉图：举例说明。

亚里士多德：制陶者的陶土为陶器提供质料因，而陶器的设计样式则是它的形式因，制陶者的轮子和双手是动力因，而陶器的用途是目的因。

柏拉图：那么，这就是一切事物发生的原因了？

亚里士多德：老师，正是这样的。我看中的是物体的形式因和目的因，相信形式因蕴藏在一切自然物体和作用之内。一开始这些形式因是潜伏着的，但是物体或者生物一旦有了发展，这些形式因就显露出来了。最后，物体或者生物达到完成阶段，其制成品就被用来实现原来设计的目的，即为目的因服务。因而在具体事物中，没有无质料的形式，也没有无形式的质料，质料与形式的结合过程，就是潜能转化为现实的运动。

末　学：（对柏拉图和亚里士多德）所以分歧最后就归于一点：柏拉图先生断言，感觉不可能是真实知识的源泉，亚里士多德则认为知识起源于感觉。我认为这是由于先生和学生看问题的切入点不同而得出的不同结论。

柏拉图和亚里士多德：（一齐发问）：怎么个不同切入点？

末　学：柏拉图先生是从现象世界的背后——理念世界看问题，也就是说将看问题的切入点放在了四维以上多维时空的阴性物质世界，所以得出的结论是，感觉不可能是真实知识的源泉。亚里士多德则是直接从现象世界看问题，也就是说将看问题的切入点一开始就放在了四维时空的阳性物质世界，所以得出的结论是知识起源于感觉。但是他最后也得回到理念世界——阴性物质世界去。

柏拉图：（站起来带头鼓掌，但是亚里士多德却没有反应）……

亚里士多德：（处在思考中）……

柏拉图：（对亚里士多德）说说你对东方的客人、孔子的子孙意见的看法？

亚里士多德：有道理。但是这两个不同的切入点能否达到共识？

柏拉图：（自信地）只要目标一致，殊途必定同归。

亚里士多德：我也有这种感觉。只是……

柏拉图：（狡黠地对亚里士多德）说说你的质料和形式的关系吧！

亚里士多德：（兴奋地）在质料和形式之中，形式比质料高一等。比如陶器是陶土做的，陶器这种形式就高于陶土这种质料。但是对于一座用陶器构造的房子来说，陶器又是质料，房子才是形式。可见形式与质料是处于一个不断上升的序列之中。低级事物的形式是高级事物的质料，它们也都有更高一级的形式。

柏拉图：余此类推，一级一级地追问下去，就一定有一个最高的绝对形式。

亚里士多德：是的。作为致动因，它是第一推动力；作为目的因，它是终极目的。它是一切形式的形式，一切动力的动力，一切目的的目的。

柏拉图：最后它就是一种纯形式，而纯形式是没有质料的。

末　学：没有质料的纯形式的东西，从生命形式来说，就是没有肉身的生命在阴性物质世界的存在形式。

柏拉图：（着重指出）不要忘记，它是没有肉身的最高的绝对形式。那么它是什么呢？

亚里士多德和末学：（一起回答）是神！

柏拉图、亚里士多德和末学：（同时站起来，高举手中的咖啡杯碰杯）神！为最高的智慧——神，干杯！

2.3　在短暂的生命里寻找永恒

隔了一天，仍然是在离柏拉图房子不远处圆形亭子下的石桌旁，我和柏拉图谈起了亚里士多德。因为亚里士多德又和他班上的男女同学“逍遥”去了，所以没有找到他。我说亚里士多德是一个有着独立人格和自由思想的人，柏拉图立刻竖起了大拇指，不假思索地说：“他是学园之灵。”我又问柏拉图，他们师生之间是否经常争论，柏拉图告诉我，岂止是争论，简直就是争吵了。又说，有一次亚里士多德甚至隐喻地说：“智慧不会随柏拉图一起死亡。”

我问柏拉图听了这话是否生气，柏拉图宽厚地笑了。他说，教育的成功就在于培养受教育者的怀疑精神。特别是学生能够反对老师、打倒老师，这是求之不得的事情。我问柏拉图，您对亚里士多德的培养是否表示教育的成功？柏拉图点点头，得意地笑了。于是我们就教育问题，作了如下的谈话。

末　学：先生，从您成功地培养了亚里士多德看，您的教育思想真得好好地总结一下了，因为这对后世的教育事业具有重要的指导意义。

柏拉图：我没有什么，这要归功于我的老师苏格拉底。

末　学：因为他成功地培养了您？

柏拉图：也不全是，我远没有做到老师教导的那样。你知道，公元前399年6月的一个傍晚，我的老师选择了饮下毒堇汁去死，对我的打击十分沉重。我对现存的政体完全绝望，于是就离开雅典，开始游遍意大利、西西里岛、埃及，以及锡拉岛上的昔兰尼等地，目的是寻求知识，但是我很失望，没有学到什么。一直到我40岁时，又重新回到雅典，办起了这座学园。思前想后，还是老师教给我的那些知识是真东西、真本领。特别是他的教育思想，成为我办学园的指导思想。所以你要我谈我的教育思想，实际上这是我的老师的教育思想……

末　学：但是谈到苏格拉底，应该首推他的灵魂学说了。

柏拉图：那就从这里说起吧！

末　学：先生，您就敞开讲吧！

柏拉图：我和老师都认为，人的一切知识都是由天赋带来的，它以潜伏的方式存在于人的灵魂当中。因此，所有的知识都是先天因素给予的。

末　学：这和您提出的理念关系极大。

柏拉图：对。我认为，人的认识不是对现象世界的感受，而是对理念世界的回忆。特别是要让灵魂中潜伏的知识苏醒、复苏。

末　学：怎样才能做到这点呢？

柏拉图：这是教育要研究的核心问题，可惜往往被高头讲章者所忽视。我师承苏格拉底的问答法，把回忆已有知识的过程，视为启发式教学。

末　学：具体的做法是……

柏拉图：通过问答形式，提出问题，揭露矛盾，然后进行分析、归纳、综合、判断，最后得出结论。

末　学：所以，您坚决反对用强制性的手段灌输知识。

柏拉图：对。我认为这是不人道的教学方式，是和教育的目的相悖的。

末　学：教育的目的是什么？

柏拉图：教育的目的是为了恢复人的固有的知识。就是说，让灵魂中潜伏的知识苏醒、复苏过来。为此，就不能不注意教育的过程。

末　学：教育的过程是什么？

柏拉图：教育的过程就是启发学生回忆理念世界的过程。

末　学：先生，学生是根据什么来回忆呢？

柏拉图：学生是通过理念世界在现象世界的影子来回忆理念世界的。所以要启发学生善于抓住这个"影子"。为此，我特别重视反思（reflection）和沉思（contemplation）这两个词，认为理性的知识唯有凭借反思、沉思才能融会贯通。因而必须引导学生心思凝聚，做到学思结合；从一个理念到达另一个理念，并最终归结为理念。要善于点悟、启发、诱导学生进入这种境界，使他们在苦思冥想后感到茅塞顿开，从而喜获理性之乐。

末　学：这与苏格拉底的助产术有异曲同工之妙。

柏拉图：所以要谈我的教育思想，实际上这是我的老师的教育思想……

末　学：那么，怎样看待感觉的作用呢？

柏拉图：感觉的作用只限于对现象的理解，并不能成为获得理念的工具。但是又要承认感觉在认识中的刺激作用。

末　学：为什么呢？

柏拉图：唯有这种“刺激”，才能诱导人的思维进入理念世界。

末　学：怎样才能做到这点呢？

柏拉图：重视对于普遍、一般知识的学习，特别是加强对学生思维能力的培养。在这里，培养学生的想象力格外重要。一个人如果说没有想象力，是注定没有前途的。因为理念、真理是纯思维的产物。

末　学：先生，是否从娃娃抓起更好一些？

柏拉图：对了。年幼时期接触的事物对一个人有着永久的影响。从娃娃抓起，通过具体事物的感性启发，引起回忆、反省和思考，就能够更好地再现出灵魂中固有的理念知识。因为理念世界是知识的源泉嘛。

末　学：我赞同您的观点。能否介绍一下您的教学体系？

柏拉图：好的。根据学生的心理特点，划分几个年龄段分别授以不同的教学科目，目的是启发和发展理性，回忆理念世界。

末　学：请您再讲得具体一些！

柏拉图：3 岁之前的幼儿，在育儿所里受到照顾；3～6 岁的儿童在游乐场做游戏、唱歌、听故事；6 岁以后的儿童进入初等学校学习初级课程，培养读、写、算、歌唱的能力，特别是要参加体操等体育训练项目。17～20 岁的青年升入国立的高一级教育机关——埃弗比（Ephebia）①，接受军事教育。并且结合军事教育学习文化科目，主要有算术、几何、天文、音乐“四科”。20～30 岁的青年，经过严格挑选进入 10 年科学教育，继续学习“四科”，以便懂得自然科学之间的联系，目的是培养和发展青年的思维能力。30 岁以后再经过严格挑选，入选者学习 5 年，主要是学习和研究哲学等。

末　学：先生，您这是一个完整的金字塔形的教学体系。

柏拉图：（欣慰地笑了）是金字塔形。

末　学：那么塔底和顶端哪个重要？

柏拉图：都重要。

末　学：为什么呢？

柏拉图：每一门学科都有其独特的功能，凡有所学，皆能促成性格和思维的发展。一个人在 17 岁之前所学的基础知识，是培养公民一般素养之所需。而对于以后处在顶端的哲学家而言，前面学习的许多科目都是必不可少的知识准备。因为千里之行始于足下，万丈高楼从底起嘛！

末　学：先生，请您具体说说。

---

① 这里说的高一级教育机关——埃弗比（Ephebia），即古希腊军事训练单位。

柏拉图： 譬如，学习文法和修辞是研究哲学的基础；学习算术能够锻炼人的分析与思考能力；学习几何、天文对于航海、行军作战、观测气候、探索宇宙十分重要；学习音乐能够培养军人的勇敢和所有人的高尚的道德情操。

末　学： 那么，您对教材有什么要求？

柏拉图： 精心挑选，着力净化。

末　学： 为什么要这样做呢？

柏拉图： 在短暂的生命里寻找永恒，就要符合道德要求。例如，语言、故事、神话、史诗等，都必须是教化高尚道德的东西。

2.4　《理想国》的理想

柏拉图的书房显得十分宽敞，整齐排列的书架，围绕着四周的墙壁转了一圈。书架的每一层都整齐地码放着羊皮纸卷——那是当时装帧的书籍。写字台是一个长方形的石桌，用藤条编织的两把椅子分别放在石桌的前后。在临窗户的墙上，挂着苏格拉底写的一张条幅："最优秀的人就是你自己"。

柏拉图很客气地示意我坐下，于是我们就隔着写字台面对面地坐着。我发现当柏拉图坐下的时候，他那壮实的身子把藤椅座位占得严严实实，椅子有些摇晃，致使他怪不好意思似的。侍者及时端来了咖啡，一股浓香扑鼻而来。柏拉图从桌子下拿出一卷羊皮纸推到我面前，说这是他的新著的手稿。

我看见封面上写着：Πολιισ（英译：Polis。国家、城邦），并排又写着：Πολιτεία（英译：Politeia。国家的事情，管理国家的事情）。大概采用哪一个词作书名还定不下来，于是就出现了两个词汇。

这本书就是后来传承两千多年、常读常新的《理想国》。以后英文通译为：《Republic》。于是，我和柏拉图就《理想国》一书作了如下的谈话。

末　学： 先生，您这本书的写作也是从理念入手的？

柏拉图： 是的。唯有从理念入手才能切中时弊要害。

末　学： 为什么？

柏拉图： 因为只有理念才是真实的、完满的。从理念出发观察现实世界，就发现它是不完满、不真实的。现实的国家也是不完满的，毛病多多。因而我要设计一个真、善、美相统一的政体，构造一个充满正义和美德的国家——理想国，鼓励人们朝着这个美好的方向努力。

末　学： 您构造的理想国的立足点在哪里？

柏拉图： 在人。人是立国之本嘛。

末　学：但是人是有差别的，您怎么区分？

柏拉图：你说得好，人是有差别的。我把城邦国家的人分为三种人：城邦统治者、城邦护卫者和农工商贾。统治者以自己的智慧统治城邦，城邦护卫者以自己的勇敢保卫城邦，工匠从事手艺工作、农夫种地、商人贸易。

末　学：这不就把人分成了等级？

柏拉图：是啊，三种人就是三个等级。你觉得不公平吗？

末　学：是有点不公平。为什么一些人被划分为统治者，而另一些人被划分为城邦护卫者、工匠、农夫和商人呢？

柏拉图：（无可奈何地笑了）这是没有办法的事情。是由每个人的先天因素、后天学养、个人努力，以及他们特殊的能力、爱好等综合因素决定的。这种差别也决定了每个人最适合做的职业。

末　学：所以在您眼里，城邦统治者、城邦护卫者和农工商贾之间只是社会分工的不同，各自从事专业的不同，并无高低贵贱之分。

柏拉图：（兴奋地）对了。你算说到了我的心坎上！

末　学：先生，您认为什么人才能成为城邦统治者呢？

柏拉图：这要从人的灵魂说起。我认为，人的灵魂里存在着理性、意志和欲望，他们分别代表智慧、勇敢和有节制三种品德，其中理性统领着其他部分。城邦统治者、城邦护卫者和农工商贾各自分别具备这三种品德。三种品德的和谐一致，就产生了第四种品德——正义。有一种人的灵魂中包含高度的智慧、极强的思维能力和优秀美德，并且在实践中能够全部发挥出来。

末　学：这种人是谁？

柏拉图：哲学王。

末　学：您是否认为只有哲学王才能成为城邦统治者？

柏拉图：正是。哲学王也叫监国者，只有他才具有城邦统治者的资质。

末　学：先生，这么说城邦的统治者就不需要普选了，这和雅典的民主制度相悖呀！再说这样做是否剥夺了公民人人参政的机会？

柏拉图：我的这个想法与你们东方孔子的说法有点相仿。

末　学：孔子说过，唯上智与下愚不移。①

柏拉图：说上智与下愚“不移”有点儿绝对。但是民众广泛参与政治决策并非就是好事。在民主政体中，没有专门的管理阶层，领袖人物既要迎合民众的喜好，又要维护自己的名誉和地位，就会极力回避艰难的抉择。再说并不是人人都有决策的能力，所以我主张贤人治国，城邦至上。

---

① 《论语·阳货》。子曰：“唯上智与下愚不移。”

末　学： 那么您不喜欢自由民主制度？

柏拉图： 至少我对雅典的自由民主制度不喜欢。

末　学： 为什么呢？

柏拉图： 错误多多。我的老师苏格拉底就是被雅典公民法庭处死的！还有，自由民主与维护权威、秩序和稳定相矛盾。社会缺乏凝聚力，人们都去追逐自己的利益，矛盾冲突不断发生，就不再有社会正义和对共同体的善了。

末　学： 那么，您是否提倡专制？

柏拉图： 不不不，不喜欢民主制度不等于提倡专制。如上所说，我把治理国家的希望寄托在哲学王身上。哲学王没有私有财产，也没有自己的家庭；他有很高的智慧和品德，执掌着最高权力却不热衷于权力；他比别人付出更多的辛苦，一心一意为公民谋福利。哲学王的知识和品德既承自先天的特质，又经过后天的培养。现行的选举政治绝对产生不了这样的精英。

末　学： 那么，在哲学王领导下公民过着怎样一种生活？

柏拉图： 公产、公餐、公妻、公育。

末　学： 啊？

柏拉图： 不要惊奇，也不要紧张。这既是在英明的哲学王领导下的一种社会制度、一种生活方式，也是真实、完满的理念在城邦社会的实现形式。

末　学： 噢，这是理念所要求的社会制度和生活方式？

柏拉图： 对了。

末　学： 先生，请您具体介绍一下！

柏拉图： 公产是指实行公有制；公餐是指建立公共食堂；公妻是指高级的家庭形式；公育是指孩子由社会抚养。

末　学： 这要等到猴年马年才能实现呀！再说，这种设想现实吗？

柏拉图：（指着我面前的羊皮纸卷）所以人家都说这是乌托邦。可是，可是这是理念所要求的啊！因为，因为只有理念才是正义的化身！

末　学： 先生，那您就再讲一讲正义吧！

柏拉图： 对一个人来说灵魂就是他的理念。人的灵魂中的理性代表智慧、意志代表勇敢、欲望代表有节制，这三种品德的和谐一致，产生第四种品德——正义。将这品德中的正义扩大范围，就成为城邦国家的正义。我主张城邦国家至上，强调城邦的利益、整体的善。为此可以牺牲平等，甚至限制某些自由。

末　学： 这就带有强制性了……

柏拉图： 也不尽然。如果说城邦统治者、城邦护卫者和农工商贾各安其分，各司其职，互不干扰，互不越位，这样的城邦也就代表了公平、正义。

末　学：可是迄今为止，公平尚未实现，人类仍在探索……

柏拉图：让我们永远走向上的路，追求正义和智慧吧！

末　学：先生，在理想国里，哲学王实行的是德治还是法治？

柏拉图：当然是德治了。

末　学：为什么？

柏拉图：哲学王有着优秀的美德，足以体现正义和理性，而德治就是正义和理性之治。因而他惯于从道德的角度考虑政治问题，善于用道德的手段解决政治争端。所以我一贯推崇德治，哲学王当然也是啦。

末　学：难道说不要法治……

柏拉图：也要法治，但是只有在缺少实行德治的基础时，退一步才实行法治。我后来写了《法律篇》，就是准备在理想国实行不了德治时，再以法治国。

末　学：先生，这样您的理想国不就打折扣了？

柏拉图：（摊开双手）没有办法，只好建立二等好的理想国了！（笑）

2.5　柏拉图式爱情

在柏拉图学园，流传着一则关于柏拉图和苏格拉底谈论爱情、婚姻、外遇和生活的故事。我找到亚里士多德问个究竟，他说这是一个真实的故事，没有杜撰的嫌疑。但是他对苏格拉底的回答却不以为然，特别是对柏拉图式爱情更是嗤之以鼻，觉得理想的成分太多，根本不实际。但是我觉得柏拉图和苏格拉底的谈论还是不错的，给人以很大的启发。亚里士多德却反驳说人要在现实中生活，而不是在理想中生活。于是我和亚里士多德之间也发生了些许的摩擦。不过他很大气，并不在乎这些，仍然和我有说有笑。并说你既然喜欢就把它介绍给你的读者吧，反正萝卜白菜各有所好嘛！（笑）

…………

有一天，柏拉图问苏格拉底什么是爱情。苏格拉底叫他到麦田里走一趟，要不回头地一直往前走，在途中摘下一株最大最好的麦穗，但只可以摘一次。柏拉图觉得这很容易，于是充满信心地出去了。谁知好几个小时过去了他却两手空空地出现在苏格拉底面前，颓丧地说："老师，很难看见一株看似不错、却不知道是不是最好的麦穗。因为只可以摘一次，就不敢贸然下手。再四处看看有没有更好的，结果发现自己已经走到了麦田的尽头了，就这样一株麦穗也没有摘到。"这时，苏格拉底告诉他："我的爱徒，那就是爱情。"

有一天，柏拉图问苏格拉底什么是婚姻。苏格拉底叫他到杉树林走一趟，要不回头地一直往前走，在途中砍下一棵最好、最适合用来当圣诞树用的树材，但只可以砍一次。柏拉图有了上一次的教训，于是十分有把握地出去了。谁知一个上午过去了，他却一身疲惫地拖着一棵看起来直挺、翠绿，但枝条有些稀疏的杉树回来了。苏格拉底问他："这就是最好的树材吗?"柏拉图说："老师，因为只可以砍一次，我就得认真地挑选。好不容易选上一棵看似不错的树材，却发现自己的体力不够用了，时间也快到了，于是就不管是不是最好的，砍下就拿回来了。"这时，苏格拉底告诉他："我的爱徒，那就是婚姻。"

有一天，柏拉图问苏格拉底什么是外遇。苏格拉底叫他到树林里走一趟，并说可以来回地走走，在途中摘下一枝最好看的花。柏拉图觉得这一次容易，于是满怀信心地出去了。谁知过了大半天，他却兴冲冲地捧着一枝颜色鲜艳、但已有些萎蔫的花儿回来了。苏格拉底问他："这就是最好看的花吗?"柏拉图说："老师，我四下寻找、反复挑选，觉得这是一枝盛开得最美丽的花，摘下来后就赶快往回走，谁知走在路上，就眼看着它渐渐地萎蔫下来。"这时，苏格拉底告诉他："我的爱徒，那就是外遇。"

有一天，柏拉图问苏格拉底什么是生活。苏格拉底还是叫他到树林里走一趟，并说可以走得远一点，在途中摘下一枝最好看的花。柏拉图信心百倍地出发了，过了三天三夜还没有回来。苏格拉底只好到树林里去找他，结果发现柏拉图在那里露营扎寨了。苏格拉底问他："你找到最好看的花了吗?"柏拉图指着地上的一朵花说："老师，这就是最好看的花。"苏格拉底问："为什么不把它摘下来带回去呢?"柏拉图说："老师，如果把它摘下来，它马上就萎蔫了。即使不摘它，迟早也会枯萎的。还不如趁它盛开的时候，我住在它旁边观赏呢。等它凋谢时，我再去找下一枝。这已经是我找到的第二朵最好看的花了。"苏格拉底赞赏地说："我的爱徒，你已经懂得生活的真谛了。"

一天傍晚时分，我又来到柏拉图的住地，柏拉图邀请我到石房子后边的橄榄树林里散步。夕阳之下我们一起在林间漫步，感觉十分惬意。我说学园里流传着苏格拉底和他谈话的故事，柏拉图说这样的故事多了，并问是哪一方面的，我说是关于爱情、婚姻、外遇和生活的谈话，听了给人以深刻的启迪。柏拉图停下来，深情地说："老师对我的教诲是终生的。怀念他啊!"我说："我们中国人有一句话：一日为师，终身是父。"柏拉图连声说："这个比喻太好了，太好了!"我说："我还想就爱情、婚姻问题向您请教。"柏拉图说："老师已经讲得很多了，我就不谈了吧。"我说："您是青出于蓝而胜于蓝，您的思想有自己的特色，比如柏拉图式爱情……"柏拉图笑了，点头表示同意。

于是我和柏拉图接着作了如下的谈话。

末　学：先生，您对男女之间爱情的基本看法是什么？

柏拉图：（顺手从树枝上摘下一个橄榄，用力把它掰开，又合在一起）就像这个掰开又合在一起的橄榄。

末　学：为什么用这个比喻呢？

柏拉图：传说一开始人是男女合为一体的。人的力量非常强大，野心也日益膨胀。最后人竟想开辟一条通天之路，以便和神交战决一雌雄。神界主宰宙斯召集诸神会商，结论是既不消灭人类又要削弱其力量，办法是把每个人都劈成两半。于是人就成了现在这个样子：男人和女人。

末　学：就像您手里掰开的橄榄？

柏拉图：对。分开之后的人的这一半总是想着那一半，想重新合二而一，这就是追求。一旦追求到对方，就紧紧地拥抱在一起，恨不得成为一个人，这就是爱情。还有，如果说那一半死了，这一半活着，他还会有新的追求，直到找到新的一半，这就是爱情的力量。……

末　学：爱情是人的本能，是人类永远摆脱不了的宿命。

柏拉图：是的。没有爱情，人类也就不可能延续下去。

末　学：先生，是否有唯一的爱情？

柏拉图：有。爱情的理念就是唯一的爱情。好比观念上最完美的爱情就是爱情的理念一样，它只是唯一、专一的爱情。

末　学：这怎么解释？

柏拉图：（举了举手中掰开的橄榄）你看，这两半橄榄合在一起是最完美的。可是如果再拿来另一个果子的一半，肯定合不上。人也是这样，他（她）的一半只能有一个。因而人追求的恋人应该是唯一的一个。

末　学：这几乎没有人能够做到。

柏拉图：所以恋人常常变心，总感到自己追求的对象不那么满意。

末　学：这很可怕，恋人之间如果没有一个稳定的关系……

柏拉图：不必多虑，只是说没有相对稳定的关系。人世间真正的爱情是极其罕见的，大部分人都是相对满意。有的虽然吵吵闹闹，但也不离不弃。

末　学：就像苏格拉底和他的妻子桑蒂普……

柏拉图：（瞪了我一眼）请不要拿我的老师的婚姻说事，桑蒂普也有她忠诚、可爱的地方，在苏格拉底生命的最后时刻，她一直守在他跟前。还有，桑蒂普全身心地操持了那个家，而老师是从来不过问的。

末　学：还有，桑蒂普成就了苏格拉底成为一个哲学家？（窃笑）

柏拉图：这是开玩笑的话。不过一个人前进中的反推力也是重要的。

末　学：先生，既然恋爱的对方很难成为自己的一半，爱情的意义在哪里？

柏拉图：爱情的意义就在于你追求的完美的爱情理念。

末　学：那不就否定了现实生活中的爱情？

柏拉图：不不不，你误解了。这并不否定现实生活中的爱情。现实中相对美满的爱情，仍然是愉快的和美好的。不过应当明白，任何人的爱情都是对爱的理念的分有。爱情追求的是绝对的美，也就是美的理念。爱情的理念是永恒的美，对爱情的追求本身也是一种永恒，因而人就不要缠绵在具体的爱情当中。

末　学：这不会助长轻率随意的恋爱风气吗？

柏拉图：不不不，你又误解了。这恰恰阐明的是一种严肃的爱情观。它要求人们追求爱情的理念——最完美的爱情，必然提升人的精神品位。人们所看重的是灵魂的美，甚至认为灵魂美优于形体美。在这样的思想引导下，无论爱情的过程怎样，结果如何，都会以真善美为出发点并找到最后归宿的。

末　学：先生，这就是柏拉图式爱情的要旨？

柏拉图：正是。

末　学：在这种爱情观的指导下，爱应该分有几种模式……

柏拉图：你说对了。我想大体上分有四种模式：一是爱情与性爱的统一；二是爱情高于性爱；三是爱情与性爱可以适当地分离；四是爱情与性爱完全分离，即追求爱情的理念——美本身。

末　学：先生，依我看您看重的还是第四种模式，纯粹的精神恋爱——没有任何肉体接触的浪漫情怀。您说呢？

柏拉图：（耸耸肩膀，哈哈大笑）这个嘛……

第3章　与孔子的对话[①]

从雅典回到北京已经好几天了，但是心里总是平静不下来。因为和苏格拉底、柏拉图谈话的情景记忆犹新，印象真是太深刻了！还有，雅典卫城的帕特农神庙、埃雷赫修神庙、雅典娜神庙的庄严、神圣，正义女神雅典娜和爱神维纳斯动人的传说，以及爱琴海旖旎的风光，都使人挥之不去、久久难忘……

也许是神的差遣，提醒我不能老是沉浸于回忆当中。应该尽快调整状态，及时去拜见下一位访问对象——东方的圣人孔子。

…………

飞机很快降落在济南遥墙机场，出站后打了一辆出租车，直奔孔子的故里曲阜东南鲁源村。一路上所见都是平原和丘陵，天空灰蒙蒙的，庄稼刚刚返青。这里远没有雅典卫城那些宏伟的神庙建筑和爱琴海迷人的风光，是典型的鲁西南农村景象。大概脱贫不久，还存在着明显的城乡差别。进了村子，看见大部分人家仍旧是传统的砖瓦房。有的老人悠闲地靠墙晒太阳，有的吧嗒吧嗒地吸着旱烟，一副无所事事的样子。我的心里顿时升起一阵苦涩的感觉。通过交谈得知年轻人大部分都出门打工挣钱去了，留守的差不多都是妇女和老年人。大概是受孔子的影响，家家都让孩子上学，但是却鲜有大师级人物出现。村子的旅游业搞得不错，用一位村干部的话说："大伙都沾了孔圣人的光。"

孔子现在并不"住"在他出生时的鲁源村，而是早就迁居到曲阜城北泗

---

① 孔子（公元前551年9月28日—前479年4月11日），中国古代著名的哲学家、思想家、教育家、儒家学派创始人。名丘，字仲尼，春秋时期鲁国人，汉族。生于鲁国陬邑昌平乡（今山东曲阜东南鲁源村）。逝世后葬于曲阜城北泗水之上（孔林）。曾任鲁国司寇，后携弟子周游列国，并返回鲁国，专心执教。他打破教育垄断，是开创私学的先驱。有弟子三千，七十二贤人，其中不少人是各诸侯国的栋梁之材。孔子在世时被誉为"天纵之圣"、"天之木铎"、"千古圣人"，是当时社会上最博学的学者之一。曾修《诗》《书》，定《礼》《乐》，序《周易》、作《春秋》。《论语》是孔子的弟子及再传弟子，记录孔子及其弟子言行的一部书，是儒家的经典著作。孔子被尊为至圣、万世师表，其思想和学说对后世影响深远。

水之上，这是历代统治者为他建筑的园林式阴宅——孔庙。于是我又驱车北行来到孔庙，以便在这里拜见东方的圣人孔子。

这里有必要将孔庙的建筑叙述一下。虽然它比不上雅典卫城帕特农神庙等大理石建筑的挺拔、精致，但是从东方的木制建筑物来说，却也够得上高大雄伟了。孔庙占地约有327亩，建筑物466间，前后有九进院落，第七进院落中的杏坛，据说是孔子生前讲学的地方。孔庙的标志性建筑是主殿大成殿，约高32米，宽54米，进深34米。廊下有28根龙古柱，每根石柱都是用整块石材雕成的。前廊下的十根石柱用深浮雕的手法雕成双龙对舞，衬以云朵、山石、波涛，造型优美生动。这里存有大量碑刻及画像砖，极其珍贵。

孔庙的东侧是孔府，始建于宋代，是孔子嫡长孙世袭的府第。在孔府大门两旁的明柱上，悬挂着纪晓岚手书的一副楹联："与国咸休安富尊荣公府第 同天并老文章道德圣人家"。这副对联中的"富"字没有第一点，"章"字最后一竖贯通日，分别寓意"富贵无头"、"文章通天"。孔府后院有一座花园，幽雅清新，布局别具匠心，可称园林佳作。

在曲阜城北门外有一片树林，叫做孔林，亦称宣圣林、至圣林，是孔子和他的后代子孙们的家族墓地。占地约3000亩，周围砖砌墙长达14里。孔林内柏桧夹道，进入孔林要经过1200米的墓道，然后穿过石牌坊、石桥、甬道，到达孔子墓前。孔子的坟墓封土高达6米，东侧是孔子之子孔鲤和他的孙子孔伋的坟墓。据说，这样的排列次序是按照孔子生前要求，取"携子抱孙"之意。整个孔林延用将近2500年，内有坟冢10余万座，有的墓前还有石雕的华表、石人、石兽等，它们都是依照墓中人当时被封爵位的品级而设置的。

我是在孔庙第七进院落中的杏坛看见孔子的。他身高1米90以上，身材高大魁梧，有着较宽的古铜色脸庞，前额稍稍突起，一双有棱有角的大眼睛，放射着灼人的目光。略微翘起的鼻子下，有着宽厚的嘴唇。牙齿整齐地排列着，显示着健康、毅力和决心。他头上戴冠，身上穿着浅蓝色的丝绸长袍，脚蹬一双黑色的布靴。此刻，他正一个人略有所思地来回踱着步子，看起来并不是很悠闲的样子，倒像是心事重重。

我走到孔子面前，深深地鞠了一躬。他有点惊喜，随之露出了笑容。当我说明来意并带给他苏格拉底和柏拉图的问候时，他显得有些激动，张大着嘴巴连声说："谢谢，谢谢！"大概是很久没有人访问过他了，或者说还有别的什么原因，看得出他很不自在、但又特别兴奋的表情。

就在杏坛，我和孔子作了如下的谈话。

3.1 生前失意潦倒，死后不得安宁

末　学： 先生，如果我没有算错的话，您的阳寿是 72 岁；阴寿是 2448 岁。

孔　子： 按照乡下人的习惯，算虚岁，所以我的阳寿是 73 岁。

末　学： 那么，您怎样评价自己的阳寿 73 年和阴寿 2448 年？

孔　子： 这就说来话长了。

末　学： 先生，那您就先说说 73 岁的生平吧！

孔　子：（陷入回忆中）我的先祖是商朝最后君主纣王的庶兄微子，商朝的王族是子姓，所以我本姓子而非姓孔。微子讨伐暴君纣王立下战功，周王后来分封诸侯时让他立了宋国。微子的后代中有一位叫孔父嘉，是我的直系先祖。这一支的后代以孔为族号，后来孔父嘉落难，儿子逃亡到鲁国被鲁君收留。于是从我的高祖、曾祖、祖父到我父亲再到我，就把鲁国当作故乡，并且姓孔了。

末　学： 您的祖上的家世是相当显赫的。

孔　子： 是呀，但是风水轮流转，到了我这一代就不怎么样了。

末　学：（不解地）为什么呢？

孔　子： 我出生在诸侯纷争、局势混乱的春秋时期。特别是我 3 岁时死了父亲，家境顿时艰难起来。母亲颜征带着我移居曲阜阙里，孤儿寡母看尽了人家的眉高眼低。为了谋生，我小小年纪就给人打工。但是我自幼聪慧、好学，通晓乐理知识。实在找不到工作时，就只好给安葬死人的乐队当吹鼓手。

末　学： 真够苦的！但它对人是一种历练。

孔　子： 是的。在 15 岁之前，我都是给有钱人当牛做马，算是童工。但是我和一般童工不同的是，在干活之余我把当时所有能搜罗来的书都读了，意识到要努力学习做人和生活的本领。因而有“吾十有五而志于学”之说。①

末　学： 所以您是真正的自学成才。

孔　子： 这也是被迫所致，是一个苦难者力图出人头地的唯一出路。

末　学： 您有了这么多知识，是否就受到社会尊重了？

孔　子： 没有。在那个权钱欲望横流的动乱年月，谁会尊重你？这时最令我悲痛的事情是，鲁昭公六年（公元前 536 年），我母亲去世了，这时我刚

---

① 《论语·为政》。

满 17 岁。当时适逢季氏宴请士一级贵族，有人说我一肚子学问也够参加赴宴的资格，并且纵容着我和他一起去，结果到了季氏家门口，唯独我被家臣阳虎拒之门外。那一刻，我感到被羞辱得无地自容，也后悔莫及！

末　学： 先生，您说过“知耻近乎勇”。[①] 这件事情对您的刺激很大，也一定更能激发您努力奋斗的精神。

孔　子： 不瞒你说，自此之后，我就想步入仕途，因而对天下大事非常关注。鲁昭公十年（公元前 532 年），我 20 岁，做委吏（管理仓库的小官）；第二年，又做乘田（管理牧场的小官）。这些虽是芝麻大的官，但是事无大小，我均能做得近乎完美。鲁昭公二十年（公元前 522 年），我 30 岁，齐景公出访鲁国时召见了我，与我讨论秦穆公称霸的问题，由此我结识了齐景公。鲁昭公二十五年（公元前 517 年），鲁国发生内乱，鲁昭公被迫逃往齐国，我也跟着到了齐国，受到齐景公的赏识和厚待，甚至准备把尼溪一带的田地封给我，但被大夫晏婴阻止了。鲁昭公二十七年（公元前 515 年），齐国的大夫想加害我，我听说后找到齐景公，他却说：“吾老矣，弗能用也。”我只好逃回鲁国。当时的鲁国，政权实际掌握在大夫的家臣手中，被称为“陪臣执国政”，我有过两次从政机会都放弃了。

末　学： 先生，看来您一开始就不顺利。

孔　子： 但是我并不灰心，利用一切机会看书学习，同时在深深地思考社会问题。也迫切地感到人必需接受教育，才能培养伦理道德，也才能通达天下。经过不懈的努力，我终于掌握了当时最高深的学问，被誉为鲁国的一代大儒。这期间我一直没有从政的机会，就“退而修《诗》《书》《礼》《乐》，弟子弥众，至自远方，莫不受业焉”。[②] 并且“作春秋而乱臣贼子惧”。[③]

末　学： 听说，这一段时间您还办了学校。

孔　子： 是的。我先是办学育才，宣传自己的思想和主张。随着名声的日起，当权者就要录用我为他们服务。这当然也是我求之不得的事情，因为我可以在这个舞台上实施自己的政治主张，改变人生、改造社会。

末　学： 先生，您都当过什么大官？

孔　子：（含笑地）后来鲁昭公驾崩，鲁国的形势好些了，我也过了不惑之年。由于我的能力和学识，无人可以比拟，因而就不断地得到升迁。鲁定公九年（公元前 501 年），51 岁时被任命为中都宰（中都市长），因政绩突出，

---

① 《礼记・中庸》。子曰：“好学近乎知，力行近乎仁，知耻近乎勇。”

② 《史记・孔子世家》。

③ 《孟子・滕文公下》。

一年后升任司寇（公安部长兼最高法院院长）。鲁定公十三年（公元前497年），55岁时又升任代理宰相（代总理）兼管外交事务。[①]

末　学：这可是步步高升哟。那么您都有些什么政绩呢？

孔　子：当然有了。我当司寇时，为严肃法纪，果断地将扰乱政事的奸佞大臣少正卯杀掉，社会风气顿时变好了。任代理宰相仅三个月，就使鲁国内政外交各个方面大有起色。百姓安居乐业，恪守礼法。那些奸佞之人和刁民纷纷出逃。我还通过外交手段，让齐国归还了侵占鲁国的大片土地。

末　学：先生，您是一个很称职的公务员，一个颇有作为、政绩卓著的国家领导人。

孔　子：但是，没有多久我就倒霉了！

末　学：为什么呢？

孔　子：我的同僚嫉恨我，小人用谗言陷害我。鲁国国君昏庸无能，沉迷于酒色，偏听偏信，反倒指责我的不是。鲁定公十二年（公元前498年），为了削弱三桓势力，[②] 我采取堕三都的措施（即拆毁三桓所建城堡）未能成功，反对派乘机告黑状，孤立我。这时鲁国国君又中了齐国的美人计、反间计，祭祀时竟然忘记给我分祭肉。这在当时是很严重的事情，说明国君对我已经不信任了。

末　学：那怎么办呢？

孔　子：我决心一走了之，这一年是鲁定公十三年（公元前497年），我55岁，也就是当代理宰相不到一年就辞职不干了。

末　学：这多么可惜啊！

孔　子：没有办法，干不下去了！从此我就带着我的学生离开鲁国，开始周游列国，目的是想到国外去寻找出路，发展自己。

末　学：是呀，此处不留爷，自有留爷处。那么一路上顺利吗？

孔　子：我们先到卫国，卫灵公很尊重我，按照鲁国的俸禄标准发给俸粟6万，但却不给官职，也不让参与政事。这时有人在卫灵公面前进谗言，卫灵公对我起了疑心，派人公开监视我的行动。我受不了这种侮辱，10个月后，就带着弟子离开卫国，打算去陈国。

末　学：这一次顺利吗？

孔　子：一言难尽。我们路过匡城时，因为误会而被人围困了5天，好

---

① 由于孔子升迁过快，不符合当时鲁国官员晋升标准，故为代理宰相。

② 三桓，即季孙氏、叔孙氏和孟孙氏三家世卿，因为是鲁桓公的三个孙子故称三桓。当时鲁国的政权实际上控制在他们手中，而三桓的一些家臣又在不同程度上控制着三桓。

话说尽，才准许离开匡城。到了蒲地，又碰上卫国贵族公叔氏发动叛乱，再次被围困。逃脱后，我们又返回了卫国。卫灵公听说我和弟子从蒲地返回，非常高兴，亲自出城迎接。此后我几次离开卫国，又几次回到卫国，这一方面是由于卫灵公对我的态度时好时坏，另一方面是我离开卫国后，没有去处，只好又返回去了。

末　学：真不容易啊！那以后呢？

孔　子：鲁哀公二年（公元前493年），我59岁，率弟子离开卫国经曹国、宋国、郑国至陈国，在陈国住了三年。这时吴国攻打陈国，战事频繁，兵荒马乱，我又率弟子离开了陈国。楚国国君听说我到了陈国和蔡国的交界处，就派人来迎接我们。但是陈国和蔡国的大臣们知道我对他们的所作所为有意见，怕我到了楚国被重用，对他们不利，于是又派服劳役的人将我们围困在半道上，前不挨村，后不着店，所带粮食吃完了，整整绝粮7日。最后还是子贡找到楚国人，楚国国君派兵迎接，我和弟子才免于一死。

末　学：先生，这些诸侯国的国君为什么既尊重您又为难您呢？

孔　子：这是我的命运使然。因为我的思想和学说是以仁为核心，以礼为秩序，要求和谐，爱惜民力。他们尊重我是因为我的威望高、名气大；他们为难我是因为我的政治主张和他们追求的霸道格格不入。

末　学：所以您周游列国总是不顺当。

孔　子：鲁哀公七年（公元前488年），我64岁，率弟子又回到卫国，在卫国又住了四年。所以算起来我在卫国待的时间最长，和卫国国君及君夫人南子都很熟悉。鲁哀公十一年（公元前484年），我68岁，在弟子冉求的努力下，鲁国国君将我迎回鲁国，但是仍然把我放到一边，敬而不用。

末　学：先生，我明白了，这就是命运。

孔　子：“不知命，无以为君子也。”① 我已心力交瘁。到了鲁哀公十六年（公元前479年）农历二月十一，我便撒手人寰，离开了这个争权夺利的世界。

末　学：先生，您这一生真不容易。虽然生前不断地遭受官场打击、排斥，但是您创立的儒家学说，却成为中华民族传统文化的根。所以您的价值是无法估量的。（稍停片刻）先生，我还想再问一个问题，可以吗？

孔　子：当然可以，你说吧！

末　学：先生，您怎么看待您去世之后在您身上发生的事情？

孔　子：（沉重地叹了口气）这叫我怎么说呢。我是生前失意潦倒，死后任

① 《论语·尧曰》云：“不知命，无以为君子也。不知礼，无以立也。不知言，无以知人也。”

人利用、打杀，我阴寿的日子从来没有安宁过。两千多年来尊孔、批孔轮番出现，一波未平一波又起，我就成了一些人为了达到不可告人的目的的一块敲门砖。寒心啊！这个问题我们就不谈了，（生气地）就到这里吧！

末　学：先生，谢谢……

3.2　以“仁”为核心、以“礼”为秩序的人生境界

让一位超级老人生气是不应该的，也是不道德的。我搀扶着孔子离开杏坛前往他下榻的地方，叫他好好休息，并且约定隔两天再来拜访他。

在回来的路上，我忽然想起孔子不是有三千弟子、七十二贤人，怎么现在一个人孤独地待在这里呢？噢，我明白了，看来这也是没有办法的事情。因为即使在七十二贤人中，也没有一个人的学术造诣和影响力超过他的老师，于是他们也就慢慢地被后世人忘记了，忽略了。这样七十二贤人的灵魂转世也就不知循环了多少代，那么有谁还能认识孔子现在的生命存在形式呢？所以一个伟大的人生前是孤独的，死后生命在阴性物质世界的存在形式也是寂寞的。我不禁要问神：难道一个伟大的人就注定要永远孤独和寂寞下去吗？

…………

我如约来到孔子的住处，他的精神恢复得不错。到底是当教员出身的，看到我，孔子立刻显出一副就要开讲的架势，有点跃跃欲试的劲头。这时一个小青年走进来，孔子高兴地对我介绍道：“这是志愿者，愿意在这段时间为我服务。”小青年麻利地沏好两杯茶水，转身去做别的事情了。

在这里，我和孔子作了如下的谈话。

末　学：先生，我把您的学说和苏格拉底、柏拉图的学说作了比较，发现您谈论灵魂、生命在阴性物质世界的存在形式也就是鬼（魂）、神的地方比较少，这是为什么呢？

孔　子：（笑了笑）是的，这是我与他们二位不同的地方。原因是我主张积极地入世。人生在世阳寿不过百年左右，如何活得好、活得更有意义，如何履行对社会的责任，促使社会走向公平和正义，是我关注的焦点。因为我把绝大部分精力都用在研究这个问题上，所以也就没有时间去涉猎那些问题了。

末　学：那么您同意他们的观点吗？

孔　子：当然同意。这也是神对我和苏格拉底、释迦牟尼等人在学术研

究上的分工。大家分头研究不同领域，人类和这个世界才更精彩。再说，我精通《易经》，写过传部（“十翼”），因而对他们的研究并不陌生。

末　学：先生，您能说说自己的观点吗？

孔　子：当然可以。关于灵魂、鬼（魂）、神的问题，在《易经》和《论语》中都有论述。毋庸置疑，它们都是真实存在的。因为不是我重点研究的对象，所以讲得比较简单，有人就说我是“怀疑论者”。但是我对鬼神采取存而不论、敬而远之的态度却是事实。“子不语怪、力、乱、神”,① “敬鬼神而远之。”② “未能事人，焉能事鬼?” “未知生，焉知死?”③ 然而我的观点是很明确的：“阴阳不测之谓神。”④ “殷人尊神，率民以事神，先鬼而后礼。”⑤ 认为神鬼为魂魄所变，因而有“精气为物，游魂为变”。⑥ “魂气归于天，形魄归于地。”⑦

末　学：我明白了，您和苏格拉底、柏拉图的观点是一致的。

孔　子：还有，我和释迦牟尼的思想也是相通的。

末　学：噢，这就解决了人们长期存在的一个疑问。原来先贤大师们的思想都是贯通的！只不过每个人涉猎的重点不同罢了。

孔　子：各有侧重，而又一以贯之。譬如，我是侧重于入世；释迦牟尼是侧重于出世；而苏格拉底则是二者兼而有之。

末　学：中国的道家老子、庄子也是入世和出世兼而有之。

孔　子：是啊，说到老子，他可是个大学问家，我还向他请教过“礼”的问题呢。你以后应该好好去拜访他才是。

末　学：这在我的计划之列。先生，还是先谈谈您的思想好吗？

孔　子：我的思想……

末　学：您的思想的核心是什么？

孔　子：“仁者爱人”,⑧ “克己复礼”。⑨

末　学：您能具体地讲解一下吗？

---

① 《论语・述而》。

② 《论语・雍也》。

③ 《论语・先进》。

④ 《周易・系辞》。

⑤ 《礼记・表记》。

⑥ 《周易・系辞》。

⑦ 《小戴礼记・郊特牲》。

⑧ “仁者爱人”出自于《论语》多处。例如，樊迟问仁，子曰：“爱人。”

⑨ 《论语・颜渊》。颜渊问仁，子曰：“克己复礼为仁。一日克己复礼，天下归仁焉。为仁由己，而由人乎哉?”

孔　子：（清了清嗓子）我把“仁”解释为“爱人”，是基于“亲亲”的思想。“仁者，人也，亲亲为大。”[①] 爱人首先从爱自己的亲人开始，这是爱人的基础，故曰：“亲亲为大”；故曰：“孝弟（悌）也者，其为仁之本与!”[②] 但是，“为仁”不能仅仅停留在“亲亲”上，这样未免太自私和狭隘了，而是必须“推己及人”。《礼记·礼运》中说：“故人不独亲其亲，不独子其子，使老有所终，壮有所用，幼有所长，矜寡孤独，废疾者，皆有所养。”这可以看作是对我“亲亲为大”、“为仁之本”的思想的发挥。

末　学：这就具有“大爱”和“仁义”的含义了。

孔　子：对。一个人要做到这一点必须努力学习和加强道德修养。

末　学：先生，请您再具体地讲解一下吧！

孔　子：具体地说，必须把“己所不欲，勿施于人”[③]“己欲立而立人，己欲达而达人”[④] 的“忠恕之道”作为“为仁”的准则。如果把“仁”推广到整个社会，执政者就要实施“仁政”。这就是我说的：“克己复礼为仁，一日克己复礼，天下归仁焉。为仁由己，而由人乎哉?”[⑤]

末　学：我明白了。您说的“克己复礼”，是在“克己”基础上的“复礼”，这才叫“仁”。而企图把“克己”和“复礼”并列起来并不符合您的原意。

孔　子：对。“仁”是人的内在品质，“克己”是人的自我约束，是人对自身内在品质——“爱人”品德的自觉把握。既然有“仁”的内在内容，也就一定有它的外部表现形式——“礼”。

末　学：所以您把“礼”的问题就引出来了，这是逻辑的自然演绎。

孔　子：对。“礼”是人的外在行为的礼仪规范，在于调节人与人之间的关系。“礼之用，和为贵”。[⑥] 人们要自觉遵守礼仪规范，才符合“仁”的要求。

末　学：先生，这真是太深刻了！那么，“仁”和“礼”又是什么关系呢?

孔　子：它们是内容和形式的关系，而且“礼”的形式一定要反映“仁”

---

① 《礼记·中庸》。孔子曰：“仁者人也，亲亲为大；义者宜也，尊贤为大。亲亲之杀，尊贤之等，礼所生焉。”

② 《论语·学而》。

③ 《论语·颜渊》。

④ 《论语·雍也》。

⑤ 《论语·颜渊》。

⑥ 《论语·学而》。

的内容的要求。“人而不仁如礼何？人而不仁如乐何？”① “礼云礼云，玉帛乎哉！乐云乐云，钟鼓乎哉！”② “君子义以为质，礼以行之，逊以出之，信以成之。君子哉。”③ 表明仁义在内，礼仪在外；仁义是实质，礼仪是形式。

末　学：“礼”和“仁”一样都是很重要的。如果说将“礼”广而推之……

孔　子：你想对了。“仁”是以亲爱亲人为起点的道德感。“义”是合宜、恰当、正当，尊重贤人。“礼”是“仁”与“义”的具体化、形式化，将“礼”广而推之，就是体现以亲亲、尊贤为内容的和谐的社会秩序。《中庸》中说：“故君子尊德性而道学问，致广大而尽精微，极高明而道中庸，温故而知新，敦厚以崇礼。”可以看作是对“礼”的思想的进一步发挥。

末　学：先生，“道中庸”和“极高明”是分不开的。

孔　子：对。一个人有了“求仁”的自觉性，就会在日常生活中践行，培养高尚的伦理道德。“我欲仁，斯仁至矣。”④ 这就是“道中庸”了。唯其“极高明”，才能寻求到伦理体系中的终极观念。

末　学：先生，这就是您的以“仁”为核心、以“礼”为秩序的人生境界！

孔　子：（欣慰地）是。

…………

3.3　天之道，人之道——吾道一以贯之

隔了一天，我带了当地一些土特产（北山大枣、纪庄槎子梨、巴旦杏），还有两瓶孔府家酒去拜访孔子，他热情地接待了我。但是，对于这些礼品他却认真地拒绝收下。并一再向我解释：“心领了。但是我不需要这些东西，放在这里会霉掉的，把它们浪费了我心痛。”看着他执拗的样子，我突然明白了，孔子的生命在阴性物质世界的存在形式，是靠以虚粒子为特征的阴性物质自动提供能量，当然不需要消费这些东西。我答应以后将这些礼品带走，他便欣慰地笑了。笑得很天真，活像个老顽童。

他说：“你来采访我，不需要向我行贿，我也没有必要向你索贿、受贿。”我说：“先生，这是‘礼’。”他说：“是啊。礼尚往来，来而不往非礼也。⑤

① 《论语·八佾》。

② 《论语·阳货》。

③ 《论语·卫灵公》。

④ 《论语·述而》。

⑤ 《礼记·曲礼上》云：“礼尚往来。往而不来，非礼也；来而不往，亦非礼也。”

‘礼’和‘贿’是两回事，我和你开玩笑呢。”然后他回忆道：“当年我当司寇时，如果发现有行贿或索贿、受贿行为者，一律当堂打五十大板。”

…………

仍然是在孔子下榻的地方，我们接着上次的话题又作了如下的谈话。

末　学：先生，我感到在您的思想和学说中，总是把人放在重要的地位，并且是从不同的领域、不同的层面，以人为中心上下、左右展开论述的。

孔　子：你说对了。以人为本嘛！《尚书·泰誓》中说：“惟人万物之灵。”《礼记·礼运》中也说：“故人者，其天地之德，阴阳之交，鬼神之会，五行之秀气也……天地之心也。”可见，人既是宇宙精神的结果，也是宇宙精神的体现。没有人，这个世界是不可想象的。

末　学：先生，您的观点我完全赞同。我认为，在宇宙生命坐标第Ⅳ象限，阴性物质和阳性物质在特定的时空条件下相碰撞就产生一个生命（物种）。与此同时，也产生了这个生命的灵魂和意识。人是阴阳物质的复合体，是生命在阳性物质世界的存在形式之智慧者。

孔　子：（思考地）你是说“天地之德，阴阳之交，鬼神之会”的综合作用产生了人？而且人是“五行之秀气”“天地之心”？

末　学：是这样的。

孔　子：这很有意思，值得进一步研究。我就是从研究人开始逐步形成儒家学说体系的。譬如，人这个生命个体在家庭里，他首先是父母生的，是父母把他从小抚养长大，所以要敬重、孝顺父母。我一贯看重孝道，认为：“孝，德之本也。”“人之行，莫大于孝。”[①]赞成：“百善孝为先”[②]，“择其善者而从之，其不善者而改之”。[③] 古代官员，不管职务多高，父母去世后都要服丧三年。为什么规定三年呢？因为人从生下来到长到三岁，是父母最为操心、最为细心照料的三年，然后自己才独立行走，慢慢地长大。

末　学：可是父母的辛苦做儿女的一般体会不到。

孔　子：等你有了儿女的时候自然就体会到了。所以我告诉你为人处世

---

① 《孝经》。子曰：“夫孝，天之经也，地之义也，民之行也”；“人之行，莫大于孝”；“教民亲爱，莫善于孝”；“夫孝，德之本也”。郭店儒简论略（精）载：定公问于孔子曰：“古之帝王，必郊祀其租以配天，何也？”孔子对曰：“万物本于天。人本乎租。……人之行，莫大于孝；孝，莫大于严父；严父，莫大于配天，则周公其人也。”

② 《国语·晋语》云：“善，德之建也。”《左传·襄公三十年》云：“善人国之主也。”《吕氏春秋·长攻》云：“所以善代者乃万故。”

③ 《论语·述而》。

的一个秘诀：一个对父母不孝的人，万勿和他接近。

末　学：是呀，他对自己的父母都不好，对别人就不用说了。

孔　子：一个人在家庭里除了父母，还有两种关系：横向的是你的兄弟姐妹，当然也有他们的配偶（兄嫂、弟妹、姐夫、妹夫）及其子女（侄儿、侄女、外甥、外甥女）等；竖向的是父母和自己的子女等。父母在上边已经说过，但是还有父母的父母（爷爷、奶奶；姥爷、姥姥）；和父母同辈的还有叔叔（及婶娘）、姑姑（及姑父）；舅舅（及舅妈）、姨姨（及姨父）。子女是自己的孩子，但是也有儿媳和女婿及其孙辈。怎样处理这些关系，在《论语》和《孝经》里都有详细的论述。总体上讲要尊老爱幼，亲情、和谐。另外，我在回答鲁哀公问政时说："仁者人也，亲亲为大。义者宜也，尊贤为大。亲亲之杀，尊贤之等，礼所生也。"① 这里讲了仁、义、礼的关系。"亲亲之杀"，是说亲亲之间有差等，有亲疏、远近、层次上的差别。"尊贤之等"，是说对待贤人要依德才在禄位上的等级差别区别对待，这个在下边的谈话中还会涉及。

末　学：先生，人这个生命个体在社会上要处理好哪些关系呢？

孔　子：人总是要进入社会的。虽然我说过："父母在，不远游，游必有方。"② 但是你总不能老待在家里，况且好男儿志在四方。一个人离开父母在社会上做事，同样要处理好上下左右之间的关系，否则自己就没有立足之地。有的人虽然才气很高、能力过人，但是一生并无多大作为，甚至还招来灾祸。

末　学：这是情商不高的原因造成的。

孔　子：（不解地）情商？

末　学：就是协调人和人之间关系的能力。

孔　子：噢。人在社会上做事首先不能太自私，要忠厚、聪明、能干、豁达。对你的上级要尊重，但不要老是唯唯诺诺；对你的同事要团结友爱、互相帮助；对下级要合理要求、关心、提携。建立一种和睦的群体关系。

末　学：先生，把这种上下左右的关系进一步放大呢？

孔　子：对上，那就是要忠君，忠实于你的国君，而国君又以礼对待臣民。"君使臣以礼，臣事君以忠。"③ "君君，臣臣，父父，子子。"④ 对下，要认识到"百姓足，君孰与不足？百姓不足，君孰与足？"⑤ "足食，足兵，民信

---

① 《礼记・中庸》。

② 《论语・里仁》。

③ 《论语・八佾》。

④ 《论语・颜渊》。

⑤ 《论语・颜渊》。

之矣。"[①] 对左右，"见贤思齐焉，见不贤而内自省也。"[②] "躬自厚而薄责于人，则远怨矣。"[③] "君子敬而无失，与人恭而有礼。四海之内皆兄弟也。"[④] 可见，把这种上下左右的关系进一步放大，在一国之内就是社会和谐，国泰民安。

末　学： 要做到您说的这些，一个人应该具有怎样的品质呢？

孔　子： "恭、宽、信、敏、惠。恭则不侮，宽则得众，信则人任焉，敏则有功，惠则足以使人。""能行五者于天下，为仁矣。"[⑤] 其中"信"是最重要的，对朋友尤其要讲究诚信，这是一个人比金子还宝贵的品质。"人而无信，不知其可也。大车无輗，小车无軏，其何以行之哉！"[⑥]

末　学： 先生，有君子就有小人。那么，怎样识别和防范小人呢？

孔　子： 君子高尚可敬，小人卑鄙无耻。我就多次遭小人暗算，才丢了官，周游列国时恓惶得像个丧家犬似的。因此，我对小人深恶痛绝。但是小人作为一种社会现象，恐怕历朝历代都有，绝迹不了。识别小人很容易，问题是君子常常缺乏防范心理，小人就是靠钻这个空子作祟的。

末　学： 先生，您给我讲几条识别小人的方法吧！

孔　子： "君子坦荡荡，小人长戚戚。"[⑦] "君子喻于义，小人喻于利。"[⑧] "君子泰而不骄，小人骄而不泰。"[⑨] "君子和而不同，小人同而不和。"[⑩] "君子周而不比，小人比而不周。"[⑪] "巧言令色，鲜矣仁。"[⑫]

末　学： 先生，把这种上下左右的关系能放大到天地之间吗？

孔　子：（兴奋地）当然可以！你想对了，这就达到了一个新的境界！

末　学： 人的精神到了这个境界，就是"天—人—地"合一。[⑬]

孔　子： 很对。但是我把它叫"天人合一"，意思都是一样的。人心本仁，与"天心"是相通的。反过来说，"天心"本"仁"，人心也不能不仁。

---

① 《论语·颜渊》。
② 《论语·里仁》。
③ 《论语·卫灵公》。
④ 《论语·颜渊》。
⑤ 《论语·阳货》。
⑥ 《论语·为政》。
⑦ 《论语·述而》。
⑧ 《论语·里仁》。
⑨ 《论语·子路》。
⑩ 《论语·子路》。
⑪ 《论语·为政》。
⑫ 《论语·学而》。
⑬ 参见拙著《打开宇宙的另一扇门》1.3"哲学研究的对象向主体世界转移"。

《中庸》中说："诚者，天之道；诚之者，人之道。"因而人心与"天心"是相贯通的。所以，天之道，人之道——"吾道一以贯之。"①

末　学： 先生，关于人心与"天心"是相贯通的，我在拙著《我的宇宙观》系列著作中作了充分的论证，要不要我给您介绍一下？

孔　子：（欣慰地笑了）我早知道了……

末　学：（不解地）您怎么会知道呢？

孔　子：（明知故问）我怎么能不知道呢？

末　学： ……

孔　子：（聪慧地笑着）回头翻一下你的《广义与狭义生命论》第 6 章第 5 节"每一种科学理论都是它所处的时代的函数"，那里面说："我们的一举一动，一颦一笑，甚至每个人的 DNA 排列顺序都会清楚无误地记录在阴性物质世界的虚粒子上，而且是声像俱全。"

末　学：（醒悟地）原来如此！

孔　子：（爽朗地笑了）……

3.4　有教无类，知其不可而为之

在一个月朗星稀的夜晚，我和孔子又来到杏坛。席地而坐，准备接着和他谈谈教育问题。志愿者的服务热情周到，除了沏茶倒水，还给孔子捶捶背。志愿者说他是颜回的第几十代孙，对孔子很有感情。孔子盯着他仔细端详了一会儿，却说他有点像子贡。我说两千多年过去了，人事沧桑，变化太大。无论是颜回的后代还是子贡的后代，都是圣人的孙辈。志愿者不满意地乜斜了我一眼，说："你别'中庸'了，人的姓怎么能改呢！"

一句话说得我们都乐了。孔子琢磨着，高兴地说："他是颜回的后代！颜回那时候跟着我就好学、认真，也最讲究师道尊严。"

志愿者得意地笑了，捶背的两只小拳头更加轻柔、耐心。

…………

就在这种轻松愉快的气氛中，我和孔子作了如下的谈话。

末　学： 先生，您是怎样走上教书育人之路的？

孔　子： 知道我的经历，这就是不言自明的问题。在那个动乱的年代，诸侯国都在争雄称霸，我的思想和政治主张根本无法实现，就只好把这一切

① 《论语·里仁》。

寄托于后世。这也是“知其不可而为之”①，只有从办教育入手了。

末　学：您的教育思想很有特色。譬如，提出“有教无类”，② 就把当时许多人雷倒了。请您谈谈这方面的情况好吗？

孔　子：在我所处的那个年代，教育被朝廷和贵族垄断着，没有身份的人、穷人根本甭想上学。我提出“有教无类”，矛头直指“学在官府”③，与“氏所以别贵贱”、“氏所以别愚”相对立。④ 这下就捅了马蜂窝，纷纷指责我。

末　学：他们攻击“夫子之门，何其杂也”。⑤

孔　子：这没有什么。谁愿意来学习，又聪明、能干，我就收谁为徒。例如，颜回身居陋巷，过着一箪食一瓢饮的清贫生活；公冶长曾是犯人；子路食藜藿，曾百里负米供养母亲。在我成名的弟子中，出身贵族世家的仅有孟懿子和南宫敬叔，最富有的是子贡，其他人都是平民出身。

末　学：这在今天看来，您把政审不合格的人都录取了。（笑）

孔　子：（大笑）所以才叫“有教无类”嘛！

末　学：您的教学内容是什么？

孔　子：“六经皆艺”。⑥ 礼、乐、射、御、书、数，一样也不能少。“礼”，即道德礼仪、品行修养，放在第一位；“乐”，即举行各种仪式时的音乐舞蹈，陶冶情操、启发智慧，算是美育；“射”、“御”，即射箭和驾车，掌握这两门技术，算是军事、体育课程；“书”、“数”，即书写和计算，主要学习文化科学知识。所以礼、乐是核心，射、御是技艺，书、数是基础。

末　学：就您一个人教这六门课？

孔　子：不，我还聘请兼职教师。例如，聘请宫廷乐师教授乐舞，聘请师氏（军官）教授射箭和驾车。有些学问好的政府官员，我也聘请呢。

末　学：这也体现了“有教无类”的精神！

孔　子：是啊，我不光学生是“何其杂也”，教员也是“何其杂也”。只要能把学办好，能培养出一流的人才来，其他都无所谓了。

末　学：您的教学方法是什么？

孔　子：不瞒你说，没有什么固定的教学方法。跟你说的苏格拉底、柏

---

① 《论语·宪问》。

② 《论语·卫灵公》。

③ 自夏、商、西周以来，教育一直是由官府主办，“学在官府”的教育制度，到春秋时期自孔子办学始松动。

④ 郑樵：《通志·氏族略序》。

⑤ 《荀子·法行》。

⑥ 六经，又指六艺。含：礼、乐、射、御、书、数。

拉图的教学方式有点相似。有时候，我和学生边走边聊，“三人行，必有我师焉，择其善者而从之，其不善者而改之。”[①] 过一段时间，我在杏坛开讲，主张审问和明辨。学生听着不同意我的观点就可以举手反驳，子夏和子贡最爱提不同意见，“起予者商也，始可与言《诗》已矣。”[②] 颜回是个爱学习的人，但有时缺乏怀疑精神，我就批评他：“回也非助我者也，于吾言无所不悦。”[③]

末　学：颜回是您的得意门生，还能那样说他？

孔　子：（笑了笑）这没有什么关系。一个人除了要有怀疑精神，还要善于学思结合。“学而不思则罔，思而不学则殆。”[④] “吾尝终日不食，终夜不寝，以思，无益，不如学也。”[⑤]

末　学：这不就是启发式教学吗？

孔　子：随你叫什么都行。但是我反复强调的是：“不愤不启，不悱不发。举一隅不以三隅反，则不复也。”[⑥] 我要求学生不能苦学，而要乐学。“知之者不如好之者，好之者不如乐之者。”[⑦]

末　学：先生，您还有什么好的教学方法吗？

孔　子：有。这是只可意会而不可言传的方法。

末　学：（好奇地）什么方法？

孔　子：慎思。“君子有九思”、“君子有三思”、“视思明”、“听思聪”[⑧]、“默而识之”，[⑨] 以便培养抽象思维和归纳能力；“闻一知二”、“闻一知十”[⑩]、“举一反三”[⑪]、“能近取譬”[⑫]、“告诸往而知来者”，[⑬] 以便培养逻辑演绎和推理能力，并且要坚持“一以贯之”。[⑭]

末　学：先生，您真是一个伟大的教育家，您的学生个个都能成才。

孔　子：（欣慰地）我有弟子三千，其中精通六艺者七十二人，世称七十

---

① 《论语・述而》。
② 《论语・八佾》。
③ 《论语・先进》。
④ 《论语・为政》。
⑤ 《论语・卫灵公》。
⑥ 《论语・述而》。
⑦ 《论语・雍也》。
⑧ 《论语・季氏》。
⑨ 《论语・述而》。
⑩ 《论语・公冶长》。
⑪ 《论语・述而》。
⑫ 《论语・雍也》。
⑬ 《论语・学而》。
⑭ 《论语・里仁》。

二贤人。其中：德行方面出众的有颜回、闵损、冉耕、冉雍。政事方面出众的有冉求、仲由。语言方面出众的有宰我、端木赐。文学方面出众的有言偃、卜商、颛孙师、曾参、澹台灭明、原宪、公冶长、樊须、有若、公西赤。

末　学：您的这些学生以后都做什么工作了？

孔　子：他们后来分赴各个诸侯国，有的从政，当了高级干部；有的做学问，颇有成就。个别的还去经商，发不发财，不大清楚。总之大部分人都是栋梁之材。我死后，他们将我的思想和学说结集成书，起名《论语》。嗣后儒家学说就在他们一代又一代人手里逐步形成了体系。

…………

3.5　佳人真可爱，站在水一方

屋外春光明媚，和风习习。因为孔子的忌日农历二月十一即将来临，所以从四面八方赶来参拜孔庙的人络绎不绝。我和孔子信步走在孔林的柏桧之间，我对他说每年这个时候都有很多人来祭祀他，可见两千多年来他一直活在中华民族的心里。孔子很激动，眼眶潮潮的。他说："其实我没有人们想象的那样好，我也讲过错话，犯过错误，心里愧疚得很。"

今天我约定和孔子谈他的婚恋问题，因为涉及到个人隐私，所以就没有让志愿者跟着来。为此这位颜回的后人还和我理论了一番，直到孔子发话不让他来，他才善罢甘休。看得出孔子在和我交谈之前，仍然心事重重。大概是回忆起过去的情感往事，一种难言的隐痛袭击着他。他用衣袖拂去流到腮帮子下的两行泪水，努力地克制着自己的情绪。

…………

就在这种凝重的气氛中，我和孔子作了如下的谈话。

末　学：先生，我想了解一下您年轻时的婚恋情况。因为一个伟大的人在这方面总有一番不平常的经历，或许对年轻人还有所启发和帮助。

孔　子：（沉痛地）我刚才说过，我没有人们想象的那样好，我也讲过错话，犯过错误，心里愧疚得很。这其中就包括我在处理婚恋问题上的失误。

末　学：此话怎么讲？

孔　子：说来话长。鲁昭公九年（前 533 年），我 19 岁时娶宋人亓官氏之女为妻。第二年，妻子生下儿子孔鲤（字伯鱼）。因为临盆时，正好赶上鲁昭公给我赐鲤鱼，所以就给孩子起名"鲤"，以"伯鱼"为字。

末　学：这是一个和和美美的三口之家啊！

孔　子：是啊，我感到很幸福！

末　学：先生，您的妻子一定很漂亮、贤惠。

孔　子：是的，她是一个美丽、聪慧的女人。想想我过去穷困潦倒的样子，不得不去给安葬死人的乐队当吹鼓手，现在的确应该满意了。

末　学：你们是自由恋爱吗？

孔　子：也算。在春秋时期社会还是比较开放的。虽然有媒妁之言，但是我是一个没有父母的单身汉，婚姻大事还是自己做主。我们两个人是两厢情愿而结婚的，所以彼此都很爱对方。可惜后来……

末　学：后来怎么了？

孔　子：就在孩子出生的那一年，鲁国任命我做委吏，就是管理仓库的小官。我觉得这是朝廷对自己的信任，就全身心地扑在工作上。第二年，又任命我做乘田，管理畜牧业。因为我过去太苦了，现在好不容易有从政的机会，对工作就格外负责，想着干出政绩来一步步地提升。这样我就顾家少了，所有的家务都是妻子操持。直到她忍受不了时，便埋怨我、和我争吵。

末　学：这是可以理解的。

孔　子：可是，我并没有理解她。你知道我后来从政的道路并不平坦，而且一再遭到官场的打压和小人暗算。我眼看着仕途这条路走不通了，就埋下头来修《诗》《书》《礼》《乐》，但这时妻子不能理解我，老是在我耳边埋怨、嘟囔。我生气地说："唯女子与小人为难养也，近之则不孙，远之则怨。"① 不料这句话被站在门外边的一个弟子听见了，于是就记录在案。

末　学：这句话随着《论语》一直流传了两千多年。

孔　子：所以在此，我向天下所有受到伤害的女人道歉。（立正，深深地鞠了一躬）因为我的母亲、妻子、姐妹都是女人，我何以敢伤害天下的母亲、妻子、姐妹！（又深深地鞠了一躬）

末　学：其实对于这一句话，也有不同的解释。可以看出人们都理解您。

孔　子：不要为尊者讳，为贤者讳；应该直书其事，不掩其瑕。

末　学：那么您和妻子以后相处好了吗？

孔　子：她是一个自尊心极强的人，我这一句话也深深地伤害了她。从此她就疏远我，久而久之就有隔阂了。

末　学：那您应该主动消除隔阂呀！

孔　子：是啊，我努力做了，但收效甚微。后来我当了司寇、中都宰和代理宰相，天天忙于政务，加之并不顺利，心情沮丧极了。辞职后我带着弟子周

---

① 《论语·阳货》。

游列国，14 年间历经了千辛万苦。这时候妻子和儿子孔鲤一直都待在家里。

末　学：先生，您这是顾了事业而顾不了家呀。

孔　子：鲁哀公十年（前 485 年），我已 67 岁，还在周游列国，当时正和卫国国君商量改革的事，突然传来了妻子去世的消息，我顿时仰天长叹，悲痛不已。翌年我回到鲁国，没想到第二年儿子孔鲤又去世了。

末　学：先生，祸不单行，您得挺住啊！

孔　子：（悲痛万分）我这是老来丧妻又丧子，命该如此啊！

末　学：（安慰孔子）

…………

我和孔子一起走到他和妻子合葬的墓前，肃立默哀，然后三鞠躬。孔子指着旁边的一个墓冢说："那就是孔鲤的坟。我是白发人送黑发人啊！"

从孔林出来，我们又向杏坛走去。我对孔子说我们换一个话题吧，让他谈谈对《诗经》中爱情诗的看法。孔子调整了一下情绪，又陷入到回忆中去。接着就这个话题，我们作了如下的谈话。

末　学：先生，《诗经》上的诗，写得都很美。我看绝大部分内容是男女青年的爱情诗。您同意我的看法吗？

孔　子：我一直就这么认为。《诗经》是我当初亲手整理的，那时候我一边抄写，一边感动得泪流满面。你看《关雎》里边把青年男女的恋爱、性爱心理描绘得多么细腻、感人！（轻声吟诵起来——）

关关雎鸠，在河之洲。窈窕淑女，君子好逑。
参差荇菜，左右流之。窈窕淑女，寤寐求之。
求之不得，寤寐思服。悠哉悠哉，辗转反侧。
参差荇菜，左右采之。窈窕淑女，琴瑟友之。
参差荇菜，左右芼之。窈窕淑女，钟鼓乐之。

末　学：先生，汉代的司马迁说："古者诗三千余篇，及至孔子，去其重，取可施于礼义，上采契后稷，中述殷周之盛，至幽厉之缺，始于衽席，故曰'关雎之乱以为风始，鹿鸣为小雅始，文王为大雅始，清庙为颂始'。三百五篇孔子皆弦歌之，以求合韶武雅颂之音。礼乐自此可得而述，以备王道，成六艺。"① 您觉得他说的都是事实吗？

① 《史记·孔子世家》。

孔　子：是事实。但是整理三千余篇诗的不光我一个人，还有其他人也做了不少工作。可惜后来历史遗忘了这些！

末　学：为什么说“古者诗三千余篇……始于衽席”呢？

孔　子：“始于衽席”是指从男女性爱故事开始论述的。在《小雅》和《大雅》中，更是将男女性爱以优美的诗歌形式表现出来，说明上古人的人性极其纯真、美好。它是人的情感的自然流露和升华，这才叫美。

末　学：《关雎》中的青年男女，恋爱时“乐而不淫，哀而不伤”，他们之间感情跌宕、起伏，最后圆满地结合在一起。您怎么看这种情感过程？

孔　子：这是情感的自然发展，是无比美好的心路历程。我把它描述为：“兴于诗，立于礼，成于乐。”①

末　学：先生，您怎样看待男女之间的性关系？

孔　子：以情感为基础的男女之间的性关系，是自然而然发生的事情。是两颗美丽的心灵的碰撞，是人生最值得珍藏和记忆的。我说过：“《诗》三百，一言以蔽之，曰：‘思无邪’。”我对伯鱼也说过：“女为《周南》《召南》矣乎？人而不为《周南》《召南》，其犹正墙面而立也与！”②

末　学：上古时候的人，爱情怎么那样纯真？

孔　子：那是在尧舜时期，人都是自然的人，没有利害冲突，非常纯朴，心灵格外的美。婚姻中没有掺杂权力、金钱的因素，男女之间的爱就以性爱为基础。这就恢复了人的本性，是人的本质的体现。可惜现在罕见了！

…………

末　学：先生，我还想听听您的“私密独白”。不知道是否可以？

孔　子：我有什么私密？

末　学：您在周游列国的时候，前后在卫国待的时间最长，您和卫灵公及他的夫人南子一直相处得不错。特别是南子对您……

孔　子：（一脸窘态）噢，这已经是公开的秘密了，史书上也作了记载。

末　学：当时南子对您真的有意思？

孔　子：（陷入回忆，兴奋地）南子是从宋国嫁给卫灵公的。当时的卫国思想开放，卫灵公和南子都对我的改革新政颇感兴趣。答应试点实施仁政，以德治国。但是他们在男女关系上又显得很随意。譬如，卫灵公有三宫六院，南子也有从宋国带来的情人。好像彼此都不干涉，相安无事似的。

末　学：这是上古时候的遗风？

---

① 《论语·泰伯》。

② 《论语·阳货》。

孔　子：可能是吧。南子天生丽质，风情万种。然而她又是一个有着权欲的女人，她告诉我让我和她结盟，掌握国家的最高权力，以铁腕手段推行新政。

末　学：行呀，这正好实施您的政治抱负。

孔　子：但是天下没有免费的午餐。

末　学：怎么了？

孔　子：有一天傍晚，南子约我到她住的地方去，说是谈谈实施新政的问题。但是我去了之后却被吓了一跳，也看傻了眼。

末　学：怎么回事？

孔　子：南子穿着时尚的粉红色纱衣，浓妆艳抹，半躺在睡椅上。她当即就向我摊牌了：她说她早已深深地爱上了我，并且到了不可自拔的地步。我说我是有家室的人，年龄也大了，我们可以做朋友，但是不要再向前发展了。南子却说她克制不了自己。并说我的魅力在于学问和执着的精神，年龄大说明我成熟，有家室并不妨碍我们相爱。说着说着起身张开双臂就来拥抱我……

末　学：（瞪大了眼睛）这……

孔　子：我赶忙推开她，退到房门口。这时听到门外侍卫的声音，说卫灵公通知南子，晚上观看一场歌舞晚会，我便趁机溜开了。

末　学：好险呀！先生，过后您不觉得后悔吗？

孔　子：（郑重地）后悔的是从此我失去了实施新政的机会。其他倒没有什么后悔的，反而感到自己"克己复礼"胜利了。因为"克己复礼为仁"嘛！

末　学：这怎么说呢？

孔　子：你想想，卫灵公毕竟是我的恩人、朋友。"朋友妻，不可欺。"这是我们中国人的古训。还有，我讲究仁爱，如果说和南子相爱，这是仁爱吗？我主张道义，如果说和南子的关系发展下去，这是道义吗？我重视礼制，如果说和国君的夫人保持暧昧关系，这是哪门子礼呢？我强调明智，如果说和南子整天卿卿我我，这是明智吗？我倡导忠信，如果说和南子结盟而和国君分庭抗礼，这是忠信吗？想到这里，我就只能"克己"、再"克己"，"复礼"、再"复礼"。否则，我将无地自容，没脸去面对江东父老啊！

末　学：先生，您太伟大了！真不愧是万世师表！

孔　子：不过至今使我难以忘怀、内心隐隐作痛的是，和南子最后分别的那一刻。

末　学：（不解地）……

孔　子：几天以后，我决定离开卫国，走时没有和任何人打招呼。我一个人涉过一条河，感到一身轻松，于是放开嗓子唱起了《诗经·秦风》“蒹葭”：

蒹葭苍苍，
白露为霜。
所谓伊人，
在水一方。
逆洄从之，
路阻且长。
溯游从之，
宛在水中央。①

我唱得委婉、沧桑而又惆怅。一回头，却看见南子悄悄地站在河的那一边。她默默地注视着我，一脸忧郁、哀怨的神情。起风了，河面上荡起一片芦花。这时南子轻轻地抬起了一只手，无力地向我挥动着……

---

① 译成白话诗是：芦苇白苍苍，露珠凝成霜。佳人真可爱，站在水一方。逆流去寻找，路崎且漫长。顺水寻觅伊，仿佛就在水中央。

第 4 章　与第欧根尼的对话[①]

提起犬儒学派的代表人物第欧根尼，我的脑子里马上闪出这样一个形象：他长得瘦削、精干，但是乱蓬蓬的头发打着绺儿披在肩上，又显得邋邋遢遢。略显长方形的脸上脏兮兮的，鼻子微微翘起，一把大胡子有点散乱，沾满了食物的碎屑。一双眼睛格外明亮，但是总有一种挑逗的神采。他的身上穿着一件破袍子，光着脚，脚丫子上沾着泥巴。肩上搭着一条口袋，已经根本看不出原来是什么颜色了。他的一只手里拿着一根橄榄枝做的棍子，风风火火地朝人多的地方跑去，嘴里不停地绝望地喊着："人呢，你在哪儿？我多么孤独！"

…………

第欧根尼的出生地是今天的土耳其锡诺普。这里在古代属于帕弗拉戈尼阿地区，是一个向东突出的狭窄半岛，也称为锡诺普角。从古希腊时期以来，锡诺普一直作为海军要塞，海湾附近分布有六个古炮台。半岛南侧是一个半圆形的天然海湾，嵌入内陆。海湾北部有博兹特培半岛作为屏障，四面吹来的海风都被阻挡住了，因而是难得的天然港口和绝佳的游览胜地。

大概是落叶归根的原因，第欧根尼的生命在阴性物质世界的存在形式就一直住在锡诺普。他没有去雅典寻找他的老师安提西尼，[②] 也没有拜访他的老师的老师苏格拉底，就这么怪怪地孤零零地一个人待着——依然过着经过肉

---

① 第欧根尼，又名狄奥根尼，戴奥真尼斯（Διογ ένηs，英译：Diogenes，前 404—前 323）古希腊哲学家，犬儒学派的代表人物。出生于锡诺普（Σιν ώπη，现属土耳其）一个银行家家庭，卒于科林斯。他的真实生平难以考据，但古代留下大量有关他的传闻逸事。他的思想对后世有不少启发。

② 安提西尼，又译安提斯泰尼（ντισθ ένηs，英译：Antisthenes 前 435—前 370）雅典人。古希腊犬儒学派的奠基人。因为母亲是一位色雷斯女奴，所以他不是全权的公民。年轻时曾参军作战，先是智者高尔吉亚的学生，后来一直跟随苏格拉底学习，自视为老师的精神传人，曾亲眼看见苏格拉底饮鸩而死。安提西尼的学说主要集中在伦理学方面。他发挥了苏格拉底重视德行的思想，认为美德是唯一必须追求的目标，只有经过肉体的刻苦磨炼才能得到，这是唯一可能的幸福，从而鄙视一切舒适和享受。这一伦理学原则后来为这个学派的人所发挥并身体力行。安提西尼的名言是：重视你的敌人，因为他们最先发现你的错误。把敌人当作阳光和自己的投影。著作有：《赫拉克里斯》《西落》《阿切劳斯》《政治论》。

体的刻苦磨炼，忠实地履行老师传下的伦理学原则的生活。

我是在一个露天大市场见到第欧根尼的。当时天气炎热，红红的太阳照在头顶，人们逛完各种摊点后，拿着购买的商品在一棵茂盛的橄榄树下纳凉。这时看见第欧根尼提着一盏灯笼急急忙忙地走过来。他还没有走到跟前，许多人先捂住鼻子。第欧根尼用灯笼挨个照每个人的脸，诡谲地笑着，时不时地问道："你是人吗?"之后打着灯笼在原地自转一圈，又惊奇地说："这里怎么没有人？人在哪儿?"当他问有的人"你是人吗?"时，对方往往反问他："你是人吗?"他态度和蔼，躬着身子连声说："我是狗，我是狗。"

奇怪的是所有的人虽然闻不惯他身上的气味，但却没有什么人讨厌他，或者对他有不恭的地方。相反还把所带的食品丢到他的口袋里。他们可能已经习惯第欧根尼每天准时出现的这一道风景，早已见怪不怪了。

当时我也在这里纳凉。第欧根尼走到我面前，先是愣了一下，大概他发现了一张不太熟悉的东方人的面孔，然后问道："你是人吗?"我反问道："您呢?"他说："我是狗。"我接着说："我是狼。"第欧根尼吃了一惊，他把灯笼往上挑了挑，照了照我的脸，嗫嚅着："有意思，狗碰到了狼……"然后继续向前走去。听到他喃喃地说："狗碰到了狼，就不孤独了。"

太阳快要落山的时候，我一个人来到了锡诺普市中心的广场上，远远地看见城墙脚下横放着一只废弃的木制的大酒桶。走近之后发现，第欧根尼竟然坐在里面借着傍晚的光线飞快地写作。那根棍子靠在木桶上，装食物的布口袋扔在地上。我正在犹疑的时候，一个矮个的男人把我拉到一边，小声说："我是主人的奴隶马涅斯，你有什么事跟我说，不要打扰他写文章。"

这时从木桶里传出了第欧根尼的声音："马涅斯走开，是狼找狗来了。"说着便猫着头钻出木桶站到我的面前，咧着嘴笑着，伸出了一只又黑又瘦的手来。我握着这位犬儒学派哲人的手使劲地摇着，心里涌出一阵既感激又苦楚的滋味，不禁感叹人类中居然有这样的身体力行者，为了宣传和实践学派的思想、学说，将一切都舍弃了，连同起码的生存条件和人的宝贵的尊严！

…………

就在这只木桶前，我和第欧根尼作了如下的谈话。

4.1　我与主流社会格格不入

末　学：先生，您为什么把自己比作狗呢？

第欧根尼：（用挑逗的眼神）东方的客人，您为什么自称是狼呢？

末　学：因为我小时候是一个狼都不吃的孩子。[①] 狼不吃的孩子想必就是狼的孩子呗，狼的孩子长大以后自然是狼。

第欧根尼：（神秘地看着我）不这么简单吧！

末　学：那您给分析分析？

第欧根尼：狼同狗一样，都是愤世嫉俗，不过表现的方式不同罢了。

末　学：狼是进攻式的，撕咬性的；狗是退却式的，狂吠性的。

第欧根尼：哈哈，本质上都一个样。

末　学：但是狗的名声显赫，您就说说自己吧。

第欧根尼：我能说什么来着。……我出身于贵族家庭，父亲在锡诺普城掌握着铸币大权，[②] 硬币上都刻着他的名字呢。我早年拜安提西尼为师，学习成绩优异，深得老师的器重。有一年，我们父子俩私自更改了货币上的图案，被人告发，结果法院以伪造假币罪判以重刑。我父亲在逃亡途中病故，我则在逃跑时被海盗劫持，后来拉到克里特的贩卖奴隶市场上当奴隶出售……

末　学：（吃惊地）你们爷儿俩怎么敢更改货币上的图案？

第欧根尼：（神秘地）这是来自阿波罗神的神谕。

末　学：那么您后来呢？

第欧根尼：在奴隶市场上，有一个叫塞尼亚得的科林斯人走到我跟前，问道："你能做什么？"我说："统治人。"他又看了我一眼，和气地说："那你跟我走吧。"我说："我卖给你，你得服从我。"他底气十足地说："好的。"于是我就来到塞尼亚得家里，一边当家庭教师，一边管理家务。

末　学：你真幸运啊，相处得好吗？

第欧根尼：太好了！我把家务管得井井有条，教出的孩子个个成才，全家人都尊敬我。塞尼亚得更是逢人就说："一个杰出的天才，降临我家。"这时一些朋友想为我赎身，我骂他们是蠢东西。因为我虽然身为奴隶，但是心灵是自由的。哲人是其他人的自然统治者，至于什么身份是无所谓的事了。

末　学：后来呢？

---

① 母亲在世时告诉我，我在不到 1 岁时，因为生重病无法医治而死去。按照当地的习俗，她用谷子秆把我捆扎好，一早起来就送到城外麦秸垛子下让狼去吃，以表示某种吉利。但是当她等到下午四五点钟再去看时，发现我还被放在原来的地方，母亲端详着，却意外地看见我的一只手在微微地动。于是赶紧抱回家来，结果我慢慢地苏醒过来并活了下来。因为我是狼不吃的孩子，所以就由大爷张双虎给起乳名"狼娃"。参见拙著《石榴树下——一个人的道路》第一卷第一部"1. 少年初知人生味"。

② 古希腊时的锡诺帕，即今土耳其的锡诺普。

第欧根尼：后来嘛，我在这个家里当“主人”当腻味了，就跑出来流亡到雅典。我决心实践老师的教诲，身体力行，当了一名犬儒。

末　学：噢，这就是你把自己比作狗的原因？

第欧根尼：对。这表明犬儒们的一种思维方式和生活态度，也包含着对整个世界的看法。（情绪激动起来）这个世界从西方到东方，统统肮脏透了！到处都充斥着阴谋、陷害、欺瞒、贪婪，人人都在虚伪的面纱遮挡下，干着追逐名利、尔虞我诈的勾当。几乎没有一个可以称得上是人的人！

末　学：所以您就搞恶作剧，白天打着灯笼到处找人？

第欧根尼：（得意地笑了）遗憾的是我一个也没有找到。可怕的是，在统治者宣传的一片升平景象中，绝大多数人都醉生梦死，浑然不觉。只有我们——犬儒们对这个罪恶的制度、邪恶的行径发出狂吠！

末　学：还有狼……

第欧根尼：狼在古希腊看不到，只能听到狗的叫声。

末　学：先生，依我看，您是以对自己肉体刻苦磨炼的方式批判主流社会？

第欧根尼：（咬牙切齿地）我与主流社会格格不入！我也只能以这种近乎自残的方式，唤醒沉睡的大众，拯救世界末日的来临。

末　学：那么，你觉得这种方式的效果怎样？

第欧根尼：我只看过程而不顾及结果。

末　学：没有结果的过程有意义吗？

第欧根尼：有！千百年来犬儒们的古怪行径深深地印在人们心里，一代又一代地流传下来。它永远高扬批判的旗帜，揭露主流社会的弊病……

4.2　苦行者的生活目标

我住在锡诺普市的一家宾馆里，下午 5 点钟接到服务台的电话，说市政府有人找我。我到门口去迎接，来人告诉我他是市长的秘书，说晚上六点半钟市长和锡诺普市科学界的知名人士一起邀请我吃饭，让我顺便谈谈中国的情况，并说地点就在港口边上。我提出让第欧根尼同我一起去，秘书有些为难，说这事他拿不了主意，还得回去请示市长批准才行。

到了晚上六点钟秘书开车来接我，高兴地说市长同意让第欧根尼一起去，并说第欧根尼的名气比他这个市长大多了，只要肯给面子就行。于是我们一起乘车去找第欧根尼。到了锡诺普市中心广场的城墙脚下，没有看见那只木桶。打听了好几个人，都说不知道第欧根尼住在哪儿，有的说他可能在半地下室的小酒馆里消磨时间，有的说他没准正在白犬体育场演讲，[①] 有一个老头说下午看见第欧根尼和奴隶马涅斯一起滚着木桶在海边的沙滩上玩呢。

我和秘书都着急了，心想这可怎么办呢？我们开着车四处寻找，可是连个人影子都没看见。秘书说时间快到了不要再找了，恐怕市长和科学家早就等候在那里。我想第欧根尼肯定还没吃晚饭，还是耐心地找一找吧。但是一刻钟过去了，还是找不到踪影，就只好开车直奔港口。没想到当车开到海边沙滩附近，一个大木桶从坡上滚了下来，差点砸到了汽车轮子上。秘书和我同时喊了一声“好险！”等木桶在不远处停下来，只见第欧根尼从里边钻了出来，咧着嘴朝我嘿嘿地笑着，奴隶马涅斯飞快地从后边追到他跟前。

我走到第欧根尼面前对他说市长请我们去吃饭，让他快点上车。他提出让奴隶马涅斯也跟着去，还必须和市长坐在一起。秘书坚决反对，说这事他可以做主。第欧根尼扬起他手中的木棍就要打秘书，我赶忙上前阻拦。这时第欧根尼发火了，他好像在对着上天怒吼：“我与主流社会格格不入！老子才不稀罕去呢！市长，市长是什么东西！那些科学家，我一个也没看上眼，他们都是当权者的跟屁虫。他们懂科学？懂哲学？我第欧根尼写了 14 部哲学著作，写了 7 个剧本。[②] 你问问他们谁写过一本像样的东西？他们只会拿着城邦的科研经费吃喝玩乐！我第欧根尼清清白白，没有花过纳税人的一分钱。我孤独地在为人类奋斗，我在为人间的正义狂吠！”说完气呼呼地钻进木桶向远处滚去。

…………

我和秘书来到锡诺普港口时，果然市长和许多人都坐在那里了。这里像我在中国海南省海口市海边吃过的大排档一样，排着一长串桌子，人们围坐在一起边吃海鲜边聊天。熙熙攘攘，好不热闹。市长拉着我坐在他的身边，秘书在市长的耳边嘀咕了几句，市长不屑地轻笑了一声，接着向我介绍他的部下和科学界的头头脑脑，几乎每点到一个人，都站起来向我点一下头。市长先致欢迎词，之后举起高足酒杯和大家一起干杯。接着就是刀子和叉子奏

---

① 白犬体育场，原名为：库诺萨各（Kunosarges，意为“白犬”）体育场，从安提尼斯开始，犬儒们经常在这里集会，相互交流思想和发表对时政的看法。

② 第欧根尼·拉尔修（Διογένης Λαέρτιος），罗马帝国时代作家，约活跃于公元 3 世纪，生平不详。他以希腊文写作，是重要史料《哲人言行录》（Βίοι και γνωμαι των εν φιλοσοφία εδοκιμησάντων）的编纂者。该书分为十卷，他将古希腊哲学家按籍贯分为“伊奥尼亚”和“意大利”两组，每组再按哲学流派来划分，第一卷至第七卷，讲的是“伊奥尼亚”哲人（包括苏格拉底、柏拉图、安提西尼、亚里士多德、第欧根尼等）；第八卷至第十卷，讲的是“意大利”哲人（包括伊壁鸠鲁等）。《哲人言行录》一直在古代流传，到了文艺复兴时期，该书开始有印刷本，也有拉丁文译本的出现，其中记载第欧根尼有 14 部哲学著作，7 个剧本。但是拉尔修同时指出，第欧根尼也可能没有留下任何著作。

出的交响乐。大家在轮番地敬酒，相互间谦卑地恭维着、起劲地吹捧着。市长让我谈谈中国的情况，说他对中国的事情很感兴趣。这时，忽然看见不远处的食客有些骚动，接着听见有人戏谑地喊叫着："快看，狗来了！狗来了！"

我估计是第欧根尼来了，定睛一看果然是他。就在不远处的一个桌子前，第欧根尼拄着那根木棍，手里提着口袋，直愣愣地盯着那些大嚼大咽的食客。只见一个人把一块鱼骨头丢给第欧根尼，打在袋子上又落到地上，他马上弯下腰捡起来塞到嘴里，嚼得嘎嘣嘎嘣地响。有一个小伙子站起来，手里提着一条烤熟的虹鳟鱼，奚落着说："你不是狗吗？学狗叫，我就把这个扔给你。"第欧根尼马上趴在地上学着狗叫："汪汪！汪汪！"惹得周围的人一片笑声，那个小伙子把虹鳟鱼扔了过去，第欧根尼张开口袋准确地接住，然后得意地笑了。

第欧根尼一个桌子挨着一个桌子来，眼看就到我们这一桌了。我倒不感到意外，倒是市长先慌了手脚，他一脸尴尬，马上站起来向我表示歉意，说下一次请我到政府酒店，说着便和他的下属及科学界人士落荒而逃。

看见市长和一帮人走了，第欧根尼把桌子上的东西一扫而空。一只手举起木棍，另一只手晃动着鼓起来的口袋，高声地喊道："胜利了！"

晚上第欧根尼就住在海边，奴隶马涅斯早已把木桶滚到一块石头下，因为那里避风。我看着第欧根尼和马涅斯快乐地分享着他们的胜利品，心里一阵苦涩。不禁感叹一个伟大的哲学家，为什么要以这种方式生活？

当他们二位有滋有味地用完晚餐后，我和第欧根尼作了如下的谈话。

末　学：先生，您为什么要选择这样一种生活方式呢？

第欧根尼：（用手背擦了擦嘴）贫穷、乞讨，像狗一样活着，并非是我生活的特色，那只是训练自己接近自然和教育那些不是人的人的过程。犬儒生活的核心是：证明人对人类理想的实践能力。

末　学：您认为人类的理想是什么？

第欧根尼：回归自然。人要像动物一样在自然界随遇而安。向动物学习，就意味着遵循自然，把自己融化到大自然中去。

末　学：为什么不能以人的身份融化到大自然中去呢？

第欧根尼：不行，这里没有一个像人一样的人。人已经远离了自然界，只知道追求金钱、名誉和地位，人不如动物诚实、纯洁和天真，更不如一条聪明、可人的狗。因而犬儒们都把狗当作榜样！

末　学：我认为在宇宙间"神—人—兽"的大格局早已奠定。神是生命在阴性物质世界的存在形式之佼佼者，人是生命在阳性物质世界的存在形式之智慧者，兽是生命在阳性物质世界的存在形式之弱智者。在人的身上应该弘扬神性，减少兽性，而不应当把人降低到动物生存的水准上。

第欧根尼：（瞪大了眼睛）哪里有神？我怎么看不见神？

末　学：先生，您忘了您和您的父亲还得到过来自阿波罗神的神谕呢。再说，看不见的东西不等于它不存在。就像我到锡诺普这几天患了感冒，鼻子嗅觉失灵，就不等于从地中海吹来的风没有咸味。

第欧根尼：噢噢，这还有些道理。但是又怎能说人就一定比动物强呢？我怎么看见这里所有的人都不如动物，更不如一条狗？

末　学：从智慧、能力、创造性和人追求的生活目标看，人的确比任何一个动物都强。但是人若没有受到良好的教育，让自私、贪婪占据了灵魂，人就会变得丧失良知、残忍和不择手段，这时人就连动物都不如了。但是好人总还是有的，譬如，苏格拉底、柏拉图、安提尼斯、亚里士多德和阁下您。

第欧根尼：苏格拉底是我的老师的老师，当然是好人喽。但是柏拉图就得打折扣了。有一次柏拉图邀我去做客，我的泥脚踩在他客厅的地毯上，看把他心疼的样子，我觉得他已经成了财富的奴隶，所以我说："我踩在了柏拉图的虚荣心上！"还有，柏拉图把人定义为无毛的双足动物，我就把一只拔光羽毛的鸡，拎到了他的讲台上，对他说："瞧，这就是你所说的人！"柏拉图气得说我是发疯的苏格拉底，你看他连我的师爷都捎带着骂了。

末　学：您惹得柏拉图太生气了。

第欧根尼：（笑了起来）说心里话柏拉图算个好人，所以我只是气气他。对于那些不是人的人，我就真不客气了。

末　学：您怎么治他们？

第欧根尼：就对你说几例吧！一天我在大街上乞讨，一个有钱有势的秃头无端地谩骂我，我对他说："我决不反驳你，反倒很欣赏你的头发，因为它早已离开你那可恶的头颅而去了。"有一次，一个狗仗人势的管家带我去参观主人的豪宅，他警告我不得随地吐痰，我立刻把一口痰吐在他的脸上，对他说："我实在找不到更合适的痰盂了。"还有一次在一个宴席上，有的人真的把我当成了狗，不断地给我扔骨头，我说："我是狗，对施舍者献媚，对拒绝者狂吠，对无赖狠咬！"说完就把一盆汤浇到那几个人头上。

…………

4.3　我是我精神上的帝王

隔了一天，我到海边木桶前邀请第欧根尼到我下榻的饭店做客。他犹豫了，说他大半辈子都在最接近自然的地方生活，从来不去被钢筋混凝土建筑的房子，特别是越高级的宾馆越不去。我说您就破例一次吧，我们都是学者，还有许多话要谈，再说我也没当过市长。他笑了，最后对我提出让奴隶马涅斯也跟着去，我说当然可以。于是就约定中午 11 点半我在饭店的门口等他。

我所在的饭店正在开一个国际商务洽谈会，各国的商贾巨富都聚集到这里，人们一个个衣冠楚楚，油头粉面。出出进进，尽显大牌、大腕的派头。还不到 11 点，前台经理给我打电话说让我下来一下。我一下楼就看见第欧根尼和奴隶马涅斯站在门外，旁边还有一只大木桶。经理快步走到我跟前，赶忙问道："外边那两个人是你的客人？"我说："是的。"经理面有难色。我说："你不让他们进来？那可不行，昨天市长还请他们了。"经理吃了一惊，我说："他是大哲学家第欧根尼，你敢不让他进来！"经理只是点头，说不敢不敢。于是和我一起到大门口去领第欧根尼进来。没想到奴隶马涅斯提出要把木桶也滚进大堂，说怕外国人偷到国外去卖。经理说这可不行，太影响大堂的景观。我也觉得这样做不可取，就给了前台小姐几个小费让她看着，不要让别人随便滚动。

第欧根尼还是穿着破旧的长袍，拄着那根橄榄枝木棍，肩膀上搭一个口袋。奴隶马涅斯紧跟着他的主人，东张西望，看见什么都新鲜。我领着他们穿过大堂，吸引了许多人的眼球，前台服务小姐一直捂着嘴在哧哧地笑。进了电梯，正好没有什么人，我们就直奔 23 楼我的房间。

打开房门之后，奴隶马涅斯说什么也不肯进去，他说他要守卫在门口保护主人，并说这是他一生神圣的职责。我说这里是安全的，不需要保护，他还是执拗着不听，直到第欧根尼发话他才进门，但是他不坐椅子，而是席地而坐，也就只有随他了。第欧根尼毕竟是贵族出身，见过大世面。他坐在沙发上，跷起二郎腿，一边品着咖啡，一边环顾着房间的设施，煞有介事地说："这里就像我父亲当年铸币厂的办公室。不过，论豪华程度这里还略胜一筹。"我说："时代在前进，技术在进步嘛。"第欧根尼摇摇头，不以为然地说："可是世风日下，世衰道微，人心不古啊！所以我觉得还是住在木桶里舒服。"

正说着话，听到敲门声。打开房门，服务员一行送来了中午饭。我订了十个菜三碗汤，有米饭、意大利面条、包子等好几种主食。服务员把饭菜一一摆放在客厅的餐桌上，请我们用餐。这时第欧根尼蹙了蹙眉头，不满意地说："怎么不到大饭堂去呢？"我赶忙解释是为了我们谈话方便。心想您还想去大饭堂乞讨，没门儿，这一点我早就想到了。之后第欧根尼郑重地对我说："不去大饭堂也可以，但是得把饭菜放到地板上吃才行。"奴隶马涅斯也这样央求着。我吃了一惊，忽然想到他们是要最接近自然，接近动物吃食的习惯，也就只好依他们了。于是就把桌子上的饭菜一一端到地板上。第欧根尼和奴隶马涅斯都习惯地趴在地上用餐，真的像狗吃食一样，还不停地用舌头舔着盘子……

吃完饭，我和第欧根尼作了如下的谈话。

末　学：先生，您选择这样一种生活方式是为了找回自然？

第欧根尼：是的。自然的生活状态，曾经是希腊人一个悠长的梦。大自然为人类提供了一切，人与自然和谐相处，人们一点儿都不贪心，也没有争斗，生活自足，乐而忘忧。那真是一个黄金时代啊！

末　学：那么后来呢？

第欧根尼：随后是白银时代，人类开始好吃懒做，日渐堕落。接下来是青铜时代，暴力盛行，残忍无情。然后是英雄时代，登台的是半人半神的英雄，但总是怀着战争情结和征服别人的野心。搅得社会动荡不安，百姓流离失所。现在又到了黑铁时代，人类完全堕落了，社会没有诚信，即使父子兄弟之间也为了权位和钱财相互仇杀。欺诈、杀戮、冷漠充斥在世界的每一个角落，忧虑、烦恼、恐惧、绝望笼罩在每一个人的心头上。我看整个人类是没有希望了！

末　学：那犬儒们的所作所为又能起什么作用呢？

第欧根尼：把自己的生存标准降到最低，就是对人类不依赖现代物质而回归自然生存的一种证明。虽然犬儒们的力量是微小的，但是我们毕竟尽力了。

末　学：这也是对世俗的反抗和超越。它既唤醒了人类对黄金时代的记忆，又启发人们思考如何以现代手段回归自然。

第欧根尼：（笑着摇摇头）以现代手段回归自然？这怕做不到吧……

末　学：但是人类总不能再倒退回到原始时期啊！

第欧根尼：也是这个理，那就看子孙后代的造化了。

末　学：先生，以现代手段回归自然就需要更新观念和科学知识，那么您对观念和知识是怎么看的？

第欧根尼：（仰脸一笑）这要看什么样的观念和知识，那些科学界的所谓专家、权威，只知道看当权者的眼色行事，有一条最高指示就争先恐后地论证，不惜昧着良心讲假话，我看他们就一钱不值。那天他们还居然仗着市长的威力要和我一起吃饭，他们配和我在一起吗？现在学校讲的东西多一半不能用，就拿修辞学来说，不学还罢，学了连话都不会讲了。再说搞什么一人一票的民主政治，这是误导，也是违反常识的。如果说森林里动物开大会，兔子提出所有动物无论大小都应享受平等权利，那狮子就会咆哮着问：你他妈的有尖牙利爪吗？

末　学：先生，那兔子的人格总得受到尊重吧？

第欧根尼：兔子有什么人格，兔子只有兔格。只有狗才配得上称有人格！

末　学：（大笑）您说的狗指的是犬儒吧？

第欧根尼：是的。犬儒一生只有三件宝：袍子、木棍和口袋。没有负担、没有牵挂、没有任何东西能束缚住他。所以犬儒不做观念和知识的奴隶，不承认任何所谓的权威。我们特立独行，敢怒敢骂。想的说的和写的，都是发自内心，绝无粉饰和虚伪可言。什么国王、将军、富豪统统滚到一边去吧！

末　学：（忽然想起来）先生，请您讲一讲您和亚历山大大帝的一段故事吧！①

第欧根尼：（来了精神头）算起来我还是亚历山大的师叔呢！

末　学：有这回事？

第欧根尼：这还能是假的？你看，亚历山大是亚里士多德的学生，亚里士多德是柏拉图的学生，而柏拉图又是苏格拉底的学生。我的老师是安提西尼，而安提西尼也是苏格拉底的学生。按说我和亚里士多德是同辈，那不就是亚历山大的师叔吗？你甭看他是帝王，但是我的辈分在这儿摆着呢。

末　学：噢，亚历山大一定很尊重您。

第欧根尼：（不满地）哼！尊重倒有一点。但是他在我面前大摆帝王架子，我就瞧不起他，所以给了他难堪。

末　学：怎么回事？

第欧根尼：有一年，亚历山大只有 20 岁吧，他带着一大队人马浩浩荡荡地开进了城邦。他坐着轿子，前边是骑兵和军乐队吹吹打打开路。威风凛凛，不可一世。队伍进到广场停了下来，亚历山大下了轿子在四周转悠。当时我正躺在木桶里休息，太阳暖洋洋地照进来舒服极了。亚历山大朝我这里走来时，我就听到了前呼后拥的声音。不一会儿他站在了木桶前，看着我四脚朝天睡觉的样子，对我说："我是亚历山大大帝。"我说："我是第欧根尼——狗。"他说："我有什么可以替你做的吗？"我说："有的，就是——不要挡住

---

① 亚历山大大帝（Μέγαs Αλέξανδροs 或 Αλέξανδροέ ο Μέγαs 英译：Kyng Alisaunder）（前 356—前 323），古代马其顿国王，世界古代史上著名的军事家和政治家。欧洲历史上最伟大的军事天才，马其顿帝国最负盛名的缔造者。他足智多谋，雄才大略，骁勇善战，在统治马其顿王国的短短 13 年中，以其雄才大略，东征西讨，领军驰骋欧亚非三大陆。先是确立了在全希腊的统治地位，后又灭亡了波斯帝国。在横跨欧、亚、非的辽阔土地上，建立起一个西起希腊、马其顿，东到印度河流域上游，南临尼罗河第一瀑布，北至中亚的药杀水（今锡尔河）的以巴比伦为首都的庞大帝国。创下了前无古人的辉煌业绩，促进了东西方文化的交流和经济的发展，使古希腊的文明发扬远播，对人类社会的进展产生了重大的影响。

我的阳光。”亚历山大挪动身子，把阳光还给了我。但是他是帝王啊，这毕竟挫伤了他的自尊心。于是他站在一边威严地问道：“你不怕我吗?”我说：“你是好人还是坏人?”他说：“好人。”我说：“我干吗要怕一个好人呢?”亚历山大转身走了。后来听说他事后感叹道：“如果我不是亚历山大，我就愿意做第欧根尼。”

末　学：这就是犬儒战胜帝王的美谈，流传两千多年了！但是，我觉得它的意义绝不止于此，而是维护了犬儒的尊严，更维护了人的尊严。

第欧根尼：你说对了。犬儒在精神上自己是主人，绝不依附和巴结任何权贵，哪怕他是帝王。我只承认——我是我精神上的帝王。

…………

4.4　爱情和婚姻是人精神上的枷锁

第欧根尼的兴致很高，让奴隶马涅斯泡一壶茶来，我们一边喝茶，一边接着上边的话题，又谈起了爱情和婚姻问题。

末　学：先生，请您谈谈对爱情和婚姻的看法?

第欧根尼：我对爱情和婚姻的看法，和对于金钱的看法一样，是万恶之源。这个看法也代表了犬儒们的整体看法。

末　学：为什么?

第欧根尼：先说金钱为什么是万恶之源。因为它能勾起人的贪欲，人为了获得金钱，什么坏事都能干出来。同时人有了金钱之后，又像守财奴一样保护他的财富。所以人被金钱紧紧地捆住了，人就成了金钱的奴隶。

末　学：这就是您鄙视金钱的理由?

第欧根尼：对。犬儒们从前有钱的抛弃了财富，没钱的也不去寻找财富，所以不做任何坏事，也没有来自金钱的负担和烦恼。多痛快啊!

末　学：先生，那家庭总得有财富支撑呀，没有钱怎么过日子呢?

第欧根尼：问得好。我这就得回答对爱情和婚姻的看法。男女的性爱是什么?是一种无药可治的顽症。爱情的火焰一旦燃烧起来，双方就谁也离不开谁。随之两个人也就都失去了理智和自由。结婚之后更麻烦，有了孩子要抚养，要接受教育，要医疗费用，你就得有金钱，就得为获得财富而奋斗。

末　学：先生，按照您的说法进行推理，既然金钱是万恶之源，那么爱情和婚姻也就是万恶之源的源头了。可以这么理解吗?

第欧根尼：确实如此。金钱是强加在人身上的一条锁链，有了爱情和婚姻则是用这条锁链把两个人紧紧地捆住了。夫妻之间感情固然是重要的，但是不要忘了中国人常说的一句话：酒肉的朋友，米面的夫妻……

末　学：这就是您放弃爱情和婚姻的理由？

第欧根尼：是的。犬儒们没有恋人也没有家庭，一个人独来独往，优哉游哉。这不光是为了图省事，而是看透了红尘。

末　学：如果说偶然坠入情网呢？

第欧根尼：那就要用意志战胜自己。或者挣脱情网，或者设法使对方也成为犬儒。如果说没有意志而又不能自拔的话，那就不要做犬儒了。

末　学：先生，对于一般人而言，您认为什么时候结婚最合适？

第欧根尼：对年轻人来说，时间还不到；对老年人来说，没有这个必要。

末　学：看来您是主张独身，坚决放弃爱情、婚姻和家庭的。

第欧根尼：（郑重地）是的。我主张人要回归自然，像动物一样随遇而安地生活。但是考虑到人类的种的繁衍，我赞成柏拉图和斯多噶派创始人芝诺的主张，[①] 实行公妻制。认为这是唯一的高级的婚姻形式。在这种形式下，财产和子女必然共有，也就断绝了追求金钱和贪婪的根源。

末　学：先生，您这个大胆的设想能行得通吗？

第欧根尼：（灰心丧气地）太难了！不瞒你说，我一心退回自然，曾模仿动物在公开场合性交和自慰，结果差点儿被警察抓起来暴打一顿。

末　学：（吃惊地）您这种模仿太离谱了，这是伤风败俗，也太荒谬了！

第欧根尼：凡是大自然规定的事都不荒谬，凡是不荒谬的事在公开场所做也不荒谬。既然食欲可以公开满足，那么性欲为什么不可以公开满足？所以人都是虚伪的，都是用遮羞布盖着自己。我认为性是最自然的，而爱情和婚姻是人精神上的枷锁，家庭则完全是多余的。

末　学：先生，您的观点我不能完全接受。看来还得回到我一开始讲到的问题。我认为在宇宙间“神—人—兽”的大格局早已奠定，研究人和社会问题必须有一个参照系。我们以神为参照系，就要提升人性中的神性，这就是崇高、文明和理性，减少人性中的兽性，即动物性。如果说以兽为参照系，就必然会出现相反的结果：减少人性中的神性，提升人性中的兽性，即动物性。虽然您提出人要回归自然，像动物一样在大自然中生活，这些都有积极的意义。但是由于您在本质上是无神论，所以在研究问题时就不可能以神为

---

① 斯多噶的字义是廊，这个学派因在雅典的一个画廊集会讲学而得名。创始人是芝诺（前 336—前 264）。斯多噶学派认为世界既是物质的也是理性的。人的灵魂是物质的，是世界理性的一部分，所以人应该顺从理性。一切事物的变化都是世界理性的表现，都是注定的而不是偶然的，因而应该相信占卜和预言。

参照系，而是将参照系放在了兽（动物）一边，也就必然出现模仿动物行为过头的情况。这是全部问题的根源所在。这也只是我的一点浅见，只能仅供您参考了。

第欧根尼：（瞪大眼睛陷入思考中，然后向我伸出了干瘦的手）……

我和第欧根尼的最后一次谈话显得不太愉快，但是这是没有办法的事情，我们谁也不能勉强让对方接受自己的观点。临离开锡诺普市时，我去看了他一次。他说他喜欢我的直爽，不人云亦云和独立思考精神。显然我们之间离得更近了，友谊加深了一步。我说我想把在这里节余的盘缠给他留下，因为在商品社会里没有金钱是万万不行的。他平静地告诉我，他什么都清楚，但是已经做了一辈子犬儒了，也就下决心做到底了。他说他不需要这些钱，就留给奴隶马涅斯零花吧。对于马涅斯，他对我说："他是个老实人，跟了我几十年，也太苦了，我没有什么可以报答他的。"临分别时，我和第欧根尼一再拥抱、握手，他老泪纵横，嘴里喃喃地说："难忘啊，东方的朋友！希望再来！"

在归途中，我乘坐的汽车先到了科林斯市。在工作人员的带领下，我在一个公园里瞻仰了第欧根尼的墓。坟茔前立着一根立柱，柱顶是一只大理石的狗头。墓碑上的碑文是几行诗：

狗啊，请问，
你守护的坟中长眠着谁？
"一只狗。"
它叫什么名字？
"第欧根尼。"
它的家乡在哪里？
"锡诺普。"
就是住在木桶中的那位哲人？
"不错，
但如今它在群星中间。"

走在科林斯市大街上，我看见人们为第欧根尼建造的一座青铜雕像。铭文是："时间甚至可以摧毁青铜，但永远不能摧毁你的光荣，因为只有你向凡人指明了最简单的自足生活之道。"

第 5 章　与庄子的对话[①]

今天人们争论庄子的故里在河南商丘东北还是在安徽蒙城，[②] 恐怕很难说得清楚。在战国时期，诸侯国争霸战事频繁，行政区划图也随着战争的形势发生变化，这两个地方的归属也多次易主。历史永远都恢复不到第一时间的真实景况，因而就为后人的追忆留下了想象的空间。

当初我想在拜访庄子之前先拜访老子，[③] 但是又觉得这是根本不可能的事情。因为老子晚年驾青牛薄畚西去，在函谷关（位于今河南灵宝）为关令伊喜写下五千言的《道德经》之后，就一直不知所终。[④] 所以要了解道家的思想和学术观点，就只有去寻找它的传人庄子。

后来我在河南商丘东北和安徽蒙城均没有看到庄子，听人说他可能去河南鹿邑（春秋时期楚国苦县厉乡曲仁里）参拜老子去了，于是就一路赶来。真巧，在修缮一新的老子故居见到了庄子。我向庄子施以鞠躬礼，简要说明来意，他用冷清的眼神看了我几秒钟，然后才伸出一只手来表示欢迎。

---

① 庄子（约公元前 369—前 286），名周，字子休（一说子沐），汉族，战国时期宋国蒙（一说是今河南商丘东北，另一说是今安徽蒙城县）人，著名的思想家、哲学家、文学家。他是继老子之后，道家学派的代表人物。他在《庄子》（又称《南华经》）中阐发了道家的思想精髓，发展了道家学说，对后世产生了深远的影响。

② 关于庄子的出生地，《辞海》称：“宋国蒙（今河南商丘东北）人。”又有史料称：“战国时期宋国蒙（今安徽省蒙城县，又说今河南省商丘县东北民权县境内）人。”查阅中国地图册，河南省民权县在商丘西北而非东北。如果说是商丘东北，就到了山东省。所以《辞海》和这里所引的史料均有误。

③ 老子（前 600—前 470）（西周末年武丁朝庚辰二月十五日卯时诞生），姓李名耳，又名老聃，字摋，楚国苦县厉乡曲仁里（今河南鹿邑）人，汉族。伟大的思想家、哲学家，道家学派创始人。曾在周国都洛邑（今河南洛阳）任藏室史（国家图书馆馆长）。老子博学多才，孔子周游列国时曾到洛邑向他问礼。著有《道德经》（又名《老子》），因其深邃的哲学思想而被尊为“中国哲学之父”。老子哲学与古希腊哲学一起构成了人类哲学的两座高峰。老子的思想被庄子所传承，并与儒家和后来的佛家思想一起构成了中国传统文化的内核。道教出现后，老子被尊为“太上老君”；从《列仙传》开始，老子被尊为神仙。自汉代起，历代帝王均到河南鹿邑祭拜老子。《道德经》的国外版本有一千多种，是被翻译语言最多的中国书籍。

④ 据元大德四年，清顺治十年《重修太初宫》碑文记载：周昭王二十五年，关令伊喜望东方有紫气，知有异人通过，整日恭候，果见老子驾青牛薄畚自东而来，即迎邀留居，遂著《道德经》五千言而传于世。

庄子有着中等偏上的个儿，面庞略呈长方形，脸色苍白，微微泛黄。颧骨较高，银须飘洒。一双眼睛充满了智慧，但是又显得沉静、寂寞。他穿着一件粗布长衫，肩上和胳膊肘处，打着几块补丁；腰间紧紧地系着一条布带子，脚上穿着一双针脚缝得密实的布鞋，布袜子呈高筒形，一直高到小腿肚子上。庄子身材瘦削，但是精神矍铄，一股仙风道骨的气势扑面而来。

在老子故居不远处的一棵老槐树下，我和庄子作了如下的谈话。

5.1 “心斋”“坐忘”，唯为精神自由

末 学：先生，您继承了您的老师老子的道家思想精髓，发展了道家学说，对于后世产生了深远的影响。所有中华民族龙的传人都非常感激您。

庄 子：首先纠正一下，我不是老子的嫡传学生。老子是公元前470年去世的，而我是公元前369年生人，就是说我是在老子去世101年后才出生的。还有，老子生前从来没有收徒，他晚年驾青牛西去，在函谷关写下《道德经》之后就一直不知所终。所以我是自觉学习和发挥老子的思想和学说的。

末 学：噢。老子为什么没有收徒呢?

庄 子：这只有他自己最清楚其中的原因了。不过以我的揣测，恐怕《道德经》的教授和思想传播，采用师傅传带徒弟的办法不一定效果很好。

末 学：为什么呢?

庄 子：老子曰：“上士闻道，勤而行之；中士闻道，若存若亡；下士闻道，大笑之。不笑，不足以为道。”① 如果说收徒的话，一开始很难判断前来学习的人是上士、中士，还是下士。像《道德经》这样博大精深的思想和理论体系，在人群中只有极少数聪慧的人（上士）才能通达和领悟。

末 学：明白了。《道德经》看似通俗易懂，但却不是普及性的读物。两千多年来注家蜂起，然而很少有人能够真正懂得它的精髓之所在。

庄 子：是的。对《道德经》和道家思想的学习和领会，仅靠死记硬背是无济于事的。重要的是，它需要在“心斋”和“坐忘”中领悟和把握。这就有一个修炼的过程，并不是所有的人都能够做到的。

末 学：先生，什么是“心斋”和“坐忘”?

庄 子：先说“心斋”。有一次颜回要到卫国去游说卫国君王，孔子说你还没有做到纯一不乱的境界，如果贸然去谏，非但无益，反而有害。于是颜回便向孔子请教方法，孔子曰：“若一志，无听之以耳，而听之以心；无听之

① 《道德经》第四十一章。

以心，而听之以照。听止于耳，心止于符。炁也者，虚而待物者也，唯道集虚，虚者心斋也。”[①] 就是说，把注意力集中起来，不是用耳朵去听，而是用心去听；再进一步用炁去听，[②] 这时心与炁合而为一。炁的本质是虚的，因而能够容纳物体。道把虚集合在一起，就达到“心斋”的境界了。

末　学：这需要认真地学习和领悟啊！

庄　子：“一”、“耳”、“心”、“炁”的听、止等境界，是一个由浅入深的过程，一步一步经历过来，才能达到“虚”的高层次。这是一个由后天返回到先天境界中去的顿悟过程。只有虚与道结合起来，才能得道。“心斋”的要旨是通过这些修炼步骤，直达道的太虚高妙境界。

末　学：那么什么是“坐忘”呢？

庄　子：它是由颜回回答孔子的问题而阐发出来的：“堕肢体，黜聪明，离形去知，同于大通，此谓坐忘”。[③] “坐忘”，是一个由外而内的自我纯化过程。“堕肢体”、“离形”，就是忘记自我，消除眼、耳、鼻、舌、身所追求的无止境的欲望。凝神聚气，反观内照，实现对形体的超越。“黜聪明”、“去知”，就是要摒弃人们钩心斗角、尔虞我诈的所谓“智慧”，去除由知识累积而形成的偏见和认识上的障碍。概而言之，“坐忘”就是经由修炼的过程，超越形体和心智的限制，进入到万虑皆遗、虚静空明的“大通”即道的境界。

末　学：看来“心斋”和“坐忘”修炼的形式虽然有点不同，但是最后都达到了同一个目标——道的境界。

庄　子：你说对了，这叫殊途同归、万法归一。这个“一”就是道。

末　学：这样的修炼过程，的确不是所有人都能做到的。

庄　子：所以“上士”、“中士”和“下士”对于“心斋”和“坐忘”的解释差别甚大，对于道的理解更有天壤之别了。

末　学：先生，我经过运算得出一个观点：一个人只有将他的显意识下降到自身的2倍以下，潜意识（神灵）才能实现出来。[④] 这个将显意识下降的过程就是类似“心斋”和“坐忘”的修炼过程。

庄　子：你还有一些观点没有说出来，是吗？

末　学：还有，这个将显意识下降的过程，就是当人“心—脑”一致的

---

① 《庄子·人间世》。

② 什么是炁？笔者认为，它是以虚粒子构成的运动速度起步就是超光速的阴性物质的正物质（阴+），即气（炁）功师练功时发出的外气。今人误将“炁”当作空气的“气”，是概念上的错误。参见拙著《广义与狭义生命论》12.1“‘炁’的本质及其特性”。

③ 《庄子·大宗师》。

④ 参见拙著《打开宇宙的另一扇门》7.2.6“‘心诚则灵’的深层意涵”。

时候，这个过程就表现为您说的“心斋”和“坐忘”。

庄　子：你再具体地说一说。

末　学：当人“心—脑”一致的时候，灵魂产生和发射的灵魂波——一阴′＋和脑意识产生和发射的思维波——＋阴′一相互耦合或者彼此分离，并且由思维波——＋阴′一携带阴性物质的正物质（阴＋）——意念，进入阴性物质世界资料库检索信息和破译密码。这个过程是在超光速的条件下进行的，其中省略了不少中间环节，因而能在瞬间得出思维或者审美的结果。[①]

庄　子：（微笑着）这就是在道的境界中去认识和审美。所以是“虚静恬淡寂寞者，万物之本也”[②]、“静则明，明则虚，虚则无为而无不为也”[③]。“至精无形。”[④]“淡然无极而众美之。”[⑤]

末　学：它表现为一个人的直觉，而非逻辑思维。

庄　子：是的，“唯道集虚”、“虚室生白”。[⑥]

末　学：先生，进入道的境界是否一定需要媒介这个中间环节？

庄　子：（思考地）严格地说“心斋”和“坐忘”就是进入道的境界的媒介或者说中间环节。但是这只是常人所需要的媒介或者说中间环节，没有这个阶梯，就不可能得道。至于我说的至人，[⑦] 则可以直达道的境界。

末　学：至人是否不需要灵魂波——一阴′＋和思维波——＋阴′一相互耦合或者彼此分离这个中间环节？

庄　子：（机智地）你说呢？

末　学：（思考地）也需要，因为至人也是有灵魂和意识的。但是他的灵魂波——一阴′＋和思维波——＋阴′一相互耦合或者彼此分离，是以超光速的

---

① 参见拙著《不同维数时空和生命的美》14.3“四维以上多维时空生命存在形式对美的鉴赏判断”。

② 《庄子·天道》。

③ 《庄子·庚桑楚》。

④ 《庄子·秋水》。

⑤ 《庄子·刻意》。

⑥ 《庄子·人间世》。

⑦ 《庄子·逍遥游》云：至人无己，神人无功，圣人无名。学术界对之有好几种解释，其中一种解释认为“至人”、“神人”、“圣人”分别代表不同的人生境界。例如，《全日制高校通用教材·大学语文》（华东师范大学出版社2002年版）认为，至人无己是指修养最高的人忘掉自我；神人无功是指修养较高的人无意追求功业；圣人无名是指有学问道德的人无意追求名声。《古代散文选》（人民教育出版社1980年版）认为，无己，无我。也就是忘掉一切外物，连自己的形骸也忘掉。庄子认为能达到这样的境界，才算逍遥游。无功，不追求功。无名，不追求名。庄子认为至人比神人、圣人为高。《先秦文学参考资料》（中华书局1980年版）认为，至人是庄子理想中修养最高的人，能达到任天顺物、忘其自我（所谓“无己”）的境界；神人是庄子理想中修养仅次于至人的人；圣人本是儒家理想中修养最高的人，而庄子却置于至人及神人之下。

加速度在瞬间实现的，所以这个过程或者被压缩或者被省略了许多中间环节……

庄　子：可以这样理解。

末　学：因为这个过程速度之快是肉眼根本无法分辨的，所以一般人就认为没有中间环节，这其实是一个错觉。

庄　子：“心斋”、“坐忘”，还有“虚静”、“澄怀”等都是修炼的过程，也就是经由的媒介或者说中间环节，目的是获取精神自由，出现“神遇”、“意致”、“妙觉”、“玄览”、“禅观”、“灵悟”的意境。

末　学：这就通达了道的境界。

庄　子：（微微点头）正是。

5.2　立足环中，贵在因势利导

末　学：先生，您生活在战国中期混乱的年代，您觉得怎样处世才是上策呢？

庄　子：（缓缓站起来，用低沉悲怆的声音吟唱）

凤兮凤兮，何如德之衰也！
来世不可待，往世不可追也。
天下有道，圣人成焉；
天下无道；圣人生焉！
方今之时，仅免刑焉！
福轻乎羽，莫之知载；
祸重乎地，莫之知避。
已乎，已乎！临人以德。
殆乎，殆乎！画地而趋。
迷阳迷阳，无伤吾行！
吾行却曲，无伤吾足！①

末　学：（被歌声深深地打动）先生，即使退避三舍也难保全自己啊！

庄　子：还有，千万不要做官。

---

①《庄子・人间世》。翻译成白话诗是：凤哟，凤哟，/道德如何衰败成这样？/未来没有希望，过去无法追回。/天下有道，圣人事业通畅；/天下无道，圣人保身安享。/如今世事，免遭刑罚已万幸。/可怜的世人啊，/只晓得获取轻如羽毛的福分，/却不知躲避重于大地的祸患。/得了吧，得了吧，他们哪里配得上德行！/危险啊，危险啊，找个地方赶快藏好身！/荆棘呀，荆棘呀，不要阻我把路行！/让开喽，让开喽，不要伤了我脚跟。

末　学：为什么呢？

庄　子：因为在这个连年战乱、天下无道的时代，如果做官就会违背无为、自然，背逆天地之道。再说，做官与养生保身不能相容，二者择一，以养生保身为先。所以“天下有道，则与物皆昌；天下无道，则修德就闲”。①

末　学：还是先保护好自个儿吧！

庄　子：我觉得人活在世上，犹如“游于羿之彀中”②，到处充满了危险。君主的残暴尽人皆知，“回闻卫君，其年壮，其行独；轻用其国，而不见其过；轻用民死，死者以国量，乎泽若蕉，民其无如矣！”③

末　学：所以您不愿意与其为伍。

庄　子：在君主面前你只能“顺”着。“汝不知夫养虎者乎？不敢以生物与之，为其杀之之怒也；不敢以全物与之，为其决之之怒也；时其饥饱，达其怒心。虎之与人异类，而媚养己者，顺也；故其杀者，逆也。”④

末　学：君主就是一只凶恶的老虎。

庄　子：还有，要防止马屁拍到马蹄子上，“夫爱马者，以筐盛矢，以蜄盛溺。适有蚊虻仆缘，而拊之不时，则缺衔毁首碎胸。”⑤

末　学：真是伴君如伴虎啊！

庄　子：所以我一生远离权势，更不和君主套近乎。

末　学：先生，我还听说过您宁做泥龟不做官的故事呢。

庄　子：有一次我在濮河钓鱼，两位楚国大夫前来，说是国王让我去楚国当宰相。我问：“听说楚国有一只神龟，死时已有三千岁了，国王用锦缎包好放在竹匣中珍藏在宗庙的堂上。这只神龟是宁愿死去留下骨头让人们珍藏呢，还是情愿活着在烂泥里拖着尾巴呢？”两个大夫回答：“情愿活着在烂泥里拖着尾巴。”我说：“请回吧！我将要在烂泥里拖着尾巴生活。”⑥

末　学：啊，这太精彩了！

庄　子：“道之真以治身，其绪余以为国家，其土苴以治天下。”⑦ 在这个

---

① 《庄子·天地》。

② 《庄子·德充符》。“游于羿之彀中”，羿指君主，彀指君主的刑罚和统治手段。

③ 《庄子·人间世》。

④ 《庄子·人间世》。

⑤ 《庄子·人间世》。

⑥ 《庄子·秋水》。原文：庄子钓于濮水，楚王使大夫二人往先焉，曰：“愿以境内累矣！”庄子持竿不顾，曰：“吾闻楚有神龟，死已三千岁矣，王以巾笥而藏之庙堂之上。此龟者，宁其死为留骨而贵乎？宁其生而曳尾于涂中乎？”二大夫曰：“宁其生而曳尾涂中。”庄子曰：“往矣！吾将曳尾于涂中。”

⑦ 《庄子·让王》。

无道的年代，我关注“治身”远甚于治国、治天下。

末　学：先生，您对一般人怎么看呢？

庄　子：我觉得一般人自私、虚伪，“人心险于山川，难于知天。天犹有春秋冬夏旦暮之期，人者厚貌深情。”① 儒家“以仁义撄人之心”，② 只会导致“天下脊脊大乱”。③ 而君主的专制统治和对知识的偏好，只会使人心更加败坏，“民之于利甚勤，子有杀父，臣有杀君，正昼为盗，日中穴阫。”④

末　学：先生，您是否对人生太悲观了？

庄　子：不是我悲观，而是人生有悲哀的一面。“一受其成形，不忘以待尽。与物相刃相靡，其行尽如驰，而莫之能止，不亦悲乎！终身役役而不见其成功，苶然疲役而不知其所归，可不哀邪！人谓之不死，奚益！其形化，其心与之然，可不谓大哀乎？人之生也，固若是芒乎？其我独芒，而人亦有不芒者乎？”⑤

末　学：那么怎样克服人生悲哀的一面呢？

庄　子：这就要做到“齐物”。

末　学：什么是“齐物”？

庄　子：我的《齐物论》有两个主题，一个是齐物，另一个是齐论。所谓齐物，是指世界万物包括人的本性和情感，貌似存在差异，其实是齐一的。所谓齐论，是指人们对世间万物的认识，貌似各不相同，但因世间万物是齐一的，那么人们的认识说到底也应是齐一的。因而做到“齐物”，就达到“逍遥”的境界。

末　学：这是心灵不被外物拖累的自由自在、无拘无束的状态，是“无为”或“无待”的精神境界。

庄　子：“无为”或“无待”，就是“乘天地之正，而御六气之辩，以游无穷”。⑥ 这是一个心与道合一的至高境界。

末　学：达到这个境界，人的个体精神解放也就彻底实现了。

庄　子：这是道的本性之使然。

末　学：先生，人生太复杂了，要达到道的“逍遥”境界太难了。

庄　子：（洞若观火）也不太难。

---

① 《庄子·列御寇》。

② 《庄子·在宥》。

③ 《庄子·在宥》。

④ 《庄子·庚桑楚》。

⑤ 《庄子·齐物论》。

⑥ 《庄子·逍遥游》。

末　学：（吃惊地）……

庄　子：立足环中，因势利导，足矣。

末　学：先生，请您给我讲讲。

庄　子：“莫得其偶，谓之道枢。枢始得其环中，以应无穷”、“是以圣人和之以是非，而休乎天均，是之谓两行”。①

末　学：我明白了。“环”是承托门枢的圆洞，门枢安置环中，开门和关门便可旋转自如。道枢好似处在圆环的中虚处，不执着于是或非的一边，对万事万物的运动就能够应对自如。……

庄　子：继续讲下去。

末　学：人生在世，也应该处在“环中”，灵活应对险象环生的现实世界。只要公正无私，才不会卷入无原则纠纷之中，也才能立于不败之地。

庄　子：好。这叫做“得其环中，以应无穷”②、“得其环中以随成”③。

5.3　天人合一，旨在天乐人乐

在老子故居不远处的这棵老槐树下，我和庄子的谈话进行了三个多小时。一开始他是用冷清的眼神看着我，谈话中也试探着我对道的理解程度。现在则报之以和蔼的笑容和赞赏的口吻。他越说劲头越足，丝毫没有倦意。我想，他真不愧是道家传人，是道为他瘦削的身子提供着足够的阴性物质能量，而我在一旁也沾了不少光。但是庄子毕竟是超级老人，不能太劳累。我提议我们信步走走，到鹿邑县城四周看看，庄子点头表示同意。于是我们先到明道宫，再到紫气园，最后在两河口停了下来，欣赏这里美丽的田园风光。

太阳落下了地平线，一片火烧云在西天骤然升起。庄子眯缝着眼睛看着落日的方向，感叹即将逝去的这一天。他自言自语地说：“吾生也有涯，而知也无涯。以有涯随无涯，殆已；已而为知者，殆而已矣。”④

在两河口的河边，我和庄子漫着步子，作了如下零零星星的谈话。

末　学：先生，您对尧、舜这些圣人的出现怎么看？

庄　子：（不以为然地）是好事，也不是好事。

末　学：为什么呢？

---

① 《庄子·齐物论》。
② 《庄子·齐物论》。
③ 《庄子·则阳》。
④ 《庄子·养生主》。

庄　子：本来这个世界挺好的，人们生活在大自然中，安居乐业。没有争斗，也没有忧虑。不管干什么都是凭着真性情来，一切都是自然而然的。然而自从尧、舜这些圣人出现以后，他们创造了一套礼乐制度，就改变了人们的自然生活状态；推行一套仁义道德，就使人们率真的性情变了质。

末　学：（吃惊地）这是社会生产力发展的要求……

庄　子：非也。“上诚好知而无道，则天下大乱矣！”①

末　学：何以见得？

庄　子：你看，“弓弩毕弋机变之知多，则鸟乱于上矣；钩饵罔罟罾笱之知多，则鱼乱于水矣；削格罗落罝罘之知多，则兽乱于泽矣”。②

末　学：这些都是“好知而无道”造成的？

庄　子：是啊。人的本性在“仁义”的蛊惑下迷失了方向。小人为利益而舍命，士子为名位而丧生，大夫为家业而牺牲，圣人为天下而献身。大家都被“仁义”这个外在物牵着鼻子走。损害的是天性，付出的是生命。

末　学：先生，为什么仁义也成了坏东西？

庄　子：那就看看仁义使人变好了没有。我在一篇文章中讲了一个叫跖的大盗，“盗跖从卒九千人，横行天下，侵暴诸侯。穴室枢户，驱人牛马，取人妇女。”“所过之邑，大国守城，小国入保，万民苦之。”“跖之徒问于跖曰：‘盗亦有道乎？’跖曰：‘何适而无道邪？夫妄意室中之藏，圣也；入先，勇也；出后，义也；知可否，知也；分均，仁也。’”③ 这后边的意思是，他在抢劫之前捉摸别人家里有些什么，说这是圣；分析能否及时出手，说这是智；抢劫时第一个冲进去，说这是勇；撤退时最后一个跑出来，说这是义；分赃时主持公道，说这是仁。你看，盗贼居然也用仁义装潢门面，仁义还能使人变好吗？

末　学：可是好人也是靠仁义道德立身的呀！

庄　子：（不快地）那你说这世界上是好人多还是坏人多？

末　学：好人多，坏人少。

庄　子：不！好人少，坏人多。

末　学：为什么呢？

庄　子：因为推行仁义对天下利少弊多。现在不仅出现了像跖一样的大盗，而且还有像桀、纣一类腐败、残暴的帝王。那些满口仁义道德的儒家和

---

① 《庄子·胠箧》。

② 《庄子·胠箧》。

③ 《庄子·盗跖》。

墨家的知识分子也跟着瞎起哄，真正是把人的思想搞乱了。

末　学：让人迷失了前进的方向。

庄　子：是啊！你看，到处充塞着猜疑、欺骗、攻讦、讥讽。人的心理扭曲了，人的天性散乱了，人和人之间没有信任感，连老实巴交的人也不得不长些心眼儿，那些本来就不安分守己的人则变成了奸猾之徒。

末　学：那可怎么办呢？

庄　子：嗨，统治者就想出了法制手段这一招。

末　学：这一招行吗？

庄　子：那就是用法度、用严刑、用肉刑惩罚老百姓。结果是死于非命的尸体一个摞着一个，戴着刑具的人一个挨着一个，受过刑罚的人随处可见。这都是宣扬仁义道德结下的恶果啊！

末　学：仁义和法制都是各执一端。远不如您提出的立足环中，信奉无为，追慕泽雉，① 紧守心斋更有意义。

庄　子：没有人理睬我说的这些喽。他们只相信"仁义"！殊不知"曲者不以钩，直者不以绳，圆者不以规，方者不以矩，附离不以胶漆，约束不以缨索。"② 这是古今不二的道理啊！

末　学：看来仁义是外加在人的自然本性中的东西。

庄　子：是啊，仁义和人的自然本性是不相干的。"仁义又奚连连如胶漆缨索而游乎道德之间为哉？使天下惑也！"③

末　学：圣人真是多事，好像离开仁义人心就不向善了。

庄　子：以我之见，所谓的"智圣"不过是枷锁上的锁头，所谓的"仁义"不过是牢笼上的锁闩。

末　学：这个比喻准确。

庄　子：所以，"圣人不死，大盗不止。"④ "故绝圣弃知，大盗乃止。"⑤

…………

末　学：先生，您能详细谈谈人的自然本性吗？

庄　子：当然可以。"太初有无，无有无名。一之所起，有一而未形。物

---

① 《庄子·养生主》。追慕泽雉，意为追求人身自由、思想自由。泽雉，今呼野鸡者也。野鸡觅食林中，十步得一啄，百步得一饮，十分劳苦，但是自由自在。若被关在苑中，不愁觅食，但不自由，终归不快活。

② 《庄子·骈拇》。

③ 《庄子·骈拇》。

④ 《庄子·胠箧》。

⑤ 《庄子·胠箧》。

得以生谓之德，未形者有分，且然无间，谓之命。留动而生物，物成生理谓之形。形体保神，各有宜则，谓之性。”① 人的本性是大自然赋予人的，根本就不需要人为地改变或者用仁义去引导。人性与自然是一脉相承的，人性就是自然的本性，即天然性。“牛马四足，是谓天。落马首，穿牛鼻，是谓人。”②“凫胫虽短，续之则忧；鹤胫虽长，断之则悲。故性长非所断，性短非所续，无所去忧也。意仁义其非人情乎？选彼仁人何其多忧也。”③ 所以要保住自然的本性，就不要加入人为的东西。对于人的自然本性尤其不能刻意改变。

末　学：先生，听说您对“伯乐相马”也不以为然。④

庄　子：是的。伯乐相得马之后，人在驯马的过程中就是对马的自然本性的摧残。“烧之，剔之，刻之，雒之，连之以羁，编之以皁栈，马之死者十二三矣。”⑤“夫加之以衡扼，齐之以月题，而马知介倪、扼、鸷曼、诡衔、窃辔。故马之知而态至盗者，伯乐之罪也。”⑥

末　学：那么您怎样看待君主对老百姓的统治呢？

庄　子：任何有形或者无形的统治，也只是剥夺人的自然本性的“大盗”，所以“窃钩者诛，窃国者诸侯，诸侯之门而仁义存焉。故逐于大盗，揭诸侯、窃仁义并权衡符玺之利者，虽有轩冕之赏弗能劝，斧钺之威弗能禁。此重利盗跖而是不可禁者，是乃圣人之过也？”⑦

…………

末　学：先生，怎样才能保住自然本性呢？

庄　子：任其自然，不要加入人为的东西。

末　学：请您举个例子说明。

庄　子：我有一篇文章叫作《庖丁解牛》。⑧ 庖丁为文惠君宰牛时，“奏刀騞然，莫不中音”，文惠君赞叹其技艺之妙。庖丁释刀云：平生宰牛数千头，而今宰牛时全以神运，目“未尝见全牛”，刀入牛身若“无厚入有间”而游刃有余。因此牛刀虽已用了19年，而其锋利仍“若新发于硎”。

---

① 《庄子·天地》。

② 《庄子·秋水》。

③ 《庄子·骈拇》。

④ “伯乐相马”的故事，早在春秋战国时期就有流传。汉代韩婴《韩诗外传》卷七：“使骥不得伯乐，安得千里之足。”唐代韩愈《马说》：“世有伯乐，然后有千里马。千里马常有，而伯乐不常有。”

⑤ 《庄子·马蹄》。

⑥ 《庄子·马蹄》。

⑦ 《庄子·胠箧》。

⑧ 《庄子·养生主》。

末　学：庖丁宰牛的神妙技艺达到了“无为”的境界。

庄　子：说得对。宰牛是这样，处世和成就事业也是这样。

末　学：“无为”的境界就是道的境界？

庄　子：（点点头）差不多吧，达到“无为”就接近道的境界了。

末　学：先生，请您把道再解释一下。

庄　子：道是世界的终极根源，是无所不覆、无所不载、自生自化、永恒存在的宇宙本体。“夫道，有情有信，无为无形；可传而不可受，可得而不可见；自本自根，未有天地，自古以固存，神鬼神帝，生天生地；在太极之先而不为高，在六极之下而不为深，先天地生而不为久，长于上古而不为老。”①

末　学：从现代科学的观点看，我认为道是物质在无始无终的螺旋式循环运动中，由其内部规律决定，在运行到特定阶段时，其引力使能量高密度聚集，形成一个混混沌沌的零形体——“混沌蛋”，也就是由奇性定理所决定而出现的奇点。② 在这个奇点处，阴阳未分，有、无混为一体。道的物质形式是道体，道体是在上一个宇宙收缩期时间—空间变化的情况下，将阴阳两种物质混成而生成的新的物质。道体兼有阴阳两种物质的属性。

庄　子：噢，有意思。

末　学：因为引力关系，在时间—空间曲率变化的情况下，道将阴性物质和阳性物质“捏合”成一种道体的物质。从物质结构来说，它既是实粒子，又是虚粒子，是虚、实有机结合的新的粒子状态。道的物质运动速度在光速与超光速的临界点。在道体中时光是倒流的，因其物质运动的速度在光速与超光速的临界点上，时光倒流的速度比较缓慢。道的物质运动在时间—空间上有自身的特点，即时光倒流和空间压缩以缓慢的速率进行，因而有虚无、清静之感。阴阳两种物质各自的特性随着时空的变化而逐渐消失，并日渐被新产生的道体物质所替代。道体物质的运动适应时空发生的新的变化。道体物质集质量与能量于一身，是质能混成体，像一个充满能量的浩瀚无际的大海。③

庄　子：这和我对道的感受很相近。

末　学：我觉得与人对道的感知、感受相比，语言表述显得很笨拙。

庄　子：是的。“可以言论者，物之粗也；可以意致者，物之精也；言之所不能论，意之所不能察致者，不期精粗也。”④

---

① 《庄子·大宗师》。

② 奇性定理，指在一定情形下奇点必须存在——特别是宇宙必须开始于一个奇点。

③ 参见拙著《打开宇宙的另一扇门》4.4“‘混沌蛋’与‘道’”。

④ 《庄子·秋水》。

末　学：先生，因为道生化出阴阳物质，所以人也是道生化出来的。

庄　子：很对。但是人被各种人为的东西扰乱了。特别是在圣人的“仁义”蛊惑下迷失了方向，变得精神淤塞、背道而驰。

末　学：那么，怎么办呢？

庄　子：（有意地拷问）你说呢？

末　学：通过“心斋”和“坐忘”，进入空明虚静，“至精无形”① 的状态，就接近道的境界了。这时人就具备“神遇”、“意致”、“妙觉”、“玄览”、“禅观”、“灵悟”的灵性，和大自在、大解脱、大超越的能力。

庄　子：（继续追问）这个境界又叫什么呢？

末　学：物我两忘，天人合一。

庄　子：你对道的理解差不多快到位了。

末　学：我的感觉好像还有一丁点儿距离。

庄　子：（郑重地）因为你的资质和修炼程度还不到炉火纯青的地步，有这种感觉是不奇怪的。坚持下去，必有益处。

末　学：先生，您能将“天人合一”再解释一下吗？

庄　子：当然可以。所谓天，就是顺其自然而运行，道是自然而然。“人之生，气之聚也。”②人生在世，顺应道也就是与天合一了。

末　学：做到天人合一就达到快乐的和谐境界。

庄　子：很对。“与人和者，谓之人乐；与天和者，谓之天乐。……知天乐者，其生也天行，其死也物化。静而与阴同德，动而与阳同波。故知天乐者，无天怨，无人非，无物累，无鬼责。故曰：其动也天，其静也地，一心定而王天下；其鬼不祟，其魂不疲，一心定而万物服。言以虚静推于天地，通于万物，此之谓天乐。天乐者，圣人之心以畜天下也。”③

5.4　死亦可乐，何以鼓盆而歌？

我和庄子的谈话还是显得长了些，不知不觉一轮明月当空升起来了。在回老子故居的途中，我问他是否记得自己的出生地，他说他出生在战国的战乱年代，加之过去两千多年了，实在想不起来是在蒙城还是在商丘。我说这两个地方的人都说您是出生在他们那里，足见人们对您的厚爱。庄子笑了，

① 《庄子·秋水》。
② 《庄子·知北游》。
③ 《庄子·天道》。

清癯的面庞洋溢着欣慰感。我说今天晚上用餐后得睡个好觉，庄子说他没有饥饿感，让我自己单独去就餐。我又问明天我们去哪里。他说你来定吧。我说那就去您两个故地吧。庄子又笑了，迟疑了一下问我先去哪里呢。我说商丘在鹿邑稍偏东北一点，70 多公里，蒙城在鹿邑的东南，直线距离 122 公里。庄子说反正都得去，那就先去近点的商丘吧。我们约好明天一早出发。

…………

商丘是火的发源地。早在 1 万年前，燧人氏在这里发明了人工取火，开创了人类文明历史的新纪元。颛顼曾迁都商丘，帝喾高辛氏都亳，夏王相都商丘，商汤都南亳，微子封宋国。这里是孔子的祖居地，是庄子、墨子、惠施等的故里。商丘有三皇之首的燧皇陵，有文字鼻祖仓颉墓，有五帝之一的帝喾陵。

商丘也是先商和商业的发祥地。早在 4000 年前，帝喾次妃简狄，因吃玄鸟而生阏伯，故《诗经·商颂》云："天命玄鸟，降而生商。"阏伯便是商的始祖。阏伯之孙相土首先发明了马车，六世孙王亥又发明了牛车。这便是史书上说的"立皂牢，服马牛，以为民利"。

第二天上午，我和庄子租了一辆丰田牌考斯特轿车直奔商丘。其实他根本不需要这种现代化的交通工具，"乘天地之正，而御六气之辩，以游无穷。"只是为了和我在一起，听我介绍商丘的历史沿革和概况。

不到一个小时就到了商丘，首先映入眼帘的是商丘现代化的都市风貌。好像庄子对现代化并不感兴趣，因为他认为这是人对自然的征服，不过他还是感叹现代科技的发展和人的巨大的创造力。我说这里有您的故里，他环顾四周问在哪里，我说还有一段路程，在商丘市西北方向民权县顺和乡青莲寺村。

说话间不一会儿车子就停在了青莲寺村村口，引来了围观的男女村民。但是没有人能够看见庄子的生命在阴性物质世界的存在形式，只看见戴着奇异眼镜和耳机的我，以及一脸倦怠的司机。

庄子走下车来，兴奋地向村民点头、挥手，但是村民们依然没有向他投来欢迎的眼神，以致使他有些沮丧起来。我对他说："先生，您现在是生命在阴性物质世界的存在形式，大家看不见您的形体。但是内心对您是十分欢迎的。"庄子有些迟疑，我说："如果我不戴着这种特制的眼镜和耳机，也是看不见您、和您无法对话的。"庄子醒悟过来了，我接着说："生命在阴性物质世界的存在形式是以不可见光的形式存在的，生命在阳性物质世界的存在形式是以可见光的形式存在的。您能够看见这些村民，但是村民却看不见您。"庄子问道："为什么呢?"我说："这需要用现代科学知识解释。"一听说现代科学知识庄子就苦笑着直摇头。我说："先生，打个比方说，在明亮的太阳光下，躲在暗处的人看阳光下的景物很清楚，而在太阳光下的人对暗处的景物就看不清楚。”庄子嫣然一笑，连声说：“对对对，我怎么就没想起来呀！”

是啊，同当初我在雅典街头看见苏格拉底对雅典公民发出的质疑一样，现在庄子也发出了同样的疑问。古人是伟大而智慧的，但是古人也有他们自身的局限性。我想，往后再过若干个世纪，后人一定也会指出我们今天的局限性。——非如此，而不能体现人类整体的进步性。

我和庄子在青莲寺村的庄子胡同、庄子井周围漫步，后边跟着一帮子好奇的村民，儿童们则嬉闹不停。之后我们又来到村南五公里处瞻仰庄子墓，墓高 9 米，周长 88 米。墓前是一座建筑别致的亭子，亭子下有一块清乾隆年间立的石碑，阴刻“庄周之墓”四个字。庄子看到这些，感动得眼圈湿润了。他说：“当年我宁做泥龟不做官，没想到今天还有人给我立碑呢。”

就在庄子墓前的亭子下，我和庄子作了如下的谈话。

末　学：先生，今天在您的墓前谈生死问题，您不介意吧？

庄　子：（释怀地一笑）有什么介意的？万物皆有生死，况人乎。

末　学：您对死亡的看法是什么？

庄　子：我给你讲一个我亲身经历的故事。有一次我到楚国去，途中见到一个骷髅，枯骨突露呈现出原形。我用马鞭从侧旁敲了敲。于是问道：“夫子贪生失理，而为此乎？将子有亡国之事，斧钺之诛，而为此乎？将子有不善之行，愧遗父母妻子之丑，而为此乎？将子有冻馁之患，而为此乎？将子之春秋故及此乎？”我说罢，拿过骷髅，用作枕头而睡去。到了半夜，骷髅给我显梦说：“子之谈者似辩士。视子所言，皆生人之累也，死则无此矣。子欲闻死之说乎？”我说：“好，你说吧。”骷髅说：“死，无君于上，无臣于下；亦无四时之事，从然以天地为春秋，虽南面王乐，不能过也。”我不相信，说：“吾使司命复生子形，为子骨肉肌肤，反子父母妻子闾里知识，子欲之乎？”骷髅皱眉蹙额，深感忧虑地说：“吾安能弃南面王乐而复为人间之劳乎！”①

末　学：这就代表了您对死亡的看法。

庄　子：是的，死亦可乐啊！

末　学：生死之间也在互相转化？

庄　子：是的，“生也死之徒，死也生之始，孰知其纪！人之生，气之聚也。聚则为生，散则为死。若死生为徒，吾又何患！故万物一也。是其所美

---

① 《庄子・至乐》。

者为神奇，其所恶者为臭腐。臭腐复化为神奇，神奇复化为臭腐。”①

末　学：什么是一个人的“大哀”?

庄　子：“夫哀莫大于心死，而人死亦次之。”② “人死”只是“其形化”，而“心死”便是“其心与之然”。一个人的“大哀”不是指别的，正是指“哀莫大于心死”、“形神俱死”。所以，一个人形体上的死亡还称不上“大哀”，只有“其心与之然”，“心死”了才能说是“大哀”。

末　学：“心死”就是灵魂彻底分解了?

庄　子：可以这样理解吧。

末　学：您怕不怕死?

庄　子：（释然地笑了）“父母于子，东西南北，唯命之从。阴阳于人，不翅于父母；彼近吾死而我不听，我则悍矣，彼何罪焉！夫大块载我以形，劳我以生，佚我以老，息我以死。故善吾生者，乃所以善吾死也。今之大冶铸金，金踊跃曰‘我且必为镆铘’，大冶必以为不祥之金。今一犯人之形，而曰‘人耳人耳’，夫造化者必以为不祥之人。今一以天地为大炉，以造化为大冶，恶乎往而不可哉！成然寐，蘧然觉。”③

末　学：这就叫生死顺其自然。

庄　子：是啊。“天地与我并生，而万物与我为一。”④ “适来，夫子时也；适去，夫子顺也。安时而处顺，哀乐不能入也。”⑤ 所以，我不为生死所系。

末　学：面对死亡您是一个乐观主义者。

庄　子：“吾以天地为棺椁，以日月为连璧，星辰为珠玑，万物为送賫。吾葬具岂不备邪?”⑥ 你说，我能不高兴吗?

末　学：您把生死都看透了。

庄　子：“若夫不刻意而高，无仁义而修，无功名而治，无江海而闲，不道引而寿，无不忘也，无不有也。淡然无极而众美从之。”“圣人之生也天行，其死也物化。静而与阴同德，动而与阳同波。不为福先，不为祸始。”“其生若浮，其死若休。不思虑，不豫谋。光矣而不耀，信矣而不期。其寝不梦，其觉无忧。其神纯粹，其魂不罢。虚无恬淡，乃合天德。”⑦

---

① 《庄子·知北游》。

② 《庄子·田子方》。

③ 《庄子·大宗师》。

④ 《庄子·齐物论》。

⑤ 《庄子·养生主》。

⑥ 《庄子·列御寇》。

⑦ 《庄子·刻意》。

…………

末　学： 先生，我读《庄子·至乐》篇时，为您“鼓盆而歌，送妻升遐”而感动得热泪盈眶。您为什么要这样做呢？

庄　子：（认真地）知道了我的生死观，就会明白我的用意。你念念原文吧。

末　学：（悲痛地诵读）庄子妻死，惠子吊之，庄子则方箕踞鼓盆而歌。惠子曰：“与人居，长子老身，死不哭亦足矣，又鼓盆而歌，不亦甚乎！”庄子曰：“不然。是其始死也，我独何能无概然！察其始而本无生，非徒无生也而本无形，非徒无形也而本无气。杂乎芒芴之间，变而有气，气变而有形，形变而有生，今又变而之死，是相与为春秋冬夏四时行也。人且偃然寝于巨室，而我噭噭然随而哭之，自以为不通乎命，故止也。”①

庄　子： 人刚死时，当然伤心悲痛。但是仔细想想，人原本就不曾出生，不只是不曾出生而且本来就不曾具有形体，不只是不曾具有形体而且原本就不曾形成元气。阴阳交杂在恍恍惚惚的境域之中，变化而有了元气，元气变化而有了形体，形体变化而有了生命，如今变化又回到死亡，这就跟春夏秋冬四季运行一样。生死是不可抗拒的自然规律，生死也是循环往复的。

末　学： 有生亦有死，死而方能复生。

庄　子： 神奇复化为臭腐，臭腐复化为神奇。

末　学： 先生，您鼓盆而歌，是在庆祝人生辩证法的胜利。

庄　子： 很对。况且得者，时也；失者，顺也。安时处顺，穷通自乐。世人对我鼓盆而歌多有误解，实则是没有参透生死的真谛。悲夫！

…………

5.5　庄周梦蝶，还是蝴蝶梦我？

从商丘市民权县顺和乡青莲寺村到安徽蒙城的直线距离少说也有 200 公里。庄子不愿意坐我租来的丰田牌考斯特轿车，他说他的身体不习惯车子这样慢的速度，坚持要以自己特有的方式直接到达蒙城。刚说完话，庄子在我面前就消失得无影无踪。——生命在阴性物质世界的存在形式的运动速度，是在光速以下和光速临界点的阈值范围内，肉眼是无法分辨清楚的。②

安徽蒙城是一座历史名城。因为司马迁在《史记》中载：“庄子者，蒙人

① 《庄子·至乐》。

② 参见拙著《进入阴性物质世界》12.3“阴性物质功能——特异功能形成的内在机理”。

也，名周。周尝为蒙漆园吏，与梁惠王、齐宣王同时。”① 于是蒙城人便以庄子故里之人而自豪。1995 年 6 月，重建庄子祠，恢复了昔日庄子祠内“逍遥堂”、“梦蝶楼”、“鱼池桥”、“观鱼台”、“五笑亭”、“道舍”等景观，并增辟“濮池”为庄子隐钓濮水的新景点。我在车上打开笔记本电脑找到“中国蒙城网”，上面开设了“庄子简介”、“庄子著作”、“庄子研究”、“庄子哲学”、“漫谈庄子”、“读庄有感”等栏目。可见在宣传庄子和庄子研究上，颇有成绩。

经过将近三个小时的行驶，终于到了安徽蒙城，时间已经是下午四五点钟了。我在工作人员的带领下，直奔县城东关的庄子祠，但是却没有看到庄子。我想他一定在某一个地方休息，这两天真是太劳累了，暂时就不要打扰他。我在庄子祠随便找个地方先歇下来，房间的对面正好是梦蝶楼。

夜幕很快地降临了，一轮明月徐徐地升起来。月亮的清辉洒下来，静静地罩在寺院的屋顶上、窗棂上，大地呈现一片月白色。我躺在床上凭窗而望，若有所思地想着这几天和庄子的谈话，真是受益匪浅啊！

忽然一个影子从对面的梦蝶楼飘然而出，在月光下舞动着两只衣袖，翩翩起舞。一边跳着一边低声吟唱起来。那声音依然是那样的低沉和悲怆，一听就是庄子，我霍地坐了起来。于是隔着窗子欣赏着他的舞姿。

清辉下，庄子对着月亮起舞，两只衣袖甩开，好像要飞到天上似的。他时而绕地缓步转着圈子，时而仰天长叹之后又唱着歌曲。看得出，他想逍遥游却洒脱不起来，他想乘天地而御六气却怎么也飞不起来。

我推开房门，悄悄地走到庄子跟前与他共舞，时而轻声击掌，时而和着拍子低声吟唱，渐渐地两个人都陶醉其中，直到很晚的时候……

第二天早上九点多钟，在庄子住的梦蝶楼，我和他作了如下的谈话。

末　学：先生，您的舞跳得多好呀！只可惜当时没有伴奏和观众。

庄　子：有明月、大地相伴，足矣。

末　学：在《庄子·齐物论》中，您还讲了在梦中与蝴蝶跳舞的故事呢。

庄　子：有这事？你再念给我听听。

末　学：（兴奋地诵读）罔两问景曰：“曩子行，今子止；曩子坐，今子起。何其无特操与？”景曰：“吾有待而然者邪？吾所待又有待而然者邪？吾待蛇蚹蜩翼邪？恶识所以然？恶识所以不然？”昔者庄周梦为蝴蝶，栩栩然蝴蝶也，自喻适志与！不知周也。俄然觉，则蘧蘧然周也。不知周之梦为蝴蝶与，

① 司马迁：《史记·老子韩非列传》对庄子的记载。〔集解〕地理志蒙县属梁国。〔索隐〕地理志蒙县属梁国。刘向别录云宋之蒙人也。〔正义〕郭缘生述征记云蒙县，庄周之本邑也。

蝴蝶之梦为周与？周与蝴蝶，则必有分矣。此之谓物化。①

庄　子：这个故事很有意思。一开始是影子之外的微阴问影子："先前你行走，现在又停下；以往你坐着，如今又站了起来。你怎么没有自己独立的操守呢？"影子回答说："我是有所依凭才这样的吗？我所依凭的东西又有所依凭才这样的吗？我所依凭的东西难道像蛇的蚹鳞和鸣蝉的翅膀吗？我怎么知道因为什么缘故会是这样？我又怎么知道因为什么缘故而不会是这样？"

末　学：微阴和他自身的影子是谁也离不开谁呀！

庄　子：是的。过去我梦见自己变成蝴蝶，悠然自得地飞舞着的一只蝴蝶，感到多么愉快和惬意啊！不知道自己原本是庄周。突然间醒来，惊惶不定之间方知原来是我庄周。不知是我梦中变成蝴蝶呢，还是蝴蝶梦见自己变成庄周呢？我与蝴蝶那必定是有区别的。

末　学：这是在梦中您和蝴蝶的关系。

庄　子：这可以叫做物、我的交合与变化。

末　学：先生，我认为人的梦境就是另一个物质世界——阴性物质世界。

庄　子：噢，接着说。

末　学：阴性物质世界是相对于我们所处的阳性物质世界而言的。它存在于四维以上的多维时空，由虚粒子构成，运动速度起步就是超光速。人在梦中，灵魂波——一阴′＋和思维波——＋阴′一相耦合，推动着思维波进入阴性物质世界，在那里不自觉地检索信息和破译密码。梦醒时分，思维波迅速地从高维时空退回四维时空。由于经历了一连串的时空变换，许多信息就失真或扭曲了，所以梦中的情景并不完整，有时甚至是破碎的。人在醒来的瞬间还有一些记忆，随后不久就不记得了。但是梦有时又能为人提供有价值的信息。②

庄　子：我在梦中看见的蝴蝶也是这样？

末　学：是的。我在《进入阴性物质世界》第 9 章"十一组相互模拟的宇宙形式"中写道："从上述 11 组物质世界相互模拟的宇宙形式看，可以说它们又都是互为镜像物的。庄子说：不知道是我梦蝴蝶还是蝴蝶梦我？这就要看你将立足点放在哪里了。例如，如果说将立足点放在阳性物质的正物质(阳＋)即以实粒子为特征的现实的物质世界，就是我梦蝴蝶；而如果说将立足点放在阳性物质的负物质即以衰变形式存在的反物质世界，则是蝴蝶梦我。同样的道理，如果说将立足点放在以虚粒子为特征的阴性物质的正物质

① 《庄子·齐物论》。

② 参见拙著《广义与狭义生命论》11.3"梦的机理的再探与释梦的意义"。

（阴十）的阴性物质世界，或者说将立足点放在以虚粒子为特征的阴性物质的负物质（阴一）即以衰变形式存在的阴性物质的反物质世界，恐怕也都是蝴蝶梦我吧！”①

庄　子：（站起来笑着鼓掌）有道理。看来还是需要……科学！

---

① 参见拙著《进入阴性物质世界》9.4“相互模拟的宇宙形式——‘我梦蝴蝶，还是蝴蝶梦我？’”。

第6章　与孟子的对话[①]

孟子是仅次于孔子的一代儒家宗师，有“亚圣”之称。要访问孟子就得到他的故里山东邹城去。我到过孔子故里曲阜，邹城在曲阜的南边约30公里处。听说济宁市人民政府要修建一条连接曲阜与邹城的孔孟大道，以及中轴线上的大成桥、孔子博物院、孔子文化广场等，实在是一件令人兴奋的事情。孔孟儒家学说在今天受到如此重视，恐怕连他们二位都不曾想到过。

在邹城东北方向，距城约12公里的四基山西南麓，有孟子的陵墓。在邹城东郊建有一座规模宏大的孟庙。[②]孟庙又称“亚圣庙”，南北长458.5米，东西宽95米，占地约4.36万平方米。前后分五进院落，共有各类殿宇64间，木坊4座，石坊1座。以主体建筑亚圣殿为中心，南北成一中轴线，左右作对称式配列。前部为二十大院，后部分左、中、右三路。庙内建筑布局开阔，疏密相宜，每院格局，各具特色。亚圣殿宏伟壮观，高17米，面积560多平方米，重檐九脊，绿琉璃瓦盖顶，朱漆彩绘柱梁。殿内正中供奉孟子像。楣上有清雍正御书的“守先待后”横匾。庙内的寝殿、启圣殿、孟母殿及御碑亭，各具特色。庙内有碑碣350多块，“孟母断机处”和“孟母三迁”二块，最为引人注目。孟母殿在庙的东北隅，殿前有一块石碑，上镌“母教一人”四个字。

孟庙保存着秦、汉、晋、唐、宋、金、元、明各代碑刻270余块。虽历

---

① 孟子（前372—前289），山东邹城人，汉族。名轲，字子舆，又字子车、子居。著名的思想家、哲学家、教育家，战国时期儒家代表人物之一。孟子师承孔子之孙孔伋（子思），继承并发扬了孔子的思想，成为仅次于孔子的一代儒家宗师，有“亚圣”之称，与孔子并称为“孔孟”。孟子曾仿效孔子，带领门徒游说各国。但不被当时各国所接受，遂退隐与弟子一起著书。有《孟子》七篇传世：《梁惠王》（上下）；《公孙丑》（上下）；《滕文公》（上下）；《离娄》；《万章》（上下）；《告子》（上下）；《尽心》（上下）。其学说出发点为性善论，提出“仁政”、“王道”，主张德治。南宋时朱熹将《孟子》与《论语》、《大学》、《中庸》合在一起称“四书”。从此直到清末，“四书”一直是科举必考内容。

② 孟庙始建于宋景祐四年（1037年）。原址位于邹城东北四基山西南麓孟子陵墓前。据记载：此庙为孔子第四十五代孙孔道辅所创建。后因距城较远，瞻仰祭祀等诸多不便，又在邹城东郊重建孟庙。宋宣和三年（1121年）复建孟庙于现址。历经金、元、明、清数十次重修和扩建，才具有现在的规模。

经千年，仍大多完好。这些碑刻书体精美，楷、草、隶、篆各体具备。庙内还存放着100多块汉墓画像石、汉代石人、石兽和元代的盘龙浮雕石柱等。

孟庙内共有各种树木430多株，多为古老的松桧和侧柏，又有银杏、古槐、紫藤等点缀其间。树木冬夏常青，姿态各异。尤其是古柏抱槐、藤系银杏、桧寓枸杞、洞槐望月，被誉为孟庙的“古树四奇”。这些姿态奇异、气势雄伟的古老松桧，彰显着凌霜不凋的秀色和独立不移的气概，使人很容易联想起孟子的千古名言：“富贵不能淫，贫贱不能移，威武不能屈”。

…………

我是在孟庙东北隅的孟母殿前拜见孟子的。此刻他一个人站在“母教一人”的石碑前，若有所思地注视着碑文。我快步上前向他示以鞠躬礼，简单说明来意，孟子立刻笑着伸出双手表示欢迎。他真是一个大善人，从他怀里好像刮出了一股温暖的和风，迎面扑来，强烈地感染并滋润着我。我对他说，我在希腊雅典拜访过苏格拉底、柏拉图，在土耳其锡诺普拜访过第欧根尼，在中国拜访了孔子和庄子，现在该拜访您了。孟子谦逊地一笑，说你前边见到的都是圣人，我还能谈什么呢。我说您也是圣人，您的名言警句我们一直铭记着。孟子摆着手，不好意思地说，勉强地说大家称我为“亚圣”，我一生都在学习和发扬孔子的学说。我说孔子的思想和学说生前没有人重视，他有三千弟子、七十二贤人，除了编纂《论语》之外，也没有人做到您现在的贡献，所以您是当之无愧的亚圣。孟子说要说我有什么贡献的话，我只是将孔子言论中许多隐性的东西加以推绎、引申和发挥，成为显性的思想；把原来显性的东西又使它鲜明起来。我说这就不简单，因为您把儒家的学说发扬光大、推向了一个高峰，使传统文化的根更加牢固地扎在中国人的心里，两千多年来一直延续至今，所以大家感谢您。

说话间，我注意到孟子有着中等偏上的个儿，穿着整洁的象征“天圆地方”的儒生服装。① 稍长一点的国字脸，白里透红。一双丹凤眼放射着智慧而温存的光芒。鼻子端正，嘴巴微合。五绺长髯自两腮垂下来，增添了儒雅的风采。我下意识地感到，孟子是古代标准的美男子。

孟子握着我的手，一再说过奖了、过奖了。之后我们谈及对母亲的情怀和思念。孟子显得很激动，他指着面前的“母教一人”石碑，谈起了他从小丧父，全靠母亲仉氏一人日夜纺纱织布，维持母子二人生活。母亲是个勤劳而有见识的妇女，她希望儿子读书上进早日成才，可是他小时候淘气不懂事。

---

① 儒生服装，在孔子时期称作深服，戴的帽子（冠）很随意，穿的鞋（履）是圆头。到了孟子时期，戴的帽子（冠）为圆形，穿的鞋（履）是方头，明确象征儒家对宇宙的看法——天圆地方。

接着他向我动情地讲了“孟母断机”① 和“孟母三迁”② 的故事……

之后，就在“母教一人”石碑前，我和孟子作了如下的谈话。

6.1　性善——“仁者无敌”

末　学：先生，您是著名的性善论者，您真的认为人心都是向善吗？

孟　子：是的。“孟子道性善，言必称尧舜。”③

末　学：人的本性就是善的？

孟　子：是啊。人的本性与动物的本性不同之处在于人有道德，人都有一种先天向善的能力，即良能、良知。

末　学：什么是良能、良知？

孟　子：良能、良知都是先天形成的。“人之所不学而能者，其良能也；其所不虑而知者，其良知也。孩提之童，无不知爱其亲者，及其长也，无不知敬其兄也。亲亲，仁也；敬长，义也。”④

末　学：您的意思是说良能不学就会做，良知不用脑筋思考就知道。孩子没有不知道爱他们的父母的；长大之后又没有不知道尊敬其兄长的。亲爱父母便是仁，尊敬兄长便是义。

孟　子：对。从这里就萌发出仁、义、礼、智等道德品质。

末　学：怎样萌发呢？

孟　子：“恻隐之心，人皆有之；羞恶之心，人皆有之；恭敬之心，人皆有之；是非之心，人皆有之。恻隐之心，仁也；羞恶之心，义也；恭敬之心，礼也；是非之心，智也。仁义礼智，非由外铄我固有之也，弗思耳矣。”⑤“恻隐之心，仁之端也；羞恶之心，义之端也；辞让之心，礼之端也；是非之心，智之端也。人之有是四端也，犹其有四体也。”⑥

---

① （西汉·刘向）《古列女传·卷一·母仪》载：孟母姓仉氏，孟子之母。夫死，狭子以居，三迁为教。及孟子稍长，就学而归，母方织，问曰：“学何所至矣？”对曰：“自若也。”母愤因以刀断机，曰：“子之废学，犹吾之断斯机也。”孟子惧，旦夕勤学，遂成亚圣。

② （西汉·刘向）《古列女传·卷一·母仪》载：昔孟子少时，父早丧，母仉氏守节。居住之所近于墓，孟子学为丧葬，躄，踊痛哭之事。母曰：“此非所以居子也。”乃去，舍市，近于屠，孟子学为买卖屠杀之事。母又曰：“亦非所以居子也。”继而迁于学宫之旁。每月朔望，官员入文庙，行礼跪拜，揖让进退，孟子见了，一一习记。孟母曰：“此真可以居子也。”遂居于此。

③ 《孟子·滕文公上》。

④ 《孟子·尽心上》。

⑤ 《孟子·告子上》。

⑥ 《孟子·公孙丑上》。

末　学：噢，我明白了。您的意思是说人皆有恻隐、羞恶、辞让、是非四种心向。此四种心向乃是仁、义、礼、智发生的根源。

孟　子：很对。具体地说，恻隐之心是仁发生的根源，羞恶之心是义发生的根源，辞让之心是礼发生的根源，是非之心是智发生的根源。人的四种心向所产生的仁、义、礼、智四种品德是属于善的品德。

末　学：那么，人性是善的品德？

孟　子：是的，人性是善的品德。因为人的四种心向是向善之心向，向善之心向是根源于人性的，由此可知，人性当是向善的。

末　学：人心向善，是否就是人要有良心？

孟　子：很对。人最怕的是丢了良心，即丧失良知。“仁，人心也；义，人路也。舍其路而弗由，放其心而不知求，哀哉！人有鸡犬放，则知求之；有放心而不知求。学问之道无他，求其放心而已矣。”①

末　学：丢了良心的人就没有向善之心了。

孟　子：是啊。“无恻隐之心，非人也；无羞恶之心，非人也；无辞让之心，非人也；无是非之心，非人也。”②

末　学：先生，既然世上有那么多不是人的人，何以能说明人性向善呢？

孟　子：这个吗……只能说是他后来学坏了。学坏的例子也是不胜枚举的。“子曰，性相近也，习相远也。”③

末　学：但是为什么有的人容易学坏，而另一些人却不容易学坏呢？

孟　子：凡人学坏容易学好难。

末　学：先生，恐怕不全是这样吧。

孟　子：（惊疑地）说说你的理由？

末　学：对于不同的人来说，其灵魂中向善的诱因和向恶的诱因是不同的。就是说，有的人向善的诱因突出；而另一些人向恶的诱因突出。

孟　子：（笑眯眯地）这可怎么说呢？

末　学：灵魂是一个人肉身同步缩小（或放大）的虚的形式。④ 因而灵魂的结构直接影响到一个人的行为。灵魂是阴性物质的正物质（阴＋）和以衰变形式存在的阳性物质的负物质（阳－）即反物质构成的矛盾对立统一体。

---

① 《孟子·告子上》。

② 《孟子·公孙丑上》。

③ 《论语·阳货》。

④ 参见拙著《宇宙的秩序即道德的秩序》4.3“灵魂是人体肉身同步缩小（或放大）的虚的形式的数学证明”。

这两个矛盾的方面在结构的搭配上，如果说接近黄金分割法①，其灵魂中向善的诱因就突出；如果说偏离黄金分割法，其灵魂中向恶的诱因就突出。所以对每个人要作具体分析，不可一概谓之为性善或不善。

孟　子：（陷入思考中）这么说一个人性善还是不善是生而有之？

末　学：是生而有之！您和孔子都认为存在生而有之的东西。我把它叫作是由先天综合因素形成的。

孟　子：是谁赋予了这种先天综合因素？

末　学：是生命程序和密码的总设计师——阴性物质世界。就是神！

孟　子：（开怀地笑了）就是天命吧。

…………

末　学：先生，我觉得干坏事的人，大都是无耻之徒。

孟　子：是啊。“人不可以无耻，无耻之耻，无耻矣。”“耻之于人大矣，为机变之巧者，无所用耻焉。不耻不若人，何若人有？”②

末　学：怎样才能把握住自己呢？

孟　子：“拱把之桐梓，人苟欲生之，皆知所以养之者。至于身，而不知所以养之者，岂爱身不若桐梓哉？弗思甚也。”“体有贵贱，有大小。无以小害大，无以贱害贵。养其小者为小人，养其大者为大人。”③

末　学：我的心是向善的，但是总觉得别人不理解自己的善意。怎么办呢？

孟　子：“君子所以异于人者，以其存心也。君子以仁存心，以礼存心。仁者爱人，有礼者敬人。爱人者，人恒爱之；敬人者，人恒敬之。”④

末　学：您是说得从自己身上多找原因？

孟　子：是啊。“爱人不亲，反其仁；治人不治，反其智；礼人不答，反其敬——行有不得者皆反求诸已，其身正而天下归之。”⑤

末　学：可是，有时候对人的毁誉是意想不到的啊。

孟　子：“有不虞之誉，有求全之毁。”“人之易其言也，无责耳矣。”“人之患，在好为人师。”⑥

---

① 黄金分割法，亦称“黄金率”、“中外比”。把长为 L 的直线段分成两部分，使其中一部分对于全部的比等于其余一部分对于这部分的比，即 X∶L=（L−X）∶X，这样的分割称为黄金分割。

② 《孟子·尽心上》。

③ 《孟子·告子上》。

④ 《孟子·离娄下》。

⑤ 《孟子·离娄上》。

⑥ 《孟子·离娄上》。

末　学：看来真的要多作自我批评，从我做起。

孟　子：是啊。“夫人必自侮，然后人侮之；家必自毁，而后人毁之；国必自伐，而后人伐之。”① “西子蒙不洁，则人皆掩鼻而过之；虽有恶人，斋戒沐浴，则可以祀上帝。”②

末　学：那么，怎样才能判断善呢？

孟　子：“言近而指远者，善言也；守约而施博者，善道也。君子之言也，不下带而道存焉；君子之守，修其身而天下平。人病舍其田而芸人之田——所求于人者重，而所以自任者轻。”③

末　学：可是，怎样才能做到善呢？

孟　子：“养心莫善于寡欲。其为人也寡欲，虽有不存焉者，寡矣；其为人也多欲，虽有存焉者，寡矣。”④

末　学：先生，性善论是您伦理思想和政治思想的根基。据此，您是否认为自己是一个强者？

孟　子：“我知言，吾善養吾浩然之气。”⑤ “彼夺其民时，使不得耕耨以养其父母。父母冻饿，兄弟妻子离散，彼陷溺其民，王往而征之，夫谁与王敌？故曰：‘仁者无敌。’王请勿疑！”⑥

6.2 民本——“民为贵，社稷次之，君为轻”

末　学：先生，民本思想是您的思想和学说的精华之所在，也是黎民百姓最为关心的事情。您能谈谈这个思想的渊源吗？

孟　子：民本思想的渊源久矣。《尚书·夏书·五子之歌》云：“民惟邦本，本固邦宁。”《谷梁传·恒公十四年》云：“民者，君之本也。”我的民本思想是在此基础上阐述和发挥的，或者说更现实一些，更贴近老百姓。

末　学：您明确提出只有“保民”才可以“王”天下，从而将立足点放在了人民一边。对此，统治者能高兴吗？

孟　子：君主肯定不高兴，不过他们从自身的利益考虑，也应该认为我

① 《孟子·离娄上》。
② 《孟子·离娄下》。
③ 《孟子·尽心下》。
④ 《孟子·尽心下》。
⑤ 《孟子·公孙丑上》。
⑥ 《孟子·梁惠王上》。

说的是对的。“保民而王，莫之能御也。”①

末 学： 在您的眼里，老百姓、国家和君主孰轻孰重？

孟 子： 很简单。“民为贵，社稷次之，君为轻。”②

末 学： 因而您认为人民比君主更重要。

孟 子： 对。民心的归服是统一天下的决定性因素！“桀、纣之失天下也，失其民也；失其民者，失其心也。得天下有道：得其民，斯得天下矣；得其民有道：得其心，斯得民矣；得其心有道：所欲与之聚之，所恶勿施，尔也。”③

末 学： 据此，您认为决定统治者统治地位的政治基础是民心的向背。

孟 子： 是的。“天时不如地利，地利不如人和。三里之城，七里之郭，环而攻之而不胜。夫环而攻之，必有得天时者矣；然而不胜者，是天时不如地利也。城非不高也，池非不深也，兵革非不坚利也，米粟非不多也；委而去之，是地利不如人和也。”④

末 学： 在天时、地利和人和的三大要素中，人和是最根本的要素。

孟 子： 很对。“人有恒言，皆曰‘天下国家’。天下之本在国，国之本在家，家之本在身。”⑤ 归根结底，是人民支撑着家国的大厦。

末 学： 因而要时刻把老百姓挂在心上。

孟 子： 是啊。“民事不可缓也！”⑥

末 学： 先生，怎样才能与人民打成一片？

孟 子： “乐民之乐者，民亦乐其乐；忧民之忧者，民亦忧其忧。乐以天下，忧以天下，然而不王者，未之有也。”⑦

末 学： 还有，要推人及己，像尊敬和爱护自己的亲人一样，热爱人民大众。

孟 子： 这是仁爱之心的扩展，也彰显着一个人的精神境界。“老吾老，以及人之老，幼吾幼，以及人之幼。天下可运于掌。”⑧

…………

末 学： 先生，您的民本思想要求亲民、重民，其中还有许多切实可行的措施。您能谈谈这方面的内容吗？

---

① 《孟子·梁惠王上》。
② 《孟子·尽心下》。
③ 《孟子·离娄上》。
④ 《孟子·公孙丑下》。
⑤ 《孟子·离娄上》。
⑥ 《孟子·滕文公上》。
⑦ 《孟子·梁惠王下》。
⑧ 《孟子·梁惠王上》。

孟　子：当然可以。这里的关键是要从人民的利益出发，相信人民群众。“以佚道使民，虽劳不怨。以生道杀民，虽死不怨杀者。”①

末　学：作为执掌人民政务的父母官，应该注意什么呢？

孟　子：关键是心里要装着人民群众。“庖有肥肉，厩有肥马，民有饥色，野有饿莩，此率兽而食人也。兽相食，且人恶之；为民父母，行政，不免于率兽而食人，恶在其为民父母也？”②

末　学：还有哪些亲民、重民的具体措施？

孟　子：“不违农时，谷不可胜食也；数罟不入洿池，鱼鳖不可胜食也；斧斤以时入山林，材木不可胜用也。谷与鱼鳖不可胜食，材木不可胜用，是使民养生丧死无憾也。养生丧死无憾，王道之始也。”③

末　学：恐怕还要做到轻徭薄赋吧？

孟　子：当然了。“易其田畴，薄其税敛，民可使富也。食之以时，用之以礼，财不可胜用也。”④

6.3　仁政——“仁政必自经界始”

在孟庙第三进院东侧，有一座建筑富丽华美的康熙御碑亭。碑亭双重飞檐，碧瓦覆顶，彩绘斗拱，灰瓦立墙，四面为红色花棂门，蔚为大观。亭内放置康熙二十六年（1687 年）皇帝亲书“孟子庙碑”一幢。碑高 3.16 米，宽 1.42 米，碑额浮雕泰山祥云，二龙戏珠，精湛逼真。

我和孟子在康熙御碑亭前依栏而坐，观看着这里的一切。又欣赏着松桧、侧柏、银杏、古槐、紫藤等姿态各异的树木。几只蝴蝶在花间翩翩起舞，平添了几分诗情画意。孟子告诉我，历代帝王在追捧孔孟，实则是为了抬高自己。还不如认真地实施仁政。这样与民有益，与己则可青史留名。

接着我和孟子就谈起他的政治思想的核心——仁政。孟子问我邹城、曲阜还有济宁市人民政府的仁政搞得怎么样，我说在孔孟之乡无论官员还是老百姓，深受儒家思想和学说的熏陶，“非礼勿视，非礼勿听，非礼勿言，非礼勿动。”⑤“己所不欲，勿施于人。”⑥“不以规矩，不成方圆。”“不以六律，不

① 《孟子·尽心上》。

② 《孟子·梁惠王上》。

③ 《孟子·梁惠王上》。

④ 《孟子·尽心上》。

⑤ 《论语·颜渊》。

⑥ 《论语·卫灵公》。

能正五音。”① 大家都在自觉地用孔孟之道规范自己的言行。以人为本，执政为民的理念深入人心。1978 年改革开放以来，取得了令人瞩目的成就。

孟子很高兴，他认为两千多年来他的仁政思想能实施到这一步已经很不错了。我说纵观世界潮流，仁政思想还要发展。如果说将仁政纳入自由民主政治体制，才能真正体现还权于民。孟子点头称是，但是他又有疑虑，之后说出了一句让我吃惊的话：“子曰：‘民可使由之，不可使知之。’”②

我看了孟子一眼，不自然地笑了。孟子有些难为情似的，也不自然地笑了。两个人都感到有些尴尬，眼看谈话陷入了僵局。还是孟子的修养好，不愧为亚圣，他拍了拍我的肩膀，和蔼地说：“孔子和我的思想过去两千多年了，也不刻意后人拘泥于每一句话。向前看是对的，不同看法可以求同存异嘛!”

听到孟子的话，我顿时肃然起敬，一股暖流在心中涌动着。我站起来向他深深地鞠了一躬，孟子连连摆手说：“不必，你太客气了。”

之后，我和孟子作了如下的谈话。

末　学：先生，您的仁政思想也是建立在性善论基础上的?

孟　子：是的。实施仁政就是把仁与人结合起来，这是道的要求。“仁也者，人也。合而言之，道也。”③

末　学：仁就是人，仁德是人的德兴。仁德是实施仁政的根本条件?

孟　子：是啊，没有仁德就不可能实施仁政。“不仁而得国者，有之矣；不仁而得天下者，未之有也。”④

末　学：一个人必须有仁爱之心。

孟　子：这一点对于统治者来说尤为重要。“是以惟仁者宜在高位；不仁而在高位，是播其恶于众也。”⑤

末　学：统治者往往疏忽这一点，大权在握就忘乎所以。

孟　子：“孔子曰：‘仁不可为众也。夫国君好仁，天下无敌。’今也欲无敌于天下而不以仁，是犹执热而不以濯也。”⑥

末　学：看来仁与不仁，关系可大喽!

---

① 《孟子·离娄上》。
② 《论语·泰伯》。
③ 《孟子·尽心下》。
④ 《孟子·尽心下》。
⑤ 《孟子·离娄上》。
⑥ 《孟子·离娄上》。

孟　子：是啊，“孔子曰：‘道二，仁与不仁而已矣。’暴其民甚，则身弑国亡；不甚，则身危国削。”① “天子不仁，不保四海；诸侯不仁，不保社稷；卿大夫不仁，不保宗庙；士庶人不仁，不保四体。”②

末　学：他们又总是心口不一，必然丧失仁德。

孟　子：仁与不仁是互相矛盾和排斥的。“仁之胜不仁也，犹水胜火。今之为仁者，犹以一杯水救一车薪之火也；不熄，则谓之水不胜火，此又与于不仁之甚者也，亦终必亡而已矣。”③

末　学：难道真的实施仁政就那么难吗？

孟　子：关键是看君主有没有仁德，下不下这个决心。“地不改辟矣，民不改聚矣，行仁政而王，莫之能御也。”④

末　学：有仁德必然爱人，爱人也必然爱惜万物。

孟　子：很对。“亲亲而仁民，仁民而爱物。”⑤

末　学：仁德也有一个修养的过程。修养得好，就成为优秀人才，反之亦然。

孟　子：很对。打个比喻吧，“五谷者，种之美者也；苟为不熟，不如荑稗。夫仁，亦在乎熟之而已矣。”⑥

…………

末　学：先生，您的仁政思想主要表现在哪些方面？

孟　子：养民和教民。

末　学：就养民来说，您最注重的是什么？

孟　子：合理解决土地、衣食、教育等基本问题，其中最主要的是土地问题，“仁政必自经界始。”⑦

末　学：土地是农民最重要的生产资料，所以必须制民之产。

孟　子：很对。“是故明君必制民之产，必使仰足以事父母，俯足以畜妻子，乐岁终身饱，凶年免于死亡。”⑧

末　学：一个人有财产和没有财产是绝对不一样的，您抓住了问题的核心。

---

① 《孟子·离娄上》。
② 《孟子·离娄上》。
③ 《孟子·告子上》。
④ 《孟子·公孙丑上》。
⑤ 《孟子·尽心上》。
⑥ 《孟子·告子上》。
⑦ 《孟子·滕文公上》。
⑧ 《孟子·梁惠王上》。

孟　子：“民之为也，有恒产者有恒心，无恒产者无恒心。苟无恒心，放辟邪侈，无不为已。”[1]

末　学：中国在 1978 年改革开放之初，首先在农村实行联产承包经营责任制，把土地承包给农民耕种，规定承包经营权长期不变，极大地解放了生产力，使农村的面貌发生了翻天覆地的变化。

孟　子：这是实施仁政的最重要的一步，所以效果显著。

末　学：除了民有恒产之外，还有什么措施？

孟　子：要使民以时，休养生息。征用劳役时要以“不违农时”为前提；也不能滥捕乱伐，破坏自然资源。“五亩之宅，树之以桑，五十者可以衣帛矣。”“百亩之田，勿夺其时，数口之家可以无饥矣。”[2]

末　学：是否也得减免税收？

孟　子：当然了。必须薄税轻敛，这叫“取民有制。”[3] 不能滥征税，更不能搞苛捐杂税。“省刑罚，薄税敛。”[4]

末　学：您理想的税制是什么？

孟　子：什一之税。

末　学：就是十分抽一的税率？

孟　子：是的。国家税率不能比这再高了，而且还须根据实际收成情况减征或缓征。如果说“有布缕之征，粟米之征，力役之征。”[5] 三重负担加在一起，人民是不堪忍受的。“用其二而民有殍，用其三而父子离。”[6]

末　学：薄税轻敛直接关系到人民的利益。

孟　子：我一贯主张对重税加以宽减，“君子用其一，缓其二。”[7] 而那些自称为君“辟土地，充府库”的所谓“良臣”实则是“民贼”。[8]

末　学：这就是您的富民之道？

孟　子：是的。“易（治）其田畴，薄其税敛，民可使富也。”[9]

末　学：先生，您使人民富裕起来了，这就够了吗？

孟　子：没有，还有教育的大问题呢。“分人以财谓之惠，教人以善谓之

---

① 《孟子·滕文公上》。
② 《孟子·梁惠王上》。
③ 《孟子·滕文公上》。
④ 《孟子·滕文公上》。
⑤ 《孟子·尽心下》。
⑥ 《孟子·尽心下》。
⑦ 《孟子·尽心下》。
⑧ 《孟子·告子下》。
⑨ 《孟子·尽心上》。

忠，为天下得人者谓之仁。”①

末　学： 教育真是太重要了。

孟　子： 是的。“人之有道也，饱食、暖衣、逸居而无教，则近于禽兽也。圣人有忧之，使契为司徒，教以人伦。”②

末　学： 那么如何让人民受到良好的教育呢？

孟　子： 培养师资力量，兴办学校，乃是实施仁政的重要举措。“谨庠序之教，申之以孝悌之义。”③“设为庠序学校以教育之。”④

末　学： 教育可以改变人生。

孟　子： 是啊，教育可以使人“明人伦”而达到“务局。”⑤ 让全体国民受到良好的教育，是保证社会和谐的重要条件。

6.4　王道——“以德行仁者王”

末　学： 先生，王道是您提出的国家政治的最高理想。它的本质含义是什么？

孟　子： 所谓王道，即“以德行仁者王。”⑥ 通俗地说，就是以德治国。

末　学： 您能举例加以说明吗？

孟　子：“惟仁者为能以大事小。是故汤事葛，文王事昆夷。惟智者为能以小事大。故大王事獯鬻，勾践事吴。以大事小者，乐天者也。以小事大者，畏天者也。乐天者保天下，畏天者保其国。诗云：畏天之危，于时保之。”⑦

末　学： 这是否意味着以德为中介，将天人、物我联结为一个整体？

孟　子： 是的，它是天人合德的理念。将个人品质修养拓展到治理国家的实践中去。“古之欲明明德于天下者；先治其国；欲治其国者，先齐其家；欲齐其家者，先修其身；欲修其身者，先正其心；……心正而后身修，身修而后家齐，家齐而后国治，国治而后天下平。”⑧

末　学： 那么，王道是相对于霸道而提出来的？

孟　子： 是的。历史上桀、纣实行的是霸道，而商汤、周文王则实行的

---

① 《孟子·滕文公上》。
② 《孟子·滕文公上》。
③ 《孟子·梁惠王上》。
④ 《孟子·滕文公上》。
⑤ 《孟子·滕文公上》。
⑥ 《孟子·公孙丑上》。
⑦ 《孟子·梁惠王下》。
⑧ 《礼记·大学》。

是王道，其结果是完全不同的。“以力假仁者霸，霸必有大国；以德行仁者王，王不待大，汤以七十里，文王以百里。以力服人者，非心服也，力不赡也；以德服人者，中心悦而诚服也。”①

末　学：王道与霸道的本质区别在哪里？

孟　子：实行王道之治，就是“保民而王”，主张一切从人民的利益出发，“乐以天下，忧以天下。”② 霸道之治，则反其道而行之。

末　学：所以人民最痛恨君主的霸道了。

孟　子：君主应该是最讲人伦道德的。“惟仁者宜在高位；不仁而在高位，是播其恶于众也。”③ 君主不仁叫做“贼”，即“吾君不能谓之贼”。④ “残贼之人，谓之一夫。闻诛一夫纣矣，未闻弑君也。”⑤ 这样的独夫民贼，人人可起而诛之。

末　学：听说您与梁襄王有一段关于德治的精彩对话，能说给我听吗？

孟　子：当然可以。有一次梁襄王突然向我问道：“天下要怎样才能得到安定？”我回答说：“天下统一就会安定。”他又问：“谁能够统一天下呢？”我回答说：“不喜欢虐杀人民的君主，就能够统一天下。”他又问：“那谁会来归服他呢？”我回答说：“普天之下的人民没有不会归服的。”⑥

末　学：您对梁襄王说的都是肺腑之言啊！

孟　子：我这话还有一层意思，就是“仁言不如仁声之入人深也，善政不如善教之得民也。善政，民畏之；善教，民爱之。善政得民财，善教得民心。”⑦

末　学：这里的关键是如何使人民能对君主信服。

孟　子：这太难了。“以善服人者，未有能服人者也；以善养人，然后能服天下。天下不心服而王者，未之有也。”⑧

末　学：那么，怎样才能纠正君主的错误呢？

孟　子：“人不足与适也，政不足间也；唯大人为能格君心之非。君仁，莫不仁；君义，莫不义；君正，莫不正。一正君而国定矣。”⑨

末　学：明君一定是仁义之人？

---

① 《孟子·公孙丑上》。

② 《孟子·梁惠王下》。

③ 《孟子·离娄上》。

④ 《孟子·离娄上》。

⑤ 《孟子·梁惠王下》。

⑥ 《孟子·梁惠王上》。（梁襄王）……卒然问曰：“天下恶乎定？”吾对曰：“定于一。”“孰能一之？”对曰：“不嗜杀人者能一之。”“孰能与之？”对曰：“天下莫不与也。”

⑦ 《孟子·尽心上》。

⑧ 《孟子·离娄下》。

⑨ 《孟子·离娄上》。

孟　子：差不多吧。“得百里之地而君之，皆能以朝诸侯，有天下；行一不义，杀一不辜，而得天下，皆不为也。是则同。”①

末　学：仁义之人一定会得到更多的人的扶助。

孟　子：是啊。“得道者多助，失道者寡助。寡助之至，亲戚畔之；多助之至，天下顺之。以天下之所顺，攻亲戚之所畔；故君子有不战，战必胜矣。”②

末　学：昏君一定是不义之人，也必定是暴君？

孟　子：是啊，最糟糕的是滥杀无辜。“无罪而杀士，则大夫可以去；无罪而戮民，则士可以徙。”③

末　学：君主不讲信义才是国家的大患。

孟　子：是啊。“城郭不完，兵甲不多，非国之灾也；田野不辟，货财不聚，非国之害也，上无礼，下无学，贼民兴，丧无日矣。”④

末　学：那么，君主应该怎样做才合乎仁义呢？

孟　子：“周于利者凶年不能杀，周于德者邪世不能乱。”“诸侯之宝三：土地、人民、政事。宝珠玉者，殃必及身。”⑤“仁则荣，不仁则辱；今恶辱而居不仁，是犹恶湿而居下也。如恶之，莫如贵德而尊士，贤者在位，能者在职；国家闲暇，及是时，明其政刑。唯大国，必畏之矣。”⑥

末　学：在历史上，有的君主还是做得不错的，值得后人称颂。

孟　子：是啊。“禹恶旨酒而好善言。汤执中，立贤无方。文王视民如伤，望道而未之见。武王不泄迩，不忘远。周公思兼三王，以施四事；其有不合者，仰而思之，夜以继日；幸而得之，坐以待旦。”“禹思天下有溺者，由己溺之也；稷思下有饥者，由己饥之也，是以如是其急也。”⑦

6.5　无畏——“虽千万人，吾往矣!”

孟子是一个性格温和而态度谦逊的人。但是为了坚持性善论，为了宣传民本思想和仁政理念，特别是为了实现他的国家政治的最高理想——王道，他又是一个敢于坚持真理，在大是大非面前立场坚定、旗帜鲜明的人。这两

① 《孟子·公孙丑上》。
② 《孟子·公孙丑下》。
③ 《孟子·离娄下》。
④ 《孟子·离娄上》。
⑤ 《孟子·尽心下》。
⑥ 《孟子·公孙丑上》。
⑦ 《孟子·离娄下》。

种性格在孟子身上完美地融为一体，更加展现出他寓于柔情中的高风亮节。他的许多脍炙人口的名言一直流传至今，激励着一代又一代华夏儿女。

也是在孟庙的一棵松桧下，我和孟子就这个问题作了如下谈话。

末　学：先生，您生活在战国中期的战乱年代，您的思想、学说和治国方略提出来一定不易，推行起来也一定阻力不小，对此您是怎么看的？

孟　子：我的境遇和孔子差不多，一生不被主流意识形态接纳。可能是因为我没有做过像孔子那样高的官（代理宰相），也没有他周游列国时那样坎坷的经历，所以我的生活相对平静一些。我主要把精力用在了对儒家思想和学说在理论上的补充和发展。这些东西提出和推行当然是困难重重，但是我想到的是华夏民族的未来，只要未来的人们能够认识和接受，也就足矣。

末　学：在那样战乱的年代，您能够专心思考和著书立说，真不容易。请问当时的统治者有没有干预或者迫害您？

孟　子：那时候诸侯国都在忙于打仗、争霸，各国的君主根本顾不上我们这些文化人。于是知识分子的思想就特别活跃，所以才有诸子百家、百家争鸣一说。我怎么想、怎么说和怎么写，都是自己的事情。统治者可以不听，但他不干涉您，还想拉着你去给他们装门面呢。我们这些人就是钻了这个空子，才有孔子的《论语》和我的《孟子》，以及其他各家学说流传下来。

末　学：那是一个思想空前活跃的百家争鸣的时代。

孟　子：但是战火连年不断，黎民百姓遭难，文化人也存在生存危机和各种不测啊！所以我一直在想，能否构建一个国家统一、和平安定的环境下，仍然存在百家争鸣学术氛围的仁政和王道。

末　学：这是对仁政理念和王道理想的发展。

孟　子：可是仔细想想，实行起来难啊！不知道为什么，君主的利益和想法总是与知识分子的思想老打架。文化人的命运总是不济，受着夹板气、窝囊气。难道说历朝历代文化人的命运都该如此？

…………

末　学：先生，还是谈谈您当时怎样克服像山一样的巨大阻力的。

孟　子：我蔑视他们！我的做法也很简单。“自反而不缩，虽褐宽博，吾不惴焉？自反而缩，虽千万人，吾往矣。”①

---

① 《孟子·公孙丑上》。这里的“缩”有理直之意，“褐宽博”指黎民百姓，“惴”解释为害怕。翻译成白话文是：自我反省，要是理屈的话，纵然只是面对穿着粗布粗衣的平民百姓，我能不害怕吗？自我反省，只要合乎义理，纵然面临千军万马，我也一样勇往直前！

末　学：您在如此混乱污浊的政治环境下，如何保持自己独立的人格？

孟　子："居天下之广居，立天下之正位，行天下之大道，得志，与民由之；不得志，独行其道。富贵不能淫，贫贱不能移，威武不能屈，此之谓大丈夫！"①

末　学：听说您与公孙丑有一段关于浩然之气的精彩对话，能说给我听吗？

孟　子：当然可以。有一次，公孙丑对我说："大胆请问，先生您的长处是什么？"我回答说："我擅长于研究别人的言辞，并擅长于培养自己的浩然之气。"公孙丑又对我说："大胆请问，什么叫做浩然之气呢？"我回答说："这很难说清楚。它作为一种气（炁），是极为伟大极为刚强的，如果用正确的方法去培养而不是去伤害它，那么它将充满于天地宇宙之间。同时，它作为一种气（炁），需要和正义、道理相配合；否则的话，它就没有力量。"②

末　学：您在生命和道义二者不可兼得的情况下，从容地选择了道义。我在读小学时就学过您的这篇文章，至今仍然记忆犹新。

孟　子：（兴奋地）您还能背诵吗？

末　学：（动情地诵读）"鱼，我所欲也，熊掌亦我所欲也；二者不可得兼，舍鱼而取熊掌者也。生亦我所欲也，义亦我所欲也；二者不可得兼，舍生而取义者也。"③

孟　子：（异常感动）是啊，"二者不可得兼，舍生而取义者也。"无数献身人民事业、追求真理的仁人志士都是舍生而取义者也。

末　学：这些仁人志士宁为玉碎、不愿瓦全。他们从不阿谀逢迎，无论得志或失意，都将道德品质的修养放在第一位。

孟　子：是啊。"天下有道，以道殉身；天下无道，以身殉道；未闻以道殉乎人者也。""尊德乐义，则可以嚣嚣矣。故士穷不失义，达不离道。穷不失义，故士得己焉；达不离道，故民不失望焉。古之人，得志，泽加于民；不得志，修身见于世。穷则独善其身，达则兼善天下。"④

末　学：先生，"穷则独善其身，达则兼善天下。"也是千古名言，不过我们习惯反过来说："达则兼善天下，穷则独善其身。"

---

① 《孟子·滕文公下》。

② 《孟子·公孙丑上》。（公孙丑曰：）"敢问夫子恶乎长？"曰："我知言，我善养吾浩然之气。""敢问何谓浩然之气？"曰："难言也。其为气也，至大至刚，以直养而无害，则塞于天地之间。其为气也，配义与道；无是，馁也。"

③ 《孟子·告子上》。

④ 《孟子·尽心上》。

孟　子： 颠倒过来好，这样念更顺当一些。这句话同孔子说的“用之则行，舍之则藏”的精神是一致的。①

末　学： 儒家这种进可以攻，退可以守的思想，成为两千多年来知识分子安身立命的座右铭，成为人们最强有力的心理武器。自从春秋战国之后，中国社会走向了专制主义的皇权统治，文化人一直生活在夹缝当中。如果说没有这些精神食粮，真不知道怎样活下来。因而对之由衷地表示感谢。

孟　子： 后世的专制与黑暗，也表现在对孔孟之道的肆意攻击和肉麻吹捧上，这都是夹杂着私欲啊！“祸福无不自己求之者。”②“君子不怨天，不尤人。”③“贤者以其昭昭使人昭昭，今以其昏昏使人昭昭。”④

末　学： 先生，凡是担当历史重任的人，为什么都要经历一番痛苦的磨炼？

孟　子： 这是很自然而然的事情，不然怎么承担历史重任呢？这是上天的安排，命运之使然。承认“天命”是一种人力所不能控制的客观存在，人应该在有限的生命里，获取无限的精神价值。“故天将降大任于斯人也，必先苦其心志，劳其筋骨，饿其体肤，空乏其身，行拂乱其所为，所以动心忍性，曾益其所不能。人恒过，然后能改。困于心，衡于虑，而后作。”⑤

末　学： 在知识分子中，的确有一些迂腐的书呆子。您对书本知识怎么看呢？

孟　子： 那就是读书不求甚解，成了书虫子，这是没有什么用的。“尽信《书》，则不如无《书》。吾于《武成》取二三策而已矣。仁人无敌于天下，以至仁伐至不仁，而何其血之流杵也？”⑥

…………

末　学： 先生，这几天我们已经谈了很多了，作为晚辈的晚辈……我真是受益匪浅。最后我还想问一下您的家庭情况，因为无论古今中外，凡是成功人士，他的背后总有一位贤内助在助他一臂之力……

孟　子：（不自然地笑了）我的贤内助？我只能说对我一生教育和影响最大的是我的母亲。父亲死得早，就剩下我们孤儿寡母相依为命。母亲勤劳而有见识，她希望我读书上进早日成才，可是我淘气不懂事，经常逃学和学坏样子。为此，她用“断机”和“三迁”的办法，惊醒我并激励我发愤图强，才有我日后的进步。所以我永远铭记着母亲的养育之恩。

---

① 《论语·述而》。子谓颜渊曰：“用之则行，舍之则藏，唯我与尔有是夫！”

② 《孟子·公孙丑上》。

③ 《孟子·公孙丑下》。

④ 《孟子·尽心下》。

⑤ 《孟子·告子下》。

⑥ 《孟子·尽心下》。

末　学： 那么妻子呢？

孟　子： 周显王 12 年（前 357 年），我 15 岁受业于孔子的孙子孔伋（子思），一门心思都在学习上，对男女感情上的事知之甚少。到了十八九岁的时候，经人介绍娶了一位乡间女子为妻。

末　学： 你们的感情好吗？

孟　子： 还好。她不识字，所以与我在学问上就没有什么可沟通的。这使我产生了很大的失落感，于是就发生了后来的休妻事件……

末　学： 有这事……

孟　子： 有，史书上都记载了。周显王十七年（前 352 年），有一天，妻子独自在家，随便地叉开腿坐着。我进门一看就不高兴，到母亲面前告状说："这个女人不遵守礼节，我要和她离婚。"母亲看破了我的心思，生气地说："你到自己的内房私室，进门的时候没有先发出声音，让妻子不能及时调整礼仪，是你无礼还是你妻子无礼？"言下之意，我先不守礼法，又怎么能要求别人呢？听了母亲的教导之后，我认识到自己错了，就再也不提离婚的事了。①

末　学： 那后来呢？

孟　子： 后来就是过日子。我读书写文章，她操持家务，侍候婆婆。虽然我们之间共同语言不多，也就这么相安无事地过了一辈子。

末　学： 这……

孟　子： 这就是那时候绝大多数知识分子的婚姻生活……

---

① 参见《韩诗外传》。此为西汉初年记述前代史实、传闻的著作。作者韩婴，生卒年不详，燕人。汉文帝时为博士，景帝时为常山王太傅，武帝时曾与大儒辩论于朝廷。原文是：孟子妻独居，踞，孟子入户视之，向其母曰："妇无礼，请去之。"母曰："何也？"曰："踞。"其母曰："何知之？"孟子曰："我亲见之。"母曰："乃汝无礼也，非妇无礼。《礼》不云乎？将入门，问孰存。将上堂，声必扬。将入户，视必下。不掩人不备也。今汝往燕私之处，入户不有声，令人踞而视之，是汝之无礼也，非妇无礼。"于是孟子自责，不敢去妇。

第7章　与韩非的对话[①]

司马迁在《史记》中对韩非的记述是："韩非者，韩之诸公子也。喜刑名法术之学，而其归本於黄老。非为人口吃，不能道说，而善著书。与李斯俱事荀卿，斯自以为不如非。"[②] 韩非是战国末期韩国人。公元前375年韩哀侯灭郑，将国都自阳翟迁于新郑，韩国在此立都长达145年。因而学界认为韩非的故里在河南新郑。韩非和楚国上蔡人李斯[③]，在荀子那里学成之后[④]，韩非的治国方略不被韩王采纳，遂在河南西平县棠溪著书立说宣传自己的主张，有学者认为西平是韩非的故里。又据顾祖禹《读史方舆纪要》载："小韩城在州西北30里，韩哀侯筑。"[⑤] 有学者认为河南禹州浅井乡小韩村亦是韩非故里。

---

① 韩非（前280—前233）河南新郑人，战国末期韩国的哲学家、法家代表人物。《史记》记载，韩非为韩王室诸公子之一，精于"刑名法术之学"，与秦相李斯同为荀子的学生。韩非因为口吃而不擅言语，但文章出众，连李斯也自叹弗如。韩非目睹战国后期的韩国积贫积弱，多次上书韩王，希望改变当时治国不务法制，养非所用、用非所养的情况，但其主张始终得不到采纳。韩非认为这是"廉直不容于邪枉之臣"。便退而著书，写出《孤愤》《五蠹》《内外储》《说林》《说难》等十万余言，结集《韩非子》。古人认为韩非是阴谋学家，其著作大部分是关于如何玩弄权术的，因而深得历代帝王青睐。

② 司马迁：《史记·老子韩非列传》。

③ 李斯（前280—前208）字通古，秦代政治家。战国末年楚国上蔡（今河南上蔡西南）人。早年为郡小吏，后从荀子学帝王之术，学成入秦。初被吕不韦任以为郎，后劝说秦王嬴政灭诸侯、成帝业，被任为长史。秦王采纳其计谋，遣谋士持金玉游说关东六国，离间各国君臣，又任其为客卿。秦王政十年（前237年）下令驱逐六国客卿。李斯上《谏逐客书》阻止，为秦王嬴政所采纳，不久官为廷尉。秦统一天下后，与王绾、冯劫议定尊秦王嬴政为皇帝，并制定有关的礼仪制度。被任为丞相。他建议拆除郡县城墙，销毁民间的兵器；反对分封制，坚持郡县制；主张焚烧民间收藏的《诗》、《书》、百家语，禁止私学。还参与制定了法律，统一车轨、文字、度量衡制度。秦始皇死后，他与赵高合谋，伪造遗诏，迫令始皇长子扶苏自杀，立少子胡亥为二世皇帝。后为赵高所忌，于秦二世二年（前208年）被腰斩于咸阳闹市，并夷三族。

④ 荀子（前313—前238）名况，字卿，因"荀"与"孙"二字古音相通，故又称孙卿。战国时期赵国猗氏（今山西安泽）人，汉族。著名思想家、文学家、政治家，儒家代表人物之一，时人尊称"荀卿"。曾三次出齐国稷下学宫的祭酒，后为楚兰陵（今山东兰陵）令。荀子提倡性恶论，常被与孟子的性善论比较。对重整儒家典籍也亦有贡献。

⑤ 清初顾祖禹（1631—1692）独撰《读史方舆纪要》，为一部地理学著作，颇受后世称道，被誉为"千古绝作"、"海内奇书"。

戊子年4月下旬一天傍晚，我从北京起程到河南寻访韩非的故里，希望在那里能拜见韩非。走出郑州新郑国际机场，我正在犹豫应该先去哪里，一位漂亮的小姐来到我跟前，颇有礼貌地问道："您有什么需要我帮忙的吗?"我说："我要到韩非的故里去。"她问道："是新郑、西平，还是禹州?"我说："你也知道这三个地方都是韩非的故里?"她说："知道。但谁也搞不清楚哪个是真的，那就都是吧!"我说："我应该先去哪里呢?"她说："去哪里都行，我可以提供用车、食宿和导游一条龙服务。"我问道："价格呢?"她说："保证优惠。"我又问："多少钱?"她笑而不答，然后反问道："您怎么也像韩非那样把利看得真?"我有些惊愕，心想怎么她对韩非的利益轴心的世界也有研究?这不是找到韩非的知音了吗?我正想继续问下去，城管执法队的车开过来，小姐瞟了我一眼撒腿就跑了。

这是一场还没有来得及得逞的骗局。韩非说人性恶，我在还没有见到他时就体验到了。难道说人性真的是恶的吗?

夜幕刚刚拉下，郑州市华灯齐放，各色霓虹灯闪耀着炫目的光芒。大街上车水马龙，熙熙攘攘。在美丽的夜景下人们都为着他们心目中的什么思考着、奔走着、忙碌着。我下榻在二七纪念塔附近的一家宾馆，服务格外热情、周到。我又感到人性善的无比温馨。一时间我有些糊涂了，人性善还是人性恶的问题，总在脑子里不停地打转转，我希望能尽快地见到韩非，一方面是向他请教，另一方面好好地探讨一下，总得理出个头绪吧!

晚上9点以后，一阵和风从门外吹了进来，接着房门轻轻地响了一下，我以为是工作人员吩咐什么事情，可是定睛一看，什么也没有。但是我还是下意识地感到有人进来了。于是赶忙戴上特制的眼镜和耳机，只见一位穿着战国时代服装的中年男人，态度镇静地走了进来。他自报家门："我、我就是你要寻访的韩国公子韩非，你、你不感到意外吗?"他说话时有些口吃。

我赶忙让他坐在椅子上，施以鞠躬礼。连声说："久仰，久仰!"

韩非说："我、我离开这个世界时才47岁。比你现在的年龄小多了，所以你也不要太客气。我们之间完全是平等地交谈、探讨。"

我说："阁下怎么知道我来寻访?并且找到了这里?"

韩非说："在你、你的《我的宇宙观》前六卷中，已多次论述过，四维以上多维时空的阴性物质世界，是一个充满灵性的信息世界，我、我能不知道你的所思所想吗?实际上，当你、你刚刚产生寻访我的念头的时候，我就知道了。我来寻找你的速度至少是光的速度，找到你还困难吗?"

"噢，明白了!"我说，"看来您是早有准备的。"

韩非告诉我，自从公元前233年他被同窗好友李斯用毒酒害死之后，两千多年来他一直闷在心里想不通。在漫长的封建专制社会，他心里有苦没有地方诉说，真真是一个冤死鬼。他曾经一心一意为巩固郡主的权力而出谋划策，没想到秦王嬴政将他下了大狱。李斯的狠毒不用说了，可李斯的下场比他还惨。这是为什么呢？他说他想和我在这里谈上三天三夜……

我说："明天到您的故里去谈吧！"

韩非说："不、不用了，这里挺安静，是个谈话的好地方。再说我对家乡的贡献绵薄，也、也无颜见江东父老啊！"

我说："您的贡献很大，中华民族跌跌撞撞地终于走向法制社会了，在这方面您的功劳不可埋没。华夏子孙永远牢记着您！"

韩非连连摆手，激动地说："惭、惭愧，惭愧！"

这时我才注意到坐在我面前的韩非，长得颇为精干。他身材瘦削，长条脸、尖下巴，眉毛总是皱着，挤得眉头有些隆起；他的一双眼睛又黑又大，目光沉郁。鼻梁稍高、端正，厚嘴唇上留着一绺一字胡。他才学超人，思维敏捷。因为口吃，语言表达困难，以致和我讲话时着急得满脸通红。我不断地示意他慢些说，他的文章我读了不少，他所表达的意思我也清楚，可是他还是那么着急地说个不停，直到他感到有些累了，才靠在椅子上小憩一会儿……

就在这个宾馆的房间，往后几天我和韩非作了以下的谈话。

7.1 人性何以是恶的？

末 学：先生，您认为人性是恶的，能说说理由吗？

韩 非：当然可以。认为人性恶，一开始我、我是跟老师荀子学的。荀子说："今人之性，生而有好利焉，顺是，故争生而辞让亡焉。生而有疾恶焉，顺是，故残贼生而忠信亡焉。生而有耳目之欲，有好声色焉，顺是，故淫乱生而礼义文理亡焉。然则从人之性，顺人之情，必出乎争夺，合于犯分乱理而归于暴。"①

末 学：这是荀子提出人性恶的根据，因为人生来就趋利避害。但是荀子也说过："生之所以然者谓之性，不事而自然谓之性，性之好恶、喜怒、哀乐谓之情。情然而心为之择谓之虑。心虑而能为之动谓之伪（为），虑积焉、能习焉而后成谓之伪（为）。正利而为谓之事，正义而为谓之行。""不可学、不可事而在天者谓之性。可学而能、可事而成之在人者谓之伪（为）。是性伪

---

① 《荀子·性恶》。

（为）之分也。”[①]

韩 非：用荀子这两段不同内容的论述能、能说明什么问题呢？荀子第一位强调的是“今人之性，生而有好利焉。”因为天生好利，就本性自私。自私就是性恶。荀子第二位才强调的是人通过学习、自修，才能够变好。

末 学：是的，荀子是从两方面论述的。一方面，性和情是天生的，人不可干涉，也不应该干涉。另一方面，人的后天选择、思考、学习、行事，却完全取决于人自身，应该由人自己承当，天也同样不可以干预人事。“伪(为)”与“虑”与“学”与“行”，是荀子思想中特别强调的部分。荀子的《劝学》、《修身》诸篇，并以此作为《荀子》全书的开始，是有特殊含义的。

韩 非：我、我不这么认为。因为在我所处的那个年代，七国争雄，君主之间毫无人性可言。我、我看到的是人性恶的淋漓尽致的表现。

末 学：所以您在《韩非子》一书中描述了那些令人发指的景况。

韩 非：是啊，仅举几例就可见一斑。“医善吮人之伤，含人之血，非骨肉之亲也，利所加也。故舆人成舆，则欲人之富贵；匠人成棺，则欲人之夭死也。非舆人仁而匠人贼也。人不贵，则舆不售；人不死，则棺不卖，情非憎人也，利在人之死也。”[②] 你、你看，医生为病人吮伤，竟出于有利可图；卖棺材的人希望人死，为了利，可以诅咒别人死亡。因为只有人之夭死，才能售出棺材，获得利益以维持生存。这是人之性善吗？

末 学：您还讲到了君臣之间的例子。

韩 非：以、以君臣为例，“害身而利国，臣弗为也；富国而利臣，君不行也。臣之情，害身无利；君之情，害国无亲。君臣也者，以计合者也”[③]。这是一种典型的买卖关系，“主卖官爵，臣卖智力”[④]。臣下差不多都是随时准备篡夺君位的乱臣贼子，“为人臣者，窥规其君心也无须臾之体”[⑤]。

末 学：君主的夫妻、父子的利益关系更不成样子。

韩 非：是的。“后妃、夫人、太子之党成而欲君之死也，君不死，则势不重，情非憎君也，利在君之死也。”[⑥] “夫妻者，非有骨肉之恩也，爱则亲，不爱则疏。”“父母之于子也，产男则相贺，产女则杀之。此俱出父母之怀衽，然男子受贺，女子杀之者，虑其后便，计之长利也，故父母之于子也。犹用

---

① 《荀子·正名》。
② 《韩非子·备内》。
③ 《韩非子·饰邪》。
④ 《韩非子·外储说右下》。
⑤ 《韩非子·备内》。
⑥ 《韩非子·备内》。

计算之心以相待也。”①

末 学：在专制统治集团内部，这样的污浊的事情比比皆是。

韩 非：你、你看，君臣之间以利计合，相互利用，根本不存在君惠臣忠的情况。在天伦关系上，至亲的骨肉也是计利而行的。这是什么世道啊！

末 学：所以您主张人性恶比荀子更加鲜明、彻底。

韩 非：人性本来就自私、恶。人作为利益主体，都是以追逐利、利益为目的的。“好利恶害，夫人之所有也……喜利畏罪，人莫不然。”② “夫安利者就之，危害者去之，此人之情也……人焉能去安利之道而就危害之处哉？”③“人无羽毛，不衣则犯寒，以肠胃为根本，不食则不能活，是以不免于欲利之心。”④

末 学：这就是您认为人性恶的根本理由？

韩 非：是的。连至亲的父母、子女都自私到这种地步，还、还不承认人性恶吗？“人为婴儿也，父母养之简，子长而怨。子盛壮成人，其供养薄，父母怒而诮之。子、父，至亲也，而或谯或怨者，皆挟相为而不周于为己也。”⑤ 既然人性本恶，那么就只有接受性恶的事实才合乎天意。

末 学：尧舜时代就没有这些自私自利的事吗？

韩 非：不、不一样啊！“上古竞于道德，中世逐于智谋，当今争于气力。”⑥ 原因在于“古者……人民少而财有余，固民不争。是以厚赏不行，重罚不用，而民自治。今……人民众而货财寡，事力劳而供应薄，固民争。”⑦

末 学：怎么办呢？

韩 非：我、我认为，人性既然是自然而成的，人性又是如此之恶，那么现行的国家体制和政治政策，就必须以人性恶为出发点，重新设计和构造。

末 学：您设想的蓝图是什么呢？

韩 非：用严格的硬性规定和法律制度，约束人、人的私欲。“故其治国也，正明法，坏严刑，将以救群生之乱，去天下之祸，使强不凌弱，众不暴寡，眷老得遂，幼孤得长，边境不侵，君臣相亲，父子相保，而无死亡系虏之患，此亦功之至厚也。”⑧ “法分明，则贤不得夺不肖，强不得侵弱，众不得

---

① 《韩非子·六反》。

② 《韩非子·难二》。

③ 《韩非子·奸劫弑臣》。

④ 《韩非子·解老》。

⑤ 《韩非子·外储说左上》。

⑥ 《韩非子·五蠹》。

⑦ 《韩非子·五蠹》。

⑧ 《韩非子·奸劫弑臣》。

暴寡。托天下于尧之法，则贞士不失分，奸人不侥幸。寄千金于弈之矢，则伯夷不得亡，而盗跖不敢取。”① “奔车之上无仲尼，覆舟之下无伯夷。”②

末 学：具体实行什么措施呢?

韩 非：“凡所治者，刑罚也。”③ “刑胜而民静，赏繁而奸生。故治民者，刑胜，治之首也；赏繁，乱之本也。”④

末 学：听说您告诫君主，臣子即使陈言有功，要是“功不当其事，事不当其言，则罚”⑤；提出“禁诛擅爱之臣”⑥；因为担心“使民有功与无功俱赏也”，反对在秦国大饥荒之时“发五苑之蔬草”赈灾；吴起因其妻子把丝织品织得超过了规定的要求而把她休弃，您则大加称赞。⑦

韩 非：是、是这样的。要扼制人性之恶，推行法治措施，必须硬着心肠这么干。否则一旦人心私欲膨胀，君主怎么统治天下啊!

末 学：您突出一个罚字——严刑峻法。通过制造和增加恐怖来强化君主权力的威慑力量，实际上是每时每刻都在向无辜者挥起屠刀。那么多官民都成了防范和打击的对象，能不造成冤假错案吗?恐怕是冤狱遍地了吧!如此而已，专制君主和专制制度本身存在的合理性，实在要打上一个大大的问号?!

韩 非：（无奈地耸耸肩膀，摊开双手）那你说还有什么更好的办法呢?

…………

末 学：先生，我和您的分歧恰恰就在如何认识人的本性上。

韩 非：说、说给我听听。

末 学：我认为宇宙间的生命有两种存在形式。一种是生命在阳性物质世界的存在形式；另一种是生命在阴性物质世界的存在形式。二者最主要的区别是：前者有肉身，以可见光的实体形式存在；后者没有肉身，以不可见光的虚的形式存在。譬如，我现在是生命在阳性物质世界的存在形式，存在于四维时空，以可见光的实体形式存在；您现在是生命在阴性物质世界的存在形式，存在于四维以上多维时空，以不可见光的虚的形式存在。生命的两

---

① 《韩非子·守道》。

② 《韩非子·安危》。

③ 《韩非子·诡使》。

④ 《韩非子·心度》。

⑤ 《韩非子·二柄》。

⑥ 《韩非子·外储说右上》。

⑦ 参见《韩非子·外储说右上》。吴起（前 440—前 381）卫国左氏（今山东陶定，一说曹县东北）人。战国初期著名的政治家、军事理论家、军队统帅。著有《吴子》，《吴子》与《孙子》合称《孙吴兵法》。

种不同存在形式，各自对生命自身的要求及功能也大不相同。

韩　非：这、这与人性的本质有什么关系呢？

末　学：当然有关系了。生命在阳性物质世界的存在形式具有肉身，他就要以维护身体营养的正常需要和种的繁衍为要务，这就牵涉到食和性的问题。我把它称为人的“自利”。① 人的自利有一个合理的阈值范围，例如正常的衣食住行需求和爱情、性的需求，这不能看作是人性的恶，而恰好是人性最美好的部分，非如此人类就存在不下去，何谈您的法治？还有，正因为人有对于食和性的需求，才产生了创造美好生活的动力，否则人类社会还会处在几万年前的蛮荒时期。您自己一定也有明显的体验，现在和战国末期大不一样吧！

韩　非：生命在阴性物质世界的存在形式没有肉身，是、是否没有自利行为？

末　学：先生，这一点您最清楚了（笑!）。生命在阴性物质世界的存在形式虽然没有肉身，但是它还有以下的身体结构：灵魂 ＋ 意识（不完全意识）＋ 潜意识（狭义）＋ 潜意识（广义）。维系生命在阴性物质世界的存在形式的能量，是宇宙间取之不尽、用之不竭的阴性物质。所以神、瑰（鬼）是没有自利行为的，也不需要有这种自私的行为。神是生命在阴性物质世界的存在形式之佼佼者，是“全知、全能、全在”②，这也是重要的理论根据之一。

韩　非：但是，你、你还没有涉及人性的本质问题。

末　学：很快就涉及了。在人的自利的合理阈值范围内，只能用道德去调节，法律无权干涉，否则就亵渎了人的生命、侵犯了人的基本权利。

韩　非：那么，人、人的自利行为会不会突破合理的阈值范围？

末　学：会的。人的自利行为一旦突破合理的阈值范围，就是您说的人性恶。他就会干出伤天害理的勾当，这时阁下提倡的法治就派上用场了。

韩　非：你、你是说在人的自利的合理阈值范围内，人性表现为善；人、人的自利行为一旦突破合理的阈值范围，人性表现为恶。

末　学：先生，您说对了。在人的自利的合理阈值范围内，即使人性表现为善，也是千差万别的，用道德进行调节仍然表现为十分复杂的问题，因为是人民内部矛盾嘛，处理时必须有耐心和良好的愿望。人的自利行为一旦突破合理的阈值范围，人性表现为恶。即使人性表现为恶，也有程度上的不同，用法律进行制裁也得合理量刑，绝对不能一概严刑峻法。对判处的死刑

---

① 参见拙著《我从哪里来，又到哪里去?》15.3“食和性的本原”。

② 参见拙著《宇宙的秩序即道德的秩序》10.1“宇宙间生命存在形式的两大类别”。

犯，处决时仍要文明执法。因为现在是21世纪的文明社会啦。

韩　非：这、这是否就解释了有的人性善，有的人性恶？

末　学：还没有完全解释这个问题。应该说性善的人，言行常在自利的合理阈值范围内；性恶的人言行经常突破自利的合理阈值范围，如损公肥私、强取豪夺等。即便同一个人，他可能在一个时期性善，在另一个时期因为对自己要求不严或者其他诱因在起作用，他就变之为性恶。这样的例子也是不胜枚举的。所以还是要读您的老师荀子的《劝学》、《修身》诸篇，才能使自己有所警惕，做一个懂文明、有礼貌，遵纪守法的善人。

韩　非：我、我觉得你还只是在表层上讲了人性善和人性恶的问题，那么人在本质上为什么表现为性善和性恶呢？

末　学：先生，这个问题超出了我的知识范围和认识程度，但是我还是试图回答您吧，不一定能满足您的要求。

韩　非：你、你就大胆地想，大、大胆地说吧！

末　学：灵魂和意识在构成上的些许差异，就可能导致一个人向善或向恶。灵魂和意识在构成上之所以存在些许差异，就在于构成灵魂时从阴性物质的正物质（阴+）元素周期表，和阳性物质的负物质（阳−）即反物质元素周期表中撷取了不同的元素。这两个元素周期表中共计230种元素，其中阳性物质的负物质（阳−）即反物质元素周期表中的115种元素以衰变形式存在，并且各个元素的衰变周期还不同。那么从阴性物质的正物质（阴+）元素周期表115种元素中选择哪几种元素，在阳性物质的负物质（阳−）即反物质元素周期表115种元素中选择哪几种元素？就有很大的回旋余地。如果说各自选择了活跃元素或者选择了惰性元素，构成的灵魂的功能肯定不一样。

在构成意识时从阳性物质的正物质（阳+）元素周期表即门捷列夫元素周期表，和阴性物质的负物质（阴−）元素周期表即阴性物质的反物质元素周期表中撷取了不同的元素。这两个元素周期表中共计230种元素，其中阴性物质的负物质（阴−）即阴性物质的反物质元素周期表中的115种元素以衰变形式存在，并且各个元素的衰变周期还不同。那么从阳性物质的正物质（阳+）元素周期表即门捷列夫元素周期表115种元素中选择哪几种元素，在阴性物质的负物质（阴−）即阴性物质的反物质元素周期表115种元素中选择哪几种元素？就有很大的回旋余地。如果说各自选择了活跃元素或者选择了惰性元素，构成的意识的功能肯定不一样。因而聪明和愚笨带有先天（先验）的性质。

聪明和愚笨之所以带有先天（先验）的性质，如上所述是由于灵魂和意识在构成时从四个元素周期表中各自撷取了性能不同的元素所致。既然聪明和愚笨带有先天（先验）的性质，那么一个人向善或者向恶是否也带有先天（先验）的性质？有的人天生就是一个善人，而有的人天生就是一个恶人，一个坏蛋。根源在于灵魂和意识的构成上，从四个元素周期表中撷取了不同的元素。

但是即使在灵魂和意识构成时，从四个元素周期表中撷取了某些不适当的元素，例如构成灵魂的阴性物质的正物质（阴+）和以衰变形式存在的阳性物质的负物质（阳−）即反物质有不适当的元素掺杂，若构成时达到了优化组合，那么这一个灵魂也不至于导向恶的一面。反之情况则相反。同样的道理，例如构成意识的阳性物质的正物质（阳+）和阴性物质的负物质（阴−）有不适当的元素掺杂，若构成时达到了优化组合，那么其意识也不至于导向恶的一面。反之情况则相反。教育的作用则是通过向善的诱导，使灵魂和意识中善的要素不断发扬光大；同时抑制灵魂和意识中恶的要素，将其减小到最低限度。①

韩　非：（处在思考中）……

7.2　势、法、术与霸道

末　学：先生，孔子和孟子的性善论必然导致仁政和王道，您和荀子的性恶论必然导致暴政和霸道，您同意这种推理吗？

韩　非：同、同意。但是暴政和霸道并非不好，社会的各个阶层在法治的轨道上有秩序地运作。君主统治稳固、百姓安居乐业。有、有什么不好呢？

末　学：问题是君主统治稳固了，老百姓整个儿生活在一个军营式的大监狱中，他们能安居乐业吗？何况君主时时处在火山口上，统治也并非真的稳固！

韩　非：那你、你的治国理论呢？

末　学：我不具备产生治国理论的资质。

韩　非：那你、你评说一下自己的观点吧。

末　学：我不好评说自己，这要得后人评价才是。

韩　非：那你、你就评论一下孔孟的性善论及荀子和我、我的性恶论吧。

末　学：我觉得孔孟的性善论，好像忽视了人的言行有突破自利的合理阈值范围的可能性，因而放大了人的自利的合理阈值范围，于是就看不见人突破自利合理阈值范围之后的恶，也就都是善了；您和荀子的性恶论，好像忽视了人的言行存在于自利的合理阈值范围的常规性。否定了这种常规性，就等

---

① 参见拙著《宇宙的秩序即道德的秩序》15.2“善与恶的本源——从灵魂和意识的结构上寻找”。

于放大了人突破自利合理阈值范围的可能性，于是看不见人在自利合理阈值范围的善，也就都是恶了。所以无论性善论还是性恶论，都有其不完备的地方。

韩　非：（兴奋地）说得好！让我、我评论一下你的理论，好吗？

末　学：（郑重地）您是先人，按照惯例是不可以评论我这个后人的理论的。即使您评论了，以后的人也不一定会认可，所以就免了吧。

韩　非：我、我发一点感慨总可以吧。

末　学：什么感慨？

韩　非：长江后浪推前浪，华夏今人胜古人。足、足矣！

末　学：先生，不说这些了，我们还是讨论您的思想和学说吧。就从您提出来的势、法、术相结合的霸道说起——

韩　非：这是我、我的思想和学说的核心，也是可、可操作的部分。

末　学：什么是势？

韩　非：势也者，君主统治之大势也。“抱法处势则治，背法去势则乱。”①

末　学：势是从哪里来的？

韩　非：它、它是从老子的“道势”引申而来的。

末　学：老子的“道势”浸透着阴术的气味，其本质在于揭示自然界事物发展的趋势，怎么可以和君主统治的大势扯在一起呢？

韩　非：当、当然可以了。将“道势”引申到社会的权力斗争中，自然之势就变为政、政治权势。天下只有君主有政治权势，掌握着生杀予夺的大权。这种权势具有无比强大的力量，就像虎豹的尖牙利爪一样。

末　学：先生，老子的“道势”与您的“势”，尽管存在着引申、比拟上的承传关系，但也只是名词术语上的相似而已。我看逻辑上有问题！

韩　非：这样做有什么不合适吗？

末　学：您这样穿凿附会地引申、比拟，就为君主利用他们手中的权力制伏老百姓提供了依据。因而是违背天理、反自然和反人类的。

韩　非：我、我不同意，也不理解你、你为什么要这样说。

末　学：因为您所说的“势”，是以君主的权势、地位为中心的。您反复论述过君主的威德不能分享，权势不能外借，要时刻防止臣重擅主，处处保持君主的独尊地位。统治者本来就是强大的，他们握有生杀之权，而老百姓则是弱小的。您让君主变为强中之强，老百姓还有活路吗？

韩　非：可是事实就是这么明摆着嘛！我承认这是残酷无情的……

---

① 《韩非子·难势》。

末　学：请您继续说吧。

韩　非：举、举个例子。孔子与鲁哀公是同时代的人，前者是名满天下的大学者、大圣人，后者是个无能的下等君主。孔子为了宣传他的思想和学说，周游列国，到处碰壁，可听从他、跟随他的也不过七十二贤人。而鲁哀公呢？别看他、他不怎么样，因为他做了君主，老百姓没有不敢低头臣服的，连孔子也不能不遵从他。从人品学问来说，孔子不会也不应该服从鲁哀公，可是因为鲁哀公是君主啊，他有“势”的力量，孔子就不能不俯首听命！

末　学：是啊，现实生活和理想的矛盾很大，我也在惶惑之中……

韩　非：依我看，孔子很可笑。他就不明白“势”的力量，固执地主张以德治国、实施仁政，真不如我提出的严刑峻法来得痛快。他把治国的希望寄托在贤人、君子身上，说什么“人存政举，人亡政息。”① 太天真了！

末　学：先生，各人有各人的价值观，不可妄加指责。君主权势的力量的确大得无比，也有耀眼的光环，就像一堆柴火在熊熊地燃烧似的，烤得人到不了跟前。可是当它燃烧完以后，剩下的就是一堆灰烬。可见君主的权势是短暂的，最终和粪土一样。而文化人的思想、学说，因为它承载着人类的智慧、文明和进步的信息，所以会一代又一代地传承下来。今天提起孔子没有人不知道，说起韩非都知道是您开了法治的先河，可是有谁还记得有个鲁哀公呢？

韩　非：（有些窘态）是、是这样的。

…………

末　学：先生，我们接着谈法，好吗？

韩　非：法、法只有依赖“势”才能够实施，否则法、法不治众。

末　学：我读《韩非子》一书，感到您说的法，就是突出一个“罚”字。

韩　非：不、不全是这样，你说的“罚”就是“刑”，在“刑”之后还有“去刑”和“赏”呢。

末　学：请您介绍一下吧！

韩　非：人、人的本性是恶的，人不可能有自律。因而人必须依赖他律，才能约束自己的言行。先辈李悝②，还有吴起、商鞅都是这么认为的。③ 因

① 《礼记·中庸》云：“其人存，则其政举；其人亡，则其政息。”

② 李悝（前 455—前 395）战国时期魏国人（今山西运城盐湖区安邑一带）。著名思想家。曾任魏国相，主持变法，其重农与法治相结合的思想对商鞅、韩非影响极大。故一般认为他是法家的始祖。《汉书·艺文志》收有法家类《李子》三十二篇。

③ 商鞅（前 390—前 338）卫国（今河南安阳内黄梁庄镇一带）人。战国时期政治家、思想家、著名法家代表人物。卫国国君的后裔，公孙氏，故称为卫鞅，又称公孙鞅，后封于商，后人称之商鞅。应秦孝公求贤令入秦，说服秦孝公变法图强。秦孝公死后，被贵族诬害，车裂而死。在位执政十年，秦国大治，史称商鞅变法。

此，我主张“凡所治者，刑罚也。”[①]“以刑去刑”，以重刑止轻罪。特别是把严刑峻法具体化为连坐、告奸，让臣民互相监视揭发。[②]

末 学：这是很恐怖的。您为什么要这样做呢？

韩 非：这、这样做的目的，就是要创造并利用一种社会机制，将人性中的“恶”全部释放出来。没、没有这一套做法是根本不行的。

末 学：您还有什么措施呢？

韩 非：有、有。“以天下为之罗”[③]，使全国成为一张大网、一个大陷阱，这样就可以做到“奸不容细”[④]，什么样的坏、坏人也漏不掉了。

末 学：那么“去刑”和“赏”呢？

韩 非：有、有。但是自从实行以重刑止轻罪之后，好像“去刑”就没有什么意义了。至于“赏”，我一直主张“慎赏”。商鞅也说：“王者刑九赏一，强国刑七赏三，削国刑五赏五。”[⑤] 我、我也是这么认为的。

末 学：先生，这样法就不成法了。因为它言而无信！

韩 非：我、我只是一个法治的提倡者，可是君主都是这么干的呀！

末 学：这么说是君主操纵着赏罚之柄？

韩 非：那、那还有谁呢？君主操纵着赏罚之柄，也就产、产生了“术”这玩意儿。我、我也为君主献出了不少好招儿呢。

…………

末 学：先生，我们接着谈术，好吗？

韩 非：好。术也不是我、我的发明，它源于老庄的“道”。

末 学：您又在穿凿附会地引申、比拟？

韩 非：（耐心地）道家讲的圣人，等同于我说的明君；道家讲的卑己自牧、善利万物无不克，等同于我说的霸道兼天下；道家讲的道不同于万物，等同于我说的君主不同于群臣；道家讲的祸福相倚，等同于我说的严刑峻法和赏……

末 学：您还有什么呢？

韩 非：根据道家的思想，我将君主的权柄喻为天人大命合二为一。

末 学：这些都是您的发明创造？

---

① 《韩非子·诡使》。
② 《韩非子·八经》。
③ 《韩非子·难三》。
④ 《韩非子·制分》。
⑤ 《商君书·去强篇》。

韩　非：不、不，我只是秉承了前辈法家申不害的“术”的思想。①

末　学：“术”的具体内容是什么？

韩　非：所谓“术”，就、就是君王玩弄于股掌之间又不外现的权术或曰谋略。例如，“民不越乡而交，无百里之戚”，“有口不以私言，有目不以私视。”② 为的是让老百姓专心一意侍奉君主。

末　学：还有呢？

韩　非：多、多了。“太仁，不忍人，……此人臣之善也，非人主之所行也”③。“人主无十日不燕之斋”④。“与优侏儒以逞其意，而与君子断事”⑤。还有，反对以五苑之草实予民充饥，认为“发五苑而乱，不如弃枣蔬而治”，百姓“生而乱，不如死而治”⑥。

末　学：您也够狠的哟！

韩　非：不狠何以能取得君主的信赖呢。“术”是一整套的。例如，肯定“齐桓公披发而御妇人”⑦；提出“不肖者炀主，不足以害明”，但要防范“贤者炀已”⑧；鼓吹“尽其民力，破国杀身”，反对“全众传国”；肯定“撞钟舞女”，鄙视“节俭勤劳，布衣恶食”⑨；反对惠爱为治、足民而治⑩。还有——

末　学：先生，不要再说下去了。您的所谓势、法、术相结合的霸道思想和做法，我已经了解得差不多了。一言以蔽之：将国家的立法、司法、执法权都集中在君主一人手中。“察君之分，独分也。”⑪ 可是，又有谁能制约君主这个大独裁者的违法乱纪呢？两千多年来的错误正在这里！

韩　非：（一头雾水）这、这没有好办法呀……

---

① 申不害（前385—前337），亦称申子，战国时期郑国京县（今河南荥阳）人，著名的思想家和改革家，法家思想的代表人物之一，以“术”著称于世。韩灭郑25年后，他被韩昭侯起用为相主政15年。通过改革，使韩国走上富国强兵的道路。著作《申子》已失传。《群书治要》卷三六所引《大体篇》为申不害言论。

② 《韩非子·有度》。

③ 《韩非子·内储说上七术》。

④ 《韩非子·外储说左上》。

⑤ 《韩非子·外储说左下》。

⑥ 《韩非子·外储说右下》。

⑦ 《韩非子·外储说右下》。

⑧ 《韩非子·难四》。

⑨ 《韩非子·说疑》。

⑩ 《韩非子·六反》。

⑪ 《韩非子·制分》。

7.3 法治的伊始

末 学：先生，依我看您所谓的法治是只对下而不对上，并且对下又走过了头。

韩 非：何、何以见得？

末 学：在您的心目中有一个假命题：君主永远是正确的。您当然不可能设想制约君主的法规，更不会有君主犯法与庶民同罪的论述。您说的"势"，是指君主的权势对人民群众的威慑力；您说的"法"，是将君主欺压黎民百姓的办法用法律的形式使其合法化；您说的"术"，更是为君主的胡作非为献计献策，全部都是针对无辜者的阴谋诡计。所以您的法治实施的结果，只能是让君主的权势更加显赫、残暴无情，使老百姓更加怨声载道、冤狱遍地。请问，难道君主永远是正确的？君主真的不会犯错误吗？

韩 非：君、君主也会有过失的……

末 学：请举几例。

韩 非：历、历史上的桀、纣是坏君主；韩国的君主不采纳我、我的治国方略，导致韩国灭亡，他、他有过失；秦、秦王嬴政偏听偏信李斯的诬告，将我、我下了大狱，他、他有过失。这、这些君主的人性是、是恶的。

末 学：既然君主的人性是恶的，那么您为什么不设计用法律的条文制约这种恶呢，而是一味地以法的名义向老百姓大开杀戒呢？

韩 非：（窘态万分地）我、我有私心，我的人性是恶的，我、我是恶人。因而我、我应该受到我立下的法律的惩罚……

末 学：先生，这些都是过去两千多年的事了，您也不必太自责。要从根子上解决这个问题，还得回到我们一开始讨论的人性上。

韩 非：好。您就敞开思想说说自己的看法吧！

末 学：我的看法也不成熟，说出来全当抛砖引玉。我认为人的自利有一个合理的阈值范围，就是说有一个度。正常的对衣食住行的需求和对爱情、性的需求，在这个度之内都是善的，因而人性是善的。它表现为孔子说的"己所不欲，勿施于人。"① 但是超出了合理的阈值范围，也就是越过了这个度的任何想法和做法，都是恶的，因而从这个意义上说人性是恶的。它表现为您列举的那么多人性恶的事实。其实仔细想想，它们都是因为人的思想和言行超出了合理的阈值范围——度之后，由性善而转化为性恶的。

---

① 《论语·颜渊》。

韩　非：这么说，在一个人身上同时存在着性善和性恶的两种因素？

末　学：是的。首先是性善的因素，然后才是性恶的因素。而且善恶两种因素在一定条件下还在相互转化。

韩　非：人身上性善的因素和性恶的因素是怎么来的？

末　学：这要说起来话就长了。我认为在宇宙间“神—人—兽”的大格局早已奠定，人居于神和兽的中间位置。[①] 因为人和神靠近，所以人身上就天然地存在着神性，这就是崇高、文明和理性，表现为性善。人的另一边又靠近兽，因而人身上就天然地存在着兽性，这就是自私、贪婪和残忍，表现为性恶。在通常情况下，人身上的神性即性善是第一位的；而人身上的兽性即性恶是第二位的。正因为如此，在正常情况下这个世界上的好人、善良的人占绝大多数；而坏人、恶人仅是少数。这就解释了为什么历朝历代关在监狱里的刑事犯罪分子，只占总人口很少比例。如果说什么时候监狱里人满为患，到处是冤假错案，人们战战兢兢，惶惶不可终日，那肯定是政策和法制出了问题，搞了扩大化嘛！

韩　非：这就是说，性善与性恶集人于一身？

末　学：是的。这是由人在宇宙生命坐标里的位置决定的，也是没有办法的事情。谁让我们的一面紧靠着神，另一边又挨着兽呢？

韩　非：这就是命，是天命。

末　学：人的一面紧靠着神，使人性中天然地存在着神性——崇高、文明和理性，表现为性善。同时它又具体地表现为对衣食住行和爱情、性的善意的追求。在这个合理的阈值范围——度之内，人和人之间也不是没有矛盾和冲突的。但是它可以通过协商、讨论、互谅、互让、批评、团结等方式妥善解决。在这里，教育、文化、传统、风尚、个人修养等显得特别重要。

韩　非：人的另一边挨着兽又会怎么样呢？

末　学：人的另一边挨着兽，使人性中天然地存在着兽性——自私、贪婪和残忍，表现为性恶。同时它又具体地表现为对衣食住行和爱情、性的恶意的追求。因而突破了这个合理的阈值范围——度。由于打破了社会生活的动态平衡，这些人和其他人之间的关系就紧张起来，甚至达到了对抗的地步。这时就需要用法治的手段加以解决。在这里，司法公正、量刑准确、执法严格、不徇私情等，显得特别重要。其实即使将犯罪分子关进监狱，也只是对其实行强制性的改造而已，目的仍然是让他改过自新，重新做人。

韩　非：如果说牵涉到不同的政治立场怎么办？

---

① 参见拙著《宇宙的秩序即道德的秩序》3.2“神、人、兽在宇宙生命坐标第Ⅳ象限的位置”。

末　学：因为牵涉到不同的政治立场，就对同一个人、同一件事的看法截然不同。它更多地涉及政治学和法学相结合的问题，而我这里主要讲的刑事犯罪。这个问题很复杂，以后有机会再讨论吧。

韩　非：这么说你把儒家和法家的思想糅合在一起了？

末　学：是的，先生。从人性中天然地存在着神性——崇高、文明和理性——性善出发，要实施仁政、以德治国；从人性中天然地存在着兽性——自私、贪婪和残忍——性恶出发，要实施暴政、以法治国。[①] 由于在通常情况下，人性中的神性居于主导方面，兽性次之。因而将二者有机地结合起来，总体原则就是：教育和普法领先，实施仁政、德治为主，暴政、法治辅之。

…………

韩　非：你还没有讲如何制约君主违法乱纪的问题。

末　学：这个问题更复杂。可以说在您所处的战国末期，以及以后两千多年的封建帝国统治时期，都是没有办法解决的。只是到了17—18世纪西欧资产阶级革命时期，英国资产阶级政治思想家洛克[②]和法国资产阶级启蒙学者孟德斯鸠提出分权学说之后[③]，确立了立法权、行政权和司法权相对独立、互相制衡的“三权分立”，才制约了君主违法乱纪的问题。

韩　非：（高兴地）快、快说给我听听。

末　学：我给您念一段当年美国布什总统演讲词的一部分。[④] “人类千万年的历史，最为珍贵的不是令人炫目的科技，不是浩瀚的大师们的经典著作，不是政客们天花乱坠的演讲，而是实现了对统治者的驯服，实现了把他们关在笼子里的梦想。因为只有驯服了他们，把他们关起来，才不会害人。我现在就是站在笼子里向你们讲话。这个铁笼子四面插着五根铁栏杆：选票、多

---

① 这里说的暴政和历史上的暴政不是一个概念。它是相对于仁政而言的，是指用法治手段强制地管理国家。

② 约翰·洛克（John Locke，1632—1704）是英国哲学家、经验主义的开创人，同时也是第一个全面阐述宪政民主思想的人，在哲学以及政治领域，对后世产生了重要影响。

③ 查理·路易·孟德斯鸠（Charles de Secondat，Baron de Montesquieu，1689—1755），出生于法国波尔多附近的拉伯烈德庄园的贵族世家。法国伟大的启蒙思想家、法学家，“三权分立”理论的奠基者。他不仅是18世纪法国启蒙时代的著名思想家，也是近代欧洲国家比较早的系统研究古代东方社会与法律文化的学者。他的著述影响相当广泛，尤其是《论法的精神》这部集大成的著作，奠定了近代西方政治与法律理论发展的基础，在很大程度上影响了欧洲人对东方政治与法律文化的看法，对后世产生了重大影响。

④ 乔治·沃克·布什（George Walker Bush，1946年7月6日—），即小乔治·布什，习惯称为小布什，实为大布什（其弟为曾当选佛罗里达州州长的杰布·布什，才是小布什）。他是继美国第六任总统约翰·昆西·亚当斯之后第二位踏着父亲的足印入主白宫的美利坚合众国第43任总统。任期：2001年1月20日—2009年1月20日。届数：第54—55届。

党制、司法独立、新闻自由和军队国家化。”

韩 非：（异常兴奋地）把、把君主关在笼子里，他、他就不会胡乱咬人了。高、高明，实在是太、太高明了！

末 学：千百年来，王朝的更替、政权的交接，都伴随着弑君杀父、你争我夺的一场恶斗，呈现出一部血淋淋的历史。只有到了现代实行宪政民主政治之后，才出现了政党之间和平交接政权的局面。这是人类社会在总体上的进步，是政治文明的体现。前不久中国台湾地区大选中，落选的民进党候选人坦然承认选举结果，并且恭贺获胜的国民党候选人；获胜的国民党候选人也称赞民进党候选人的政治风度。大家都表现出谦卑、感恩的态度。这种争夺政权的双方，互相称赞对方的情景，在中国历史上从来没有过。

韩 非：（激动地）这让我好感动啊！要是在我所处的那个年代，还不是胜者王侯败者贼。胜利者不但要把失败者赶尽杀绝，而且还得株连九族呢。

末 学：真是今非昔比。人类在进步，中华民族的政治也在进步！

韩 非：惭、惭愧啊！我、我的“势、法、术”思想和学说，看、看来都该扔到历史的垃圾堆里了。

末 学：先生，也不能这么说。您在两千多年前就提出法治的政治主张，从历史的角度看，您的功劳是很大的。您生活在战国末期，目睹了权力斗争的残酷性，看到了人性恶的一面，要用法治来遏制人性的恶，是有积极意义的。当然由于历史的局限性，失之偏颇是在所难免的。这些都是后人要认真总结和吸取的教训，您就没有这个责任了。我们总会记着您的贡献的！

韩 非：（激动地站起来，拱着双手）谢、谢谢！

7.4 阴谋家为阴谋所害

末 学：先生，我想谈谈您最不愿意谈起的一件事。

韩 非：什么事情？

末 学：公元前233年那个阴冷的傍晚，云阳监狱……

韩 非：（脸色阴沉，目光迟滞地）那、那是不堪回首的一幕，也是我、我早就预料到的。不过没有想到这一天来、来得这么快，更没有想到秦王嬴政和李斯下手这、这么狠。说到底我是个书生，斗、斗不过君主和政客。

末 学：我觉得您的悲剧，也是几千年来中国一部分知识分子企图依附君主权力来实现个人抱负的悲剧。尽管对君主忠心耿耿，才高八斗也总是低声下气，甚至不敢越雷池一步，但是最后还是被君主和政客暗算了。

韩 非：（掐着指头）算起来，这样的人除了我还有……

末　学：先生，我觉得您千不该、万不该，不该挖空心思去给君主当高参。君主本来就是强大的，他长着尖牙利爪，把黎民百姓关在笼子里役使，抑或是一个一个地吃掉。可您倒好，还为他出谋划策变本加厉地害人！

韩　非：这一脚踩进去就出不来了。

末　学：是啊，上贼船容易下贼船难。

韩　非：悔不该当初提出势、法、术……悔之晚矣！

末　学：一听到势、法、术就叫人毛骨悚然。

韩　非：那时候我也是生活在恐怖之中。自己根本不知道还有一种免于恐怖的自由。整天哪，都是为君主想着如何算计周围的人，可是私下里自己又担心被别人算计掉。真是惶惶不可终日啊！

末　学：您认为人性是恶的，包括不包括认为自己的人性也是恶的？

韩　非：包括。我认为自己的人性也是恶的，所以就肆无忌惮地以恶报恶。

…………

末　学：看来人性问题的基本理论十分重要，对此今后还要继续探讨下去。不然的话真的要出大乱子了。

韩　非：对。以我为鉴，不能把所有人都看成像毒蛇猛兽一样。否则，那就只有互相撕咬，这个世界就永远不得安宁。

末　学：在这个问题上，要对后代负责，给他们带来一个光明的世界。

韩　非：啊啊，我也是这么想的。

…………

末　学：在封建专制体制下，越接近君主的地方，进身之道愈加狭窄。在邀功取宠的路上横行的只能是极少数人，甚至是一个人。

韩　非：是、是的。谁要是挡了谁的道，谁就和谁结下了死仇。

末　学：最后挤到君主跟前的那个人，看似取得了胜利，然而一路打杀过来，必然树敌太多，其结局是可想而知的。

韩　非：中国几千年来，反复上演着这一幕又一幕血腥的闹剧。我就是这出戏中的一个演员，一个牺牲品！

末　学：先生，关于您的死，汉代太史公司马迁说："李斯、姚贾害之，毁之曰：'韩非，韩之诸公子也。今王欲并诸侯，非终为韩不为秦，此人之情也。今王不用，久留而归之，此自遗患也。不如以过法杀之。'秦王以为然，下吏治非。李斯使人遗非药，使自杀。"①

韩　非：基本上符合事实，我、我是被秦王嬴政和李斯、姚贾害的。

---

① 司马迁：《史记·老子韩非列传》。

末　学：这么说您到了秦国，也不想为秦王嬴政做事？

韩　非：我、我到了秦王嬴政身边，才发现他、他是个野心勃勃的暴君。他一心要吞并韩国，我劝他晚点动手都不行。渐渐地我和他疏远了，开始后悔我写下的55篇“势、法、术”的文章都献给了他。

末　学：司马迁说：“今王欲并诸侯，非终为韩不为秦，此人之情也。”可见您对自己的家乡韩国还是很恋念的。可是您当初怎么就离开了韩国？

韩　非：如前所说，韩、韩国君主不用我。我想此处不留爷，自有留爷处。没想到这一步又踩进了狼窝里，没有退路了。

末　学：走到这一步，是否也与年轻气盛、不谙世事有关？

韩　非：当然了，心血来潮，意气用事，是年轻人的通病。不要忘记人在年轻的时候，在命运的关头有时只有一步。可是，我那时怎么知道这些呢？所以，我、我要告诫天下的年轻人，遇事切勿草率决断，慎、慎之又慎为好！

末　学：秦王嬴政要害您还有其他原因吗？

韩　非：有。他看了我的著作，一方面欣赏我的才华，另一方面又在内心深处惧怕我有一天会用“势、法、术”对付他。特别是我在他身边待了一段时间之后，他、他感到再往下我就有点“功高盖主”的味道，所以他容不下我。

末　学：仅仅是他不容人？

韩　非：不容人只是一般人的心胸。可是对于像秦王嬴政这样的帝王来说，他、他就把我列入了妨害他执政的“阴奸”之列，是必定要处死的。

末　学：阴奸？我好像记得在您的《韩非子·八经》之三中，讲过君主应该如何处置他身边的阴奸，有这一段吗？

韩　非：有。“生害事，死伤名，则行饮食。不然，而与其仇，此谓除阴奸也。”

末　学：请您解释一下。

韩　非：君、君主身边的有些人，已经妨害君主执政了。直接处死的话，会损伤君主的名声，这样的人属于“阴奸”。除掉阴奸有两种巧妙的方法：一是给他食物中下毒，让其暴毙身亡；二是将他交到他的仇人手中，借刀杀人。不管用哪一种方法都管用，这样就不会让君主背上杀身边人的骂名了。

末　学：真够阴的了。

韩　非：哎，秦王嬴政害我的办法，正是我给他开的方子。

末　学：（惊愕地）……

韩　非：这叫以、以其人之谋还治其人之身。报应啊！

末　学：这也是您不曾想到的吧。

韩　非：是啊，真没想到我设计的除阴奸之计，结果让人把我、我给除了。悔之晚矣！如果说还有来生，打死我也不会干这种缺德的事了。

…………

末　学：先生，太史公司马迁说您是李斯、姚贾用谗言加害的。[①] 姚贾这个人没有谈论的价值，就说说您的同窗好友李斯吧！

韩　非：李斯和我、我同是老师荀子的弟子，友谊的确深厚。但是他有三点使我一直放心不下：一是他那仓鼠哲学。[②] 一个一心向上爬的人，对任何妨碍他的人都会不择手段的。二是他心胸狭窄，好嫉妒别人。三是他精通“势、法、术”的实际运用和操作，不像我只是理论上哇啦哇啦而已。

末　学：李斯的这三点，最后都用到您身上了。

韩　非：是啊，他爬得够高了，可是还在嫉妒我，怕我挡了他的道。于是就伙同姚贾在秦王嬴政面前用谗言加害我。

末　学：在云阳监狱的时候，最后是李斯给您赐的毒酒？

韩　非：是。他、他假惺惺地走到我面前，说是奉秦王嬴政的圣旨来的，要留给我一个全尸；又说让他来执行对我的死刑，总比让姚贾来好，至少我们还可以见上最后一面。他说这话时，我看见他全身哆嗦着。

末　学：是啊，他做贼心虚！

韩　非：（慷慨地）我端起酒杯一饮而尽，天、天下黄土哪里不埋人！

…………

末　学：请让我打个比方，如果不是李斯先下手毒死您，等到在这条狭窄的进身路上李斯挡住了您的道的话，您是否也会采取同样的清道行动？

韩　非：（有些支吾地）我、我想我也会的。不、不过可能不会做得太绝情，或者温和一些，譬如让、让他告老还乡。

末　学：先生，这一切，在今天宪政民主政治体制下都不会发生了。

韩　非：所以，我是生错了时间、生错了地方。这也是没有办法的事情……

---

① 姚贾，魏国人。出身“世监门子”，其父为看管城门的监门卒。姚贾曾被赵国驱逐出境，到秦国后得到秦王嬴政的礼遇和赏识。他奉命出使荆、吴、燕、代四国，“资车百乘，金千斤，衣以其衣冠，舞以其剑”。出使三年，成绩斐然，拜为上卿，封千户。韩非对此颇为不满，在秦王面前言姚贾用秦国财宝贿赂四国君王，是“以王之权，国之宜，外自交于诸侯”。并说姚贾是“世监门子，梁之大盗，赵之逐臣”，认为重赏这种人不利于“厉群臣”。秦王召姚贾质问，姚贾说，以财宝贿赂四君是为秦利益考虑，如果是“自交”，他又何必回秦国；对自己的出身毫不隐讳，并以姜太公、管仲、百里奚等人为例，说明一个人的出身低贱和名声不好并不妨碍效忠“明主”。他劝秦王不要听信这些，于是秦王信任姚贾而杀了韩非。

② 司马迁《史记·李斯列传》云：李斯者，楚上蔡人也。年少时，为郡小吏，见吏舍厕中鼠食不洁，近人犬，数惊恐之。斯入仓，观仓中鼠，食积粟，居大庑之下，不见人犬之忧。于是李斯乃叹曰：“人之贤不肖譬如鼠矣，在所处耳！”

第 8 章　与董仲舒的对话[①]

一个人的故里在什么地方有那么重要吗？至少对于董仲舒来说是重要的。因为他相信并提出天人感应说，认为“天有阴阳，人亦有阴阳，天地之阴气起，而人之阴气应之而起。人之阴气起，而天地之阴气亦宜应之而起，其道一也。”[②] 一个人在何时何地出生，不是自己可以任意选择的，而是在那个特定的时空条件下，阴阳两种物质相互碰撞而产生的。[③] 因而一个人总有他出生的年月日时和出生地，董仲舒看重这一点，是因为他知道生命发生的真谛。

然而不尽如人意的是，董仲舒的故里至今仍然没有确定的说法，只能靠历史学家进一步考证了。司马迁在《史记》中说：“董仲舒，广川人也。”但是董仲舒在世时，既有广川国，又有广川县。司马迁所说的广川是广川国，还是广川县呢？东汉史学家斑彪在《〈史记〉后传》中说[④]，司马迁指的是广川县而非广川国。明代嘉靖年间《枣强县志》载：汉世，枣强广川，离合废置，本为一也。根据考证，古汉之广川为今之枣强。其疆域大致包括现在枣强县与景县西南角及故城县西北角。专家推断董仲舒故里为河北枣强旧县村。

近年来在旧县村发现“董氏宗祠”石刻门楣及其清代拓片，标记“祥符

---

① 董仲舒（前 179—前 104）汉代思想家、政治家。广川人（今河北枣强县东），汉族。他是一位与时俱进的思想家，著名的哲学家和经学大师。景帝时任博士，讲授《公羊春秋》。汉武帝元光元年（前 134），他在著名的《举贤良对策》中，提出其哲学体系的基本要点，并建议“罢黜百家，独尊儒术”，为汉武帝所采纳。曾任江都易王刘非的国相 10 年、任胶西王刘端的国相 4 年。辞职后，居家著书，朝廷每有大议，汉武帝令使者及廷尉就其家而问之，仍受尊重。他以《公羊春秋》为依据，将周代以来的宗教天道观和阴阳、五行学说结合起来，吸收法家、道家、阴阳家思想，建立了一个新的思想体系，成为汉代的官方统治哲学，对当时社会所提出的一系列哲学、政治、社会、历史问题，给予了较为系统的解答。

② 董仲舒：《春秋繁露・同类相动第五十七》。

③ 参见拙著《打开宇宙的另一扇门》4.11“人的肉身—灵魂—意识‘三位一体’的存在方式”。

④ 班彪（3—54 年）东汉史学家。字叔皮，扶风安陵（今陕西咸阳）人。他出生在一个儒学家庭，祖父班况，汉成帝时为越骑校尉；父班稚，汉哀帝时为广平太守；姑母班婕好是汉成帝嫔妃。班彪是班固、班超和班昭的父亲。西汉末逃避兵乱投窦融麾下，他劝窦融扶持汉光武帝建立东汉有功，被封徐县令。但此后不久因病退职。班彪补充《史记》，作《〈史记〉后传》65 篇，为班固《前汉书》打下了基础。《后汉书》中有《班彪列传》。

丑重修”字样。即宋真宗大中祥符六年（1013年），重修即表示此前这里就存有“董氏宗祠”。明《冀州志》载：旧县村西有一座“四名寺”，当地俗称“西大寺”。前身为董仲舒当年讲学之地，河间国献王刘德所建。该寺毁于清代末，遗址尚存，凸出地面，遍地瓦砾。在此曾挖出陶制灯台，上写：“秉烛课徒，诲人不倦”。疑为当年董仲舒讲学所用之物。后来董仲舒举家迁徙长安，故里董氏日渐衰落。其故居、董氏宗祠毁，后人于原址建董子祠。明代万历三十六年（1608年）重修，并雕董仲舒坐姿石像（高约2米）一尊奉于内，后祠宇毁，石像仍存。现在重修董子祠于原址，以保护石像。据《世说新语》记载：董仲舒有子名符起，被误认不孝而赶出家门，投奔距旧县村四五里路的董仲舒好友王善有。董符起将王善有养老送终，继续生活在此村。明《枣强县志》载，有王善有此人，但无生平文字。因“善有”音同“寿”，后此村改名王寿。之后演变为前王寿、后王寿二村。王寿村至今藏有清代重修族谱，称董仲舒为太始祖。

另外，今陕西兴平汉武帝茂陵以北约500米处，有一个村庄叫“策村”，村民多为董姓，村民说自己是董仲舒的后裔。策村东南约250米处，有一座古冢，名为“策冢”，认为是董仲舒的墓冢。专家解释说，这是因为董仲舒曾进呈“天人三策”有功于汉，为铭记先人功绩，遂一直为名。①

汉景帝（刘启）时（前156—前143），董仲舒便举家迁到长安，成了朝廷的儒学博士。之后一生大部分时间都是在京城度过的。现在供祭祀的董仲舒墓在西安南城墙东段内侧下马陵街偏东北处。下马陵街是一条小街道，它东至和平门，西通柏树林街南口的碑林博物馆。董仲舒墓也叫下马陵，这条街也因此而得名。现在西安人都以董仲舒生前大部分时间在此著书立说为荣，河北枣强人则以他们是董仲舒故里人而感到自豪。这使我想起了相对论发现者爱因斯坦的一段话：“如果我的相对论被证明是成功的，德国将宣称我是德国人，法国则会断言我是世界公民。如果它被证明是不对的，那么法国就会说我是德国人，德国就要声明我是一个犹太人。”② 看来历史上所有为人类思想建设和科学事业做出贡献的人，都避免不了这种令人难堪的遭遇，董仲舒自然也不例外。

我第一次知道董仲舒的名字，是在“文化大革命”后期的批林批孔运动中。当时，我目睹了西安人是如何把董仲舒和孔夫子连同林彪挂起来批倒批

---

① 参见 www. sina. com.

② 《爱因斯坦语录》，杭州出版社2001年版，第6页。出自1922年4月6日在巴黎对法国哲学协会的讲话；见1922年4月7日的法国报纸剪辑，爱因斯坦档案，36—378；《柏林日报》，1922年4月8日，爱因斯坦档案，79—535。

臭的愤怒场面。因为我的无知，也跟着人呼过口号。今天要和董仲舒对话，实在感到汗颜和无地自容。只能向他认错，并请求原谅我的不敬。又据河北省《景县志》第 751 页载："大董故庄在县城西南 70 余里。为西汉儒学家董仲舒的出生地。有董子祠，毁于元代，明代重修。1958 年又毁。现遗有《景州重修董子书院记》碑首、龟座残件等"。[①] 可见在董仲舒的故里，在那个阶级斗争为纲的年代，他的命运也好不到哪里去。一个为民族的思想和文化作出巨大贡献的人，在死后两千多年仍旧不得安宁，实在是世界史上罕见的事情。

要拜访董仲舒实在不易，因为首先不知道他现在在那里。我去了河北枣强旧县村、大董故庄等地没有见到他。又来到陕西茂陵以北的策村，也没有看见他。最后我来到西安南城墙东段内侧下马陵街偏东北处的董仲舒墓前，向他作揖、磕头，也没有看到他的踪影。我怀疑自己戴的特制眼镜和耳机是不是出了问题。经过与科学家通过"量子电话"之后[②]，他们确认这些装置没有任何问题。但是为什么找不见他？是他对我当年的不肖之举还在生气而避而不谈？

我在西安市的大街上漫无目的地走着。这里曾经是我的读书之地，前后一共受教 8 年时间。但是我离开西安又将近 30 年了，认识的熟人实在有限，想去打探个消息也很困难。我忽然想起西安多异人，精通阴阳八卦者不少，即使在大街上也可以看到挂牌占卜者。于是我从钟楼向南大街走去，在书院门的一个铺子面前停了下来。这里有一个摆摊的老者，他戴着一副旧式茶色眼镜，佝偻着身子，眼睛盯着铺在地上的一张八卦图，好像对于周围的一切都不屑一顾似的。我走到跟前和他打招呼，他猛地才回过神来，然后和蔼地一笑，说："你来了，是找人还是算命？"我说："找人。"他端详着我，说："那你不算命？"我说："我早算过了，大半辈子都是苦命。"他笑着说："看你说的，严重了，不全是吧！"我说："请您帮我找个人吧！"他心不在焉地说："找谁呀？"我说："儒学家董仲舒。"他笑着朝远处魁星楼下的碑林博物馆指了指，不以为然地说："董夫子，昨天在那里我还看见了他。"我连忙问道："您看见了他？您是谁？"老者看见我吃惊的样子，乐不可支地说："我是董夫子的朋友，看阴阳的。他知道你要来找他，让我在这里等你呢！"我说："那您就带我去吧。"老者说："我还在这儿摆摊呢，你就自己去找吧。董夫子不

---

① 参见 www.sina.com.

② 参见拙著《我从哪里来，又到哪里去?》10.3"量子世界的奇特结构与量子计算机的诞生"。又见 2004 年 3 月 15 日美国《商业周刊》文章：《发挥奇怪特性的作用》。新华社《参考消息》2004 年 4 月 9 日转载，题名为《走进量子世界》。

会生你的气。”

原来他们什么都知道！我不禁感叹阴性物质世界的神奇。

我对老者千谢万谢，离开时我塞给他一张一百元钞票，他说什么也不要。并且生气地质问我为什么这么俗气、看不起他云云，也就只好作罢。

…………

西安碑林离董仲舒墓不远，也是我当学生时常去的地方。因而三步并作两步很快就到了。碑林始建于北宋哲宗元祐二年（1087年），原为保存唐开元年间镌刻的《十三经》、《石台孝经》而建，后经历代收集，规模逐渐扩大，清始称“碑林”。由孔庙、碑林、石刻艺术室三部分组成，设七个陈列室、六条游廊和一个碑亭，陈列面积约4900平方米。

碑林博物馆是典型的中国传统庙宇式建筑群。它的前部由原先拜祭孔子的孔庙改建而成。为了表示对这位圣人的尊敬，孔庙的门开东西两侧，东门称礼门，西门称义路。南面正门封闭，称塞门，内有华山前西岳庙移来得太和元气坊。号称“天下第一名钟”的景云钟，铸造于唐睿宗景云年间，钟上刻有各种纹饰图案，雕工精致，形象生动，上有唐睿宗亲笔书写的铭文夸誉钟声洪亮。

博物馆的各陈列室，以棂星门中门为主轴线，自南而北对称排列。前半部为临时性专题陈列室，自轴线正中上有“碑林”匾额的碑亭以北为碑林陈列室，西侧为石刻艺术室。

第一陈列室前是专为陈列修盖的碑亭。是碑林最大的石碑，刻于公元745年，是唐玄宗李隆基亲自书写的。孝经是孔子的学生曾参编纂，专门讲孝道的。前面一部分是李隆基为孝经作的序。玄宗为孝经写序的目的是表示自己要以“孝”治理天下。后面是孝经原文。小字是玄宗为孝经作的注释。底座由3层石台组成，上刻有生动的线刻画，有蔓草、狮子花等，是唐中期比较有代表性的。上面是浮雕卷云瑞兽。此碑由4块石头组成，底下有石台，因而称“石台孝经”。陈列室里主要陈列，内容包括《周易》6卷，《尚书》13卷，《诗经》20卷，《周礼》11卷，《礼仪》17卷，《礼记》20卷，《春秋左氏传》30卷，《春秋公羊传》12卷，《尔雅》3卷，以及《公羊春秋》、《孝经》、《论语》等12部经书，共计650252字，用石114方，两面刻文。清代补刻的17面3万余字也陈列于此，合称12部经书是封建社会知识分子必读之书。①

我在丛立如林的碑林间缓步行走，一方面在仔细观看、欣赏着碑文，另一方面在寻找着董仲舒。就在镌刻着《公羊春秋》的一块石碑前，我看见一

① 参见“西安碑林介绍”。www.sina.com.

位老人盘腿坐在那里轻声默诵着："所见异辞，所闻异辞，所传闻异辞……"我断定他就是董仲舒，于是轻轻地走到他的身旁，等到他默诵完一段停止后，我立刻向他施以九十度的鞠躬礼。董仲舒转过头笑眯眯看着我，然后就要起身，我赶忙扶他站了起来。我面前的这位大名鼎鼎的儒学大师，个子不算太高，可能因为年龄的原因，身子有一点儿前倾。他的面庞稍长，胡须稀疏；一双像弯月似的眼睛放射着温和的光芒，端正的鼻子下两片薄嘴唇微微颌动。当我说明来意之后，他握着我的手，动情而谦和地说："好、好。辛苦你了！"

就在碑林博物馆，我和董仲舒作了以下几次谈话。

8.1　与时俱进的新儒学——大一统学说

末　学： 先生，我觉得您的儒学思想比孟子又前进了一步。

董仲舒：（微笑地）是这样的吗？

末　学： 孟子对儒学的主要贡献是，将孔子言论中许多隐性的东西加以推绎、引申和发挥，使其成为显性的思想；把原来显性的东西又使它鲜明起来。从而把儒家的学说发扬光大、推向了一个高峰。在这之前是从来没有的事情。而您作为春秋公羊学的大师①，又通晓阴阳五行、黄老、刑名等各家思想，把其中精华的部分融进儒家学说，因而形成了一套新的儒学思想。

董仲舒： 承蒙你的夸奖。因为到了汉武帝（刘彻）时期，国家经济政治的发展有了这个要求，所以儒学就要与时俱进嘛！

末　学： 当时国家的经济政治是怎样一种情况呢？

董仲舒： 在汉武帝（刘彻）之前的汉景帝（刘启），以至追溯到文帝（刘恒）、高后（吕雉）、惠帝（刘盈）、高帝（刘邦），几代君主尊崇的都是黄老之学。② 政治上主张无为而治。为什么呢？因为在经历了春秋战国、秦始皇的暴政，以及楚汉相争之后，百废待兴，老百姓急需生养生息。从天下大乱走向天下大治，倡导清静无为，让各行各业自由发展，对改善民生很有好处。但是另一方面，被分封的诸侯势力急骤膨胀，商贾豪强对农民的剥削变本加厉，两极分化严重。边境上匈奴频繁入侵，气焰嚣张，严重地影响到国家的安定和发展。在思想和文化界，各家学说争论不休，意见很难一致。这时一

---

① 春秋公羊学，《春秋》是儒家六艺（《礼》《乐》《书》《诗》《易》《春秋》）之一，为孔子所作。后来公羊高为《春秋》做"传"，也就是进行注释，这个"传"就叫《春秋公羊传》。研究这部"传"的学问叫作春秋公羊学。

② 黄老之学，战国时期和汉代初期的道家学派，以黄帝和老子相配，共同尊为道家创始人，政治上主张"无为而治"。

贯以天下为己任的儒家开始思考怎么办？国家最高统治者汉武帝也在思考怎么办？这两方面的思考正好碰到一起了，就为儒学的发展带来了契机。

末　学： 可是，是您首先在汉武帝面前表明了儒家的看法的。

董仲舒： 有了这个需求的大势，如果不是我也一定还会有人提出来的。

末　学： 但是历史选择了您啊！

董仲舒： 当然我是幸运的，应时提出了大一统学说。

末　学： 您能介绍一下大一统学说吗？

董仲舒： 当然可以。它的要点是：大道之要在于效法天道。君主的德行能够跟天相比，上天才肯辅佐他，他才有资格被称为天子。天子与天道是相通的，因而将天、人、地融会贯通。[①] 君主从上天那里领受命令，层层发布下去，其所作所为就是依天行事。“唯天子受命于天，天下受命于天子，一国则受命于君。君命顺，则民有顺命；君命逆，则民有逆命；故曰：一人有庆，兆民赖之。此之谓也。”[②] 上天有和谐也有恩德，有平和也有威严，有给予也有管治，就像春夏秋冬四季变化一样。君主也是这样做的，喜、怒、恩、威适时而发，臣民就像草木沐浴着阳光一样受着君主的恩德。

末　学： 您把君主和天子合二而一，就为皇权统治的合理性，奠定了至高无上的基础。难怪得到汉武帝的高度赞扬！

董仲舒： 君主都爱听好听的，不这样行吗？我继续说：“古之造文者，三画而连其中，谓之王；三画者，天地与人也，而连其中者，通其道也，取天地与人之中以为贯，而参通之，非王者庸能当是。是故王者唯天之施，施其时而成之，法其命而循之诸人，法其数而以起事，治其道而以出法，治其志而归之于仁。”[③] 但是我提出大一统学说的真正用心，却在于让君主首肯儒学。

末　学： 这是您真正的动机。接下来呢？

董仲舒： 我告诉汉武帝，孔子曰：“巍巍乎，唯天为大。”[④] 天是万物之源，无所不包、无所不容。君主是天子，贯通天、人、地，依天意行事，天下人归顺君主，如同归向父母。这是儒家经典《春秋》贯穿始终的思想。

末　学： 这下汉武帝对孔子、对儒家学说都有好感了。

董仲舒： 我接着说，儒家经典《易经》云：“天行健，君子以自强不息。”

---

① 儒家文献中多为“天、地、人”相通。董仲舒在《春秋繁露·人副天数第五十六》中说“天气上，地气下，人气在其间。”我觉得改为“天、人、地”相通更好一些。因为人作为阴阳物质的复合体，联结着天和地。参见拙著《打开宇宙的另一扇门》1.3“哲学的研究对象向主体世界转移”。

② 董仲舒：《春秋繁露·为人者天第四十一》。

③ 董仲舒：《春秋繁露·王道通三第四十四》。

④ 《论语·泰伯》。

现在国家的经济政治形势发展到关键时刻，正是陛下大有作为的时候。

末　学：汉武帝怎么表示？

董仲舒：他显得很兴奋，让我接着往下讲。我说要真正达到大一统，首先要解决统一思想的问题。前朝奉行黄老之说，现在学界各家众说纷纭，人的思想都被搞乱了。反映在治国方略上，大臣们意见不一，法令制度屡屡变更，君主很难实行统一管理。所以当务之急是确立主导思想的问题。

末　学：汉武帝没有看出您背后的真实意图？

董仲舒：他依然显得很兴奋，还让我继续往下讲。我说我精心研读了诸子学说，虽然各有特色，但是真正有所作为、为陛下您服务的还是孔子的儒学。既然现在国家的发展已经不同于前朝，陛下承担着新的历史使命，那么在主导思想上就应该重新选择，决不可以犹豫不决。

末　学：汉武帝被您说动了？

董仲舒：没有。他闭着眼睛像是思考又像是养神，然后慢慢地从嘴里挤出几个字来："腐儒，倒让你说得鲜活起来了。"我既紧张又高兴，赶忙说："陛下，臣的大一统学说是一心一意为了您和大汉的复兴啊！"

末　学：汉武帝该表态了吧？

董仲舒：他慢慢地睁大眼睛，忽然问我："那你说我该咋办？"我告诉他，凡是不属于儒家"六艺"之内的一切学派思想，一律禁止传播。不让它们与儒学分庭抗礼，才能突出并真正确立儒家的主导思想。

末　学：您终于图穷匕首见。这太霸道了吧！

董仲舒：是霸道了些，汉武帝不也是霸道嘛。我想一旦他认准了的，必定要以霸道的方式推行。果不其然，他猛一拍大腿，大叫一声："罢黜百家，独尊儒术！"——惊得大殿上的群臣们都目瞪口呆。

末　学：这下您可达到目的了，该高兴了吧！

董仲舒：不。我害怕他又要反悔，立刻跪下来磕了个响头。头一直挨着地不抬起来，就这样等候着……

末　学：后来呢？

董仲舒：汉武帝唤我平身，这事情就这么定了。而且一定两千多年……

…………

末　学：先生，就大一统学说本身，有几个问题我想和您探讨一下。

董仲舒：（高兴地）请讲？

末　学：君主的德行真的就像天道那么高尚吗？还有君主真的能够等同天子吗？历史上的昏君、暴君多了，这怎么解释呢？

董仲舒：你不是在《广义与狭义生命论》第 18 章提出围绕核心旋转定理

吗？看来无论是宇宙间还是人类社会，都有一个围绕核心旋转的问题。这既是事实，也是事物运动规律之使然。在封建帝王时代，君主就是国家机器运转的核心，怎么改朝换代也是这样的啊。

末　学：在这一章的最后，我还讲了核心形成以后不可能是永恒的，特别是分析了核心最终解体的原因。[①] 问题是在封建专制制度下，对于君主的选择一开始带有很大的或然性，以后又是家族世袭制，这就变得更糟糕了。所以，认为君主的德行像天道一样高尚，将君主等同天子，实在有拍马逢迎之嫌。

董仲舒：这个我承认。但是从儒家学说的本意来说，它是积极入世的，要用儒家思想干预国家政治生活，不讨好君主又怎么行得通呢？

末　学：在我看来，您将天道和儒家思想结合起来，的确是对儒学的新发展。但是将天道和君主联系起来，就有些牵强附会了。您与汉武帝的一番谈话，我总觉得您为了达到突出儒学的目的，在为汉武帝“上眼药”[②]，而汉武帝也企图利用大一统学说维护他的皇权统治，是一种互相利用的关系。

董仲舒：你看得入木三分，也使我如坐针毡，的确是这样的。当然汉武帝也不傻，他能看不出我的动机吗？他最终关心的是他的皇权统治如何巩固，儒学对他的统治有没有实用价值，对我本人他不一定感兴趣。

末　学：您这么说，有证据吗？

董仲舒：有。公元前135年，辽东祖庙和长安长陵高园相继失火，我用阴阳五行理论进行推演，指出这些事件的背后可能存在政治上的弊端，结果惹得汉武帝龙颜大怒，将我下了大狱。同时他还组织了一批有代表性的儒臣对我进行大批判。口诛笔伐，历数我的种种罪状。

末　学：后来呢？

董仲舒：后来又把我放了，让我告老还乡。不过朝中每有大事，他还派人来征求我的意见，以表示对我的尊重。

末　学：他还没有忘记您，安抚吧！

董仲舒：帝王的统治术嘛。不过每次派人来征求我的意见时，我差不多都唱反调，也不给他好脸色看。——儒生有儒生的尊严！

末　学：这是很危险的，如果惹得汉武帝龙颜大怒动了杀机怎么办？

董仲舒：不瞒你说，我也真的活够了。他要杀我的话，我也毫无办法。反正儒学这时在西汉已经确立了不可动摇的地位。足矣！

---

① 参见拙著《广义与狭义生命论》18.4“核心最终的解体”。

② 上眼药，俚语。意思是隐瞒真实意图的小动作。

8.2 “罢黜百家，独尊儒术”产生的副作用

末　学：先生，自从提出“罢黜百家，独尊儒术”以来，推动了儒家理论向各个领域渗透，进而确立了儒学在中国传统文化中的主体地位，也统领了国家的意识形态。对此，您一定很有成就感吧。

董仲舒：是的，我总算为弘扬孔孟之道尽了一分力了。即使当时让汉武帝给下了大狱，抑或是被他杀了，我也感到心满意足了！

末　学：可是，当时您是否意识到提出“罢黜百家，独尊儒术”的口号之后，会对中国文化的发展产生副作用？

董仲舒：没有想过这个问题。因为我自认为精通诸子学说，将阴阳五行、黄老、刑名等各家思想的精华部分融进了儒家学说。“独尊儒术”之后，就可以将它们全部替代，这样它们的发展也就没有什么必要了。

末　学：先生，您错了！历史的发展证明，一种思想和学说即使再正确、再完善，一旦运用国家政权的力量将其奉若神明，使它成为经济、政治、科学、文化、意识形态等等一切的指导思想，就把这种思想和学说既神化了，又庸俗化了。其结果是，它不仅窒息了这种思想和学说本身的生命力，而且也压制了其他学科的发展。这样的教训是极其深刻的。

董仲舒：有这样严重吗？

末　学：有。以儒学为例，在汉武帝时期当然是辉煌了，但也仅仅几十年时间。到了东汉时期，儒学就不再那么兴盛。建安十三年八月，孔子第二十世孔融被曹操弃市，妻子儿女同时遇害。嗣后儒学一直都不景气，直到一千年以后，到了唐代才由韩愈（768—824）将孔孟之道重新提了出来。唐之后到了五代十国和北宋仁宗（赵祯）之前，儒学在这段时期又受到了冷落。仁宗明道年间程颢（1032—1085）和程颐（1033—1107）相继出生，他们将儒家理论高度思辨化，同时吸收佛教思想，创立了以“理”为宇宙之本原的理学。以后到了南宋高宗（赵构）建炎年间，朱熹（1130—1200）出生，他集北宋周（敦颐）、邵（雍）、张（载）、程（颢、颐）理学之大成，使孔孟之道的精华承载着理学之舟得以发扬光大。朱熹一生著作颇丰，为程朱学派主要代表。但是即使如此，在很长一段时间他的学说被当时的官僚政客诬蔑为“伪学”。朱熹在无奈之中只有躲进山中以讲学糊口。[①] 朱熹死后，理学开始为元朝统治者接受。元朝灭亡之后，到了明清两代，朱熹编著的《四书章句集

---

① 朱熹曾在武夷山设堂讲学，晚年徙居福建建阳考亭，主讲紫阳书院。

注》，始立“四书”之名，明清定为必读注本。直到这时孔孟的儒家学说才又成为国家意识形态。但是到了20世纪初，五四运动时，又提出“打倒孔家店”的口号。……

董仲舒：是啊，这些后世发生的事情，我当时根本没有想到。

末　学：还有，“罢黜百家”的问题更为严重，是百分之百的学阀作风。这是霸道作风在学术领域的表现，同君主在政治上实行霸道一样，其产生的恶果是尽人皆知的。先生，在这方面您是开了先河。

董仲舒：有这样严重吗？

末　学：有。春秋战国时期出现的诸子各家，凡是在历史上站住脚的学说，都是人类思想宝库中的精华成分。它们从不同侧面、不同角度揭示了宇宙天体、人类本身、社会生活，以及未知世界等方面的规律性，有些可能还不成熟，但却给人以极大的思想启发。一个宽容的社会，首先应该允许它们存在，至少应当存疑。因为有比较才有鉴别，有鉴别、有斗争才能发展。但是自从以官方名义“罢黜百家”之后，除了儒家学说之外，其他任何学说都成了非法的了。其实真正有生命力的学说，是根本禁止不了的。以黄老之学为例，它转入地下之后发展为道教宗教。刑名学说被废除之后，法治思想就难以抬头，更加使君主无法无天起来。汉武帝之所以敢于以莫须有的罪名将您下大狱，证明他的头脑里根本就没有法治观念，还是君主一言九鼎，是对是错都是他。要是各家学说存在，至少从舆论上监督君主不敢恣意妄为。当然，封建专制制度本身不可能有民主的基因。

董仲舒：这么说，这些都是我的罪过了，我是自讨苦吃……

末　学：不。历史地看，您将天道和儒家思想结合起来，的确是对儒学的新发展。将阴阳五行、黄老、刑名等各家思想的精华部分融进了儒家学说，为儒学注入了新鲜血液。您只是有过失，而且是属于历史的局限性。在这方面，后人是不会苛求于您的，更不会找您算旧账。

董仲舒：可是，如果各家学说都平起平坐、自由发展，那么国家在决策时怎么知道采用哪一种学说更有帮助呢？

末　学：这就涉及国家领导人的鉴别水平了。话又说回来，国家领导人的产生必须通过民主的方式投票选举，把真正的政治精英普选上来。像封建帝王时代的世袭制，绝对必须废止。各家学说平起平坐、自由发展，国家领导人在决策时可以综合考虑，吸收各家长处；也可以只吸收某一家的长处，但绝不能罢黜其他各家；还可以在一个时期吸收这一家的长处，在另一个时期吸收另一家的长处；还可以在放弃一家的同时又吸收它某些合理的部分，这里有更多的排列组合方式，没有一个固定的模式。总体的原则是：打破门类，不分主次，灵活运用，兼收并蓄。一切以决策利益最大化为目标。

董仲舒：这到什么时候才能这样哪？

末　学：21世纪，中国实现自由民主宪政政治制度的时候。

董仲舒：（向往地）……

8.3　天人感应——人是天的副本

末　学：先生，请您谈谈天人感应学说。

董仲舒：好。我该从哪里谈起呢？

末　学：随便吧，您想到哪里就讲到哪里。

董仲舒：（谦和地一笑）给我这么多自由啊。天人感应，中心是说“天人同类”、“天人相副”。“天有阴阳，人亦有阴阳，天地之阴气起，而人之阴气应之而起。人之阴气起，而天地之阴气亦宜应之而起，其道一也。”①还有，同类之间必定相互感应。“美事召美类，恶事召恶类，类之相应而起也，如马鸣则马应之，牛鸣则牛应之。帝王之将兴也，其美祥亦先见，其将亡也，妖孽亦先见，物故以类相召也。”②

末　学：什么是天？

董仲舒：天者，道也。《易经》云：“一阴一阳之谓道。”天的根本法则就在于阴阳之间的关系。天地之气汇合一体，分开就成为阴阳二气。分为四季，列为五行。天地万物都是由阴阳构成的。

末　学：四季是春夏秋冬，五行呢？

董仲舒：五行是水、木、火、土、金五类物质。行是行走的意思，水、木、火、土、金五类物质有五条行走不同的路线，构成天地的不同方面。按照顺序，分别居于北、东、南、中、西。

末　学：阴阳五行关系构成了整个物质世界，这个好理解。但是它们的运行又如何影响到气候变化呢？

董仲舒：简单地说，阴阳相合、五行守序，就风调雨顺、气候正常。反之情况则相反。久旱无雨的原因是，阳气太盛而阴气不足，五行中的土出了问题。如果是淫雨连绵，就一定是阴气太盛而阳气不足，五行中的水出了问题。故“大旱者，阳灭阴也，阳灭阴者，尊厌卑也，固其义也，虽大甚，拜请之而已，敢有加也。大水者，阴灭阳也，阴灭阳者，卑胜尊也，日食亦然，

---

①　董仲舒：《春秋繁露·同类相动第五十七》。

②　董仲舒：《春秋繁露·同类相动第五十七》。

皆下犯上，以贱伤贵者，逆节也。”①

末　学：那么天和人又是什么关系呢？

董仲舒：天和人之间之所以能够相互感应，说明天人同类、天人同构。就是说，天是什么样，人就是什么样；人有什么，天也有什么。

末　学：先生，您能举例说明吗？

董仲舒：当然可以。实际上，人就是按照天的模子造出来的。“人受命乎天也，故超然有以倚。”“故人之身首而员，像天容也；发像星辰也；耳目戾戾，像日月也；鼻口呼吸，像风气也；胸中达知，像神明也；腹胞实虚，像百物也。”“天地之符，阴阳之副，常设于身，身犹天也，数与之相参，故命与之相连也。天以终岁之数，成人之身，故小节三百六十六，副日数也；大节十二分，副月数也；内有五脏，副五行数也；外有四肢，副四时数也；占视占瞑，副昼夜也；占刚占柔，副冬夏也；占哀占乐，副阴阳也；心有计虑，副度数也；行有伦理，副天地也；此皆暗肤着身，与人俱生，比而偶之弇合，于其可数也，副数，不可数者，副类，皆当同而副天一也。”②

末　学：先生，这是否说人就是天的副本？

董仲舒：对。上天和人不但形似，而且神似。上天和人是合一的。

末　学：在拙著《我的宇宙观》系列著作中，我用全息原理论证了这个问题。③ 我也多次论证了人是阴阳物质的复合体④，特别是人体本身就联结着阴阳两个物质世界。⑤ 看来和您的观点是不谋而合了。幸运啊！

董仲舒：我们之间相隔了两千多年，能有相同的认识，难得！

末　学：您是老师，我的学生。

董仲舒：总算找到知音了。

末　学：我是三生有幸。

董仲舒：好啦，我们接着往下讲。还是你提问吧！

末　学：先生，您说过：“天气上，地气下，人气在其间。”⑥ 人夹在天地中间，那么人是否就和天一样伟大了？

董仲舒：是的。所以儒家一贯主张以人为本。

末　学：那么人与天地之间又是怎样沟通的呢？

---

① 董仲舒：《春秋繁露·精华第五》。

② 董仲舒：《春秋繁露·人副天数第五十六》。

③ 参见拙著《我从哪里来，又到哪里去？》9.1“由生物全息律扩充到宇宙全息律”。

④ 参见拙著《宇宙的秩序即道德的秩序》12.1“人是阴阳物质的复合体”。

⑤ 参见拙著《进入阴性物质世界》20.2“人类既需要现实家园也需要理想家园”。

⑥ 董仲舒：《春秋繁露·人副天数第五十六》。

董仲舒：人与天地之间是通过阴阳之气互相激荡的。天地的阴气出现，人的阴气也跟着呼应；人的阴气出现，天地的阴气亦跟着呼应。相反，天地的阳气出现，人的阳气也跟着呼应；人的阳气出现，天地的阳气亦跟着呼应。因为天人同构，所以就有同类感应，叫做天人感应。

末　学：根据现代物理学电磁理论，我把它称作同频共振。①

董仲舒：我们那个时候不知道物理学，大概意思都一样吧？

末　学：道理是一样的。那么，您说的天人感应和庄子、孟子讲的天人合一有什么不同？或者说它们就是一个意思？

董仲舒：原则上相同，但是仔细分析还是有区别的。譬如，庄子更侧重于道的层面，孟子则偏重于道德范畴。我是从人的身体到心灵、从个体到社会，都贯彻了天人合一的原则。重点在人与天同构，人天相互感应。

末　学：明白了。与先生一席话，学生胜读十年书。

董仲舒：（高兴地）过奖了……

8.4　系统化的伦理关系：三纲五常

末　学：先生，您从天人感应出发，又提出了系统的伦理关系。

董仲舒：是的，这就是三纲五常。

末　学：能详细地谈一下吗？

董仲舒：当然可以。天地万物找不到一个没有配合对象的东西，而相配合就一定要分出上下和阴阳来。

末　学：怎么个分法？

董仲舒：这就牵涉到纲常伦理的道理了。“君为阳，臣为阴，父为阳，子为阴，夫为阳，妻为阴，阴阳无所独行，其始也不得专起，其终也不得分功，有所兼之义。是故臣兼功于君，子兼功于父，妻兼功于夫，阴兼功于阳，地兼功于天。举而上者，抑而下也，有屏而左也，有引而右也，有亲而任也，有疏而远也，有欲日益也，有欲日损也，益其用而损其妨，有时损少而益多，有时损多而益少，少而不至绝，多而不至溢。”② 概言之：君主为上是阳，臣子为下是阴；父亲为上是阳，儿子为下是阴；丈夫为上是阳，妻子为下是阴。

末　学：这是一种固定不变的关系？

董仲舒：天不变，道亦不变。

---

① 参见拙著《不同维数时空和生命的美》6.2“审美过程中表现的同频共振”。

② 董仲舒：《春秋繁露·基义第五十三》。

末　学：为什么一定要下服从上、阴服从阳呢？

董仲舒：因为阴气的规则是不能独自存在和运行，它的功能总是包含在阳气当中。譬如，大地的功能就包含在上天中。所以，臣子必须服从君主、儿子必须服从父亲、妻子必须服从丈夫。此为三纲也。即君为臣纲、父为子纲、夫为妻纲。

末　学：那么五常呢？

董仲舒：它是指五种基本的人与人之间的关系。即君臣、父子、兄弟、夫妇、朋友的关系。

末　学：三纲五常一点儿都不能违反？

董仲舒：不能。三纲是王者之正道的三条主要纲领，五常是处理人伦关系的基本规则。它们完全来自天道。天道不可违，天道不可欺。下不能反上、阴不能反阳，否则就是和天道作对，就一定要受到惩罚的。

末　学：先生，我对您提出的三纲五常有点不同意见。

董仲舒：（严肃地）你说吧。

末　学：（拘谨地）说了不就和天道作对，要受到惩罚的，还是不说为好。

董仲舒：（变得和气了）说吧，我们不是在讨论问题嘛。

末　学：我认为您将天道的规则确定为阳上阴下、阴绝对服从阳的大前提就是错误的。这是您固执地站在四维时空的阳性物质世界看问题而得出的结论，具有极大的片面性。因为大前提出了问题，所以结论就失之偏颇。

董仲舒：（大吃一惊）大前提错了，有这么严重吗？

末　学：有。阴阳两个物质世界是对称存在的，在能效上是等价的。① 区别仅在于：阳性物质世界以实粒子构成，存在于四维时空，运动速度在光速以下，生命在阳性物质世界的存在形式是：肉身 ＋ 灵魂 ＋ 意识 ＋ 潜意识（狭义）＋ 潜意识（广义）。并以可见光的形式存在。阴性物质世界以虚粒子构成，存在于四维以上多维时空，运动速度起步就是超光速，生命在阴性物质世界的存在形式是：灵魂 ＋ 意识（不完全意识）＋ 潜意识（狭义）＋ 潜意识（广义）。并以不可见光的形式存在。况且在宇宙间可见光仅占所有光波的 2%，而不可见光占到所有光波的 98%。就是说宇宙间 98%的事物我们根本看不见、摸不着，但是它们却是客观存在的。② 怎么就一定说阳上阴下、阴绝对服从阳呢？

董仲舒：（思考地）噢，让我琢磨琢磨……

---

① 参见拙著《打开宇宙的另一扇门》8.3“宇宙对称定理”；8.4“阴阳能效守恒定理”。

② 参见拙著《宇宙的秩序即道德的秩序》10.1“宇宙间生命存在形式的两大类别”。

末　学： 再以白天和黑夜为例，白天是阳上阴下、阴服从阳。到了晚上，恐怕就是阴上阳下、阳服从阴。还有父子关系，民间有“前三十年看父的敬子，后三十年看子的敬父”。说明父子之间阳上阴下、阴服从阳的关系也随着时间的推移而发生变化。我们站在四维时空的阳性物质世界看问题，就可以说阳上阴下、阴服从阳。但是如果说站在四维以上多维时空的阴性物质世界看问题，则是阴上阳下、阳服从阴。庄子不是曾经发出过感慨：不知道是我梦蝴蝶，还是蝴蝶梦我？① 说明看问题的参照系不同，就得出不同的结论来。

董仲舒： 那么我是死盯着阳气这一个参照物？

末　学： 对了，问题就出在这里。所以自从三纲五常成了伦理道德的纲常之后，它就像一条绳索一样紧紧地把人的思想束缚住了。两千多年来，受此害最深的莫过于中国妇女，真是一本又一本血泪恨啊！

董仲舒：（有所悔恨地）这个我可没有想到哪……

末　学： 先生，我觉得最值得讨论的还是您那一句名言——

董仲舒： 什么名言？

末　学： 天不变，道亦不变。

董仲舒： 这有什么问题？

末　学： 其实上边已经分析过了，因为看问题的参照系不同，得出的结论就迥然不同。说明“天”和“道”都是变化的，只不过变化的程度不同而已。

董仲舒：（思考地）噢，让我想想……

末　学： 您讲“天不变，道亦不变。”我的理解是：“天不变”的“天”，实则是道。关于道，老子在《道德经》里讲了很多。您在《春秋繁露》里说的道和老子的意思是一致的。“道亦不变”的“道”，则指的是道理、纲常、伦理。合起来意思是：道不变，纲常、伦理是不能变的。

董仲舒： 对呀！这有什么错的？

末　学： 问题在于道和纲常、伦理恰恰都是变化着的。这样的例子不胜枚举，就伦理道德来说，两千多年来就有很大的变化，例如妇女离婚、改嫁已不再被人耻笑，还时不时出现妻子把丈夫休了的事呢，因为男女平等嘛！

董仲舒： 这个……

末　学： 恐怕不是伤风败俗吧？

董仲舒： 那么你说道和纲常、伦理是怎样变化的呢？

---

① 参见拙著《进入阴性物质世界》9.4“相互模拟的宇宙形式——‘我梦蝴蝶，还是蝴蝶梦我？’”。

末　学：它们可以有四种排列组合的方式：一是道不变，纲常、伦理也不变。这就是您说的“天不变，道亦不变”。二是道不变，纲常、伦理发生变化。三是道变，纲常、伦理不发生变化。四是道变，纲常、伦理同时也发生变化。至于一个社会在什么时候采用那一种排列组合方式，完全根据内外约束条件，以及人们接受的程度而决定，决不能一成不变地永远采用一种方式。

董仲舒：有道理。那么，我考考你：道是怎么变化的？

末　学：老子曰：“人法地，地法天，天法道，道法自然。”① 既然道以自然为法则，自然界在变化着，当然也影响着道的变化。只不过这种变化并不影响道的根本存在方式，不会涉及道的本原，但是总还是变化着的。

董仲舒：（笑着击掌）好！算是到位了。

8.5　人的资质：性和情

末　学：先生，我们接着讨论人的善恶问题。

董仲舒：好的，还是你先提问题吧。

末　学：您认为人的善恶之源在哪里？

董仲舒：在人的性情。天有阴阳，人有性情。“身之有性情也，若天之有阴阳也，言人之质而无其情，犹言天之阳而无其阴也，穷论者无时受也。”②

末　学：就是说，人的性情发乎阴阳？

董仲舒：对。从根子上说，性对应于天上的阳，情对应于阴。所以性和情都是人的资质。人若没有性情，就不成其人也。

末　学：您的人性论别具一格，与庄子、孟子、韩非都不一样。

董仲舒：（含笑地）不一样在什么地方？

末　学：您从天（道）的阴阳入手，对应地把人性分为性和情两大部分，是从根本上也就是从源头上解决人性的问题。

董仲舒：（智慧地）你不也是从天（道）的阴阳入手，研究生命的起源问题吗？在这一点，我们是相同的。所以我说总算找到知音了。

末　学：噢，是这样的。我在拙著《打开宇宙的另一扇门》中，一开始就将宇宙生命坐标第Ⅳ象限的横坐标轴 X 设定为阳性物质；纵坐标轴 Y 设定

---

① 老子：《道德经》第二十章。

② 董仲舒：《春秋繁露·深察名号第三十五》。

为阴性物质。在特定的时空条件下，阴阳两种物质相碰撞，一个物种就产生了。[①] 由此出发奠定了往后二、三、四、五、六、七卷的理论大厦。

董仲舒：其实这个问题并非就是你的创造，有人在你之前已经做过这种尝试，可惜没有一个圆满的结果。

末　学：这个我承认，我是沿着别人的道路走过来的。

董仲舒：（认真地）你的创造性在于将阳性物质又区分为阳性物质的正物质（阳＋）和阳性物质的负物质（阳－）即反物质；将阴性物质又区分为阴性物质的正物质（阴＋）和阴性物质的负物质（阴－）即阴性物质的反物质。然后在宇宙生命坐标第Ⅳ象限特定的时空条件下，让它们各自对应地相碰撞，就得出"肉身 ＋ 灵魂 ＋ 意识"三位一体的生命线。[②] 这就解决了一个千古难题。

末　学：先生，这个思想在公元 1130 年出生的大理学家朱熹的著作中已经有了。他说过"阳中有阴阳，阴中有阴阳"。

董仲舒：但是还是不一样啊！庄子也说过："一尺之棰，日取其半，万世不竭。"[③] 后人总在前人已有思想成果的基础上得到启发而有所前进的，但不能说一切发明创造都出自前人之手。

末　学：我也只是前进了这一小步。

董仲舒：（认真地）但是它却是人类的一大步。

末　学：这样说不好，我觉得您夸大其词了。

董仲舒：不，没有夸大。试想当年的苏格拉底，不就因为欧几里得比他晚生了 50 年吗，结果就将人类的思想和科学的发展就推迟了两千多年。要不然的话，你今天的成就早在两千多年前就由苏格拉底做出来了。那么今天的人类和世界就大不一样了！你就不需要再戴上这种特制的眼镜和耳机和我谈话，我们之间则可以直接通话和交流思想。特别是生命在阴阳两个物质世界的两种存在形式，更可以直接地转换、复原，那么人就更加解放和自由啦。

末　学：这个前景当然是美好的。我们还是继续讨论人性吧！

董仲舒：刚才说到什么地方了？

末　学：您从天（道）的阴阳入手，把人性分为性和情……

董仲舒：噢，性表现于内，情表现于外。"吾以心之名得人之诚，人之诚有贪有仁，仁贪之气两在于身。身之名取诸天，天两，有阴阳之施，身亦两，

---

① 参见拙著《打开宇宙的另一扇门》4.10"生命的核心是灵魂"。

② 参见拙著《打开宇宙的另一扇门》4.11"人的肉身—灵魂—意识'三位一体'的存在方式"。

③ 《庄子·天下》。

有贪仁之性；天有阴阳禁，身有情欲与天道一也。”①

末 学：什么意思呢？

董仲舒：归结起来就是：人性中的阳，在内表现为性，性就是善（仁）；人性中的阴，在外表现为情，情就是贪（恶）。

末 学：您对人性的这种二分法和孟子的性善性有很大区别。

董仲舒：当然了。“吾质之命性者，异孟子。孟子下质于禽兽之所为，故曰性已善；吾上质于圣人之所为，故谓性未善，善过性，圣人过善。”②

末 学：那么到底什么是性呢？

董仲舒：性是仁义！仁义就是善。“性有善端，动之爱父母，善于禽兽，则谓之善，此孟子之善。”③ 所以孟子也没有全错。

末 学：天有阴阳，人有性情。这是人不同于万物的地方？

董仲舒：是的。人从上天秉受天命，就有不同于万物的地方。人的资质是性于情。性表现于内为仁义，情表现于外为贪婪。万物不可能有仁义。

末 学：您的善恶二重性使人性分裂了。它不再是庄子单纯的自然性，或者孟子单纯的社会性；也不是孟子单纯的善，或者韩非单纯的恶。而是使人性更加丰富和富有张力，每个人都其中有自己的选择了。

董仲舒：人性中的阳表现为性和善（仁），阳向上、为主；人性中的阴表现为情和贪（恶），阴向下、为从。因而性是主、情是从，也就是说人性中善（仁）起着主导作用，贪（恶）处于从属地位。

末 学：庄子从人的自然性中引出无为，孟子从人性善中引出修养，韩非从人性恶中引出刑罚，您从人性善主恶从中引出什么呢？

董仲舒：教化，扬善去恶。因为人的资质不等于善，“是以米出于粟，而粟不可谓米；玉出于璞，而璞不可谓玉；善出于性，而性不可谓善；其比多在物者为然，在性者以为不然，何不通于类也？卵之性未能作雏也，茧之性未能作丝也，麻之性未能为缕也，粟之性未能为米也。”④

末 学：上天只给了人类善质，要成善还得靠自己努力。

董仲舒：对了。“如茧如卵，卵待覆二十日，而后能为雏；茧待缲以涫汤，而后能为丝；性待渐于教训，而后能为善；善，教训之所然也，非质朴之所能至也，故不谓性。性者，宜知名矣，无所待而起生，而所自有也；善

① 董仲舒：《春秋繁露·深察名号第三十五》。
② 董仲舒：《春秋繁露·深察名号第三十五》。
③ 董仲舒：《春秋繁露·深察名号第三十五》。
④ 董仲舒：《春秋繁露·实性第三十六》。

所自有，则教训已非性也。”① 所以教育的重要性就可想而知了。

末　学：先生，仁和义的关系是分不开的，对此您是怎么看的？

董仲舒：上面说了，我对人性的看法是仁（善）主、贪（恶）从论。有仁必有义，“是故春秋为仁义法，仁之法在爱人，不在爱我；义之法在正我，不在正人；我不自正，虽能正人，弗予为义；人不被其爱，虽厚自爱，不予为仁。”“是义与仁殊，仁谓往，义谓来；仁大远，义大近；爱在人，谓之仁，义在我，谓之义；仁主人，义主我也；故曰：仁者，人也，义者，我也，此之谓也。”②

末　学：还有，义和利是怎样的关系呢？

董仲舒：孟子曰：“鱼，我所欲也，熊掌，亦我所欲也；二者不可得兼，舍鱼而取熊掌者也。生，亦我所欲也，义，亦我所欲也；二者不可得兼，舍生而取义者也。”③ 我是同意这个观点的。但是对于义和利我从另外的角度还作了以下论述：“天之生人也，使人生义与利，利以养其体，义以养其心，心不得义，不能乐，体不得利，不能安，义者、心之养也，利者、体之养也，体莫贵于心，故养莫重于义，义之养生人大于利。”“夫人有义者，虽贫能自乐也；而大无义者，虽富莫能自存；吾以此实义之养生人大于利而厚于财也。”④

末　学：先生，谢谢您！打扰您太久了，真不好意思。我再有问题的话，就看您的《春秋繁露》。等有难点时，我再向您请教。

董仲舒：（握着我的手，不舍地）希望我们再有机会畅谈。

…………

---

① 董仲舒：《春秋繁露·实性第三十六》。

② 董仲舒：《春秋繁露·仁义法第二十九》。

③ 《孟子·告子上》。

④ 董仲舒：《春秋繁露·身之养重于义第三十一》。

第 9 章　与葛洪的对话[①]

告别了董仲舒，我的心里很不是滋味。几天来一直想着访问他时的情景，他是那样的温和、耐心，而又是那样的直爽、较劲。我们在谈话中有高度一致的地方，也有分歧和争辩，然而愈是这样愈感到彼此情谊深厚，最后竟然有舍不得离开的感觉，以致我和他分手时，一转身流下了一串眼泪。

我想，此刻恐怕他仍然盘腿坐在镌刻着《公羊春秋》的石碑前，轻声默诵着："所见异辞，所闻异辞，所传闻异辞……"或许他还能琢磨出更深的哲理呢。董仲舒是一个划时代的人物，这是在我与他谈话时强烈地感觉到的。他对儒学的贡献，很少有人能超过他。他宣扬"天人感应"，以此制约君权和民众心理；他发展善恶二重人性，以此教化大众要修身养性。此后 2000 多年来，它们共同积淀为中华民族文化和心理素质的基本特征。

…………

告别了董仲舒之后，经过千里跋涉，我来到广东惠州罗浮山。因为我的下一个访问对象是东晋时期著名的道教领袖，炼丹家、医药学家——葛洪，他常年隐居在此，天天同夫人鲍姑在炼丹灶前忙着炼丹。

罗浮山又名东樵山，是中国十大道教名山之一，为道教十大洞天之第七洞天，七十二福地之第三十四福地，拥有九观，十八寺，三十二庵。太史公

---

① 葛洪（284—364）东晋时期著名的道教领袖，炼丹家、医药学家。字稚川，自号抱朴子，晋丹阳郡句容（今江苏句容）人。三国方士葛玄之侄孙，世称小仙翁。他 20 岁从军，屡立战功，曾被授予伏波将军，后被封为关内侯。嗣后内擅丹道，外习医术，精研道儒，学贯百家，思想渊深，著作弘富。他不仅对道教理论的发展卓有建树，而且学兼内外，于治术、医学、音乐、文学等方面亦多成就。晚年隐居广东罗浮山，既炼丹、采药，又从事著述，直至逝世。他的著作约有五百三十卷。大多已经散佚，流传至今的主要有《抱朴子》和《肘后救卒方》。《抱朴子》是一部综合性的著作，分内篇二十卷，外篇五十卷。内篇包括神仙方药，鬼怪变化，养生延年，禳邪却病等，属于道教著作。其中《金丹》、《仙药》、《黄白》等是总结炼丹术的名篇；外篇包括人间得失，世道好坏等。其中《钧世》、《尚博》、《辞义》等属文论著作。《肘后救卒方》简称《肘后方》，是他在广东编著的一部简便实用的药方手册，可挂在肘后随行。大部分行之有效，采药容易，价钱便宜。即使在缺医少药的山村、旅途，也可随时用来救急。因而受到历代群众的欢迎。据史籍记载，他的医学著作尚有《金匮药方》一百卷、《神仙服食方》十卷、《服食方》四卷和《玉函煎方》五卷。

司马迁曾把罗浮山比作为“粤岳”。它横跨博罗、龙门、增城三地，总面积约260平方公里。罗浮山的主峰飞云峰，海拔1296米。山势雄浑，风光秀丽，四季气候宜人，被誉为“岭南第一山”。相传古时只有罗山，浮山从东海浮来，倚于罗山东北，由铁桥峰相连而得名。据《罗浮山志》载，秦汉时神仙家安期生曾至山修炼，[①] 宋代著名道士白玉蟾亦曾在此修道传教。[②] 罗浮山名胜古迹众多，其中道教的有：冲虚观、黄龙观、九天观、酥醪观、葛洪炼丹灶、仙人洗药池、飞来石、遗履轩、会仙桥、蝴蝶洞、朱明洞、飞云顶、华守岩、升仙岩、刘仙岩等。罗浮山地灵人杰，闻名于世。历代文人墨客、方士道人纷纷前往山中游览、隐居和修炼。葛洪、黄大仙、鲍姑、吕洞宾、何仙姑、铁拐李等神仙都曾留过胜迹。陆贾（前240—前130）、司马迁（前145—前90）、谢灵运（385—433）、李白（701—762）、杜甫（712—770）、韩愈（768—824）、刘禹锡（772—842）、苏东坡（1037—1101）、杨万里（1127—1206）、朱熹（1130—1202）、汤显祖（1550—1616）等都有题咏罗浮山的名作。其中以苏东坡的题诗最为有名：“罗浮山下四时春，卢桔杨梅次第新。日啖荔枝三百颗，不辞长作岭南人。”

我在罗浮山的一个山腰间艰难地攀登着，有人说前边不远就是炼丹灶，可是怎么走了这么远还不见踪影，于是就在一座岩石前停下来休息。太阳眼看就要落山了，西边的天际出现了一抹晚霞。我想今天恐怕没有希望拜见葛洪了，那就下山之后等到明天吧。正当我在犹疑之中，忽然瞥见从岩石后边飘过来一缕轻烟，接着闻到了一股淡淡的青涩的气味。不知道是从哪里来的劲头，我霍地一下站了起来，赶忙朝岩石后边走去，只见下边火光闪耀，烟雾弥漫。行人指着说那里就是炼丹灶，葛洪同他的夫人鲍姑正在炼丹。

我赶快下山来到炼丹灶前。此刻葛洪卷着袖子正在摆弄炼丹炉上的一个装置，一会儿又眯缝着一只眼睛察看炉膛里的火候。他的夫人鲍姑拉着风箱，前后两个风门有节奏地吧嗒、吧嗒地响着，好像打着音乐的拍子。有十多个人围着炼丹灶瞪眼看着，没有一个人敢吱一声。人们被一种巨大的神秘感驱使着，因为都知道炉子里炼着一种可以使人长生不老的仙丹。

我没有立刻打扰葛洪夫妇，他们二位在认真的忙碌中也没有注意到我。就让我在此把这一对夫妇简略地描述一下吧。

---

① 安期生，一名安期，人称千岁翁，安丘先生。琅琊人，师从河上公，是秦汉期间燕齐方士活动的代表人物，黄老哲学与方仙道文化的传人。道教视安期生为重视个人修炼的神仙。

② 白玉蟾（1194—?）本姓葛，名长庚。福建闽清人，少时聪颖，游历天下，后隐居著述，致力于传播丹道。

葛洪的实际年龄应该是 50 岁了，但是却长得格外年轻，看上去像是 20 岁出头的小伙子。他圆圆的脸上泛着红光，皮肤细嫩；一双大眼睛扑闪着，显得格外明亮；表情随和，嘴角总挂着微笑。他的身材瘦高，穿着宽大的丝绸袍子，一阵晚风吹来，衣袖瑟瑟飘动，隐隐显出衣服裹着的筋骨。他竟然这么年轻而充满活力，以致我在犹豫该不该向他行鞠躬礼。再看他的夫人鲍姑，完全像一位 18 岁的少女，头上包着一条白毛巾，一身村姑的装扮。她有着白皙的面庞，一双水汪汪的大眼睛，注视着炉膛内一闪一闪的火光，照得面似桃花、灿烂异常。她用力拉着风箱，却又显得那样的悠闲自在。我估摸那围观的十多个人，名义上是看葛洪炼丹，说不定十有八九是在注意着鲍姑呢。

“今天就到这儿吧！”葛洪说。鲍姑停下风箱，站起来将一盆凉水端了过来。葛洪洗完手，然后擦拭着炉边的灰尘。这时围观的人都陆续散去，我正要走向他们夫妇，不承想葛洪转过身来笑嘻嘻地握住了我的手。他说听说你要来，没想到这么快就来了。我问他是怎么知道的，他说是董仲舒给他发来的思维传感。我惊奇他们之间怎么也认识，他说在阴性物质世界所有人的信息都是相通的。甭看董仲舒和他相隔将近 500 年，但是在阴性物质世界却只是一瞬间，因为一切都是以光速和超光速的速度进行着，况且时光是倒流的。

第二天一早，在葛洪的炼丹炉前，我和他作了如下的谈话。

9.1 玄和道的关系

末 学：我该怎么称呼您呢？是称先生，还是叫师傅？

葛 洪：（随便地）怎么称呼都行，叫名字最好。我虽是道家人，但是却不太愿意受到清规戒律的束缚，更不愿意拘泥于某种形式。

末 学：那好吧，就按照我的习惯称呼您先生。

葛 洪：好啊。按说我是道教的不守规矩者，一般的道教徒都是独身，我却是携着夫人在炼丹炉前忙活……

末 学：我很欣赏您说的，不要拘泥于某种形式。

葛 洪：（认真地）要是拘泥于形式的话，她就到不了这儿了（鲍姑听到后，一边拉着风箱，一边羞赧地低下了头）。

末 学：听说你的经历很不寻常。

葛 洪：是的。我 20 岁从军，因为作战勇敢而被授予“伏波将军”的称号。但是我本质上是道不是儒，对功名利禄没有兴趣，便下决心离开了部队。

我想北上洛阳，寻求高人异书。不料“八王之乱”阻绝了交通，① 于是漂泊在江淮、中原一带。无奈之际，突然接到广州刺史的邀请。后来投入南海郡太守鲍靓门下，得到他的赏识，再后来他就成了我的岳父……

末　学： 噢，是这样的。

葛　洪：（看了鲍姑一眼）我真是高攀了，娶了太守的女儿。（鲍姑一边拉着风箱，一边摆手不让他说下去）

末　学：（拱手）恭喜恭喜！

葛　洪： 没有想到的是，鲍姑对道教和炼丹也有浓厚的兴趣。真是我的好帮手！

末　学： 夫妇志同道合，一起切磋仙道多好啊！

葛　洪： 所以我是三生有幸。但是我却破了道规，招来闲言碎语。

末　学： 不要理会它。关键是对于道教的真谛的理解，这比什么都重要。

葛　洪： 你说得对。如果没有鲍姑的协助，我也就不是葛洪了！

末　学： 请你谈谈最新的研究成果——道教的根基。

葛　洪： 概言之，在于理解玄和道的关系。

末　学： 什么是玄？

葛　洪：“积篇章为敖庾，宝玄谈为金玉。”② 玄是自然的始祖，宇宙万物的起源。它有形有名又有实，俄顷无形无名成虚无。它远在天边，近在眼前；既高深莫测，又十分浅显。它无时不有，又瞬间即逝；它无处不在，又飘然而去。它饱含元气，至刚至柔；铸成天地，轮换四季。它创造一切，呼吸太始；决定一切，扬善抑恶。它自给自足，不显奢华；增不溢出，减不枯萎。它恬淡清静，来去无踪；虽不能见，感觉犹存。玄之又玄，其实就在你我中间。

末　学：（笑）太玄了。不过这和老子说的“大象无形，大方无隅”的意思差不多。③ 玄将最大的普遍性和最小的特殊性以至于“无”集于一身。这在数学上就是把无穷大与无穷小直到零存在形式囊括在一起了。不过现有的数学体系，还难于把它们用方程式表示出来。

葛　洪：（智慧地）所以你在《我的宇宙观》系列著作中，一再呼吁建立新的数学体系。④ 我没有说错吧？

---

① 自 291 年至 306 年，西晋皇族发生争夺中央政权的混战，史称“八王之乱”。前后持续 16 年，社会生产力遭到巨大破坏，各少数民族纷纷起兵争权，西晋王朝随之覆亡。

② 葛　洪：《抱朴子・嘉遁》。

③ 老子在《道德经》第四十一章曰：“大方无隅，大器晚成；大音希声，大象无形。道隐无名。”

④ 参见拙著《我从哪里来，又到哪里去?》6.2“生物灵魂和意识的‘类’及其他”。

末　学：是这样的。我以为您只关心炼丹，没想到对我的书还了解得这么详细。

葛　洪：你忘了自己是怎么写的："我们的一举一动，一颦一笑，甚至每个人的DNA排列顺序都会清楚无误地记录在阴性物质世界的虚粒子上，而且是声像俱全。"① 既然如此，我怎么能不知道呢？

末　学：所以，您是神，我是人。我比您笨多了。

葛　洪：不，我是仙，不是神。道家只讲成仙，仙和神还是有区别的。

末　学：有什么区别？

葛　洪：这个留在后边说吧，我们还是继续讨论玄和道的关系。

末　学：好的。我看玄是从老子的道引申出来的，只是比道更玄了。

葛　洪：对，是从老子那里来的。本来玄是道的特征，不过将玄单独拿出来论述便更抽象了。宇宙万物的发生和发展，是从无到有、从抽象到具体的。先论述玄接着讲道，似乎更符合宇宙发生论和逻辑推理。

末　学：这是对《道德经》的发展。那么什么是道？

葛　洪：道和玄一样，也是无和有的统一。看不见、摸不着，但是要具体一些。

末　学：请举例说明。

葛　洪：从道与万事万物的关系来看，道是万事万物发生之前的原型。因而道是铸造天地万物的模子，孕育了人与人的关系；从道本身来看，道因在不同领域起的作用不同而有所区分。因而道又分为天道、地道和人道。

末　学：那么，玄和道之间的关系呢？

葛　洪：玄和道都是宇宙的起始，万物的本源。它们都是"一"，"一生二，二生三，三生万物。"② 但是二者仍有区别。道分为天道、地道和人道，称作"三一"，即天一、地一、人一。而玄则是"三一"的总汇、源头。

末　学：噢，明白了。道是宇宙万事万物发生之前的原型，玄则是这个原型中的原动力系统。二者联为一体，只是功能侧重不同罢了。

葛　洪：这样讲还不全到位。你能否概括得简洁、抽象一些？

末　学：（思考地）道是概念，玄是规律；道是玄之理，玄是道之道。

葛　洪：（高兴地）好！这就有哲理的味道了。

---

① 参见拙著《广义与狭义生命论》6.5"每一种科学理论都是它所处的时代的函数"。

② 老子在《道德经》第四十二章曰："道生一，一生二，二生三，三生万物。"

9.2　生命比什么都贵重

末　学: 先生，道教为什么把玄和道看得如此重要?

葛　洪: 因为要得道成仙、永恒不死，就必须领悟玄和道的真谛。这既是前提和根本，也是出发点和最后的归宿。

末　学: 您能详细地谈谈吗?

葛　洪: 当然可以。首先看看道教和儒家、佛教的不同之处。儒家强调的是道德，道教突出的是生命。佛教把希望寄托于来生来世，道教关注的是今生今世。其他宗教还有主张救赎灵魂而鄙视肉身的倾向，而道教则认为灵魂和肉身同样都是重要的。没有肉身灵魂就无法栖身。

末　学: 我赞同道教的观点。再说，具有肉身是生命在阳性物质世界的存在形式和生命在阴性物质世界的存在形式之根本区别。没有肉身，谈何是人? 灵魂栖居在人的心窝部位。如果说灵魂游离出去不再归来，人就成为行尸走肉，就是死亡。生命也就随之转化为阴性物质世界的存在形式。①

葛　洪: 在道教看来，生命比什么都贵重。

末　学: 因而道教彻底地主张以人为本。

葛　洪: 道教认为，世界上一切有生命的东西，最有灵性的莫过于人。

末　学: 人是宇宙的万物之灵，是生命在阳性物质世界的存在形式之智慧者。人居于天地之间，联结着阴阳两个物质世界。人的智慧仅次于神而大大地高于兽。因而人的创造力是无穷无尽的。②

葛　洪: 只有人才能悟道，才能体味到玄的奥妙。当人领悟“玄道”的真谛之后，修炼得法，就可以守护生命、延长生命，直至永恒。

末　学: 先生，您认为生命是否生而平等?

葛　洪: 上天赋予每个人生命，绝不厚此薄彼，因而是天然地享受平等。

末　学: (思考地) 我看是形式上的平等而事实上的不平等。

葛　洪: 为什么呢?

末　学: 生命程序和密码的总设计师——阴性物质世界，抑或是它的人格化——神，在设计每一个生命的灵魂构成时，因为考虑到多种因素，就有了厚此薄彼的倾向。这就使每个人都有不同的先天综合因素。③

---

① 参见拙著《广义与狭义生命论》7.2“对七种生命形式的分析”。

② 参见拙著《宇宙的秩序即道德的秩序》3.3“人类是宇宙生命坐标第Ⅳ象限的高等生命”。

③ 参见拙著《宇宙的秩序即道德的秩序》17.2“先验理性引发思维领域哥白尼式的革命和科学技术的突飞猛进”。

葛 洪： 这就讲到佛教的业和惑及因果报应了，道教不看重这些。

末 学： 回到了现实世界之后，因为各种复杂的原因，在受教育程度和穷富上出现较大的差别，也就表现为各人不同的命运了。

葛 洪： 所以人生很苦，需要解脱。这又回到佛教那里去了。

末 学： 先生，请不要误解，我们只是在探讨问题。我对道教高扬生命的主题一直十分赞赏。道教在这方面独树一帜，堪得世人敬仰。

葛 洪： 我只是说，在道言道，没有别的意思。

末 学： 有比较才有鉴别。当初儒家为什么兴盛起来？因为连年战乱，世风日下，道德沦丧，就需要弘扬道德，重视伦理和社会秩序。现在提出以人为本，和谐社会，道教自然受到重视和赢得大众的欢迎。

葛 洪：（赞赏地）你说对了，我的朋友！

末 学： 还有，我觉得道教的先祖庄子有点洁身自好和厌世之嫌，而道教在实际上却厉行教化民众、兼济天下的职责，怎样解释这种差别？

葛 洪： 最好的解释是道教也在与时俱进。庄子的思想确实有这一点，他只是倾心自我精神上的解脱和自由。而道教在发展中，能够扬弃先祖思想上的不足，足见其理论上的勇气和旺盛的生命力。

末 学： 所以，在汉武帝宣布“罢黜百家，独尊儒术”之后，2000多年来转入地下的黄老学说，不但没有销声匿迹，反而结出了道教这一硕大无朋的果实。这是其他思想和学说无可比拟的。

葛 洪：（竖起大拇指）因而成为道家人的骄傲和自豪！

末 学： 先生，您能把道教的宗旨简明扼要地讲一下吗？

葛 洪： 当然可以。道教不让人逃避现实，而是鼓励人们建功立业，以达天下。道教以自己的学说教化百姓，让他们积累德兴，以感应天地，营造太平盛世。道教关注现世中人的生存，主张以人为本；教人修炼，以使人身体健康，延年益寿。道教认为变化是天地的自然法则，由有道代替无道，世界就会充满生机和希望。道教的学说对内可以修身，对外则可以治世。

9.3 得道：“守真一”和“守玄一”

末 学： 先生，如何才能得道呢？

葛 洪： 道家讲究修炼，而且有一套修炼术。

末 学： 那么，它与玄和道有什么关系呢？

葛 洪： 关系可大了。这一套修炼术贯穿的主线，就是通达“玄道”。

末 学： 您能具体谈谈吗？

葛　洪：当然可以。玄和道的统一就是“一”。“一”是什么？读了老子的《道德经》就有体会，它实际上是宇宙起源时的原始状态。

末　学：宇宙开合的初始状态，是一个由高度密集的能量团形成的混混沌沌的零形体—“混沌蛋”。它的具体形态，根据一些特异功能者的感知和追视，感到它是一个高密度的充满能量的“海洋”，呈现出一片虚无的状态，感觉是寒凉的。它是上一个宇宙经过膨胀之后变为收缩并进一步坍缩而成的，这个大挤压的奇点，成为我们所在的宇宙起源时的大爆炸的奇点。①

葛　洪：这很抽象。把它抽象为“一”，是道家修炼的真功夫。

末　学：为什么呢？

葛　洪：因为在心中自然而然地装下“混沌蛋”，却又成为得到“一”的虚无状态，不经过艰苦的修炼是根本办不到的。天得到“一”便清明，地得到“一”便安宁，人得到“一”便长生，神得到“一”便灵通。②

末　学：得到“一”还得守住“一”，对吗？

葛　洪：对。得到“一”是前提，守住“一”是根本。

末　学：这是否就是老子说的“载营魄抱一”③ 和庄子说的“守一”？④

葛　洪：是的。相对地说，得到“一”并不难，难就难在守住“一”而不丧失。做到了这一点，就意味着自己和“玄道”相通着。因此，一个人要健康长寿，就必须牢牢地守住“一”。

末　学：如何才能做到守住“一”呢？

葛　洪：得注意两点。一是对内“守真一”；二是对外“守玄一”。

末　学：请您分别介绍一下吧。

葛　洪：好的，我先讲“守真一”。什么是“真一”？“真一”就是元神。它是由气（炁）在人体化成而被称为“子珠”的东西。⑤ 纯而无杂，圆圆融融。

末　学：根据大相似定理和全息原理，一个人就是一个小宇宙。⑥ 那么，元神不就是宇宙初始状态的零形体—“混沌蛋”在人体的缩影吗？

葛　洪：这是科学的推理。不过以我的感知，恐怕是这个意思。

---

① 参见拙著《打开宇宙的另一扇门》4.4“‘混沌蛋’与‘道’（‘道体’）”。

② 老子：《道德经》第三十九章曰：“昔之得一者，天得一清；地得一宁；神得一灵；谷得一盈；万物得一生；侯王得一以为天下正。”

③ 老子：《道德经》第十章。又见葛洪：《抱朴子·至理》曰：“涤除玄览，守雌抱一。”

④ 《庄子·刻意》曰：“唯神是守，守而勿失，与神为一。”

⑤ 《周易参同契·养已守母章》云：二目垂帘，心不外走，专注于中宫，温养元神。子珠为元神。此神由先天炁化成，炁生神，元神为先天炁之子。真一之炁，视之不见，听之不闻。……

⑥ 参见拙著《我从哪里来，又到哪里去?》9.2“人体的生命信息元来自哪里?”。

末　学：如何“守真一”呢？

葛　洪：“守真一”就是守一存真，通过守护元神而将自己的本真保持住。

末　学：具体怎么做？

葛　洪：应该从三个方面努力。一是要有追求“玄道”的强烈意愿。二是要有知足的心态。三是自觉抵御外来的诱惑。

末　学：这三个方面看起来平常，实际上真正做到却是很难的。

葛　洪：对了。譬如，要有追求“玄道”的强烈意愿，就不是所有人能够做到的。这里有一个慧根的问题，即悟道的能力。它不光需要想象力和联想能力，还有洞察能力，特别是直觉能力，以及真诚、不懈的追求精神……再说，玄和道看不见、摸不着，真正是来无踪、去无影，但是它在观念上却是存在的。这就全靠自己领会和感悟了，这一点谁也帮不了谁的忙。

末　学：是否知足的心态和抵御外来的诱惑容易些？

葛　洪：也不见得。人生活在追逐名利的世界，要有知足的心态其实很难。外来的诱惑时时刻刻都有，譬如说打开因特网，每一条消息对人都是诱惑。当然道家进行修炼，也不是不食人间烟火，关键看如何正确对待。

末　学：这么说一般人很难修成正果。

葛　洪：也不尽然。有志者事竟成！

末　学：那么，修炼的正常心态是什么？

葛　洪：按照“玄道”的要求，应该是：神游星汉，逍遥自然；崇尚无为，守护淳朴；看破红尘，与世无争；澹泊明志，宁静致远。

末　学：这很有哲理啊。

葛　洪：是的，它包含了“玄道”的“无”和“有”。

末　学：明白了。无为和无争，包含着否定的性质，表现为将外物虚无化；而要实现逍遥自然、宁静致远，又必须抵御诱惑而虚化自己的物欲。最后保持了本真的自我，就将“无”转化为“有”，包含着肯定的性质。

葛　洪：所以“无”就是“有”；“有”就是“无”。

末　学：“无”和“有”——否定和肯定，构成了“玄道”的创造过程。

葛　洪：就是“道生一，一生二，二生三，三生万物。”

末　学：就宇宙来说，“玄道”生化万事万物；就个人而言，保持和“玄道”相通，就得道、“守一”，可以做到身心健康、延年益寿。

葛　洪：（高兴地）你得道了，我的朋友！

…………

末　学：先生，接下来请您谈谈如何“守真一”，好吗？

葛　洪：先谈“守玄一”吧。因为“守玄一”比“守真一”好掌握。“玄一”在人体外，“真一”在人体内。但是二者的功效是相同的。

末　学：这么说求见“玄一”比较容易？

葛　洪：是的。初次求见“玄一”，须沐浴或斋戒一百天，最好选在正午时分。一般得到它要用三四天，一旦成功并加以守持，“玄一”便不再离去。

末　学：具体怎样操作？

葛　洪：（面有难色）这是道术，道家是秘而不宣的。

末　学：为什么？

葛　洪：这是道家的规矩。

末　学：这个规矩一点都不能破？

葛　洪：不能！这是铁的纪律。为了遵守这个规矩，一代又一代道士歃血盟誓，相约只口头相传，所以一般人是根本无从知道的。

末　学：那我们隔着窗户纸就一点都不知道了？

葛　洪：我可以原则地讲一下。守护“玄一”时，要想象自己的身体分成三个人，之后再逐渐增加，可以增加到数十个人。这些人都跟自己长得一模一样，要在无意识中让他们有的隐没，有的显现。

末　学：噢，这和“玄道”化生万物的道理是一致的，也是“一生二，二生三，三生万物”。但是，为什么化生出好几个跟自己长得一模一样的人呢？

葛　洪：（有意识地）以我之见，你是能够解释这个问题的。

末　学：（突然醒悟地）他们都是自己的“反人”！

葛　洪：在你的《我的宇宙观》系列著作中，多次讲到每个人都有自己的反人。

末　学：是的。算起来我们每个人至少有五个反人：一是灵魂作为人体肉身同步缩小（或放大）的虚的形式，就像影子一样随时随地跟着自己，① 可以看作是自己的反人；二是潜意识（狭义）作为灵魂的镜像物，也可以看作是自己的反人；三是以衰变形式存在的阳性物质的负物质（阳一）即反物质构成的反物质世界，有一个自己的反人；四是阴性物质的正物质（阴十）构成的阴性物质世界，有一个自己的反人；五是以衰变形式存在的阴性物质的负物质（阴一）即阴性物质的反物质构成的反物质世界，有一个自己的反人。②

---

① 参见拙著《宇宙的秩序即道德的秩序》4.3“灵魂是人体肉身同步缩小（或放大）的虚的形式的数学证明”。

② 参见拙著《广义与狭义生命论》13.2“反人（反你）存在的逻辑上的推论”；13.3“反人（反你）存在的进一步论证”。

葛 洪：（高兴地）好的，能找到五个反人就不错了。

末 学：还有，根据宇宙平行理论和我们的宇宙平行存在的有许多个宇宙，也就有许多个相同的自己。

葛 洪：这是最新的科学研究成就。所以道教的“守真一”理论没有涉及它。

末 学：下边该谈谈如何“守真一”了。

葛 洪：（面有难色）这又牵涉到道术的问题。

末 学：您就讲大原则吧。

葛 洪：“真一”有姓名，有服色，也分男女，男的长九分，女的长六分。它有时在人的肚脐下二寸四分处的下丹田里；有时在心窝处的中丹田里；有时在两道眉毛之间向上三寸的上丹田里。这三座房子“真一”轮流住。

末 学：知道“真一”的位置，是否就可以通过修炼来守护？

葛 洪：对。但是具体的修炼方法我就不能讲了。

末 学：我尊重道家的规矩，就不勉为其难了。但是我想再从科学的角度探索“守真一”的原理，是否可以呢？

葛 洪：当然可以！在这方面探讨得越深入越好。

末 学：“真一”分男、女，也就是代表阳、阴两个符号。说明“真一”在人体中已经从“混沌蛋”的缩影中有所分化。但是还保留着“玄道”的本真。因而无论是男“真一”还是女“真一”，都是“真一”。

葛 洪：是的，男女“真一”的内涵没有变化。

末 学：人体的上丹田、中丹田和下丹田，分别是“真一”的三个栖息场所。“真一”不定期地住守在不同场所，以完成承担的不同任务。

葛 洪：是的，根据需要调节人体经络、血脉。

末 学：连接上丹田、中丹田和下丹田的是一条重要的经络叫任脉；背后相对应的经络叫督脉。任脉和督脉首尾联结，构成一个周天循环。它们分别与冲脉、带脉、阴维脉、阳维脉、阴跷脉、阳跷脉相连。然后又直接或间接地和十二经脉相连，① 从而在全身构成经胳和血脉的网络系统。

---

① 十二经脉是：手三阴经：手太阴肺经、手少阴心经、手厥阴心包经；手三阳经：手阳明大肠经、手太阳小肠经、手少阳三焦经；足三阳经：足阳明胃经、足太阳膀胱经、足少阳胆经；足三阴经：足太阴脾经、足少阴肾经、足厥阴肝经。十二经脉具有运行气血、连接脏腑内外、沟通上下等功能，无论感受外邪或脏腑功能失调，都会引起经络的病变。

葛　洪： 这些在《黄帝内经》上都讲了。①

末　学： 当修炼者“心—脑”一致时，灵魂产生和发射的灵魂波——一阴′+与脑意识产生和发射的思维波——+阴′一相互耦合，推动思维波——+阴′一携带阴性物质的正物质（阴+）——意念进入“真一”所在的上丹田，或者中丹田，抑或是下丹田。因为以虚粒子为特征的阴性物质的正物质（阴+）在量子水平上的叠加，这时在上丹田，或者中丹田，抑或是下丹田，就人为地创造了一个阴性物质世界的小环境。②

葛　洪：（思考地）意念进入“真一”所在的……

末　学： 当上丹田，或者中丹田，抑或是下丹田成为修炼者创造的阴性物质世界的小环境时，时空关系就发生变化了。

葛　洪： 什么变化？

末　学： 空间成为零存在形式或负存在形式；时间变为瞬间停滞、时光倒流和时光在超光速的基础上的加速度前进。③

葛　洪： 这会怎么样呢？

末　学： 人在感觉上就和“玄道”相通并进而合为一体了。同时在头脑中时不时产生灵感，并且偶尔有了预知未来的功能。

葛　洪： 这种感觉是有的。

末　学： 更为神奇的是，因为时光倒流，人就变得年轻了。也就是老子在《道德经》里说的：“复归于婴儿。”④

葛　洪：（兴奋地）是这样的。

末　学： 上丹田，或者中丹田，抑或是下丹田中时光倒流，就会传导到任脉和督脉以及冲脉、带脉、阴维脉、阳维脉、阴跷脉、阳跷脉；进而也会不同程度地传导到十二经脉（手太阴肺经、手少阴心经、手厥阴心包经；手阳明大肠经、手太阳小肠经、手少阳三焦经；足阳明胃经、足太阳膀胱经、足少阳胆经；足太阴脾经、足少阴肾经、足厥阴肝经）。于是人体内外都出现时光倒流的情况，能不变得年轻吗？道家常年修炼，所以人人都显得风华正茂。

---

① 《黄帝内经》成编于战国时期，是中国现存最早的中医理论著作。总结了春秋至战国时期的医疗经验和学术理论，并吸收了秦汉以前有关天文学、历算学、生物学、地理学、人类学、心理学知识，运用阴阳、五行、天人合一的理论，对人体的解剖、生理、病理以及疾病的诊断、治疗与预防，做了系统、全面的阐述，从而确立了中医学理论体系和中国医药学理论基础。

② 参见拙著《宇宙的秩序即道德的秩序》6.3“在创造的阴性物质的小环境中使旧物复原”。

③ 参见拙著《进入阴性物质世界》8.4“物质运动时间箭头的可变动性和可显示性”。

④ 老子：《道德经》第二十八章曰：“为天下溪，常德不离，复归于婴儿。”

葛 洪：（面向拉风箱的鲍姑，开玩笑地）夫人都变成18岁的少女了！

末 学：是啊，祝愿你们夫妇永葆青春！

葛 洪：（抱拳）谢谢！

9.4 仙人存在的证明

末 学：先生，道家心目中的神是什么？

葛 洪：仙，或者称作神仙，也叫仙人。

末 学：仙人和一般意义上的神有什么区别？

葛 洪：仙人有形体，与平常人一样，但却长生不死。仙人自由自在，具有超人的力量。一般意义上的神没有形体，在功能上和仙人一样。

末 学：（思考地）一般意义上的神，是生命在阴性物质世界的存在形式之佼佼者；① 仙人在本质上是什么呢？

葛 洪：（思考地）东晋时期有个叫黄初平的人，在道士的指点下学道，后来他的哥哥黄初起也和他一起学道，"共服松脂茯苓，至五百岁，能坐在立亡，行于日中无影，而有童子之色。后乃俱还乡里，亲族死终略尽，乃复还去。"② 他们是生命在阳性物质世界的存在形式吗？

末 学：（疑虑地）能活500岁，坐下有形，站起来形体就没有了，走在阳光下看不到影子，容颜就像儿童一样鲜嫩。这就不完全是生命在阳性物质世界的存在形式了。而是、而是……

葛 洪：是什么？

末 学：（顿悟地）生命在阴阳两个物质世界之间的存在形式之佼佼者。

葛 洪：属于阴阳人？

末 学：带有阴阳人的性质，但又不是普通人所理解的阴阳人。普通人理解的阴阳人是介于男性和女性之间有生理缺陷的人。而我所指的是生活在阴阳两个物质世界交汇处的生命存在形式。他既有常规功能，更多的是具有特异功能。仙人就是带有阴阳人性质的生命存在形式之佼佼者。

葛 洪：仙人是一种特殊的生命存在形式？

末 学：站在普通人的角度，仙人是一种特殊的生命存在形式。但是如果说站在仙人的角度，他们则认为自己是普通人，而普通人反倒是特殊的生命存在形式了。由此推之，站在神的角度也会得出相似的结论。

---

① 参见拙著《宇宙的秩序即道德的秩序》3.2"神、人、兽在宇宙生命坐标第Ⅳ象限的位置"。

② 参见《神仙传·黄初平》。

葛　洪： 生命存在形式也真够复杂了。

末　学： 是的。从现在看，宇宙间的生命至少有三种存在形式：一是生命在阴性物质世界的存在形式，就是神、瑰（鬼）。神是这种生命存在形式之佼佼者；二是生命在阳性物质世界的存在形式，就是人、兽（包括动植物、微生物、病毒等）。人是这种生命存在形式之智慧者；三是生命在阴阳两个物质世界交汇处的生命存在形式，就是仙，或者称作神仙，也叫仙人。他们当中的佼佼者是鸿钧老祖、元始天尊，或者说是王母。这个您比我更有发言权了。

葛　洪： 道教的鸿钧老祖是祖师爷。下来是天神，分为七阶，元始天尊列为第一阶。“昔二仪未分，溟涬鸿蒙，未有成形。天地日月未具，状如鸡子，混沌玄黄。已有盘古真人，天地之精，自号元始天王，游乎其中。”① 再下来还有道德天尊、灵宝天尊、玉皇、西王母等，他们的位阶都是很高的。

末　学： 仙人因为生活在阴阳两个物质世界的交汇处，所以他既不同于神，也和人不一样。这完全是由其生存环境决定的。

葛　洪： 仙人是生活在阴阳两个物质世界的交汇处。这个地方在你的《我的宇宙观》系列著作中叫什么名字?

末　学： 时空隧道。② 即空间的零存在形式和时间的停滞状态。

葛　洪： 这不就是类似于“无”吗?

末　学： 站在四维时空的角度观察，的确如此。但是如果说站在四维以上多维时空的角度观察，那就别有洞天了！③

葛　洪： 这个问题在你的著作中讲过，颇有见地。这么说仙人平常就住在时空隧道里。那么为什么有时候他有形体，有时候他又没有形体?特别是在阳光下看不到影子，而又有着超人的力量呢?

末　学： 这些都是仙人的特征。仙人住在时空隧道，运动速度稍微超过光速就没有形体了，并以不可见光的形式存在；反之，运动速度稍微低于光速就又有形体了，并以可见光的形式存在。所以他是时有形又时无形的。至于有超人的力量，那是因为仙人更多地具有特异功能的原因。

葛　洪： 通过我对仙人的考察和对神仙思想的总结，证明了仙人长生的实存性。现在经过你的论证，我更找到了理论上的支持。

末　学： 您证明了仙人长生的实存性，这在道教历史上具有极其重要的

---

① 参见葛洪：《枕中书》。

② 参见拙著《进入阴性物质世界》10.2“阴性物质世界的耗散结构效应沿着时空隧道变换”。

③ 参见拙著《广义与狭义生命论》5.2“时间和空间的维数对人类头脑的先天禁锢”。

意义。也对现代生命科学的发展有着重要的指导作用。

葛　洪：（会心地一笑）看来我们之间具有更多的共同语言。

末　学：人的思想和精神是穿越时空的。无论在哪个物质世界，彼此之间只要灵魂波和思维波达到同频共振，就能够进行沟通和交流。

葛　洪：但是现在还有很多障碍和局限性。

末　学：将来科学发展了，就一定能够从技术上解决不同时空生命互相沟通和对话的问题。我认为这一天的到来已经不远了。

葛　洪：盼望着这一天早日到来。

…………

末　学：先生，根据您的考察仙人自古就存在了？

葛　洪：是的，道教仙人有：鸿钧老祖、元始天尊、道德天尊、灵宝天尊、玉皇、西王母、东王公、真武大帝、赤松子、容成公、黄帝、三官大帝、务成子、彭祖、八仙、关帝、妈祖、月老、财神、钟馗、城隍、土地神，等等。

末　学：但是，为什么古代圣贤如孔子的书中就没有这方面的论述？

葛　洪：这不奇怪。圣贤不谈这些话题，不等于仙人不存在。况且孔子在这个问题上采取的是存而不论、敬而远之的态度，至少是存疑吧。孔子曰："子不语怪、力、乱、神"，① "敬鬼神而远之。"② "未能事人，焉能事鬼？""未知生，焉知死？"③ 另一方面，他的观点也很明确："阴阳不测之谓神。"④ "殷人尊神，率民以事神，先鬼而后礼。"⑤ 认为神鬼为魂魄所变，因而有"精气为物，游魂为变"⑥。"魂气归于天，形魄归于地。"⑦ 况且孔子还向老子学过礼。

末　学：孔子是生命在阳性物质世界的存在形式之佼佼者，他是治世的圣人，但不是得道的圣人；他的兴趣不在仙人上面，长处也不是道术。可以说，生命程序和密码的总设计师——阴性物质世界，抑或是它的人格化——神，对孔子和老子的生命在设计时就有不同的分工。孔子的著作中没有这方面的专门论述在情理之中。但是决不等于说"玄道"和仙人就不存在。

---

① 《论语·述而》。
② 《论语·雍也》。
③ 《论语·先进》。
④ 《周易·系辞》。
⑤ 《礼记·表记》。
⑥ 《周易·系辞》。
⑦ 《小戴礼记·郊特牲》。

葛　洪：你的解释是对的，很有说服力。

9.5　修仙：否定死而肯定生

末　学：先生，人经过怎样的修炼才能成为仙人？

葛　洪：这要经过否定死而肯定生的过程。

末　学：困难吗？

葛　洪：很困难，也很复杂。

末　学：是否又遵守道家的规矩，秘而不宣？

葛　洪：是的，这一条不能破。但是大的原则还是可以讲的。

末　学：那就请您多讲点吧！

葛　洪：好的。修炼成仙人和得道是一致的，人只有得道才能修炼成仙人。前面讲的那些得道的要领，也是修炼仙道所必需的。

末　学：您能概括出要点吗？

葛　洪：可以。简明扼要六个字：立志、明师、勤求。

末　学：这六个字可不简单。要立下志向，拜见名师，勤学苦练。到哪一天是个头呢？再说不拜见名师就得不到真传，所以一般人是望而却步的。

葛　洪：那怎么办呢？我也只能从大原则上讲了。

末　学：您就讲些大家都能听得懂的道理吧。

葛　洪：好的。“玄道”化生宇宙万物是一个顺向的过程，它从一到多。人的成长也是如此。譬如，从婴儿到少年、青年、壮年、再到老年。但是修炼仙道的过程却正好相反，是一个逆向的过程，即从多到一。通过修炼，它要将人从老年回到壮年、青年、少年，再“复归于婴儿”。

末　学：从多到一，返老还童。

葛　洪：用道家的话说：“正为人，逆为仙，只在其中颠簸颠。”

末　学：这就是得道修仙的大原则？

葛　洪：是的，没有比这再原则的了。

末　学：能再具体一点儿吗？

葛　洪：（疑虑之后）可以，我再讲具体点儿。

末　学：您就放开一点吧。

葛　洪：第一，要树立仙道可以学习的信心。天地是无为的，它包含万物，但是万物的运行要靠自己。从这一点说，人是有主观能动性的，许多事情都是事在人为。当然也要考虑先天因素，例如人在受气结胎时所属的星座，以及命运中的非人为因素。但是无论怎么说，一个人“守真一”、“守玄一”，修炼仙道，总对健康长寿有好处吧。如果说你的先天因素好，对修炼抱有浓厚的兴趣，并且坚持不懈，那么求仙的成效就大一些，仅此而已。

末　学：接下来呢？

葛　洪：第二，要形神互恃。就是说，人的身体和精神要互相守卫。

末　学：为什么呢？

葛　洪：如上所述，"玄道"既是"无"也是"有"。"玄道"化生出人，表现为人的精神是"无"、肉身是"有"。因为"无"以"有"为屏障，"有"凭借"无"而存在，所以人的精神要以肉身为依托，肉身又要以精神的存在而存在，否则就是行尸走肉。因而形神不可分离，要互相守卫。

末　学：道家形神兼顾，通过修炼进而否定死而肯定生。

葛　洪：你说对了。修炼仙道是双管齐下，成仙是神形同时飞升。

末　学：还有吗？

葛　洪：有，而且是最重要的。第三，修德。修炼仙道的过程同时就是积德行善的过程。在这方面道和儒是相通的。孔孟之道的仁爱之心，忠、恕、宽、厚的品德，都是道家所一贯推崇的。一个人只有成为一个有道德的人、高尚的人，修道成仙才有希望，否则不但达不到目的还会折寿。

末　学：这是为什么呢？

葛　洪：道家认为，有一种叫作"三尸"的东西，住在人的身体里。它没有形体，类似鬼魂，专门判定人的寿命，记录人的思想和言行。如果说一个人干了坏事，它就记录在案，并自动减少这个人的寿命。

末　学：这和我的理论有异曲同工之妙。

葛　洪：所以，我很看重你在《广义与狭义生命论》第6章第5节说的那一段话。你再念一遍吧。

末　学："我们的一举一动，一颦一笑，甚至每个人的DNA排列顺序都会清楚无误地记录在阴性物质世界的虚粒子上，而且是声像俱全。"

葛　洪：这样就把科学理论和道家的表述贯通起来了。

末　学：过奖了，我只是稍尽绵薄之力。

葛　洪：我们的谈话很有意义，也有很多共识。

末　学：只是耽搁了您的炼丹时间，很过意不去。

葛　洪：（指着拉风箱的鲍姑）你让她说，耽搁了吗？我们的谈话跟炼丹一样重要。谈话是"无"，炼丹是"有"。

末　学：也是"玄道"，关乎到精神和肉身的大问题。

葛　洪：你说对了，我的朋友！

…………

第 10 章　与慧能的对话[①]

慧能是释迦牟尼首传第三十三代祖师、中国禅宗第六代祖师，因而称之为六祖慧能。他于唐玄宗先天二年（713 年）圆寂于家乡广东新兴国恩寺，次年真身迁回曹溪，供奉在南华寺灵照塔中。

南华寺始建于南北朝的梁天监元年（502 年）。坐落在韶关曲江马坝东南的曹溪之畔。据史料记载，当年印度高僧智乐三藏自广州北上，途经曹溪，“掬水饮之，香味异常”，“四顾群山，峰峦奇秀”，“宛如西天宝林山地”遂建议在此建寺。天监三年，寺庙建成，梁武帝赐“宝林寺”名。后又先后更名为“中兴寺”、“法泉寺”、至宋开宝元年（968 年），宋太宗敕赐“南华禅寺”。寺后有卓锡泉（九龙泉）和数株高达数十米的古老水松。南华寺现有建筑除灵照塔、六祖殿之外，均是民国 23 年（1934 年）由李汉魂将军资助，[②] 著名

---

① 慧能（638—713），一作惠能，俗姓卢氏，原籍范阳（郡治在今北京城西南），出生在广东新兴，生活、传法于广东。佛教禅宗祖师，得黄梅五祖弘忍传授衣钵，继承东山法门，为禅宗第六祖。他是中国历史上有重大影响的思想家、宗教家。唐玄宗先天二年（713 年），圆寂于国恩寺，享年 76 岁，唐宪宗谥号大鉴禅师。圆寂后，真身不坏，被运回韶州（今广东韶关）曹溪，其门人裹棕涂漆，保持其生前形象。其肉身像至今保存在南华寺，供奉在灵照塔中。慧能说法：“顿悟自性，见性成佛。”并以“定慧为本。”曰：“先立无念为宗”，“佛法在世间，不离世间觉。”又曰：“自心归依自性，是皈依真佛。自皈依者，除却自性中不善心、嫉妒心、谄曲心、吾我心、诳妄心、轻人心、慢他心、邪见心、贡高心及一切时中不善之行，常自见己过，不说他人好恶，是自皈依。常须下心，普行恭敬，即是见性通达，更无滞碍，是自皈依。”《六祖坛经》载：“心迷法华转，心悟转法华，诵经久不明，与义作雠家；无念念即正，有念念成邪，有无俱不计，长御白牛车。”他的流风余韵，影响深远，后发展成各具特征的曹洞、临济、云门、法眼、沩仰五家宗派。

② 李汉魂（1894—1987），字伯豪，号南华，广东吴川人。1919 年保定陆军军官学校毕业。1926 年参加北伐战争。1934 年资助、重建南华寺工程，亲手题写“衣钵真传，明心见性，菩提无树，落叶归根。”抗日战争时期历任军长、军团长、集团军总司令，广东省政府主席。抗战胜利后，游历考察欧洲、拉丁美洲 20 多个国家。1949 年元旦，李宗仁代总统职，他应召回国任上将参谋长；3 月，何应钦继孙科组阁，他任内政部部长。赴台湾后，出任“总统府”上将参谋长及“内政部”部长。不久辞去职务，转道香港赴美国定居。1982 年，应廖承志邀请回国访问，在北京受到国家领导人邓小平、叶剑英、邓颖超的接见，并且回到广东，重游了韶关。著有《岳武穆年谱》《梦回集》《日记》（上下集）《欧洲散记》《拉丁美洲游记》等。

高僧虚云和尚募化并主持重修的。① 南华寺建筑面积约12000平方米，殿宇建筑保留了中国古代建筑的风格，呈中轴线两边对称布局。从正门进入，依次是曹溪门、放生池、宝林门、天王殿、大雄宝殿、藏经阁、灵照塔、六祖殿、方丈室。在大雄宝殿里，三尊贴金大佛高达8.31米，四壁罗汉彩塑多达500多个。在六祖殿中央，三座仿阿育王式木塔佛龛分别供奉着三具肉体真身菩萨，左为明代丹田和尚真身，右为明代憨山德清和尚真身，居中者则为禅宗六祖慧能和尚真身。左右两边墙壁，新镶嵌了二十九块石刻，上面按禅宗典籍的记述分别刻着南岳怀让、百丈怀海、沩册灵佑、仰山慧寂、临济义玄、去门文偃等二十九位慧能的继席贤僧画像。寺后的旧锡泉（九龙泉）终年流涌不绝，清澈冰凉，传说当年六祖慧能常在此浣洗袈裟。

六祖慧能真身像坐像高80厘米。六祖结跏趺坐，腿足盘结在袈裟内，双手叠置腹前作入定状。头部端正，面向前方，双目闭合，面形清瘦，嘴唇稍厚，颧骨较高。透射出六祖慧能饱经风霜、多思善辩和自悟得道的超然气质。坐像以六祖慧能的肉身为基础，由慧能弟子方辨亲手塑造。慧能圆寂前，身披袈裟，双腿盘屈，打坐入定，不吃不喝，使体内营养和水分逐渐耗尽，最终坐化圆寂。遗体放在两个密盖的大缸之中的木座上，座下有生石灰和木炭。座上有漏孔。经过相当长的时间后，内脏和遗体上的有机物腐烂流滴到生石灰上，不断产生热气，水分被吸干，变成坐式肉身干体，然后进行塑造。先上香泥，其次加布，再以铁叶、漆布固颈。弟子方辨对慧能的音容笑貌、气质神态有深刻的了解，因而由他塑造的这尊塑像，成功地反映出慧能的超凡气质和高僧形象。②

南华寺保存着唐中宗赐给六祖慧能的传世刺绣千佛袈裟。绢底呈杏黄色，上面绣有1000个佛像，佛像全部为结跏趺坐式，手势有入定、接引、说法、合掌等，口、鼻、眼和发髻清晰分明。用金线绣出形象，然后以蓝色、浅蓝

① 虚云和尚（1840—1959），原籍湖南湘乡，生于福建泉州。出生时母亲就去世，由庶母抚养长大。俗姓萧（一说“肖”），初名古岩，又名演彻，字德清，别号幻游。中国近代著名禅宗高僧。中国禅宗第十七代祖师，曹洞四十七代，临济四十三代，云门第十二代，法眼第八代，沩仰第八代。其禅功和苦行倍受称赞，以一身而兼禅宗五宗法脉，整顿佛教丛林，兴建名刹，为现代中国禅宗杰出代表。1949年，应邀赴北京参加佛教协会筹备会议，在广济寺与圆瑛法师、赵朴初等成立中国佛教协会筹备处。1953年被推为中国佛教协会名誉会长；同年，应请复兴江西云居山真如寺。1959年虚云圆寂于云居山，世寿120岁。舍利留存广东南华寺。1982年，美国纽约佛教禅宗中心为他修建纪念堂，将其传记用英文刻于石碑。记载其生平事迹的有《虚云和尚事迹》《虚云和尚年谱》《虚云和尚画法集》等。主要著作：《重建云居山真如寺事略》《云居山志重修流通序》《虚云和尚法汇》（岑学吕辑）《虚云和尚法汇续编》（净慧法师辑）。

② 参见“南华寺介绍”。www.sina.com.

色、朱红色、黄色丝线陪衬，再绣蓝色背光，四周是十二条形象生动的蛟龙。此外，还有宋代木雕五百罗汉群像。古往今来，南华寺因六祖慧能在中国佛教史和哲学思想史上的崇高地位，吸引着无数的人。苏轼有诗云："水香知是曹溪口，眼净同盾古佛衣，不向南华结香火，此身何处是真依?"文天祥亦有诗云："北行近千里，迷复忘西东。行行至南华，匆匆如梦中。佛化知几尘，患乃与我同。有形终归灭，不灭惟真空。笑看曹溪水，门前坐松风。"

…………

5 月里的一天，我南下来到南华寺。站在六祖殿内六祖慧能的真身像前，沉思良久。1300 多年前，就是眼前这个面色黝黑、貌不惊人，而且一字不识的僧人，经过艰苦卓绝的奋斗，开创了佛教中国化的先河，建立起"顿悟自性，见性成佛"禅宗思想体系。他以朴质简捷、清新明快的传教风格，使禅宗思想风行天下。他的流风余韵，一直影响到今天的海内外。自六祖慧能之后，唯传心印，不传衣钵。一花五叶，发展为各具特征的曹洞、临济、云门、法眼、沩仰五家宗派。虽分五宗，心心相印；法脉相承，灯灯相续。

我正想着如何与慧能大师交流和沟通的时候，不承想一瞬间他从真身像前化出，就这么直愣愣地站到了我的对面。我赶忙双手合十，施以鞠躬礼。随口说道："阿弥陀佛！六祖大师无量功德!"

慧能面含微笑，略回一礼。不无嗔怪地说："你在葛洪面前那么随便，怎么到我这里就拘束起来。"我说："师傅创顿悟成佛之说太伟大了，我在您面前不知怎样适从才好。"慧能认真了起来，他说："我知道你有两天不敢来见我，我想这就是我的问题了。"我说："我在学习《六祖坛经》，害怕在您面前出丑。"慧能说："你和葛洪谈得很好就一定和我能谈得来，因为禅和道是相通的嘛！再说，该紧张的是我而不是你。"我赶忙问："为什么呢?"慧能说："我不识字。和你这样有文化的人谈话能不紧张吗?"说完嘿嘿地笑了。

慧能的一席话就像一股和暖的春风扑面而来，完全打消了我事先的种种顾虑。他真诚、直率、睿智、友爱，立刻使我和他贴近起来了。就在六祖殿内的两个蒲团上，我和慧能作了首次谈话。

10.1　先当祖师，后当和尚

末　学：师傅，我读《六祖坛经》时，看到您艰难的人生，忍不住落泪了。

慧　能：是啊，每当我想起那一段经历，心里就不好受。真不知道当初是怎么熬过来的！我真感谢五代祖师弘忍收留了我，并且传给真经。

末　学：我的起点也很低，所以能理解您当初的处境。

慧　能：我的起点恐怕比你还低。那时除了母亲，没有人把我看到眼里。

末　学：是啊，母亲，伟大的母亲！

慧　能：我三岁时父亲就去世了。家徒四壁，穷得一塌糊涂。没有办法，就以砍柴为生。每天靠卖柴的那一点儿钱，养活老母亲，一直到我二十四岁。

末　学：（领悟地）这时出现了机缘？

慧　能：是的。有一天我在大街上卖柴，听到一位老者在默诵《金刚经》，一开始就吸引住了我。听着听着，我感到有一种大的境界在召唤着我。

末　学：您开始有了选择？

慧　能：是的，我要选择另一条道路。这时恰逢有一位好心人赠给我十两银子，我把它留给母亲。安顿好母亲的衣食之后，我便只身来到湖北黄梅东山寺，投奔五代祖师弘忍，请他教我学习佛法。

末　学：在《六祖坛经》中记载了您初见弘忍时的情景。"祖问曰：'汝何方人。欲求何物？'惠能对曰：'弟子是岭南新州百姓，远水礼师，惟求作佛，不求余物。'祖言：'汝是岭南人，又是獦獠，若为堪作佛？'惠能曰：'人虽有南北，佛性本无南北；獦獠身与和尚不同，佛性有何差别？'五祖更欲与语，且见徒众总在左右，乃令随众作务。惠能曰：'惠能启和尚，弟子自心，常生智慧，不离自性，即是福田。未审和尚教作何务？'祖云：'这獦獠根性大利，汝更勿言，看槽厂去。'惠能退至后院，有一行者，差惠能破柴踏碓。"①

慧　能：是这样的。"人虽有南北，佛性本无南北"的回答让弘忍对我刮目相看。他在暗地里考察着我，我却照样在碓房干着舂米等粗活。没有人注意到我，有的小和尚还人五人六地吆喝着我。

末　学：当时东山寺有1000多僧人，特别是神秀已是众僧中的上座和尚。

慧　能：是啊，我一个新来的大字不识的人没有人瞧上眼。

末　学：但是您"根性大利"，慧根和悟性是谁也比不了的。

慧　能：可是，要是没有弘忍大师的话，我就什么都不是了……

末　学：所以，弘忍大师这个伯乐的贡献真是太大了。

慧　能：我入寺八个月后，弘忍命各人呈上一首偈语。

末　学：这实际上是一场考试，他要选择继承人。

慧　能：是的，我也意识到这一点。当时神秀在半夜三更时分，独立掌

---

① 《六祖大师法宝坛经·自序品第一》（门人法海编集）。

灯，在佛堂的南廊写下一偈："身是菩提树，心如明镜台；时时勤拂拭，莫使有尘埃。"清晨时，弘忍见到此偈后，漠然不语。

末　学：那您怎么办呢？

慧　能：这时我刚从碓房出来，在佛堂前碰到江州别驾张日用，我对他说我不识字，请他代我将我作的偈写在廊上。张日用吃惊地看着我，不相信地说："汝亦作偈，其事希有！"在我再三恳求下，他同意为我代写。于是我高声念道："菩提本无树，明镜亦非台。本来无一物，何处惹尘埃。"①

末　学：嗣后的事情，在《六祖坛经》中这样记载着："书此偈已，徒众总惊，无不嗟讶，各相谓言：'奇哉！不得以貌取人，何得多时，使他肉身菩萨。'祖见众人惊怪，恐人损害，遂将鞋擦了偈，曰：'亦未见性。'众以为然。次日，祖潜至碓坊，见能腰石舂米，语曰：'求道之人，当如是乎？'乃问曰：'米熟也未？'惠能曰：'米熟久矣，犹欠筛在。'祖以杖击碓三下而去。惠能即会祖意，三鼓入室；祖以袈裟遮围，不令人见，为说金刚经。至'应无所住而生其心'，惠能言下大悟，一切万法，不离自性。遂启祖言：'何期自性，本自清净；何期自性，本不生灭；何期自性，本自具足；何期自性，本无动摇；何期自性，能生万法。'祖知悟本性，谓惠能曰：'不识本心，学法无益；若识自本心，见自本性，即名丈夫、天人师、佛。'三更受法，人尽不知，便传顿教及衣钵。云：'汝为第六代祖，善自护念，广度有情，流布将来，无令断绝。'听吾偈曰：'有情水下种，因地果还生，无情亦无种，无性亦无生。'祖复曰：'昔达摩大师，初来此土，人未之信，故传此衣，以为信体，代代相承。法则以心传心，皆令自悟自解。自古，佛佛惟传本体，师师密付本心；衣为争端，止汝勿传。若传此衣，命如悬丝，汝须速去，恐人害汝。'惠能启曰：'向甚处去？'祖云：'逢怀则止，遇会则藏。'三更，领得衣钵，五祖送至九江驿，祖令上船，惠能随即把橹。祖云：'合是吾渡汝。'惠能云：'迷时师度，悟了自度；度名虽一，用处不同。惠能生在边方，语音不正，蒙师付法！今已得悟，只合向性自度。'祖云：'如是，如是。以后佛法，由汝大行矣。汝今好去，努力向南，不宜速说，佛法难起。'"②

慧　能：是这样的。这一幕刻骨铭心，我永远记在心头。

末　学：弘忍经验丰富，怕您遭到不测，当夜面授机宜，一直送您至江

---

①　比较慧能作的偈和神秀作的偈，二者的差距是显而易见的。慧能作的偈其思想已直达四维以上多维时空的阴性物质世界，"本来无一物，何处惹尘埃。"属于灵空的境界；而神秀作的偈其思想仍然停留在四维时空的阳性物质世界，"时时勤拂拭，莫使有尘埃。"属于常人的修行方式。因此从一定意义上说，慧能的偈已经向我们打开了四维以上多维时空的阴性物质世界的大门。

②　《六祖大师法宝坛经·自序品第一》（门人法海编集）。

州渡口。师徒之情之深可见一斑，太感人了！

慧　能：他特别嘱咐我不到必要时机，不能将自己禅宗六祖的身份讲出来。

末　学：那后来呢？

慧　能：（直摇头）一言难尽。我走后不久，寺庙里仇恨我的人就一路追杀过来。“两月中间，至大庾岭逐后数百人来，欲夺衣钵。”① 历尽千难万险，我终于逃回了广东老家。至今有一件追杀我的事情仍使我难以忘怀，一个叫张行昌的江西人，不知道怎么对我那样仇恨。他趁天黑时潜入我的卧室……

末　学：在《六祖坛经》中这样记载着：“时，夜暮，行昌入祖室，将欲加害，师舒颈就之。行昌挥刃者三，悉无所损。师曰：‘正剑不邪，邪剑不正；只负汝金，不负汝命。’行昌惊仆，久而方苏，求哀悔过，即愿出家。师遂与金，言：‘汝且去，恐徒众翻害于汝，汝可他日易形而来，吾当摄受。’行昌禀旨宵遁，后投僧出家。”②

慧　能：是这样的。这个刺杀我的张行昌后来学禅变好了，他改名“志徹”。

末　学：师傅，您真是高人海量，化腐朽为神奇。

慧　能：这是禅的力量。

末　学：以后在广东老家是否安静了？

慧　能：没有，仍然有人不停地追杀我。无奈我只有躲藏在深山老林中与猎人为伍，这样算是比较安全了。

末　学：躲藏了多长时间？

慧　能：15 年。

末　学：（吃惊地）啊?!

慧　能：没有办法，为了自身安全，更为了将五祖弘忍教给的禅宗佛法传承下去，我必须忍受一切艰难困苦，顽强地坚持到底。

末　学：和猎人在一起生活也难有快乐，因为终归不是同一个信仰。

慧　能：是啊。佛门弟子不准杀生吃肉，而猎人就专干杀生的勾当。这是我最不能容忍的，也是对我最严峻的考验。

末　学：在《六祖坛经》中这样记载着：“惠能后至曹溪，又被恶人寻逐，乃于四会，避难猎人队中，凡经一十五载，时与猎人随宜说法。猎人常令守网，每见生命，尽放之。每至饭时，以菜寄煮肉锅。或问，则对曰：‘但吃肉边菜。’”③

---

① 《六祖大师法宝坛经·自序品第一》（门人法海编集）。

② 《六祖大师法宝坛经·顿渐品第八》（门人法海编集）。

③ 《六祖大师法宝坛经·自序品第一》（门人法海编集）。

慧　能：是这样的。我一方面偷着放生，另一方面只“吃肉边菜”。

末　学：也真难为您了。再后来呢？

慧　能：直到唐高宗仪凤元年（676年），我才公开露面。

末　学：（领悟地）这时出现了机缘？

慧　能：是的。这年正月初八，我来到广州法胜寺（今光孝寺）。一天风扬起寺庙的旗幡，两个僧人在争论到底是“风动”还是“幡动”，我在一旁说：“既非风动，亦非幡动，仁者心动耳。”①

末　学：这是禅宗“顿悟自性”而得出的结论。

慧　能：是的。我的这种说法让众僧大为惊叹，也引起了印宗法师的关注。不久印宗法师为我剃度，还举行了隆重的受戒仪式。

末　学：直到这时您才正式当上和尚。

慧　能：是的。我是先当祖师，后当和尚。

末　学：后来呢？

慧　能：翌年春天，我离开法胜寺北上南华寺传法，前来送行的有1000多人。

末　学：（感慨地）当年追杀您的有数百人，现在为您送行的有1000多人。世事变化多大啊！真是理无常是，今日是之，后或非之。

慧　能：（释然地发出笑声）此后我在南华寺传教说法37年。其间韶州刺史韦璩邀请我到开元寺（今大梵寺）讲经，内容被弟子法海记录汇编成书。

末　学：这就是禅宗经典《六祖坛经》？

慧　能：是的。书的全名是《六祖大师法宝坛经》。

10.2　顿悟自性，见性成佛

末　学：师傅，接下来我想和您一起学习和探讨禅宗的真谛。

慧　能：好的。禅宗的大门随时都大开着，欢迎每一位参禅者。

末　学：我的体会是，禅的本意在人的本心。一个人只要出自本心，就

---

①　参见拙著《不同维数时空和生命的美》6.2“审美过程中表现的同频共振”。慧能说：“既非风动，亦非幡动，仁者心动耳。”这可以看作是中国人最早阐述的相对论思想。为什么说既非风动，亦非幡动，而是人的心动呢？因为作为观察者他的灵魂产生和发射的灵魂波——一阴′+以超光速的速度直达对象物“幡”，同样会发生“尺变短、钟变慢”的现象。其中“尺变短”，表现为观察者及其灵魂和对象物“幡”之间距离缩短为零；“钟变慢”，表现为观察者及其灵魂和对象物“幡”之间体验的时间停滞。这时，观察者及其灵魂和对象物“幡”之间在瞬间合二为一；又因为观察者的灵魂波——一阴′+和对象物“幡”所回应的电磁波在瞬间达到同频共振，所以观察者便由直觉悟出既非风动，亦非幡动，而是人的心动。

见禅是禅，见佛是佛。否则就见什么不是什么，永远与禅、佛无缘。

慧　能：你说对了。心是根本，一切都由心念而生。

末　学：那么，是否一切实体存在物都不真实？

慧　能：是的。真实的存在只有你的心。

末　学：（思考地）从爱因斯坦相对论公式可知，当物体运动速度接近光速时，就出现“尺变短、钟变慢”的现象。

慧　能：（智慧地）如果说物体运动速度达到光速和超过光速呢？

末　学：物体运动速度达到光速时，尺就短得成为零存在形式（空间的零存在形式）、钟就慢得不动了（时光停滞）；物体运动速度超过光速时，尺就短得成为负存在形式（负空间）、钟就慢得朝逆时针方向走了（时光倒流）。①

慧　能：所以时空是假象。一切实体存在物都是虚幻而不真实的。“一切有为法，如梦幻泡影；如露亦如电，应作如是观。”②

末　学：时空的假象是否也随着人的观察的变化而变化呢？

慧　能：是的，你再开动脑筋想一想。

末　学：（思考地）人对宇宙物体的观察，总是在“心—脑”一致的情况下。这时灵魂产生和发射的灵魂波——一阴′＋与脑意识产生和发射的思维波——＋阴′一相互耦合，推动思维波——＋阴′一携带阴性物质的正物质（阴＋）——意念作用于观察物，这个速度起步就是超光速。

慧　能：于是，观察到的物体相对地就要发生变化了。

末　学：看似被观察的对象物没有运动，但是由于思维波——＋阴′一携带阴性物质的正物质（阴＋）——意念的运动速度超过光速，当它作用于被观察的对象物时，被观察到的对象物的时空关系就相对地发生了变化。同样也会发生“尺变短、钟变慢”的现象。这里的关键是：观察者思维波——＋阴′一携带阴性物质的正物质（阴＋）——意念的运动速度超过了光速。

慧　能：这个速度因人而异，有快有慢。

末　学：是的。在超光速的基础上，仍然有快慢之分。

慧　能：它决定了观察者观察到的物体形状及虚幻的程度。也就反映出观察者的功力的高下，一点儿都勉强不得。

末　学：师傅，您说的出自本心是指出自人的灵魂吗？

慧　能：是的。唯有人的本心——灵魂是真实的。

---

① 参见拙著《进入阴性物质世界》1.3“突破相对论时空观与树立灵魂和意识的新概念”。

② 《金刚经》。

末　学：我对灵魂的定义和描述是——

慧　能：这个我知道，在你的二百多万言的《我的宇宙观》系列著作中讲到了。甭看我不识字，但是我早就感知到了。你说吧！

末　学：灵魂是阴性物质的正物质（阴＋）和以衰变形式存在的阳性物质的负物质（阳－）即反物质构成的矛盾对立统一体。在灵魂的结构中，表现为以衰变形式存在的阳性物质的负物质（阳－）即反物质围绕着阴性物质的正物质（阴＋）做旋转式运动。在这种运动中，产生和向四周发射出灵魂波——－阴′＋。灵魂从植入一个受精卵的时候起，产生和发射的灵魂波——＋阴′－就具有固定的频率和波长，一生都不会改变。在灵魂波上，全息了一个人前世和今生的所有信息和密码。阳性物质的负物质（阳－）围绕着阴性物质的正物质（阴＋）做旋转式运动时，其速度在光速的下限，因而阳性物质的负物质（阳－）即反物质就成为似衰变而未衰变的东西，就像土星的光环一样美丽。也因为其旋转速度接近光速，就表现出轻微的重量来，所以灵魂是有质量的。

慧　能：只有一个人的本心也就是灵魂是真实的。肉身会腐烂，灵魂却会较长时间地存在下来，佛教甚至认为灵魂是不灭的。

末　学：灵魂是一个人肉身同步缩小（或放大）的虚的形式。[①] 反过来说，肉身就是一个人灵魂外在的实体形式。

慧　能：禅和佛教看重的是人的灵魂而非肉身，认为灵魂才是根本的东西。离不开人的本心也就是离不开人的灵魂。

末　学：怎样解释“顿悟自性，见性成佛”？

慧　能：禅法以直指、直示为特点，把见性、悟性作为禅的生命。“一闻言便开悟，顿见真如本性。”“若识自心，一悟即至佛地。”[②]

末　学：所以禅宗又是顿教，见性顿悟，即至成佛。

慧　能：功夫就在坐禅、禅定。

末　学：请您详细讲讲。

慧　能：“何名禅定？此法门中，无障无碍，外于一切善恶境界，心念不起，名为坐；内见自性不动，名为禅。”“何名禅定？外离相为禅；内不乱为定。外若着相，内心即乱；外若离相，心即不乱。本性自净自定，只为见境思境即乱。若见诸境心不乱者，是真定也”。“外离相即禅，内不乱即定；外

---

① 参见拙著《宇宙的秩序即道德的秩序》4.3“灵魂是人体肉身同步缩小（或放大）的虚的形式的数学证明”。

② 《六祖大师法宝坛经·般若品第二》（门人法海编集）。

禅内定，是为禅定。”“自见本性清静，自修自行，自成佛道。”①

末　学：还有，什么是定慧？

慧　能：“我此法门，以定慧为本，大众勿迷。言定慧别，定慧一体，不是二；定是慧体，慧是定用，即慧之时定在慧，即定之时慧在定。若识此义，即是定慧等学。”“定慧犹如何等？犹如灯光。有灯即光，无灯即暗；灯是光之体，光是灯之用。名虽有二，体本同一。此定慧法，亦复如是。”②

末　学：师傅，人的本心也就是灵魂，因而我觉得参禅时的顿悟有点像审美。

慧　能：噢，你说说吧！

末　学：“从直觉思维走向超验式判断的关键是，将直觉思维中的执着追求全部放下来，也就是：让灵魂波——一阴′＋和思维波——＋阴′一相互耦合的状态松弛（彼此分离）；让思维波——＋阴′一携带阴性物质的正物质（阴＋）——意念发散（不再专注于一个目标）。这时，就只有灵魂产生和发射的灵魂波——一阴′＋以超光速的速度对审美对象进行鉴赏判断。”③

慧　能：有点儿像，都是灵魂直接观照对象物嘛。但是不同的是：审美是本心也就是灵魂直接观照审美对象，目的是审美；而参禅却是本心也就是灵魂直接观照——道，目的是一悟即至佛地。

末　学：参禅的境界更深远。它是人的本心也就是灵魂的顿悟，具体地说是通过灵魂波——一阴′＋超光速的运动相对地改变时空关系，使人的本心也就是灵魂与道尽量地接近、再接近，进而达到与道合而为一。

慧　能：这个过程是在瞬间的顿悟中实现的。

末　学：所以您说：“顿悟自性，见性成佛。”　“汝等自心是佛，更莫狐疑！”④

慧　能：五祖弘忍对我说：“不识本心，学法无益；若识自本心，见自本性，即名丈夫、天人师、佛。”

末　学：这是至理名言！回过头来再看当年神秀作的偈，境界就低多了。

慧　能：神秀的偈是：“身是菩提树，心如明镜台；时时勤拂拭，莫使有尘埃。”

末　学：神秀不是用本心也就是灵魂去观照道，或者说去观照整个阴性物质世界。也没有运用直觉和顿悟，而是在现实世界时时勤拂心灵上的尘埃。

---

① 《六祖大师法宝坛经·妙行品第五》（门人法海编集）。

② 《六祖大师法宝坛经·定慧品第四》（门人法海编集）。

③ 《不同维数时空和生命的美》14.3“四维以上多维时空生命存在形式对美的鉴赏判断”。

④ 《六祖大师法宝坛经·付嘱品第十》（门人法海编集）。

更没有“识自本心，见自本性”，就不可能“一悟即止佛地”。

慧　能： 我的偈是针对神秀的偈而作的，表明了我的不同看法：“菩提本无树，明镜亦非台。本来无一物，何处惹尘埃。”

末　学： 菩提为梵文音译，意为觉悟、自觉，它本身怎么可能作为物体的树呢？明镜本心也不可能作为物体的台，人的心灵原本清洁纯净没有异质，哪里还能找到尘埃落脚的地方？……所以心也近乎无了！

慧　能：（智慧地）心就是你的灵魂，怎么能说是无呢？

末　学：（醒悟地）对不起，我说错了。是一种“无”的境界。

慧　能： 是一种“无”的境界，但是它还是“有”。心清洁纯净，这是心的本性。因而从本性上说，它无所谓招惹尘埃。心不仅清净，而且是智慧的、圆满的。心纯净意味着虚空，非常博大、无边无际，能容纳世间万事万物。心的本性无所谓生成和毁灭，因而心是永恒存在的。

末　学： 心的本性就是灵魂和它产生与发射的灵魂波——一阴′十的本性。

慧　能： 也可以这样理解吧。

末　学：（思考地）心的本性不就是禅、佛的本性吗？

慧　能： 你说对了！所以我说心就是佛。

末　学： 每个人都有心，也就是都有灵魂，因而每个人的本性中原本就有佛。这就为人人都能参禅、学佛提供了理论基础。

慧　能： 每个人心中的佛性，才是真正的佛。

末　学： 如果自己没有佛性，想凭借心外之物求佛呢？

慧　能： 根本没用。不过佛性可以启发，就像当年刺杀我的张行昌，后来学禅变好了，他改名“志徹”，也是佛性启发的结果。

末　学： 师傅，这就是说人人都能参禅、学佛？

慧　能： 对。任何人只要认识自己的本心也就是灵魂，见到本性，就可以参禅、学佛，甚至于能够修炼成佛。

…………

10.3　因缘骤合，境由心造

末　学： 师傅，我读《六祖禅经》，感到您从“缘起”谈起，对世俗外物的非真实性、虚幻性作了独辟蹊径的分析。

慧　能：“缘起”是佛教的一个重要思想。

末　学： 什么是“缘起”？

慧　能：“缘起”就是因缘而起的意思。世间万事万物并没有自己的本体，或者说没有独立的本性。它们都是因缘的产物。

末　学：是因缘交互发生作用？

慧　能：是的。“因”是指事物内部的作用和条件，“缘”是指事物外部的辅助作用和条件。内外因素交互发生作用，就是因缘聚合，事物产生。相反，内外因素作用不到一起，就是因缘离散，事物消失。

末　学：一切都是因缘而起，这个思想很深刻。

慧　能：世俗外物其实是不值得迷恋和追求的。

末　学：世俗外物本质上是什么？

慧　能：在佛教看来，世俗外物不过是幻相，是虚假不实的，是“性空”。

末　学：“性空”是否就是“无”？

慧　能：不是。“性空”并不意味着外界的一切都是无，它们仍然是有，但是只有“相”。也就是说只有观念上形象，而没有本性。

末　学：明白了。这时作为事物内部的“因”和事物外部的“缘”仍然存在着，只是内外因素离散开来，因缘消失。但是那个“相”在观念上还存在着。所以“性空”也是事物的一种存在形式。

慧　能：对。但是为什么这个“相”在观念上存在着？

末　学：这是人发挥想象力的结果。

慧　能：不全是吧？我看是境由心造。

末　学：噢，这就有主观美学的味道了。

慧　能：一个人的本心也就是灵魂是最重要的。世间万事万物，因为人的本心也就是灵魂对它们的感受才有意义。否则一切都是没有灵气的死物。

末　学：人的本心也就是灵魂的顿悟，同时就是审美过程。

慧　能：在禅、佛看来，阴阳两个物质世界都是很美的。

末　学：但是人为什么又有烦恼呢？

慧　能：人的本心原来是清净纯洁的，阴阳两个物质世界原本都是很美的。然而因为复杂的原因，呈现出来的却是种种迷乱，带给人的是无穷无尽的烦恼。在这个世界上无论是王公贵族，还是普通老百姓，还找不到一个没有烦恼的人。所以人们都在惊叹人生就是受苦。

末　学：师傅，对此我还有另外一种看法。

慧　能：（欣赏地）请讲吧！

末　学：以上说过人的本心就是灵魂。灵魂是什么？灵魂是阴性物质的正物质（阴＋）和以衰变形式存在的阳性物质的负物质（阳－）即反物质构成的矛盾对立统一体。每个人的灵魂在构成时，生命程序和密码的总设计师——阴性物质世界，抑或是它的人格化——神在构造“阴十”和“阳一”这两个矛盾的侧面时，一定做了选择。这就成为灵魂的先天综合因素。因而每个人的灵魂是有差别的。由于在灵魂的构成上“阴十”与阴性物质世界相联系，“阳一”与阳性物质世界相联系，因而人的本心也就是灵魂受到世俗外物的污染，首先是灵魂结构的矛盾侧面——“阳一”最先受到污染。因此，认为人的本心原来是清净纯洁的，只是性善论者的善意想法，也只具有相对的正确性。

慧　能：算是一种观点吧，可以进一步讨论。

末　学：佛教对此是怎么看的？

慧　能：佛教认为，人心也就是灵魂因为受到污染才变得烦恼起来，人生下来就是受苦的。把人生的烦恼、人生的痛苦称作“苦谛”。谛就是实情，即苦的实情。在佛教看来，苦是苦，乐也是苦，不苦不乐也是苦。

末　学：佛教对人生是悲观主义者。

慧　能：佛教把人生的苦分为八类：生苦、老苦、病苦、死苦、爱别离苦、怨憎添苦、求不得苦、五蕴盛苦。

末　学：能分别解释一下吗？

慧　能：（嗔怪地）这还用解释！

末　学：那就请您简单地讲一下五蕴盛苦是怎么回事！

慧　能：好吧，先讲五蕴。佛教认为，人是由五种要素集合而成的，这就是五蕴。它包括色蕴（组成身体的物质）；受蕴（感官产生的情）；想蕴（意象作用）；行蕴（意志活动）；识蕴（意识）。

末　学：噢，这就是《般若波罗蜜多心经》上讲的“照见五蕴皆空”“色即是空，空即是色。受想行识，亦复如是。”

慧　能：对。五蕴过盛人的欲望就大增，便会沉溺于世俗外物，无非是为了金钱名利地位美色这些东西而忙碌，无论忙碌的结果怎样，烦恼都会随之而来。最后发展为：执迷自己的邪念、狂妄作恶的心思、嫉贤妒能的念头、淫秽污浊的恶欲，等等。所以，五蕴盛苦是必然的。

末　学：人的这些烦恼都是自己找的？

慧　能：对。人的本心也就是灵魂原本干干净净的，并没有什么烦恼。但是因为抵挡不住外界金钱名利地位美色的诱惑，人的本心也就是灵魂被污染了，于是产生了各种邪念。所以，这是自寻烦恼、自讨苦吃。

末　学：人到了这一步，就看见什么都不顺眼。

慧　能：对。这也是境由心造的原因。感到个人前途、整个世界都是一片黑暗。严重的心理倾斜还会导致精神失常，甚至于出现更为可怕的事情。

末　学：或许参禅、学佛是一剂良药。

慧　能：是的，但是并不勉强谁来参禅、学佛。“自性若悟，众生是佛；自性若迷，佛是众生。自性平等，众生是佛；自性邪险，佛是众生。汝等心若险曲，即佛在众生中，一念平直，即是众生成佛。我心自有佛，自佛是真佛，自若无佛心，何处求真佛？”“自见本心，自成佛道。”①

10.4　摆脱外物，自我修行

末　学：师傅，人怎样才能摆脱烦恼回到本心呢？

慧　能：因为烦恼是人自找的，就只有靠自己的本性来度自己。

末　学：我想借用“五蕴”来分析这个问题。可以吗？

慧　能：当然可以。你说吧！

末　学：人是由色蕴（组成身体的物质）、受蕴（感官产生的情）、想蕴（意象作用）、行蕴（意志活动）和识蕴（意识）五种要素集合而成的。其中色蕴、行蕴归结为肉身的功能，受蕴和想蕴归结为灵魂的功能，识蕴归结为意识的功能。五蕴盛苦就是指人的肉身、灵魂和意识经受不住世俗外物的诱惑，私欲膨胀而招致的烦恼和痛苦。要靠自己的本性来度自己，就得摆脱外物，自我修行。其方法是：纯净灵魂、端正思想、约束行为。

慧　能：（高兴地）这也讲得通。“当用大智慧，打破五蕴烦恼尘劳。”②

末　学：那么，佛教是怎样教诲众生的？

慧　能：无念为宗旨、无相为本体、无往执着为基础。

末　学：请您分别解释一下。

慧　能：先看无念为宗旨。“无者无何事？念者念何物？无者：无二相，无诸尘劳之心；念者，念其如本性。真如即是念之体，念即是真如之用。真如自性起念，非眼耳鼻舌能念，其如有性，所以起念；真如若无，眼耳色声，当时即坏。”③ 无念就是一心一意从自己本心起佛性，不被这些世俗外物所诱惑。无念为宗旨就是从自己本心出发，“心地无非自性戒，心地无痴自性慧，心地无乱自性定，不增不减自金刚，身去身来本三昧。”④

末　学：无相为本体呢？

---

① 《六祖大师法宝坛经·付嘱品第十》（门人法海编集）。

② 《六祖大师法宝坛经·般若品第二》（门人法海编集）。

③ 《六祖大师法宝坛经·定慧品第四》（门人法海编集）。

④ 《六祖大师法宝坛经·顿渐品第八》（门人法海编集）。“三昧”，佛教用语。意思是使心神平静，杂念止息。此为佛教重要的修行方法之一。

慧　能：相是外界事物的形象。无相是指脱离所有世俗外物的制约，保持自身的清洁纯净。“无相者：于相而离相。”“外离一切相，名为无相；能离于相，即法体清净；此是以无相为体。”① 无相为本体就是立足于自身，不为外界一切有形无形的东西所束缚。“外离一切相，名为无相；能离于相，即法体清净；此是以无相为体。”更有“行、住、坐、卧，常行一直心是也”②。

末　学：无往执着为基础呢？

慧　能：无往执着就是不要被各种执着的念头所左右。因为人太执着了就会产生妄想邪念，伴随着野心勃勃的思想和言行，就会充满烦恼和痛苦。如果说进行修炼，也不能非要确定一个达到的目标。因为“无”的境界是没有形象的，心里老想着清净还能清净吗？因而必须破除这些心念，做到清静无为。无往执着为基础就是放下执着，有所为而有所不为。“我此法门，从上以来，先立无念为宗，无相为体，无住为本。无相者：于相而离相；无念者：于念而无念；无住者：人之本性，于世间善恶好丑，乃至冤之与亲，言语触刺欺争之时，并将为空，不思酬害，念念之中，不思前境。若前念、今念、后念，念念相续不断，名为系缚。于诸法上，念念不住，即无缚也。此是以无住为本。”③

末　学：师傅，具体怎么操作呢？

慧　能：禅、佛没有秘密，更没有秘而不宣的东西。

末　学：那您就和盘托出吧！

慧　能：好的。上面说过人的烦恼和痛苦来自人自身，由于人摆脱不了世俗外物的诱惑，使本心也就是灵魂沾染了污浊的东西。但是只要认识自己的本心，逐次经过五个步骤的修行，即可明心见性，顿悟得道。

末　学：第一步呢？

慧　能：第一步，“自性五分法身香，次授无相忏悔”。“一、戒香：即自心中无非、无恶、无嫉妒、无贪瞋、无劫害，名戒香。二、定香：即亲诸善恶境相，自心不乱，名定香。三、慧香：自心无碍，常以智慧，观照自性，不造诸恶，虽修众善，心不执着，敬上念下，矜恤孤贫，名慧香。四、解脱香：即自心无所攀缘，不思善，不思恶，自在无碍，名解脱香。五、解脱知见香：自心既无所攀缘、善恶，不可沉空守寂，即须广学多闻，识自本心，达诸佛理，和光接物，无我、无人，直至菩提，真性不易，名解脱知见香。”④

---

① 《六祖大师法宝坛经·定慧品第四》（门人法海编集）。

② 《六祖大师法宝坛经·定慧品第四》（门人法海编集）。

③ 《六祖大师法宝坛经·定慧品第四》（门人法海编集）。

④ 《六祖大师法宝坛经·忏悔品第六》（门人法海编集）。

末　学：第二步呢？

慧　能：第二步，“无相忏悔”。“令与汝等授无相忏悔，减灭三世罪，令得三业清净。”决心摆脱世俗的外在事物，宣誓忏悔：“弟子等从前念、今念及后念，念念不被愚迷染；从前所有恶业愚迷等罪，悉皆忏悔，愿一时消灭，永不复起。弟子等从前念、今念及后念，念念不被憍诳染；从前所有恶业憍诳等罪，悉皆忏悔，愿一时消灭，永不复起。弟子等从前念、今念及后念，念念不被嫉妒染；从前所有恶业嫉妒等罪，悉皆忏悔，愿一时消灭，永不复起。”①

末　学：第三步呢？

慧　能：第三步，“四宏誓愿”。“既忏悔已，与善知识发四弘誓愿，各须用心正听：自心众生无边誓愿度，自心烦恼无边誓愿断，自性法门无尽誓愿学，自性无上佛道誓愿成。”②

末　学：第四步呢？

慧　能：第四步，“无相三皈依戒”。就是凭借什么来去除烦恼和痛苦。“三”是“觉（觉悟）、正（佛法）、净（僧人）”，属于人的本心，因而又叫自心三宝。皈依了三宝，人就没有烦恼和痛苦了。“归依觉，两足尊；归依正，离欲尊；归依净，众中尊。从今日起，称觉为师，更不归依邪魔外道。以自性三宝，常自证明，劝善知识，归依自性三宝。佛者觉也，法者正也，僧者净也。自心归依觉，邪迷不生，少欲知足，能离财色，名两足尊。自心归依正，念念无邪见，以无邪凡故，即无人我贡高贪爱执着，名离欲尊。自心归依净，一切尘劳爱欲境界，自性皆不染着，名众中尊。”“今既自悟，各须归依自心三宝，内调心性，外敬他人，是自归依也。”③

末　学：“三皈依”就是回归到人纯净的自然状态。

慧　能：对。“三皈依”也叫“自皈依”。确切地说，就是叫人回归到自己的本心，也就是回到灵魂没有任何污染的先天形式。

末　学：第五步是什么呢？

慧　能：第五步，“一体三身自性佛”。一体就是人自身；三身是法身、报身、化身；自性佛是指人的本心即佛，也就是人的灵魂即自己的佛。“既归依自三宝竟，各各志心，吾与说一体三身自性佛，令汝等见三身，了然自悟自性，总随我道：‘于自色身，归依清净法身佛；于自色身，归依千百亿化身

① 《六祖大师法宝坛经·忏悔品第六》（门人法海编集）。

② 《六祖大师法宝坛经·忏悔品第六》（门人法海编集）。

③ 《六祖大师法宝坛经·忏悔品第六》（门人法海编集）。

佛；于自色身，归依圆满报身佛。'" "自心归依自性，是皈依真佛。"[①]

末　学：师傅，顺次做到这五步人就成佛了？

慧　能：是的。我还是老话，人的本心也就是灵魂原本清净纯洁，佛法从这里产生，称之为清净法身佛。"譬如一灯，能除千年暗，一智，能灭万年愚。"[②] 从心念来认识自己，就是圆满报身佛。"思量一切善事，即生善行。""内调心性，外敬他人，是自归依也。"[③] 终生积德行善，就是千百亿化身佛。

10.5　因果报应，六道轮回

在六祖殿内的两个蒲团上，我和慧能几乎是一口气作了如上的谈话。我们之间谈得很投缘，总有说不完的话题。在和慧能的交谈中，我也不由自主地进入了禅、佛的境界。我对他说："'诸佛妙理，非关文字。''经诵三千部，曹溪一句亡。'[④] 我读了不少书，也写了不少著作，真不如和您谈上两个小时收益大。"慧能摇着手一再否定我的说法，他说："我是因为穷得上不起学才一字不识，怎么能以此贬低文化人呢？如果说我当初上了学，能读会写，恐怕对禅、佛事业还会做出更多的贡献呢。我讽刺的只是那些读书不求甚解的书呆子，即使这样的人，也可以转化。譬如曾经向我求教的法达、智通等人，他们懂得了自性自度、顿悟成佛的道理，勤而习之，以后进步很大。千万不可以偏概全！"

没想到我的几句感慨竟然让慧能这么认真起来。我赶忙打住，扶他站起来，一起朝殿外走去。这时前来朝拜的人仍然络绎不绝，他们在慧能的真身像前或者好奇地发出惊叹，或者双手合十默默祈祷。慧能看都不看他们一眼，有些失落地对我说："他们只见我的真身而不念我的本心，悲夫！"

天色渐渐地暗了下来，一轮明月在寺庙上空升起。我让慧能好好休息一下，再吃一点儿东西。慧能说，今晚他不住阿育王式木塔佛龛了，要回灵照塔去住。我说我给他弄些吃的来，慧能笑了，认真而风趣地说："你忘了我的身份是生命在阴性物质世界的存在形式，我也只享用阴性物质的素食。"我说让我送他到灵照塔去，他说只几步路不用了，说话间就在我面前消失了。

第二天早上 10 点多，在灵照塔前，我和慧能又作了如下的谈话。

末　学：师傅，这两天我们谈了很多问题，都是围绕人与物的关系而展开的。

---

① 《六祖大师法宝坛经·忏悔品第六》(门人法海编集)。
② 《六祖大师法宝坛经·忏悔品第六》(门人法海编集)。
③ 《六祖大师法宝坛经·忏悔品第六》(门人法海编集)。
④ 《六祖大师法宝坛经·机缘品第七》(门人法海编集)。

慧　能：是的。人要维持肉身的生存和延续，就离不开食和性。但是当人贪婪、过度地追求这些东西时，就成了物欲和性欲的奴隶了。

末　学：这时烦恼和痛苦就随之而来。

慧　能：禅、佛告诉人们，要摆脱烦恼和痛苦，就得摆脱世俗外物的束缚，回到自己的本心。顿悟自性，见性成佛。就意味着人与宇宙天体同一，也就获得了身心解放，享受到真正的自由和幸福。

末　学：但是这能永恒吗？

慧　能：不能，因为人总是要死的。像葛洪说的长生不老的修道成仙者，只是极少数，绝大多数人都做不到，即使活到百岁以后也得死去。

末　学：那么禅、佛怎样看待生死呢？

慧　能：“报诸学道人，努力须用意，莫于大乘门，却执生死智。”“此宗本无诤，诤即失道意，执逆诤法门，自性入生死。”① 就是说参禅学佛以后，便可以用智慧的眼光、超然的态度看待生死问题。

末　学：禅、佛看重生命，就立“五戒”？②

慧　能：在“五戒”中佛门最看重的是不杀生，认为杀生是最大的罪孽。同时主张不吃肉，因为它与生死轮回有关。佛教认为动物是人转生投胎的，吃肉、杀生就是人类相残。这样残忍的事情与佛教的教义格格不入！

末　学：噢，是这样的。您能详细地讲一下生死轮回吗？

慧　能：当然可以。上面说过，一切事物都由因缘聚合而生，又因因缘离散而亡；然后再重新聚合、离散，生生灭灭，循环往复。因缘有十二种，也叫十二轮。③ 十二因缘是一个连环钩锁，相互牵连着。就像一个轮子带动另一个轮子一样，形成因果链条，这就是轮回。一切生命都处在“六道”轮回当中，人也不例外。十二因缘是动因，六道是处所。

末　学：什么是六道？

慧　能：（智慧地）我要借用你在《宇宙的秩序即道德的秩序》第 10 章中的理论说明这个问题。按照佛教的“六道”轮回说，将阴性物质世界由低到高分为六个层级，每个层级都存在着不同的生命在阴性物质世界的存在形式。一是地狱道。这个最低层级是在地下，留驻着忍受各种酷刑的鬼类。二是饿鬼道。在这个低级层级，是杂居人间和荒郊野外忍饥挨饿的饿鬼。三是畜生道。在这个层级，存在着飞禽走兽和各种昆虫的生命在阴性物质世界的存在

---

① 《六祖大师法宝坛经·付嘱品第十》（门人法海编集）。

② 五戒，是指不杀生、不偷盗、不邪淫、不妄语、不饮酒。

③ 十二因缘是指：无明、行、识、名色、六入、触、受、爱、取、有、生、老死。

形式。四是阿修罗道。在这个层级，存在着介于鬼和神之间，易怨好斗，地位低于人类的生命在阴性物质世界的存在形式。五是人类道。在这个较高层级，存在着宇宙的高级智慧生命——人类生命在阴性物质世界的存在形式。六是天道。在这个最高层级，存在着天神也有天人。它们是生命在阴性物质世界的存在形式之佼佼者，是无所不知、无所不能的神人。它们以不可见光的形式存在，关爱众生，替天行道；同时又沐浴光明，享受自然的快乐。

末　学：看来神人比葛洪说的神仙还要风光百倍。

慧　能：是的。这个你怎么解释呢？

末　学：神人以不可见光的形式存在，生活在四维以上多维时空阴性物质世界的最高层级。神仙有时表现为不可见光的存在形式，有时又表现为可见光的存在形式，生活在连接阴阳两个物质世界的时空隧道，那里是空间的零存在形式和时光的停滞。显然神人的生命形式比神仙的生命形式在层级上高多了。

慧　能：有道理。有时候死亡并不一定是坏事，关键是看你轮回在六道的哪一个层级。虽然都是生命在阴性物质世界的存在形式。

末　学：轮回于六道的各种生命在阴性物质世界的存在形式，均没有肉身，其结构式是：灵魂 ＋ 意识（不完全意识）＋ 潜意识（狭义）＋ 潜意识（广义）。

慧　能：所有生命在阴性物质世界的存在形式都是这种结构式，我也不例外。区别仅在于灵魂和意识（不完全意识）在结构上的差异。因缘离散，肉身消失。剩下就是灵魂和意识（不完全意识），特别是灵魂较长时间存在着。因此，人死后精神还活着，它要转到六道中去轮回。

末　学：那么，佛教是否轻视人的肉身呢？

慧　能：不能说轻视肉身，而是说相比较之下更看重人的本心也就是灵魂。人的肉身就是灵魂栖居的房子，人死了就如同房子破烂了，灵魂再去寻找另一间新房子栖居（重新投胎），这就是生命的轮回。

末　学：这个问题我是这样论证的：当生命程序和密码的总设计师——阴性物质世界——抑或是它的人格化神，将编制好的生命程序交给处于阴阳两个物质世界交汇处的潜意识（狭义）执行指令，灵魂和意识（不完全意识）之间的链条及时断裂，于是灵魂就游离出来，并且不失时机地植入一个受精卵中，于是一个具有灵魂的肉身的胚芽便形成了。在母体中经过10个月的孕育，分娩后胎儿呱呱坠地——生命在阳性物质世界的存在形式诞生了。[①]

慧　能：有道理。但是要用实验去证明，现在还办不到。

末　学：那就只有等待未来的科学家的实验证实了，对此我毫无办法。

慧　能：禅、佛的许多理论现在也证实不了，但不影响参禅和学佛。所以你也不要悲观失望，要明心见性，有所为而有所不为。

末　学：（兴奋地）谢谢师傅，我一定努力去做。

慧　能：灵魂游离出来要寻找生缘，也就是投胎，究竟进入六道轮回中的哪一个道呢？这就完全在个人的造化了，即由灵魂的质量来决定。譬如，灵魂本质好、光色明朗，就会被明朗的宇宙之光所吸引，进入人道或天道。反之情况则相反，就会进入地狱道、饿鬼道、畜生道。

末　学：那么灵魂的本质是由什么决定的？

慧　能：是由自己的“业力”决定的。业力就是众生行为所产生的作用。包括身业、口业、意业三个方面。人的行为受意识支配，因而意业最重要。人的行动、言论、思想有不同的性质，行善是善业，作恶是罪业，不善不恶是无记业。它们都准确无误地被记录下来。人死之后，业力留下来，积聚在灵魂里。然后对号入座，进入六道轮回中属于自己的哪一个道，不会有分毫的差错。所以，今生是什么，完全决定于前世的业力；现世的思想言行，又影响着下辈子。佛教认为：种瓜得瓜，种豆得豆；因果报应，六道轮回。

末　学：师傅，业力会不会像种子一样一轮一轮地传下去？

慧　能：会的。业力不断地积累，行善和作恶不仅影响人的一生，而且还会渗入因果链条，影响到自己下辈子以及子孙后代。

末　学：那么，干了坏事的人是否永远都不能翻身？

慧　能：不是的，业力的积累还可以中断，这就是涉及相反业力的效果问题。“自性起一念恶，灭万劫善因；自性起一念善，得恒沙恶尽，直至无上菩提。念念自见，不失本念，名为报身。”[②]

末　学：噢，这就公平了。做了坏事的人能看到洗刷罪恶的希望；做了善事的人也不可能一劳永逸。禅、佛的确伟大、英明！

慧　能：坏人可以放下屠刀，立地成佛。好人就更应该加倍努力，争取一生善始善终。大家的善业越积越多，整个世界就越来越好。

…………

末　学：师傅，无论怎么说死亡对人都是最大的不幸。

---

① 参见拙著《宇宙的秩序即道德的秩序》14.3“生命的两种存在形式在前台和后台循环登场”。

② 《六祖大师法宝坛经·忏悔品第六》（门人法海编集）。

慧　能：这要看你将立足点放在哪里了。死亡不过是生命存在的另一种形式，死也就意味着生。一个人寿终正寝，民间都看作是一件喜事，庄子不也鼓盆而歌吗？你怎么就忘记了？

末　学：但是死亡还是给人带来恐惧感。

慧　能：所以，解除和减轻人们对死亡的心理压力，就成为宗教的重大使命。禅、佛认为精神不死、灵魂不灭，给人以巨大的希望；但是六道轮回又使人陷于对未来生存状态的忧虑。人就是生活在这两难之中。

末　学：这是一个二律背反的问题。那么，人是否能够摆脱业力的链条？

慧　能：当然可以。只要功德圆满，就能够直接去西方净土，那里是极乐世界。"所以佛言：'随所住处，恒安乐。'"①

末　学：怎样才能做到功德圆满呢？

慧　能：从本心也就是从灵魂出发，诚心诚意，规范言行，不急不躁，从善如流。久而久之功德自然而然就圆满了。

末　学：是不是多做好人好事？

慧　能：非也。"公曰：弟子闻达摩初化梁武帝，帝问云：'朕一生造寺度僧，布施设斋，有何功德？'达摩言：'实无功德。'"②

末　学：为什么呢？

慧　能：梁武帝做的好人好事不能称为功德，只能叫求福报。求福报做的是身外事，不能代替功德。"武帝心邪，不知正法，造寺度僧，布施设斋，名为求福，不可将福便为功德。功德在法身中，不在修福。"③

末　学：（兴奋地）明白了。那么西方净土一定很遥远吧？

慧　能：（神秘地）远在天边，近在眼前。

末　学：什么意思？

慧　能：对于觉悟的人来说，西方净土近在眼前；对于觉悟慢的人来说，西方净土就远一些；对于不觉悟的人来说，西方净土就遥不可及。"若论相说里数有十万八千，即身中十恶八邪，便是说远。说远，为其下根；说近，为其上智。""使君心地，但无不善，西方去此不遥；若怀不善之心，念佛往生难到。"④

末　学：师傅，一个人修行、积德是否一定要在寺庙里？

慧　能：也不一定，关键是出自本心、灵魂纯净，在哪里都行。"若欲修

---

① 《六祖大师法宝坛经·决疑品第三》（门人法海编集）。

② 《六祖大师法宝坛经·决疑品第三》（门人法海编集）。

③ 《六祖大师法宝坛经·决疑品第三》（门人法海编集）。

④ 《六祖大师法宝坛经·决疑品第三》（门人法海编集）。

行，在家亦得，不由在寺。在家能行，如东才人心善；在寺不修，如西才人心恶。但心清净，即是自性西方。”①

末　学： 照这么说，觉悟了的人就已经在西方净土上？

慧　能： 是的。心念清净，佛土清净。内心的净化就相当于身在西方净土。只要回到本心，纯洁灵魂，人不仅可以摆脱烦恼和痛苦，而且还能够超越死亡的恐惧。因果报应，六道轮回，对人只能是好事而非坏事。

末　学：（双手合十，行鞠躬礼）谢谢！谢谢师傅！

慧　能：（含笑地）阿弥陀佛！

① 《六祖大师法宝坛经·决疑品第三》（门人法海编集）。

第11章　与托马斯·阿奎那的对话[①]

托马斯·阿奎那出生在意大利南部拉齐奥大区弗罗西诺内省（Frosinone）的罗卡塞卡（Roccasecca）镇。在它的东南约4公里处，有一个阿奎诺（Aquino）镇，曾是托马斯·阿奎那祖先的封地。由于托马斯·阿奎那是中世纪意大利著名的神学家和哲学家，在西方思想界、宗教界产生深远的影响，并且被列入“世界十大思想家”的行列，所以这两个小镇对外都宣称它们是托马斯·阿奎那的故地。如此的名人效应，中外概莫能外。

前两年我去意大利访问，途经罗卡塞卡及阿奎诺时没有下车，当时觉得它们远不及中国江南的小镇那样吸引人，就急急忙忙地赶往另外一个城市。这一次要采访托马斯·阿奎那，就不得不专门去他的故地拜访他。罗卡塞卡是一个小镇，面积只有42.95平方公里，居民6600人。镇内没有玲珑的小桥流水，也没有刻意打造的人为景观。建筑多为青砖和石头结构的两层或者三层楼房。新式建筑不多，大部分是中世纪以来的旧房子，几经修复仍然坚固耐用。弯曲的街道或胡同一律铺着不规整的石板路，蜿蜒地伸向远处。引人注目的是差不多每一家的阳台上，都有一盆盛开的红色的三角梅，有的吊篮里的紫罗兰一直耷拉到半空中。这里的教堂不像罗马城里的教堂那样高大、宏伟，而是建造得质朴，肃穆。那些靠着石阶晒太阳的老年人，是那样的安静、祥和，好像千百年来这里不曾发生过任何事情似的。然而当我与他们闲聊时谈起托马斯·阿奎那，一个个便精神为之一振，伸出大拇指骄傲地说：

---

① 托马斯·阿奎那（Thomas Aquinas，1224—1274），中世纪经院哲学的哲学家和神学家。生于意大利南部一个贵族家庭。他在五岁时进入卡西诺山修道院学习，十六岁时负笈那不勒斯大学，学习哲学、雄辩学、逻辑学和拉丁语法。1244年，加入多明我会。1245—1248年，在巴黎大学读书，获得博士学位。1261—1264年，被委派服务于教宗法庭。1274年，赴里昂大公会议途中去世。1323年，被教宗John二十二世列入圣品，1567年，被教宗比约五世封为圣师。1879年，被良十三世封为“天主教学校和天主教学者”的主保，誉称为“天神博士”（Doctorofangel）。他是自然神学最早的提倡者之一，也是托马斯哲学学派的创立者，成为天主教长期以来研究哲学的重要根据。天主教教会认为他是历史上最伟大的神学家，将其评为33位教会圣师之一。最知名的著作是《神学大全》（*Summa Theologica*）。

“OK、OK!”

…………

我是在罗卡塞卡镇的石板路上无意中碰到托马斯·阿奎那的，他好像刚从教堂做完弥撒仪式出来，高大而肥胖的身躯在艰难地挪着步子。我快步上前向他施以鞠躬礼，并将名片递给他。他瞄了一眼就装进上衣口袋，然后伸出双臂拥抱我。听到他瓮声瓮气的声音：“尊贵的东方朋友，欢迎你!”

托马斯·阿奎那和我寒暄一阵之后，说他知道我早些时候在雅典拜访过柏拉图和亚里士多德。他的思想受柏拉图和亚里士多德影响很大，所以他认定我一定会来找他的，但是没有想到我这么快就到了罗卡塞卡，并且今天在路上碰见他。他说要请我吃意大利西餐，约定今晚在一所中学对面的一家餐馆。说完之后托马斯·阿奎那在瞬间就消失了。这不奇怪，因为他是以生命在阴性物质世界的存在形式的运动速度离开这里的，肉眼根本无法追踪。

天色渐渐地暗了下来，小镇上的酒吧开始热闹起来。三三两两的年轻人手拉着手走进来，一种热烈而浪漫的气氛弥漫在房间四周。这便是欧洲人的夜生活，祖祖辈辈都这样延续着。他们悠闲地面对面坐着，慢慢地品尝红葡萄酒，温文尔雅地交谈着，一直到午夜很晚的时候。

七点整我如约准时来到这家餐馆，一抬头托马斯·阿奎那早已坐在了桌子前。他客气地让我坐在他的对面，并且开始点菜。在明亮的烛光下，我仔细地打量着面前的托马斯·阿奎那。他坐下来满满当当地占据了一个大沙发。脑袋硕大，头发稀疏，脖子短粗，面庞富态，一双大眼睛放射着睿智的光芒。鼻子端正、略微翘起，嘴巴肥厚，说话的声音带有磁性的共鸣。

不一会儿，服务员送上了牛排、烤鱼、烧鸡、沙拉、青菜、意大利面条、炒饭等，甚为丰盛。我知道托马斯·阿奎那过着苦行僧的生活，过去每顿饭只吃面包，喝凉水，基本上不吃荤菜，今天一定是为招待我而破例了。然而他只是一再招呼我多吃，自己却不动刀叉。我叫他多吃，他只是憨厚地笑着。最后逼得无奈了才说：“我也是只吃阴性物质的素食啊!”

我拍了一下自己的脑袋，怎么就忘了托马斯·阿奎那生命在阴性物质世界的存在形式呢! 他也乐得直笑，笑声像洪钟一般回荡在周围……

就在这间餐馆，我和托马斯·阿奎那作了如下的谈话。

11.1 上帝的存在确凿无疑

末　学： 先生，我们谈谈上帝的存在，您乐意吗?

托马斯·阿奎那： 我是上帝忠实的仆人，当然乐意谈主了。

末　学：听说您在 1273 年 12 月 6 日的一次弥撒仪式中，看见了神迹。

托马斯·阿奎那：是啊。当时的情景是，当乐师奏完音乐后，出现了片刻的安静。我凝视着正前方，猛然看见上帝在教堂的顶部显现了。

末　学：上帝一定是很慈祥的。

托马斯·阿奎那：不全是慈祥。他的面庞清瘦，神色凝重。眼睛是温和的，但是又饱含着抱憾和期待的目光。他在空中艰难地迈着步子，然后落地走到信徒们中间。他注视着每一位祈祷的人，嗣后又飘然升空了。

末　学：上帝一定给您以巨大的启示?

托马斯·阿奎那：是的。之后我就停止了《神学大全》的写作，以至使它变成了未完成的作品。可是今天人们还把它当成我的代表作……

末　学：为什么封笔呢?

托马斯·阿奎那：（自责地）我写不下去了……因为与我所见和受到的启示相比，我过去所写的一切犹如草芥。

末　学：噢。如果您这样看待自己的作品，那么我的著作就更浅薄了。

托马斯·阿奎那：不，不能这样看。你有你的优势，与我不可同日而语。

末　学：谢谢。听说后来您每当祷告时，都能听到来自十字架的声音。那些声音鼓励您坚持写作，称赞您的布道精神。

托马斯·阿奎那：是的。可惜我没有勇气完成著作，辜负了主的期望。

末　学：听说有的修道士曾经看见您凌空飘起?

托马斯·阿奎那：这有可能，但是这不是我刻意追求的。

末　学：我相信有这个可能。诚心诚意地祈祷，同道家、禅佛专心致志的修炼道理是一样的。当达到一定程度，时空关系发生变化，就突破空间、距离。中国近代高僧虚云老和尚，在禅定中到达天上（兜率天内院），听弥勒菩萨讲经说法，是有真实的记载的，成为当代中国佛教的佳话。①

托马斯·阿奎那：亲眼看见上帝的人毕竟是极少数，我算是幸运儿。对于大多数人来说，都没有这个福分。因此我主张通过理性告诉人们，上帝的存在确凿无疑，而且上帝是唯一的存在。这是我毕生要做的工作。

末　学：从现代科学可知，宇宙间的绝大多数物质都是以不可见光的形式存在的，约占光波的 98%。只有极少数物质是以可见光的形式存在的，约占光波的 2%。上帝是以不可见光的形式存在着，所以一般人是看不见的。

托马斯·阿奎那：那为什么有的人能看见上帝呢?

末　学：这就是特殊的天赋，或者说身体中特异功能的发挥超出了常规

---

① 参见香港佛陀教育协会 2006/5 视频。钟茂森：《太空物理学新发现的启示》。www.sina.com.

功能的发挥。不仅可以看见上帝，而且还能够看见更多的生命在阴性物质世界的存在形式。有的甚至于还可以和他们进行交流和对话。

托马斯·阿奎那：（不解地）上帝是唯一的存在，怎么还那么多……

末　学：上帝只是宇宙诸神中的佼佼者，但是并不是唯一的佼佼者。

托马斯·阿奎那：这怎么解释？

末　学：这就要从宇宙生命的产生说起。在宇宙生命坐标第Ⅳ象限，“神—人—兽”的大格局早已奠定。什么是神？神是横坐标轴X靠近坐标原点的一个点，和纵坐标轴Y上的任意一点，在特定的时空条件下相碰撞而产生的生命在阴性物质世界的存在形式。宇宙间诸神的位置，是在横坐标轴X靠近坐标原点的无数个点的区间，和纵坐标轴Y上无数个点的区间在特定的时空条件下相交汇，从而在欧几里得几何坐标系或者黎曼几何坐标系上的表示。可见，神——生命在阴性物质世界的存在形式之佼佼者，是愈益靠近纵坐标轴Y的全部具有阴性物质功能——特异功能的生命形式。它没有肉身，或者说只有观念上的肉身，是一种最高级的生命形式。因而神是“全知、全能、全在”。①

托马斯·阿奎那：这不是上帝吗？

末　学：对。在宇宙的诸神中，东方人称神灵是无所不知、无所不能；西方人称上帝是“全知、全能、全在”。将东西方人的观念统一起来，把宇宙间最高位阶的神就可以统称为神灵、上帝。我在《我的宇宙观》系列著作中就是这样称谓的。这是基于东西方文化的差异而采用的求同存异的做法。

托马斯·阿奎那：噢，是这样的。让我再想想……

末　学：先生，我很欣赏您说的通过理性告诉人们，上帝的存在确凿无疑。

托马斯·阿奎那：是啊。如果信仰包含着理智对所信对象的赞同，信徒们有理性的支持，就会成为一种理智的追求。

末　学：从这里就可以看出东西方文化的差异。

托马斯·阿奎那：有什么差异？

末　学：同样面对超自然现象，西方人诉诸理性、归为信仰、表现虔诚、救赎灵魂、完善人性；而东方人则将其归为感性、视为迷信、表现随意、乞求福寿、专心功利。这种差异真是太大了！

托马斯·阿奎那：在中世纪，教会的力量足以和王权抗争。

末　学：可是在东方，譬如在中国宗教一向屈从皇上和官府。特别是儒

① 参见拙著《宇宙的秩序即道德的秩序》3.2“神、人、兽在宇宙生命坐标第Ⅳ象限的位置”。

家学说或者说儒教，在后来则直接为统治者服务。

托马斯·阿奎那： 我感到东方人总离不开皇上，没有皇上也要制造一个皇上统治自己才感到舒服一些，真是怪怪的。

末　学： 就像西方人总离不开上帝一样。但是内涵和意义却相差甚远！

托马斯·阿奎那： 我是从理性上论述上帝的存在确凿无疑。

末　学： 中国人则从理性上论述皇上存在的合理、合法性。譬如奉天承运……

托马斯·阿奎那： 你们西汉的董仲舒首开先河，你还称赞过他呢！

末　学： (一脸窘态)……

托马斯·阿奎那： 好吧，不说这些了。我现在讲讲我是怎样从理性上论述上帝的存在确凿无疑。你愿意听吗？

末　学： 当然愿意，您就放开讲吧！

托马斯·阿奎那： (意气风发地) 西方人没有什么放不开的。特别是我更放得开，在上帝面前也敢乱嚷嚷。我认为宇宙可以分成两个方面，即超自然和自然，也就是造物主上帝和被创造物，这二者是原因和结果的关系。

末　学： (思考地) 我认为超自然和造物主上帝可以归为四维以上多维时空的阴性物质世界的事物；自然和被创造物则可归为四维时空的阳性物质世界的事物。阴阳两个物质世界，前者是原因，后者是结果。但是原因和结果又是互相转化的。时空隧道（时间停滞、空间零存在形式）是原因和结果发生作用的中间环节。在这三种不同的时空形式原因和结果都在发生作用。

托马斯·阿奎那： 这个嘛，……我可以接受。我认为人类的知识相应地也分为两种：一是在信仰中得到的知识，知道上帝是一切事物的原因；二是通过对自然的认识获得的知识，推论上帝的存在。你不是在宇宙生命坐标第Ⅳ象限靠近 Y 轴的地方找到神灵、上帝的位置了吗？

末　学： 厉害！您是说在一定意义上信仰是以自然认识为前提的？

托马斯·阿奎那： 对。这就是我说的从理性上论述上帝存在确凿无疑的意义之所在。从事推论上帝的存在，是我毕生的使命。我高兴地看到你关于神灵、上帝存在的宇宙论证明，比我的论证前进了一大步。

末　学： 但是我不是上帝唯一存在论者。

托马斯·阿奎那： 你不是把神灵、上帝统一为一体了吗？

末　学： 是的，从这个意义上说整个宇宙只有一个总神。

托马斯·阿奎那： 是上帝？

末　学： 不。是神灵、上帝在总体上的人格化，或者说是道的人格化。

托马斯·阿奎那： 这个我就不好理解了，存疑吧。

末　学：考虑历史原因和现实情况，还是东方人信奉神灵、西方人信仰上帝为好。各自也可以认为是唯一存在，并无大碍。

托马斯·阿奎那：OK，这样彼此都可以接受了。

末　学：先生，请您讲讲关于上帝存在的证明，好吗？

托马斯·阿奎那：好啊，我的论证是从五个方面展开的。第一个方面，从事物的运动变化推论上帝的存在。宇宙间的万事万物都是运动变化的，总是由潜能变为现实。感觉告诉我们，事物的变化是被推动着的，一层推动着一层将潜能显现出来，使之变为现实。这样的例子不胜枚举。

末　学：感觉是一回事，从理智上怎么认识呢？

托马斯·阿奎那：一层推动着一层的系列不会是无限的，它一定有一个起始点。这个起始点就是第一推动力，它不受任何力量推动。在这里本质和存在同一，潜能和现实同一。把它人格化就是上帝。

末　学：有道理。第二个方面呢？

托马斯·阿奎那：从因果关系推论上帝的存在。世界上的万事万物都处在因果链条中，一个事物产生出来，必定以另一个事物为原因；而这个事物其实也是结果，它是以别的事物为原因的。这样一层一层地追下去必然有一个最初的原因，否则就不会有后面的一系列因果。这个最初的原因就是上帝。

末　学：上帝是第一动因，这和刚才说的有点类似。第三个方面呢？

托马斯·阿奎那：从偶然性和必然性的关系推论上帝的存在。世界上的事物似乎都是偶然的存在，如果真是这样的话，一切都会消失。但是客观世界依然存在着，说明在偶然性中存在着必然性，它既是自己的存在，又赋予了所有事物的存在。这个必然存在就是上帝。

末　学：这和柏拉图的理念论有点像。理念是上帝，还是上帝的影子？

托马斯·阿奎那：怎么理解都行，反正除了上帝不会是别的。

末　学：第四个方面呢？

托马斯·阿奎那：从事物的等级推论上帝的存在。任何事物都有一定的善良性、真实性、尊贵性，但是不平均，有的多一些，有的少一些，由此也就形成了等级系列，世界上一定有一种最善良、最真实、最尊贵的事物存在，把它人格化就是上帝。①

末　学：这类似于“全知、全能、全在”。第五个方面呢？

托马斯·阿奎那：从秩序性和目的性论证上帝的存在。世界上的万事万物既有运作的秩序，又要达到一定的目的。但是所有事物都必需在一个最高

---

① 参见高路：《与哲学大师的人生对话》，中国工人出版社2007年版，第153页。

智慧者的指挥下才能有秩序地运作，并达到既定的目的。它是集秩序与目的于一身的。这个最高智慧者就是上帝。

末　学：这不就是生命程序和密码的总设计师吗？

托马斯·阿奎那：是的。上帝既是宇宙万事万物的本原，当然也是生命程序和密码的总设计师。在你的《我的宇宙观》系列著作中也论证过了。

…………

11.2　信仰的感召力——正义、节制和勇敢

末　学：先生，什么是信仰？

托马斯·阿奎那：信仰是一种进入人的灵魂的最神圣的向往。它是理想、信念，又是人生伟大的目标。一个人有了信仰，就把自己的生命与这种理想、信念和目标无条件地紧密联结在一起，为之可以献出自己的一切。

末　学：信仰是分为若干层次的，信仰更是生活中不可缺少的因素。譬如对人类、祖国、文化、家庭、心目中的人……

托马斯·阿奎那：我不否认信仰的层次性，但是我认为人的最高信仰是上帝，这是可以通过理性加以论证的。

末　学：信仰和理性分属两个不同的领域，信仰怎么能够通过理性论证呢？

托马斯·阿奎那：信仰是感性的，但是它包含着理智对所信对象的赞同。

末　学：这是否说在感性中包含着理性？

托马斯·阿奎那：是的。正因为如此，使人们用理性论证信仰成为可能。

末　学：（思考地）将感性中的合理性、正确性抽象出来用理性加以论证，就成为对信仰在理论上的支持。

托马斯·阿奎那：是的。只有如此，信仰才能成为理智的追求，信仰才表现出它的感召力。否则信仰就可能流于形式，成为空洞乏力的口号。

末　学：什么是信仰的感召力？

托马斯·阿奎那：概言之，由信仰呼唤出来的感动信徒的力量。

末　学：具体指什么？

托马斯·阿奎那：正义、节制和勇敢。

末　学：请您分别谈谈，好吗？

托马斯·阿奎那：好的，先谈谈什么是正义。在社会生活中，人们相互往来的正当性称为正义。那么如何判断彼此的行为是否正当呢？只有两个字：公平。

末　学：怎样去做才算公平呢？

托马斯·阿奎那：它既有现实的法律、法规衡量标准，又得凭良心办事。在相互往来中，双方都乐意接受对方，彼此感到满意和愉快。例如，在市场上通过讨价还价公平交易。你不占别人便宜，别人也不亏待你。

末　学：为什么做到了公平彼此就感到满意和愉快呢？

托马斯·阿奎那：因为公平符合正义的美德，而这种正义的美德是上帝赋予人类的。一个人的言行代表正义，就是对自己、他人、社会和上帝负责任。因而他的言行就具有信仰的感召力。

末　学：什么是节制？

托马斯·阿奎那：简单地说，节制就是对人的欲望自觉地克制和约束。这是做人应该具备的美德，更是上帝对人的要求。

末　学：听说这也是多明我会成员的生活准则？①

托马斯·阿奎那：是的。节制是多明我会与卡特里派的重要区别。②

末　学：先生，您出身于贵族世家，还与国王沾亲带故，您的全家一直属于卡特里派，您自幼受到修道院教育，以后又获得巴黎大学博士学位，本来有一个辉煌的前程，可是您却独自加入多明我会，奉行苦行僧生活准则……

托马斯·阿奎那：这是上帝的旨意。

末　学：上帝让您过苦行僧的日子？

托马斯·阿奎那：不是这个意思。你听我说，上帝赋予人以肉身，人有肉身就有感官，有感官就有欲望，有欲望就要享受。但是享受却出现了两个极端。一个是任意去消费物品，奢侈浪费；另一个是舍不得吃穿，过分糟践自己。特别是后一个极端，往往示以节俭的美名。

末　学：这后一个极端不就是您过的苦行僧日子？

托马斯·阿奎那：不，我不是苦行僧者。我的身体需求就这么少。这是天生的，是爹妈给的，喝凉水也长肉，所以引起了一些人的误解。

末　学：那么您的生活准则是什么？

托马斯·阿奎那：节制。既不奢侈浪费，也不糟践自己。

末　学：为什么要节制呢？

---

① 多明我会，一译“多米尼克派”。1215 年由西班牙人多明我创立于法国的卢兹。1217 年获得教皇批准。注重布道活动，故又名“布道兄弟会”。提倡学术研究，传播经院哲学。其成员多在欧洲大学任教。

② 卡特里派，即“清洁派”。它是中世纪流传于欧洲地中海沿岸各国的基督教教派。也泛指受摩尼教影响而相信善恶二元论的各教派。

托马斯·阿奎那：虽然感官享受是谁也剥夺不了的权利，但是必须知道什么是正当的欲望。人的欲望需要节制，理性把欲望控制在恰当的范围内就是节制。欲望过多或过少都是不正当的，都会把灵魂引入歧路。

末　学：您说的欲望仅仅包括食欲？

托马斯·阿奎那：不，也包括性欲。人对自己的性欲也要加以节制。

末　学：我明白了。您是说放纵欲望会把人推向狂妄无理，吝啬则把人拖入冷酷无情。只有节制才能把人的欲望控制在适当的度。

托马斯·阿奎那：对，这是上帝对人的要求。

末　学：奢侈浪费和糟践自己是人的欲望的两个极端。

托马斯·阿奎那：这是上帝最不愿意看到的。

末　学：那么什么是勇敢？

托马斯·阿奎那：一个有信仰的人必定主持正义、节制欲望，也必定是一个勇敢的人。勇敢是上帝赋予人的美德。

末　学：勇敢的人不畏强暴，甚至于不怕死。

托马斯·阿奎那：说得对。但是，我想当一个人面对危险的时候还是应该冷静一些为好。要分析可能产生的不利因素，不至于出现鲁莽的行为。

末　学：为什么要有这种犹豫？

托马斯·阿奎那：请不要误解我的意思。我是说面对危险，恐惧会在理性中产生，不要蛮干。人其实应该保持适当的恐惧，头脑才更清醒一些。

末　学：如果说是在千钧一发之际呢？

托马斯·阿奎那：在这个节骨眼儿上是没有犹豫的时间的。只要是为了正义就应该挺身而出。勇敢的最高境界就是为正义而献身。

末　学：靠的是坚定的信仰？

托马斯·阿奎那：对。世界上没有比人类更热爱自己生命的了，也没有比人类更富于献身精神的了。因为人有信仰，有信仰的感召力——正义、节制和勇敢，所以人就能够为了正义的事业献出一切，包括牺牲自己的生命。

末　学：这就是为信仰而献身。

托马斯·阿奎那：这就是伟大的殉难精神！

11.3　人的灵魂是“有心智的灵魂”

末　学：先生，上帝怎样创造了人？

托马斯·阿奎那：上帝创造了世界，随之也就创造了人。

末　学：（讲故事）上帝先是创造了日月星辰、山河大地，接着创造了动植物和各种微生物，感到需要有一个人类这样的管理者管理这一切，于是就抓了把土用水和成泥，按照自己的样子，捏了个泥塑的人类男祖先亚当，又用亚当的一根肋骨做了人类的女性祖先夏娃，然后亚当夏娃偷吃了禁果……

托马斯·阿奎那：（啃啃地笑）这是一个精彩的故事。不过上帝是根据自己的精神创造人的，并非按照他的身体来创造人。

末　学：为什么呢?

托马斯·阿奎那：因为上帝没有肉身，它是非物质的，纯粹是精神的。

末　学：上帝没有肉身，但是上帝有灵魂，并且是最优质的灵魂。因而上帝是生命在阴性物质世界的存在形式之佼佼者。

托马斯·阿奎那：这是你的《我的宇宙观》系列著作的观点?

末　学：是的。上帝和神灵一样，都是最优质的灵魂。因而都是生命在阴性物质世界的存在形式之佼佼者。

托马斯·阿奎那：（疑惑地）可是上帝是唯一的……

末　学：先生，东方人说的神灵，就是西方人心目中的上帝。

托马斯·阿奎那：好，不争论这个了。上帝的伟大是无与伦比的。因为当一个人在孕育的那一刻，上帝就创造了一个灵魂，注入刚刚产生的身体中。

末　学：这么说人的身体是父母给的，灵魂是上帝给的。

托马斯·阿奎那：不，不，不。人的灵魂和身体都是上帝给的。

末　学：上帝和神灵一样，都是生命程序和密码的总设计师。

托马斯·阿奎那：（勉强地）可以这样认为。

末　学：从理论上说，生命程序和密码的总设计师是整个阴性物质世界，或者说是宇宙间一台巨大的无形的超光速运算的高智能计算机，如果说把它人格化就是上帝、神灵。换句话说，生命程序和密码的总设计师是上帝、神灵。

托马斯·阿奎那：可以这样认为。不过……我感到你总在固执地坚持自己的观点。难道说就不能和我融通一下吗?

末　学：先生，您不感到自己也一样吗?不过，我已经让步了。

托马斯·阿奎那：（一笑）你和我交谈时，讲的是上帝、神灵。可是一回到东方，回到中国又恢复了你的惯常说法：神灵、上帝。

末　学：（笑）彼此彼此。

托马斯·阿奎那：是啊，不说这些了。你们中国人也有不争论的说法嘛!

末　学：既然承认上帝、神灵是生命程序和密码的总设计师，那么一个灵魂从生命在阴性物质世界的存在形式的链条上断裂并且游离出来，就是在上帝、神灵的设计或者说掌控之下发生的；它是一种有意识的行为。

托马斯·阿奎那： 什么？什么？你仔细讲讲是怎么回事！

末　学： 生命在阴性物质世界的存在形式的结构式是：

灵魂 + 意识（不完全意识）+ 潜意识（狭义）+ 潜意识（广义）

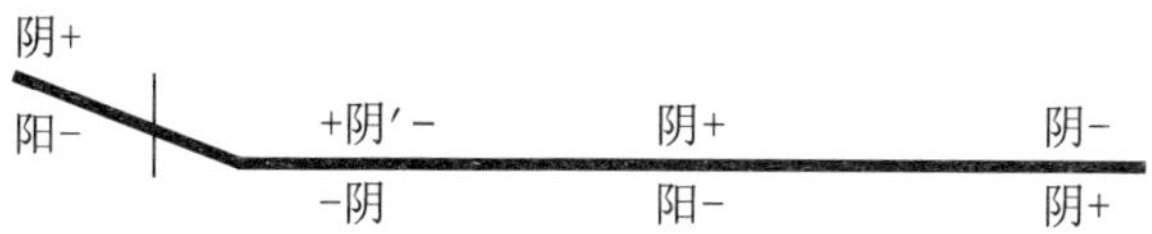

灵魂和意识（不完全意识）之间的链条属于薄弱环节。① 当生命程序和密码的总设计师下达指令后，这个链条断裂，灵魂就游离出来，并不失时机地植入一个受精卵中，于是一个有灵魂、有肉身的生命的胚芽便产生了。

托马斯·阿奎那： 然后呢？

末　学： 在母体中经过十个月的孕育，嗣后呱呱坠地，一个生命就诞生了。

托马斯·阿奎那： 那么这个生命的灵魂是谁给的？

末　学： 是生命在阴性物质世界的存在形式的那一位父亲或者母亲给的。

托马斯·阿奎那： 难道说灵魂不是上帝给的？

末　学：（勉强地）您不是说人是上帝创造的吗？那么从这个角度讲，也可以说灵魂是上帝给的。不过这是在高度抽象之后才这么说的。

托马斯·阿奎那：（疑惑地）你和我说的不是一个意思。你的意思是人的身体是父母给的，灵魂是阴性物质世界另一位父亲或母亲给的。这么说我们每个人除了生身父母之外还有另外一位父亲或母亲。是这样吗？

末　学：（平静地）先生，是这样的。

托马斯·阿奎那：（陷入思考中）……只要在源头上没有否认上帝，我可以同意你的观点。是啊，当年卡特里派和我的全家一致反对我的观点，我没有退缩，结果证明我对了。现在我又碰到了一个似曾当年的我。

末　学： 先生，您过奖了。我是一个小人物，不能和伟大的您相比。

托马斯·阿奎那： 伟大和渺小都在变化。……那么一个人出生以后呢？

末　学： 幼小时在父母呵护下成长，到了入学年龄由老师教给知识，整个青少年时代在学校受到良好的教育。长大成人之后，努力为国家做事。然后是孝敬父母，再培育自己的下一代，也就是延续人类的种……

托马斯·阿奎那： 这就是东方文化？

末　学： 是的，它更是中国的传统文化。所以中国人崇尚天、地、君、

---

① 参见拙著《我从哪里来，又到哪里去？》11.1“生命程序和密码的总设计师”。

亲、师，看重仁、义、礼、智、信。不仅仅是相信神灵、上帝。

托马斯·阿奎那： 西方人崇敬上帝，西方文化培育了一代又一代人。

末　学： 东西方文化相互交流，将会产生更新的一代人。

托马斯·阿奎那：（赞赏地）OK！这一回我们想到一起了。

末　学： 先生，我想请教一下，您对灵魂是怎么看的？

托马斯·阿奎那： 人是灵魂和肉身的统一体。肉身依赖于灵魂，如果说没有灵魂，肉身就好像失去了指挥。人一旦死亡，灵魂就离去，肉身就会腐烂。当然灵魂也需要肉身，否则灵魂根本无法理解感觉，因为感觉来自肉身。

末　学： 您讲的灵魂和肉身的关系，而我的问题是灵魂是什么。

托马斯·阿奎那： 灵魂是与上帝类似的非物质，上帝给肉身注入了灵魂，就赋予肉身以人的本质，使肉身获得了人的生命。灵魂是形式，肉身是质料。灵魂具有普遍意义，个体只有存在灵魂，才能成为人类的一员。但是肉身绝非无足轻重，它使灵魂个体化了，使肉身成为一个个不同性格的人。

末　学： 先生，我对灵魂的定义是：灵魂是阴性物质的正物质（阴＋）和以衰变形式存在的阳性物质的负物质（阳－）即反物质构成的矛盾对立统一体。在灵魂的结构中，表现为以衰变形式存在的阳性物质的负物质（阳－）即反物质围绕着阴性物质的正物质（阴＋）做旋转式运动。在这种运动中，产生和向四周发射出灵魂波——－阴′＋。灵魂从植入一个受精卵的时候起，产生和发射的灵魂波——＋阴′－就具有固定的频率和波长，一生都不会改变。在灵魂波上，全息了一个人前世和今生的所有信息和密码。阳性物质的负物质（阳－）围绕着阴性物质的正物质（阴＋）做旋转式运动时，其速度在光速的下限，因而阳性物质的负物质（阳－）即反物质就成为似衰变而未衰变的东西，就像土星的光环一样美丽。也因为其旋转速度接近光速，就表现出轻微的重量来，所以灵魂是有质量的。灵魂通常栖息在人的心窝处，是人的心脏的守护者。

托马斯·阿奎那：（思考地）我没有现代科学知识，但是凭感觉觉得还是有道理的。我认为灵魂不是人的特权，所有的生命都有灵魂。

末　学： 对。生命在阴阳两个物质世界的存在形式都有灵魂。具有灵魂是这两种生命存在形式的共性，有无肉身则是其个性。

托马斯·阿奎那：（开玩笑地）你总在顽强地表现自己。我说的是植物的灵魂是生长性的，动物的灵魂除了生长性之外还有感觉性。

末　学：（兴奋地）这个我们都有共识。

托马斯·阿奎那： 但是人类的灵魂比动植物的灵魂更高级，因为人类的灵魂独具理性。高级包含低级，因而人类的灵魂也具有生长性和感觉性。所以人的灵魂是“有心智的灵魂”。这就把人类与动植物区别开来了。

末　学：很对，同意您的观点，我们之间又一致了。但是能否从灵魂的结构上进一步区分人类的灵魂和动植物的灵魂的差异呢？

托马斯·阿奎那：当然可以。你就说说自己的看法吧！

末　学：人类和动植物的灵魂在结构上都是阴性物质的正物质（阴＋）和以衰变形式存在的阳性物质的负物质（阳－）即反物质构成的矛盾对立统一体。这是共性，或者说是普遍性。不同的是，人类的灵魂在构成时和动植物的灵魂在构成时，分别从阳性物质的负物质（阳－）即反物质元素周期表，以及阴性物质的正物质（阴＋）元素周期表中撷取的元素存在差别；特别是阴性物质的正物质（阴＋）和以衰变形式存在的阳性物质的负物质（阳－）即反物质构成灵魂统一体时，矛盾的两个侧面所占的比例存在差别。

托马斯·阿奎那：新鲜！接着往下讲。

末　学：我对人类未来的医学革命谈一点设想。既然灵魂是由阴性物质的正物质（阴＋）和以衰变形式存在的阳性物质的负物质（阳－）即反物质构成的矛盾对立统一体，那么现实世界对人的灵魂的污染就是从以衰变形式存在的阳性物质的负物质（阳－）即反物质开始的。原因是阳性物质的负物质（阳－）即反物质和现实世界同属于阳性物质，二者有很强的浸和力。将来待医学科学发展到一定的高度，就像今天的医生为心脏病患者做手术一样，也可以为精神病患者做清洗或修复灵魂的手术。即用特殊的手术刀将灵魂的一个矛盾侧面——以衰变形式存在的阳性物质的负物质（阳－）即反物质上沾染的“灰尘”清除掉，或者修复缺失的部分。以往和今天的科学技术远没有发展到这个高度，因而禅、佛的修炼和顿悟，则是去除灵魂的一个矛盾侧面——以衰变形式存在的阳性物质的负物质（阳－）即反物质上沾染的“灰尘”的最好办法。为什么呢？因为灵魂的另一个矛盾侧面——阴性物质的正物质（阴＋）和阴性物质世界相连接，也就是和神灵、上帝相连；禅、佛的修炼和顿悟，实质上则是借助神灵、上帝之手去拂拭灵魂的一个矛盾侧面——以衰变形式存在的阳性物质的负物质（阳－）即反物质上沾染的“灰尘”。这对于个人来说则是一个艰苦的修炼过程。

托马斯·阿奎那：你能再具体地讲一下吗？

末　学：不能，我的智慧已经到了穷尽的地步。

托马斯·阿奎那：（惭愧地）其实我不如你，已经应付不了现实的变化了。

末　学：（冷静地）您比我强，承认您的人是大多数。而对于我来说，不承认我的人则是大多数。况且有的人还用全世界最恶毒的语言咒骂我……

托马斯·阿奎那：为信仰而献身的人，总是孤独而寂寞的。

末 学：是啊，孤独、寂寞，是为信仰而献身的人的专利。

托马斯·阿奎那：想想上帝，想想神灵，就会好受一些。

末 学：先生，还是继续讨论问题吧！

托马斯·阿奎那：好的。正因为人类灵魂独具理性这一特征，才突出地表明人类与上帝、神灵的接近。人类的理性体现着上帝、神灵的智慧，但是人的理性却远不能与上帝、神灵相比。

末 学：是啊。神灵、上帝的理性是完善的和永恒的，是"全知、全能、全在"，而人的理性却有一个在实践中不断提高和完善的过程。

托马斯·阿奎那：人类仅仅有灵魂的理性还不够，还必须有肉身的其他功能配合才能发挥作用。这又回到灵魂和肉身的关系上了。

末 学：灵魂和肉身的关系在上面您已经讲了，譬如灵魂是形式，肉身是质料。但是我觉得还没有讲到位。通过运算我得出的结论是：灵魂是人体肉身同步缩小（或放大）的虚的形式。① 反过来说，人体肉身是灵魂同步放大（或缩小）的外在的实的形式。这样灵魂的功能就通过肉身表现出来。

托马斯·阿奎那：深刻！你让我刮目相看了。

末 学：灵魂的功能是理性，它通过肉身表现出意志、感觉和肉欲。

托马斯·阿奎那：也可以把意志、感觉和肉欲看作是灵魂的重要部分。

末 学：在一定意义上可以这样说，但是它们受到理性的支配。

托马斯·阿奎那：是啊，意志是理智的结果，是人进行选择的力量。意志中有理性，它使人追求的是善，而不会对恶作出选择。

末 学：感觉呢？

托马斯·阿奎那：感觉是肉身感官对事物体验和了解的能力。感觉先于理性，正是感觉告诉我们一些事物的变化是因为被推动。但是感觉毕竟是表层的，要进一步认识事物的本质，还得靠理性的抽象。

末 学：那么肉欲呢？

托马斯·阿奎那：肉欲是感官的需求力量，它推动人去追求食与性。人因为追求食，才保存了肉身的存在，也使灵魂有了栖息之地；人又因为追求性，生活才变得多姿多彩，也使人类的种得以繁衍和延续。由于肉欲是激情的，就需要理性去约束和把握它的度。否则人将有滑向兽类的可能。

末 学：先生，激情是善的吗？为什么因为激情就有滑向兽类的可能？

托马斯·阿奎那：激情当然是善的。人的肉身器官是上帝和神灵赋予的，

---

① 参见拙著《宇宙的秩序即道德的秩序》4.3"灵魂是人体肉身同步缩小（或放大）的虚的形式的数学证明"。

追求感官快乐就是自然而然的事情，说不上有什么罪过。但是，激情是肉身功能的发挥，是灵魂和肉身交互作用的产物，激情的直接对像是食和性，而动物也有食和性的需求。麻烦正是出在这里！

末　学：那么人何以又和动物联系在一起呢？

托马斯·阿奎那：因为人类处在上帝、神灵与动物之间。

末　学：是的。这个问题在《宇宙的秩序即道德的秩序》第 3 章中论证过了。宇宙间“神—人—兽”的大格局早已奠定。在宇宙生命坐标第Ⅳ象限，神灵、上帝的位置在阳性物质 X 轴最靠近阴性物质 Y 轴一边的区间；人类的位置在阳性物质 X 轴离开阴性物质 Y 轴一段距离的区间；兽类的位置在阳性物质 X 轴离开阴性物质 Y 轴更远的距离的区间。①

托马斯·阿奎那：这与我的观点不谋而合，英雄所见略同！

末　学：（兴奋地）是啊，我也有同感。

托马斯·阿奎那：人类处在上帝、神灵与动物之间。上帝、神灵是非物质的，动物是可感知的。灵魂中的理性使人向上帝、神灵靠拢，而激情则宣示着人与动物有相通的地方。激情中缺少神性，因而人类必须用理性控制激情。

末　学：当灵魂的功能通过肉身表现出来之后，灵魂和肉身就处在新的对立统一体中。它们统一的一面是互为虚实的形式，各以对方的存在为前提；对立的一面是灵魂中的理性和肉身的欲望发生冲突，当然还有其他方面。

托马斯·阿奎那：人是灵魂和肉身的统一体。人不可能没有灵魂，也不可能没有肉身。灵魂的理性能力是通过肉身的活动表现出来的；肉身的活动又总受到灵魂的支配。灵魂是非物质的，只有通过肉身才能感觉外部世界。灵魂和肉身都是上帝、神灵赋予人的，二者的统一性是经常的。

末　学：人之所以为人，就在于人的灵魂是有理性的。在理性的指导下，人的激情受到控制，因而人是有道德的。这是人与动物的根本区别。

托马斯·阿奎那：我的看法，一言以蔽之曰：灵魂支配肉身，理性控制激情，人类高于动物，上帝创造世界。

11.4　人类的善是对完美上帝的模仿

在这间餐馆，我和托马斯·阿奎那一直谈到深夜两三点钟。他的兴致很高，认为我们很能谈得来，是不可多得的。他特别赞赏我的求同存异精神，

---

①　参见拙著《宇宙的秩序即道德的秩序》3.2“神、人、兽在宇宙生命坐标第Ⅳ象限的位置”。这里的兽，包括动植物、微生物，乃至病毒等。

我说这是中国传统文化的特色之一，我得益于此。我对他说，原来我也是容不得不同意见的，几乎经过大半生的磨砺，才有了这么一点点进步，倒让他看上了还大加表扬。他用真诚而灼热的眼光盯着我，一再说："OK，OK!"

第二天一早，我和托马斯·阿奎那乘车来到罗卡塞卡东南方不远处的阿奎诺（Aquino）镇。阿奎诺的面积只有20平方公里，居民5000人。这里曾是托马斯·阿奎那祖先的封地，因此他感到很骄傲。托马斯·阿奎那把我领到一所石头砌的旧房子前，指着油漆斑驳的大门说，他小时候从修道院跑出来，溜进门去，偷看后花园养殖的小动物，还有盛开的各色花朵。我说您怎么可以随便到别人家去呢？他不在乎地说，那时我爷爷就在里边办公！

我提议我们是否进去看看，托马斯·阿奎那摇了摇头，说700多年过去了，这座房子几易其人，谁还能认识他呢。我说那可不一定，虽然房子产权不属于你的家族，但是知道您的人还是很多的。正说着大门吱地一声打开了，一位老者佝偻着身子走出来了。我迎上前去，对他说这里曾是托马斯·阿奎那祖上的地方，我是慕名而来，想进去看看。还没等我说完，老者竖起大拇指高声说道："托马斯·阿奎那！OK，OK!"说完示意我可以进去参观。

托马斯·阿奎那甚为感动。他拉着我的手径直朝后花园跑去，但是那里什么也没有了，只有新盖起来的一座二层小楼。年轻漂亮的女主人，披着一头秀发在阳台上逗着一只波斯猫玩，一派无所事事的样子。

看得出托马斯·阿奎那有些神伤。他对我说走吧，我们到大街上去。

就在阿奎诺镇的大街上，我和托马斯·阿奎那作了如下的谈话。

末　学：先生，下边我们谈谈人类最基本的需求问题。

托马斯·阿奎那：好的。你认为人的基本欲望是什么？

末　学：中国的圣人孔子说："饮食男女，人之大欲存焉！"① 亚圣孟子和告子在对谈中也说过："食、色，性也。"②

托马斯·阿奎那：圣人所言极是，切中了问题的要害。

末　学：那么，人的这两个基本欲望就是人类最基本的需求？

托马斯·阿奎那：是的。食欲是人的胃肠为解决饥饿而对饮食的需求，性欲是人的性器官为解决性饥渴而对异性的需求。前者以维持肉身之生存，后者以保证人类种的延续。这两者对人来说是绝对不可或缺的，对它

---

① 《礼记·礼运》。

② 《孟子·告子上》。

们满足的同时就是享受的过程。上帝把食欲和性欲设定为人的本能，因而是善。

末　学：可是人间的许多罪恶都是由食和性而引发的。

托马斯·阿奎那：是啊！这是在一定条件下善转化为恶，同在一定条件下恶转化为善一样，并不能说善直接就是恶，或者恶直接就是善。

末　学：看来还需要用理性来认识食和性。

托马斯·阿奎那：对。从理性的角度看食和性，就是善。否则为什么人人都离不开它们呢？如果说把食和性看成恶，就不好解释了。

末　学：您能否讲得详细一些？

托马斯·阿奎那：好的。对于食和性，人类已经规定了一系列的法律、法规和行为准则，表明它们属于一般的善；人们获取怎样的食物和如何过婚姻生活，早已约定俗成，表明它们属于具体的善；人们获取食物的方式和谈婚论嫁需要在和谐的环境中自愿发生，表明它们是环境的善；人们获取食物和过性生活的理由是充分的，表明它们是行为目标的善。

末　学：这四条原则就是判断一个人的食和性是否善的标准？

托马斯·阿奎那：是的，当然最后还得由法院裁决。

末　学：有道理。由食和性而引发的犯罪很多，如盗窃、杀人越货、强奸、色情犯罪，等等，都是违反了上述善的四条原则。

托马斯·阿奎那：上帝把食欲和性欲设定为人的本能，我把它们看成善。原因是宇宙间只有一个本原，那就是上帝，而上帝就是善。

末　学：宇宙间有没有一个恶的本原？

托马斯·阿奎那：没有。认为宇宙间还存在一个与上帝善的本原相对立的恶的本原，那就是二元论。这正是卡特里派蛊惑人心的谬论。

末　学：但是，人间的罪恶是从哪里来的呢？

托马斯·阿奎那：首先它不是上帝的善给的,其次根本不存在一个恶的本原。

末　学：那么恶来自哪里呢？

托马斯·阿奎那：恶依善而存在，就像人的身上长了个脓包一样。

末　学：先生，您的意思是上帝是唯一的善。食欲和性欲是上帝赐予人的善，成为人的本能。如果说出现恶与善的冲突，就必须除恶护善。

托马斯·阿奎那：是的。上帝是按照自己的形象创造人的，因而人性就在上帝之中。上帝是“全知、全能、全在”，人类的善就是对完美上帝的模仿。只有上帝才是我们每个人模仿的对象。

末　学：如果说把人类浓缩为一个人，他的名字就是——神灵、上帝！

托马斯·阿奎那：上帝、神灵！

11.5 善的缺失的重大意义

末　学：先生，上边的问题我还没有彻底弄明白。

托马斯·阿奎那：疑惑在哪里?

末　学：既然上帝是唯一的善，恶又表现为善的冲突，那么恶是从哪里来的呢?

托马斯·阿奎那：恶不能来自上帝，恶也不能由善而产生。这是基督教的一个原则问题，是不能含糊的。恶就像人体里的寄生虫一样，它吸食人体的营养，专门危害人的健康。因而恶寄生在善的上面，依靠善而存在。

末　学：一个身体健康的人，体内就没有寄生虫。只有身体有毛病的人，才容易让寄生虫侵入并寄生在体内。那么恶的产生是由于——

托马斯·阿奎那：善的缺失。

末　学：还有，人作为同类本来应该互助友爱，但是在战场上却打得死去活来。双方都认为自己是善举。在这里恶和善严重地冲突起来了。

托马斯·阿奎那：这是典型的善的缺失。

末　学：结果是恶从寄生的善的上面表现出来了。

托马斯·阿奎那：是的。谈到善的缺失，就牵涉到存在问题。善与存在同一，上帝就是最高的善，也是最高的存在。上帝创造了宇宙万物和人类的存在，人类的存在也是善。但是存在与具体事物的存在是不对等的。例如人类的存在与每个人的存在是不对等的。人类的存在是完美的，是善；而个人的存在并不完全是这样的。人类的存在与个人的存在之间的距离就是善的缺失。

末　学：（赞同地）有道理。个人的任何错误乃至犯了罪，都是个人自己的过失。它与人类整体的存在、整体的善是没有直接关联的。当然更不能把这种过失归结为上帝了。它属于善的缺失，只能由个人负责。

托马斯·阿奎那：你说对了。之所以是善的缺失，因为恶不能独立存在。

末　学：先生，您关于善的缺失的观点和柏拉图的理念论有点相似。

托马斯·阿奎那：是吗?这个我倒没有想到。

末　学：在柏拉图那里，理念被视为真正的实在，个别事物是暂时易逝的；理念是一切事物的源泉，个别事物是对理念的分有。

托马斯·阿奎那：中国的孟子也主张人性善，否认人性中有恶的成分。

末　学：看来古今中外哲学家的思想都是相通的。

托马斯·阿奎那：是啊，谁和谁也没有商量，思想竟然走到一起了。

末　学：先生，您关于善的缺失的观点意义非常重大。它以善为本，充满了对人的肯定和信念；为每个人完善人性而树立起了终生追求的目标。更为重要的是，它成为西方人道主义的源头，在一些方面影响到了历史的进程。

托马斯·阿奎那：（兴奋地）过奖了。谢谢，谢谢！

第 12 章　与朱熹的对话[①]

要会见朱熹却没有那么容易，因为他分别在自己创办的四所书院讲学。这四所书院是：福建武夷山五曲隐屏峰下的武夷精舍，即紫阳书院；江西九江庐山五老峰南麓后屏山下的白鹿洞书院；湖南长沙湘江畔岳麓山下的岳麓书院；福建建阳考亭村的考亭书院。这几个书院的历史渊源很长，但是只有到了朱熹接管了它们之后，从整修校舍到师资配备、到教学质量和学生来源，才有很大的起色。这四所书院的授课内容，一律是清一色的朱熹理学，所用教材是朱熹编写的《四书章句集注》《周易本义》《太极图通书》《伊洛渊源录》《楚辞集注》《西铭解》等，此外课余时间还开设文学、乐律及自然科学等选修课程。主讲教师除了朱熹之外，还有一些著名的学者如蔡元定、刘爚、黄榦、詹体仁、真德秀、李闳祖和叶味道等人。四方学子不远千里前来求学，研究理学。他们高扬理学的旗帜，洞察宇宙人间世事。一时间搞得轰轰隆隆，声名远播。

协助朱熹办学的是他的两位侍妾圆融和妙安，还有他的学生、朋友。大家同心协力，都乐意为宣扬和研究理学出一把力。朱熹很是感动，一再称谢。虽说自己过去在朝廷做官时几起几落，甚至曾被监察御史乘机指控十罪请斩，理学也被斥为“伪学”，但是这些都是过去的事情了。今天谁还记得那个监察御史是谁，可是海内外没有不知道朱熹和他的理学的！历史已经告诉了一切。

① 朱熹（1130—1200），著名思想家、哲学家、教育家、文学家。字元晦，一字仲晦，号晦庵。汉族。生于福建延平龙溪，长于徽州婺源。晚年徙居福建建阳考亭，主讲紫阳书院，故别称考亭、紫阳。卒谥文，世称朱文公。19 岁时，以建阳籍参加乡试、贡试，荣登进士榜。历仕高宗、孝宗、光宗、宁宗四朝，曾任知南康军，提典江西刑狱公事、秘阁修撰等职。后升任焕章阁侍制、侍讲。曾师李侗，为二程（颢、颐）四传弟子，集北宋周（敦颐）、邵（雍）、张（载）、程（颢、颐）理学之大成，为程朱学派主要代表人物。他博古通今，广注典籍，对经学、史学、文学、乐律以至自然科学都有不同程度的贡献。特别是在哲学上发展了二程（颢、颐）关于理气关系的学说，建成了一个完整的哲学体系。主要著作：《四书章句集注》《周易本义》《太极图通书》《楚辞集注》《诗集传》《辩证韩文考异》《西铭解》等，此外还编有《通鉴纲目》《伊洛渊源录》《近思录》等。后人编纂有《晦庵先生朱文公文集》《朱子语类》等。

…………

我从意大利南部拉齐奥大区弗罗西诺内省的阿奎诺镇，乘车绕道而行到了罗马，然后乘中国国际航空公司的飞机直达北京。一下飞机，我就用量子电话和圆融女士联系，得到的答复是："先生正在武夷山中，近日授课很忙，无暇顾及采访。"我说："我能否和先生直接通话？"得到的答复是："不可以，先生授课或休息时都不能打扰。"我说："但是怎么能让先生知道我要采访他呢？"对方在电话的一头咯咯一笑，笑声像一阵银铃掠过。她说："我们不是用量子手机通话吗？它的功能之一就是会感应到涉及的锁定对象那边。现在先生正在上课，但是他已经知道您要采访他的消息了。"我问："他会同意吗？"对方有些犹豫，但是仍然热情地说："我现在在江西九江庐山的白鹿洞书院，一时不好回答您，我建议您亲自去武夷山一趟。虽然先生还没有回话，但是有手不打上门客嘛！您就大胆地去吧！"

…………

我匆匆地准备好行装，又从首都机场直接飞到厦门。然后乘旅游大巴经过好几个小时的行驶，终于到了武夷山。武夷山是世界自然和文化遗产地。气候适宜，碧水丹山，岩茶飘香，物华天宝。一提到武夷精舍也就是紫阳书院，没有人不知道的。我在导游的带领下直奔五曲隐屏峰下朱熹的讲学地。一路上导游向我津津乐道朱子文化在此如何受到推崇，多年来一直引发着武夷山的旅游热。我让她给我讲讲武夷精舍附近的景观，她像小学生背书一样一口气说完最后一个字。我又问她朱熹说的理和气（炁）是什么意思，她却面有难色，认真地说："太深奥了，我搞不懂。"这的确是难为了这位女孩子，因为她的工作是导游而不是研究哲学。绕过一道山峰，前面不远就是武夷精舍的遗址了。

我赶忙戴上特制的眼镜和耳机，一眼就看见朱熹站在遗址的碑刻前。朱熹个子中等偏上，穿着宽大的儒家礼服，袍子下摆快要拖在地上。他两腮较宽，显得下巴有些短，脸也成了四方形。两道弯曲的眉毛下，有着一双明亮而智慧的眼睛。鼻子端正，嘴巴较阔，胡须花白、浓密，自然垂到胸前。我快步走到他跟前，向他施以鞠躬礼。朱熹满面笑容，拉着我的手，有些抱歉地说："我下边的人不会说话，怎么能拒你于千里之外呢？"

朱熹是一个看起来严肃但又行动很随便的人。他没有多少客套话，随即领着我参观武夷精舍遗址。这里原有的建筑物已毁，现在仅留存两庑。朱熹不无感慨地说，当年这里的繁荣已不在，只有时光的见证。他手指眼前的空地和山跟下，对我说："在隐屏峰下，两麓相抱之中，原有三间房屋，名为仁智堂。堂的左右，原有两间卧室，左边是自己居住的，叫隐求室，右边是接待朋友的，叫止宿寮。左麓之外，原有一处幽深的山坞，坞口累石为门，称石门坞。坞内另有一排房屋，作为学者的群居之所，名为观善斋。石门西边，又有一间房屋，以供道流居住，名为寒栖馆。观善斋前，还有两座亭子——晚对亭和铁笛亭。在寒栖馆外，绕着一圈篱笆，截断两麓之间之空隙，当中安着一扇柴门，挂上'武夷精舍'的横匾。"他又说："这些都写在我的《武夷精舍杂咏诗》中了。"

我问他："当初怎么想起在这里建筑书院？"

朱熹说："它缘起于淳熙五年（1178 年）。这一年盛夏刚过，我与妹夫刘彦集、隐士刘甫共游武夷时，只见九曲溪旋绕曲折，隐屏峰下云气流动，顿觉耳目一新。因而萌发了'眷焉此家山'的念头。又想起'仙人久相招，授我黄素书，赠我双琼瑶，茅茨几时建，自此遣纷嚣'的佳句，于是就下决心建筑武夷精舍。经过数年的苦心筹措，在淳熙十年动工，当年初见规模。"

接着朱熹告诉我，精舍甫成，他约了建宁知府韩元吉和历史学家袁枢等前来庆贺。韩元吉写了《武夷精舍记》。袁枢写了贺诗：

本是山中人，归来山中友。
岂同荷蓧老，永结躬耕耦。
浮云忽出岫，肤寸弥九有。
此志未可量，见之千载后。

嗣后，陆游也驰函祝贺，并写了贺诗，其中两首是：

先生结屋缘岩边，读易悬知屡绝编。
不用采芝惊世俗，恐人谤道是神仙。
※ ※
山如嵩少三十六，水似邛崃九折途。
我老正须闲处看，白云一半肯分无。

朱熹自己也写了《精舍杂咏十二首》，并撰写诗序，以记录精舍落成的盛况。此后，他在此广收门徒，著书讲学，长达五年之久，栽培了大量学生，像蔡元定、叶味道等人，都就学于武夷精舍。①

…………

① 参见 http：//www. wuyishan. gov. cn/？ http：//www. sina. com. cn.

就在武夷精舍遗址前，我与朱熹作了如下的谈话。

12.1　理与气（炁）的相互搭配

末　学： 先生，我给“气”之后加上“（炁）”的说明，您不反对吧？

朱　熹： 在“气”之后加上“（炁）”，这个做法很好。今人常把“气”误认为是空气的“气”，这是大错而特错了。古人的表述就是“炁”，后来由懒人才改写为“气”，结果意思完全不一样了。

末　学： 那么什么是气（炁）？

朱　熹：（思考地）我看先讨论理（太极）吧。理（太极）的问题弄清楚了，才能将气（炁）说明白。理（太极）和气（炁）相互关联着，有理（太极）则有气（炁），反之亦然。

末　学： 那您就先说说什么是理（太极）？

朱　熹： 理（太极）就是老子在《道德经》中说的道，抑或是他说的无极。也就是《易传·系辞上》上讲的太极。周敦颐在《太极图说》开篇说：“无极而太极。”① 这就把老子提到的无极的概念与太极联系在一起了。以理（太极）为宇宙的根本，极是道理之极致。总天地万物之理，便是太极。未有天地之先，毕竟是先有此理（太极）。所以理（太极）的根本性、唯一性是不言而喻的。

末　学： 理（太极）是形而上？

朱　熹： 对。《易经》上说：“形而上者谓之道，形而下者谓之器。”形就是形体，构成了宇宙的分界线。理（太极）在形体之上，是无形的，相当于道、太极。而其他万事万物都在形体之下，故称形而下，是有形之物，相当于器。

末　学： 形体构成了宇宙的分界线，是否相当于太极图的阴阳鱼的分界线？

朱　熹： 你可以这样理解，但是应该是更抽象一些。有一些只可意会而不可言传的味道。就像对“无”、“空”的理解一样。

末　学： 那么什么是气（炁）？

朱　熹： 气（炁）属于形而下的东西。但是不能将它混同于具体的物器，而为一切事物所共有的一种极其微小的物质。它具备生动活泼的特征，有着

---

① 周敦颐（1017—1073）思想家、哲学家、理学家。原名敦实，避宋英宗旧讳改敦颐。字茂叔，号濂溪，道州营道县（今湖南道县）人。元公是他的谥号。他与邵雍、张载、程颢、程颐并称为“北宋五子”。

凝结而造作的能力。气（炁）将无形的理（太极）和有形之物聚拢起来，或者说理（太极）正是借助于气（炁）而变为万事万物的。

末 学：先生，我对气（炁）的理解是：在宇宙未开合之前，气（炁）以胚芽的方式存在于道中，或者说包含在理（太极）中。在宇宙开合之后，“道生一，一生二”，气（炁）就变为阴阳两种类似气态的物质，因为这时宇宙的温度非常高。再后来阴性物质分为阴性物质的正物质（阴＋）和以衰变形式存在的阴性物质的负物质（阴－）；阳性物质分为阳性物质的正物质（阳＋）和以衰变形式存在的阳性物质的负物质（阳－）即反物质。这时阳性物质的正物质（阳＋）以115种实粒子元素形式存在，它们的排列组合构成可见物的实体。而阳性物质的负物质（阳－）即反物质却以衰变的形式存在着。虽然它仍旧划归为实粒子范畴，但是在性能上却类似于虚粒子的物质。所以，我认为气（炁）的物质范畴包括：阴性物质的正物质（阴＋）和以衰变形式存在的阴性物质的负物质（阴－），以及以衰变形式存在的阳性物质的负物质（阳－）即反物质。

朱 熹：这个你再用形而下的观点再解释一下。

末 学：在形体之上是道，也就是理（太极），属于形而上的范畴；在形体之下是气（炁），又分为三个层次：阴性物质的正物质（阴＋）；以衰变形式存在的阴性物质的负物质（阴－）；以衰变形式存在的阳性物质的负物质（阳－）即反物质。以115种实粒子元素形式存在的阳性物质的正物质（阳＋），已不在气（炁）之列，但是和气（炁）都是形而下的范畴。

朱 熹：有道理。你对气（炁）如此详细的划分是从哪里学的？

末 学：（感激地）这些全得益于先生您的教诲。

朱 熹：（犹疑地）我说什么了？

末 学：您说过：“不仅一个事物分为两端，就是其中任何一端也仍然要分下去。就拿阴阳来说，它们各为一端，但阴中又包含着阴阳，阳中也包含着阳阴。”

朱 熹：（猛醒地）噢，是这样的。你把我的话用活了！

末 学：在《我的宇宙观》系列著作中，一直贯穿了这个思想。所以我非常感激您。这个思想在您之前的欧洲学者很少看到。

朱 熹：其实这个思想也不是我的发明，在《易经》中早就阐述过了。我只不过将它讲得更具体一些罢了。

末 学：一般地只讲阳中有阴、阴中有阳。而您明确地提出“阴中又包含着阴阳，阳中也包含着阳阴”这就不简单啊！

朱 熹：不说这些了，我们还是继续探讨理（太极）和气（炁）的关系吧。理（太极）与气（炁）无先后之可言，但推上去时，却是理（太极）在先而气（炁）在后。理（太极）与气（炁）相依而不能相离，天下未有无理（太极）之气（炁），亦未有无气（炁）之理（太极）。理（太极）在先，气（炁）在后；有是理（太极）便有是气（炁），但理（太极）是本。

末　学：但是理（太极）和气（炁）是如何相互搭配而形成万物的？

朱　熹：只要明白人是怎样来的，万物的形成自然就理解了。

末　学：那么人是怎样来的？

朱　熹：天地之初，在理（太极）的作用下，气（炁）蒸结成为两个人。男人是由乾道而生成的；女人是由坤道而生成的。男女交媾，于是才有后来的许许多多的人。由于理（太极）的作用，才借助气（炁）生化成人。如此一来，理（太极）也就在人之中了。万物的形成也是这个道理。

末　学：这样讲太抽象了，也很难讲清楚理（太极）和气（炁）在生命的产生中是怎样起作用的。我得到的只是一个模糊的概念。

朱　熹：（吃惊地）你有什么新的想法？

末　学：（思考地）我的想法也不成熟，不过还是讲出来，请先生指正。

朱　熹：（高兴地）讲吧，讲吧。

末　学：理（太极）就是道，是统领宇宙万事万物的一种神秘的力量；同时蕴含着宇宙间万事万物的发生、变化的规律。理（太极）属于形体之上的形而上；气（炁）在形体之下是形而下。但是理（太极）将万事万物的发生、变化的规律以“月印万川”的方式通过“形体”传达到气（炁）那里。

朱　熹：是这样的，继续往下讲！

末　学：前边说过，在形体之下的气（炁），分为三个层次：阴性物质的正物质（阴＋）；以衰变形式存在的阴性物质的负物质（阴－）；以衰变形式存在的阳性物质的负物质（阳－）即反物质。以 115 种实粒子元素形式存在的阳性物质的正物质（阳＋），已不在气（炁）之列，但是和气（炁）都是形而下的范畴。

朱　熹：这个也没有什么问题，继续往下讲。

末　学：先看气（炁）的三个层次：阴性物质的正物质（阴＋）、以衰变形式存在的阴性物质的负物质（阴－）、以衰变形式存在的阳性物质的负物质（阳－）即反物质。那么，这三者在一起会是一种什么情况呢？根据对立统一的正负配对原则，以及动态不平衡运动原理，以衰变形式存在的阴性物质的负物质（阴－）在围绕着阴性物质的正物质（阴＋）做旋转式的运动；同样地，以衰变形式存在的阳性物质的负物质（阳－）即反物质也在围绕着阴性物质的正物质（阴＋）做旋转式的运动。用图表示如下：

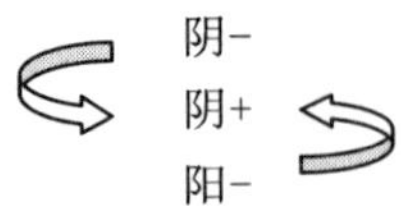

朱　熹： 这能说明什么问题呢？

末　学： 这是气（炁）正常的存在及运动状态，也是宇宙间最常见的在量子（虚量子）水平上的物质存在形式。还有，以衰变形式存在的阴性物质的负物质（阴一）围绕着阴性物质的正物质（阴＋）做旋转式的运动，是阴性物质的存在形式；以衰变形式存在的阳性物质的负物质（阳一）即反物质围绕着阴性物质的正物质（阴＋）做旋转式的运动，则是宇宙灵魂存在的形式。

朱　熹：（思考地）噢，这是你的《我的宇宙观》系列著作中的观点。宇宙灵魂和阴性物质天然地联结着，这很有意思，你继续往下讲。

末　学： 它说明灵魂的基本形式就存于气（炁）中。

朱　熹： 好！这是一个新的发现。还有呢？

末　学： 在宇宙生命坐标第Ⅳ象限，当阴阳两种物质在特定的时空条件下相碰撞，这时在理（太极）也就是道的作用下，将塑造生命的所有规律、信息都通过“形体”传达给气（炁），特别是传达给气（炁）所包含的灵魂。于是一个生命的“肉身 ＋ 灵魂 ＋ 意识”就产生了。① 然后扩展为生命在阳性物质世界的存在形式的完整结构式，如下图示之：

肉身 + 灵魂 + 意识 + 潜意识（狭义）+ 潜意识（广义）

阳+阴-	阴+	阴-	阴+	阴-
阳-阴+	阳-	阳+（脑）	阳-	阴+

朱　熹： 那么你说的宇宙灵魂在生命形成中起了什么作用？

末　学： 宇宙灵魂在这里起到了类似于佛学上讲的“月印万川”的作用。确切地说，它是生命的灵魂形成时的参照物。

朱　熹： 那么，以 115 种实粒子元素形式存在的阳性物质的正物质（阳＋）在生命形成中又有什么作用呢？

末　学： 虽然这 115 种实粒子元素形式的阳性物质的正物质（阳＋）不在气（炁）之列，但是它却是生命肉身形成时的不可或缺的元素。人体特别是肉身是阴阳物质的复合体，如果说没有阳性物质的正物质（阳＋），就构不成肉身。它是生命直接从 115 种实粒子元素中撷取的，如胎儿从母体中、植

---

① 参见拙著《打开宇宙的另一扇门》4.11“人的肉身—灵魂—意识‘三位一体’的存在方式”。

物从泥土中，等等。在四维时空的阳性物质世界，115 种实粒子元素形式的阳性物质的正物质（阳十），是生命在阳性物质世界的存在形式的基本条件。

朱　熹：（兴奋地）好！这就自圆其说了。

12.2　“存天理，灭人欲”的真实含义

末　学：先生，从以上分析可知，归根结底人是由理（太极）和气（炁）构成的。但是它们在构成人时各自又有哪些不同的作用？

朱　熹：理（太极）是生命之本，气（炁）是生命之具。一个人一出生，理（太极）就蕴含在他的生命中，乃至灵魂和意识之中。

末　学：所以您把理（太极）叫作天理。

朱　熹：天理是相对于人欲而言的。理（太极）作为本体，存在于天地之前。人干什么事情只要遵从理（太极），就能达到预定的目标。

末　学：那么什么是人性呢？

朱　熹：人是由理（太极）和气（炁）构成的，但是在构成时它们各自的作用是不同的。理（太极）和气（炁）可以分成三种东西：第一种是理（太极），第二种是气（炁），第三种是理（太极）和气（炁）相杂在一起。理（太极）与“理（太极）和气（炁）相杂”，一起构成的是人性；气（炁）构成的是人的形体。你用《我的宇宙观》系列著作理论也是能够解释的。

末　学：可以解释。人性包括灵魂和意识的本性，人的形体就是肉身。关于理（太极）与“理（太极）和气（炁）相杂”，如何形成灵魂和意识的，以及气（炁）如何构成人的肉身，我就不详细讲了，读者可以自行分析。

朱　熹：人性又可以分成天地之性和气质之性。天地之性来自于理（太极），气质之性来自于理（太极）和气（炁）相杂。

末　学：它们统称为人性，抑或是人的本性？

朱　熹：是的。理（太极）正是在人的形体上通过人性表现出来的。

末　学：先生，人性中是否有至善？

朱　熹：当然有至善。理（太极）是无形的，因而它构成的天地之性也是没有形影的，如人们心目中的仁、义、礼、智。理（太极）是纯洁完美的，因而它蕴含在人的灵魂和意识中就是至善。

末　学：这也是人性中包含至善的根据。

朱　熹：是的。但是人性中的气质之性就不同了。气（炁）有清、明、昏、浊之分，人禀气（炁）而生，则有圣、贤、愚、不肖之别。人性至善，表现时要受到气（炁）的影响。如果说人的形成是在日月清明、气候和正之

时，构成他的气（炁）清明沉厚，那么他一出生就是善的，反之情况则相反。恶人之所以是恶人，与他形成时倚仗昏、浊之气（炁）有关。

末　学：这么说人生下来就有善恶之分？

朱　熹：是的。虽然恶是与生俱来，但并不意味着永生不变。只要认识到这一点，决心洗心革面，还是可以变恶为善的。

末　学：我觉得一个人天生是否善恶，还要从灵魂的结构，抑或是意识的结构上去寻找。这也涉及气（炁）的清明或者污浊。

朱　熹：这是一条思路。总而言之，从理（太极）的方面看，人性都是善的。但是从气（炁）的方面看，人的禀性就有善有恶了。

末　学：这是否能说，人性在总体上是善的，但是也存在着部分的恶。

朱　熹：可以这样说，但是不要简单化了。理学主张凡事都要追根溯源，重在解决本原问题。以前孟子提出人性善，但是只讲了天地之性，不能解释恶的来源。荀子和韩非主张人性恶，把本来次要的气质之性概括为人性，是片面的。董仲舒认为人性是善主恶从，但是没有揭示其根源。

末　学：先生，理学研究应该深入到灵魂的结构中，才能揭示人的本质。

朱　熹：是的。我们接着研究心，也就是灵魂问题。心表现为知觉的作用，人是理（太极）和气（炁）构成的，心也是如此。在理（太极）的方面，心表现为道心；在气（炁）的方面，心又表现为人心。道心由天地之性决定，表现为仁、义、礼、智，是至善；人心由气质之性决定，受人的欲望支配，是可善又不可善。这就是心或者说灵魂的二重性。

末　学：明白了。凡人都有道心和人心，君子、小人概莫能外。

朱　熹：道心是天理，但是人心并不全部等于人欲。人心中也有善的一面，只有人心中人欲的部分才表现为恶。正是这个人的欲恶的一面，才与天理格格不入。鉴于此，我提出："存天理，灭人欲。"

末　学：心也就是灵魂具有天地之性和气质之性的二重性。天地之性来自于理（太极），或者说来自于道，表现为人身上的神性；气质之性来自于"理（太极）和气（炁）相杂"，表现为人身上具有中性的人性和另一部分兽性。中性的人性和理（太极）、气（炁）中的阴性物质相关联；而另一部分兽性则和以衰变形式存在的阳性物质的负物质（阳一）即反物质相关联。因为它直接联结着阳性物质世界，也就在一边联结着兽类，当然具有兽性了。①

朱　熹：（高兴地）有道理，继续往下说。

末　学：在这里意外地分析出了人性中的兽性，不就是先生说的人欲吗？

---

① 参见拙著《宇宙的秩序即道德的秩序》3.1"神性、人性、兽性的区别"。

朱　熹：（兴奋地鼓掌）是啊！我可是意外地觅到了知音！

末　学：过去八百年来许多人都误解了“存天理，灭人欲。”的真实含义，以为先生要消灭人的一切欲望，其中包括人正常需要的食欲和性欲。其实“存天理，灭人欲。”就是要弘扬天理，去掉人身上的兽性，譬如道德沦丧、贪婪、残忍等。这有什么错误？儒家孔孟之道一直就是这么讲的嘛！

朱　熹：（异常激动地）难得啊！800 年之后有人理解了我。

12.3　理一分殊与格物致知

末　学：先生，人和物中都包含着理（太极）。但是作为宇宙本体的理（太极）与人和物中的理（太极）又是怎样的关系呢？

朱　熹：理（太极）生化出人和万事万物，其实就是理（太极）将自身赋予人和万事万物当中。因而宇宙本体的理（太极）与人和万事万物中的理（太极），就是“理一分殊”的关系。

末　学：“理一分殊”？请您具体解释一下。

朱　熹：“理一”说的是理（太极）只有一个，就是道。“殊”是个别，“分殊”说的是分在不同的人和形态各异的万事万物中。

末　学：这是不是一理（太极）和多理（太极）的关系？

朱　熹：勉强可以这样理解吧。它是一理（太极）和多理（太极）的关系，但是决不能理解为一个理（太极）分解为多个理（太极）的关系。

末　学：为什么呢？

朱　熹：“理一分殊”的正确含义是：同一个理（太极）整个地寓于万事万物之中。也就是宇宙本体的理（太极）寓于人和万事万物当中。在这里，一理（太极）同万理（太极）。是“心同此理”、“事不同理同”。

末　学：明白了。还可以理解为：它是人和万事万物对于宇宙本体的理（太极）在形式、内容和精神上的全息或者复制。

朱　熹：这当然是一种思维的方式，有助于对“理一分殊”的理解。

末　学：这是否说宇宙本体的理（太极）和人本身的理（太极）是同一的？

朱　熹：既是同一的，也是相通的。理（太极）在人身上体现为天地之性，表现为仁、义、礼、智。它们同时也表现为天地之德：元、亨、利、贞。意思是广大、畅通、有益、纯正。天地就是按照这个理（太极）运行的。因此，天地之理（太极）寓于人的理（太极），人和天地是同一的、相通的。

末　学：先生，接下来请您谈谈什么是格物致知？

朱　熹：先说“格物”，“格”是穷尽的意思，“物”是对象所包含的理

（太极），“格物”就是穷尽事物之理（太极）。再看“致知”，“致”是推及，“知”是知识，“致知”就是推及已经掌握的知识而达到全知。“格物”的对象是事物的理（太极），“致知”的对象是心中也就是灵魂中的理（太极）。这是两个不同的认识阶段，是由“理一分殊”到“万理归一”的过程。

末　学：（顿悟地）精彩！

朱　熹：格物致知的目的是为了明理。何以可能呢？因为事物中有理（太极），人性和心中也就是灵魂中也有理（太极）。要把事物中的理（太极）找出来，必须“格物”。因为事物中理（太极）是借助于气（炁）而生成的，理（太极）在内而气（炁）在外，所以只有深入事物内部才能找到理（太极）。

末　学：这就必须调查研究。不入虎穴，焉得虎子！

朱　熹：是的。“格物”就得深入到事物内部，深入九分之九不行，非得深入十分之十不可。这好比吃果子，去皮、剥瓤，直到捣碎内核。

末　学：（开玩笑地）但是核不能吃呀！

朱　熹：（故意地）核桃的核不能吃？（大笑）这不是比喻“格物”嘛！

末　学：那么“致知”和“格物”的区别呢？

朱　熹：“格物”的对象是个别事物的理（太极），因而得到的是零碎的知识。“致知”的对象是人自身的理（太极），即人的心中也就是灵魂中的理（太极），因而得到的知识便是全面而系统的。

末　学：从灵魂的结构来说，它是阴性物质的正物质（阴十）和以衰变形式存在的阳性物质的负物质（阳一）即反物质构成的矛盾对立统一体。阴性物质的正物质（阴十）直接联结着整个阴性物质世界，而阴性物质世界又全息了宇宙和人类的所有信息和密码。特别是在阴性物质世界有无所不知、无所不能的神灵、上帝。从这个意义上说人的灵魂也是全知的。

朱　熹：所以说“致知”达到的就是知识的全体。

末　学：然而令人困惑的是，为什么人总是达不到全知的程度？

朱　熹：这还不好解释？因为人是理（太极）借助于气（炁）而生成的，正是气（炁）中的人欲也就是你说的人性中的兽性，将心中也就是灵魂中的理（太极）遮蔽了、弄乱了，变得昏暗不明，就像镜子上落满了灰尘一样。人也就变得愚昧无知，疯疯癫癫的样子。社会上相当一部分人就是如此。

末　学：做到“致知”，推及知识到达理（太极）的本体，如同擦拭掉镜子上的灰尘使它变得明亮起来，也就是让人心即灵魂纯净起来。

朱　熹：你说得很对。“格物”是穷究个别事物之理（太极），虽然获得的知识是零碎的，但是它毕竟是事物之理。不断地由一事物推及他事物，层层推演下去，就可能从不同事物中推论出一个共同的理。“凡天下之物，莫不因其已知之理而益穷之，以求至乎其极。至于用力之久，而一旦豁然贯通焉，则众物之表里精粗无不至，而吾心之全体大用无不明矣。”①

末　学：“众里寻他千百度，蓦然回首，那人却在，灯火阑珊处。”②

朱　熹：瞬时一惊，心中忽亮；刹那明白，豁然开朗！——顿悟到理（太极）。

末　学：这就从“理一分殊”到达了“万理归一”的境界。

朱　熹：是的。“格物”是“致知”的开始，“致知”是“格物”的继续和要达到的目标。但是无论是“格物”还是“致知”，都是为了修身、治国、平天下。这是儒家的使命，也是理学的宗旨。

末　学：“格物致知”的重大意义就在这里。

朱　熹：一些人不明白这个道理，却在歪曲我提出的“存天理，灭人欲”的主张，肆意放纵自己的肉欲，就离理（太极）也就是道越来越远了。他的心也就是灵魂被严重污染，其后果是不堪设想的。这样的例子不胜枚举。

末　学：这些人往往是说的一套，做的一套。

朱　熹：这就牵涉到知和行的关系了。知和行好比人的两只脚，少了哪一只都不能走路。说一套做一套的人就是瘸腿走路，是注定要跌跤的。

末　学：所以“格物致知”和“知行统一”是相辅相成的，缺一不可。

朱　熹：很对。“格物致知”偏重于理论层面，“知行统一”着重于人的实践。但是“格物致知”中的“致知”也有实践的含义，“知行统一”中的“知”也有理论的含义。只是各自强调的侧面不同罢了。

末　学：“知行统一”是否还有些许的差异?

朱　熹：有。从总体上说，知行统一就是知和行要相互协调。但是从次序上看，知在先，行在后。从目的上看，行为重，知为轻。

末　学：这就是您一贯强调的知行统一观。

朱　熹：（高兴地）没错！你全部领会了我的思想。

12.4 理学与佛、道的区别

在和朱熹的谈话中，我感到十分轻松、愉快。虽然他是一位理学家，时

---

① 朱熹：《大学章句格物致知补传》，中华书局 1983 年版，第 6—7 页。

② 辛弃疾：《青玉案·元夕》。“东风夜放花千树，更吹落星如雨。宝马雕车香满路，凤箫声动，玉壶光转，一夜鱼龙舞。蛾儿雪柳黄金缕，笑语盈盈暗香去。众里寻他千百度，蓦然回首，那人却在，灯火阑珊处。”

常板着脸，显得很严肃的样子，但是当谈到兴头的时候，他仍然会绽出满脸的笑容。我觉得他有些累，说该休息一下了。可是他还坚持要继续谈下去。我说为了他的健康，今天就谈到这里吧！下一次我们是否另换一个地方？朱熹想了想说好吧，然后问我愿意去考亭书院还是岳麓书院，我正要回答他说去哪里都行，突然朱熹口袋里的电话响了。他赶忙拿到耳边接听——朱熹用的也是量子电话，原来是他的侍妾圆融女士从白鹿洞书院打来的。声音听得很真切，是对于朱熹甜蜜的问候和无微不至的关照。通话结束后，我提议：我们到白鹿洞书院去吧，朱熹迟疑了一下，最后还是痛快地答应了我的要求。

第二天早上，朱熹说他还要处理一下教学中的事务，让我一个人先乘车前往白鹿洞书院，并且在纸上画着地图，说先到庐山，找到五老峰南麓的后屏山就到了。最后一脸严肃的样子说，圆融和妙安会在那里迎接你的，也可能我比你先到一步。然后拍拍我的肩膀，关切地说："上路吧!"

…………

我仍然坐着旅游大巴。一路上颠颠簸簸，艰难地行进着。从武夷山到庐山的距离不算太远，但是由于山路崎岖，也就费了不少周折。中途还发生了一次山体滑坡，挡住了前面的公路，只好等待排除险情之后再走。这样直到第三天上午才到达九江，到庐山时已经是正午了。

我刚下车，迎面就走来了一位年轻的女士。她个子不算太高，身材匀称，面庞白皙，明眸皓齿，一头秀发披肩而下。我赶忙问道："您是圆融?"她腼腆地说："我是妙安，姐姐让我来接您。"说完撑起一把遮阳伞，与我一起乘上景区的小车，曲里拐弯地开到了白鹿洞书院门口。

书院沿贯道溪自西而东呈串联式建筑，一簇簇楼阁庭园掩映在参天古木之中。房屋一律坐北朝南，石木或砖木结构，屋顶为人字形硬山顶，颇具清雅淡泊之气。建筑物均为以礼对殿的格局，明伦堂、文会堂、御书阁、朱子阁、思贤台、状元桥、门楼、牌坊、碑郡等，与周围的山川景致融为一体。在棂星门西北隅，有朱熹手书的"漱石"、"流杯池"石刻。书院还有朱熹撰写的《白鹿洞书院教条》，体现了"格物、致知、诚意、正心、修身、齐家、治国、平天下"的儒家经典教育思想，对后世产生了巨大的影响。

妙安女士领着我穿过一道长廊，然后拾级而上，前面就是朱子阁。走近了我才看见，原来朱熹和圆融女士早就站在朱子阁前的一棵树下等候着。朱熹还是原来的穿戴，面孔严肃略带微笑。圆融女士站在他的身旁，亭亭玉立。她和妙安长得酷似姐妹俩，个儿略高一些，但是气质却全然不同。圆融留着齐耳的短发，一副精明强干的样子。看见我之后，她远远地快步迎上来，然后大大方方地伸出一只手来，热情地说："走了三天，辛苦您了!"

我们一起来到朱熹跟前，朱熹开玩笑地说："我们是龟兔赛跑，我这个老乌龟跑到你前边去了。"我说："我就是乘上超音速飞机也赶不上您的速度，您忘记了自己的身份——"圆融抢过话头对朱熹说："您是生命在阴性物质世界的存在形式的朱老夫子，您的速度是光速和超光速!"

在朱子阁，妙安女士很快为大家备好了午餐，其实也就是为我一个人准备的饭菜。他们三位吃着特有的阴性物质食品，也是挺丰盛的。

吃完午饭，我和朱熹作了如下的谈话。

末　学： 先生，您怎样评价当年神秀和慧能的偈?

朱　熹： 神秀说："身是菩提树，心如明镜台；时时勤拂拭，莫使有尘埃。"慧能说："菩提本无树，明镜亦非台。本来无一物，何处惹尘埃。"依我看，神秀的偈现实、有操作性；而慧能的偈虚无、捉摸不定。

末　学： 那么，您赞同谁的呢?

朱　熹： 两个都赞同。神秀的偈描述的是现实世界的事物，慧能的偈揭示的是未知世界的事物。当然就境界的高远来说，慧能的偈略胜一筹。

末　学： 这是否牵涉到佛、道和理学对本体的认识?

朱　熹： 当然了。佛、道对本体的认识是虚无，是未知世界，所以都推崇慧能的偈。而理学对本体的认识是实在，是现实世界。神秀的偈更现实一些，具有可操作性。"时时勤拂拭，莫使有尘埃。"就是格物致知精神。

末　学： 您有一首著名的诗："半亩方塘一鉴开，天光云影共徘徊。问渠哪得清如许? 为有源头活水来。"是否隐喻了理（太极）的本原?

朱　熹： 是的。这里的源头暗指理（太极），池塘比喻心。心之所能保持清洁，是因为不断地用理（太极）这股活水冲洗的原因。

末　学： 这同神秀说的"时时勤拂拭，莫使有尘埃。"是一个道理。所以站在理学的角度，您没有完全否定神秀的偈。

朱　熹： 我一生的成就在于不人云亦云，吃亏也在于不人云亦云。

末　学： 那么理（太极）与佛学的本心有什么不同呢?

朱　熹： 宇宙有根本，万物有本原。老庄学派和后来的道教，把本原叫道。佛学把本原叫佛、本心。而理学认为本原是理，也就是太极。理和太极并无根本区别，只是不同的场合有不同称呼罢了。本原相对于气（炁）叫理；相对于阴阳叫太极。但是宇宙的本原只有一个。

末　学： 所以就其本原而言，佛、道和理学在根本上是一致的。

朱　熹： 也有些许的差异。主要是由理学所持的立场是现实世界的原因所致。例如，理（太极）是超越具体事物而存在的，它是无限的、纯粹的、不可计量的、不可分割的，等等。它就是“无”、“虚”。而具体事物是有形体的、有限度的、发展变化着的，人和万事万物中又都包含着理（太极），但是人和万事万物又都是“有”、“实”。你看，理学和佛、道的差异出来了。

末　学：明白了。老子、庄子、葛洪把作为本原的理（太极），解释为道；慧能把作为本原的道，解释为心性，理解是虚无。而先生则把本原既看成虚，又看成实。因为您要格物致知，就得面对现实啊！

朱　熹：是的。理学与佛、道的这个区别，反映了各自对现实生活的基本态度。佛学教人出世，讲经说法，积德行善，期盼来生幸福；道教教人既不出世也不入世，注重个体修炼，追求延年益寿；儒学也就是理学教人积极入世，以天下为己任，忧国忧民，创造一个和谐、幸福的现实世界。

…………

12.5　红粉知己，不辱理学

末　学：先生，接下来谈一些敏感的话题，您不反对吧？

朱　熹：（豁达地）敏感的话题？我知道你要说什么，我不反对。也是该向世人说清楚许多事情的缘由了；同时我也感到国人需要更新观念。否则你和我谈话之后，为什么再也找不到下一个中国学者了？

末　学：是的，您是我这次访谈的中国籍的最后一位哲学大师。对此我感到很遗憾，心里也不是滋味。本来我想将明代的哲学家王阳明（1472—1528）增补上，但是阅读完他的学术资料之后，发现他发挥了陆九渊“心即理”的学说，不知道为什么对您的理学多有批评。然而他的一些观点在您的理学中又可以找到影子。譬如事物之理即在心中，离开了心也就无所谓理，等等。虽然王阳明是强调心之理的，但是对理学的发展却很难说是划时代性的，因而在为难之中也就只好割爱了。我觉得自您之后800年过去了，后人多数都是重复前人的观点，即使有所前进也很有限。这样我就不能不将眼光投入西方学者了。

朱　熹：这是一个很大的教训。后世学界之所以会出现低水平的重复，原因很多，但是主要的问题是：解放思想不够，抱残守缺，满足于一知半解；没有高屋建瓴的学术视野，缺乏理论勇气和格物致知的精神。还有，缺少同情心、喜好窝里斗；搞无原则地吹捧、互相抬轿子，等等。

末　学：即使在西方，现代哲学的发展也很令人失望。史蒂芬·霍金尖锐地指出：“在18世纪，哲学家将包括科学在内的整个人类知识当作他们的领域，并讨论诸如宇宙有无开初的问题。然而，在19世纪和20世纪，科学变得对哲学家，或除了少数专家以外的任何人而言，过于技术性和数学化了。哲学家如此地缩小他们的质疑的范围，以至于连维特根斯坦——这位 20 世纪最著名的哲学家都说：‘哲学仅余下的任务是语言分析。’这是从亚里士多德到康德以来哲学的伟大传统的何等的堕落！”①

朱　熹：但是不管怎么说，总得找出一条出路来。因为人类要前进，社会要发展，总得有人去思考、去探索，否则人类和科学的前景在哪里呢？

末　学：可惜的是，思考这些关系人类未来命运问题的人并不多，而对大师们的生活细节惯于琢磨、津津乐道的人大有人在。历朝历代差不多如此，而这种遗传基因似乎又特别的顽强，一代又一代地绵延不断。

朱　熹：以我为例，也就很能说明这个问题了。

末　学：（惊奇地）以您为例？

朱　熹：是的，我不怕把自己暴露在光天化日之下。或许还可以惊示后人知道自己应该怎么去做才得体，才是善。

末　学：您的一生很不容易，一方面儒家的以天下为己任的责任感使您努力为国家做事，为老百姓谋利益；另一方面总是受到权臣的陷害和打压，大半生都是在郁郁寡欢中度过的，直至流淌完生命的最后一滴血。

朱　熹：（悲愤地）我于宋高宗建炎四年（1130 年）出生在福建延平龙溪，降世不久，父亲朱松升任朝廷秘书省正字职，因为反对佞臣秦桧主和，被逐出朝廷。父亲把全部心血用到我的身上，从发蒙时起，我就接受了比较系统的儒家教育。不幸的是我十四岁那年，父亲出职饶州，未至而卒。

末　学：那就剩下您与母亲相依为命了。

朱　熹：是的。母亲和我迁居崇安五夫里，过着节衣缩食的日子。遵父遗命，我师事刘子翚等人，19 岁那年以建阳籍参加乡试、贡试，荣登进士榜。31 岁时正式拜程颐的三传弟子李侗为师，专心儒学。我继承二程思想，又独立发挥，形成了自己的理学体系。我任地方官期间，力主抗金，恤民省赋，节用劳役，限制土地兼并和高利贷盘剥。尔后在“白鹿国学”的基础上建立白鹿洞书院，订立《学规》，讲学收徒，宣扬道学。在长沙修复岳麓书院，讲学以穷理致知、反躬践实，以居敬为主旨。在武夷山建立武夷精舍，晚年在福建建阳考亭村办了考亭书院。几十年来为国家培养了成千上万的栋梁之材。

末　学：先生在这方面的政绩、学养和对国家的贡献是有目共睹的。

朱　熹：（无奈地）但是却惹得官场上那些同事对我嫉恨。我也不知道怎

① 史蒂芬·霍金，许明贤、吴忠超译：《时间简史——从大爆炸到黑洞》，湖南科学技术出版社 1995 年版，第 156 页。

么得罪了他们，这些人竟然欲置我于死地而后快。

末　学：这是中国几千年的专制政治制度和传统文化的糟粕合力发生的作用，是一股腐败而残忍的反动势力。它专门打压进步思想和消灭新生力量，目的是维护统治集团的既得利益，开历史的倒车。

朱　熹：从宋孝宗淳熙八年（1181 年）起，我就没过过好日子。这一年八月，浙东饥荒。朝廷命我担任提举两浙东路常平茶盐公事。途经杭州，亲见所闻，入对七札，陈述时弊。通过微服私访，掌握了一批贪官污吏和豪强的劣迹，决心予以弹劾。不承想此事竟然牵连了宰相王淮等人。王淮指使人上书抨击理学，将理学诬蔑为“伪学”，我也被解职还乡。

末　学：真是太冤枉了！宰相王淮是个坏人。后来呢？

朱　熹：到了宋孝宗淳熙十四年（1187 年），朝廷觉察到对我不公，调我出任江南西路提点刑狱公事，管理赣州、江州一带地方的司法、刑狱、监察、农事等方面的事务。不久王淮被罢免，恢复了理学的名誉。后来由新宰相赵汝愚推荐，我当上了焕章侍制兼侍讲，即皇帝的顾问和老师。那时我每逢双日为宁宗讲《大学》，其间对朝政时弊有所批评。“上疏斥言左右窃柄之失。”①但在奸佞小人的挑唆下，宁宗竟然以干预朝政的罪名，将我驱逐出朝廷。

末　学：昏庸的宋宁宗。也真是伴君如伴虎啊！

朱　熹：宋宁宗庆元六年（1195 年），我在朝廷的支持者赵汝愚被佞臣韩侂胄排挤罢相。韩侂胄势力红极一时，不可一世，便发动了一场抨击理学的运动。另一个佞臣叶翥给皇帝上书，要求把道学家的书销毁，科举考试及国家选拔官员，凡是涉及程朱理学者一律不予录取。

末　学：真是小人得志，理学遭殃。

朱　熹：更为糟糕的是，他们借我与还俗的尼姑圆融和妙安成婚的事，肆意攻击诬蔑，极力丑化我的人格，闹得天下人都以为我是一个好色之徒。特别是监察御史沈继祖乘机指控我十大罪状，向皇帝报请对我斩首。我的得意门生蔡元定也被逮捕入狱，押解送往道州。一时间理学又被诬蔑为“伪学”，我也被诬蔑为“伪师”，学生被诬蔑为“伪徒”。宁宗虽然未批复将我斩首，但是颁布诏命说凡是荐举为官者，一律不取“伪学”之士。

末　学：这时您个人和理学的命运都跌到了谷底。

朱　熹：是啊，理学家在天下找不到说理的地方，我看南宋王朝的气数也尽了。我现在给你说说，我与圆融和妙安成婚是怎么一回事。

末　学：（同情而忧虑地）先生，您平静一些，太忧愤了对身体不好。

---

① 《宋史》卷四百二十九。

朱　熹：（愤愤不平地）我就是这样忧愤而死的！临死前我还在修改《大学诚意章》。圆融和妙安一直守在床边抄写，直到我合上了眼。

末　学：这一次看到了圆融和妙安，我感到她们是您生命的一部分，是难得的杰出女性。从她们身上，我看到了中国女性的伟大。

朱　熹：这是 800 年来我第一次听到对她们公正的评价。谢谢你了！

末　学：先生，您与圆融和妙安之间，一定有一番不平常的经历，请您告诉我，由我再告诉天下所有的人，还您与圆融和妙安的清白。

朱　熹：（回忆地）这仍然牵涉到人们对我提出的“存天理，灭人欲”的片面理解，由此而引发了一系列的是是非非。

末　学：这个问题我们在以上已经讲过了，“存天理，灭人欲”的真实含义是弘扬天理，去除人性中的兽性成分。譬如道德沦丧、贪婪、残忍等。

朱　熹：可是一般人认为我是为了保存天理，而要消灭掉他们正常的欲望，特别是压制人的情欲、性欲。这就必然激起一些人的愤恨，于是他们把眼睛死死地盯着我的一举一动，看看我有没有压制自己情欲、性欲的行为。一旦发现我不是这个情况，就攻其一点不计其余。不怀好意者更是极尽讽刺挖苦打击之能事，特别是把它和政治陷害搅和在一起，就出现了监察御史沈继祖乘机指控我十大罪状，报请皇帝对我斩首的骇人听闻的事件。接着是将理学诬蔑为“伪学”、我被诬蔑为“伪师”，学生被诬蔑为“伪徒”。……

末　学：这是借学术研究的不同观点而大搞政治迫害。

朱　熹：没错！攻击我的男女之情只是借口而已。

末　学：先生，您与圆融和妙安之间发生过怎样动人的故事？

朱　熹：（回忆地）说来话长。我与妻子刘清四相濡以沫，感情甚好。但是在我 47 岁（1177 年）时她却一病不起，溘然辞世。妻子的去世使我伤心欲绝，从此失去了贤内助。翌年二月，我将她安葬在唐石里（黄坑）后塘大林谷。这也是我为自己选中的墓穴，以便与妻子“生不同时，死同穴”。不久朝廷降旨命我为知南康军，临走之前，我祭拜了妻子墓地。当时黄坑山高水远，大雪堆满了道路两旁。我触景生情，赋诗一首：“春风欲动客辞家，霖潦纵横路转赊。行到溪山愁绝处，千林一夜玉成花。”① 此后我一直未娶，直到后来接二连三地遭受不幸，在绝望、孤寂中遇到了圆融和妙安……

末　学：在南宋时期，乃至整个封建社会，男人娶三妻四妾是司空见惯的事情，也是当时法律所允许的。

朱　熹：就我个人命运来说，还有另一层悲剧的成分。

---

①　朱熹：《朱熹集》卷六，《唐雪石中》，四川教育出版社 1996 年版，第 298 页。

末　学：还有什么事情？

朱　熹：妻子刘清四去世对我的打击是空前的。不承想又遭幼女夭折，胞妹病逝，晚年我又失去了儿子。死亡卷走了我身边这么多亲人的生命，我一下子处在绝望之中。紧接着的不幸又发生了，就是上面提到的当朝宰相王淮指使人将理学诬蔑为“伪学”，我被朝廷解职还乡。

末　学：后来还有宋孝宗淳熙十四年宁宗将您驱逐出朝廷。

朱　熹：也就是在我处于这种十分困难、百般无奈的困境中，一次我去寺院进香，意外地碰到了圆融和妙安。这个寺院我过去常去，与住持和僧尼都很熟悉。住持还让我讲过课，他们对我的为人也大体了解。

末　学：这很正常，北宋时期的苏东坡就有不少僧尼朋友。

朱　熹：有一天我进香完毕，一个人坐在一棵老槐树下休息，不由自主地发出一声声的叹息，随后就靠着树干打了个盹儿。等我睁开眼睛，看见圆融和妙安站在面前。她们看着我，一副爱怜的样子。一再追问我怎么了，哪里不舒服。说着将一杯热水递到我手里，把我搀扶到长凳上坐下。

末　学：多么富有同情心啊！

朱　熹：在圆融和妙安的一再追问下，我控制不住积压已久的悲愤，声泪俱下地诉说了我的不幸、孤寂与无奈……没想到我在叙述这一切时，寺院的住持也在不远的一棵树后听着。之后他来到我的身边，对我说：“先生的不幸，就是理学的不幸。不幸的人是会得到帮助的。阿弥陀佛！”

末　学：那以后呢？

朱　熹：我也没有别的去处，寺院就是我常去进香和排遣满腹积怨的地方。我和住持及圆融和妙安的交往多了，她们也进一步了解了我。直到有一天住持找到我说，圆融和妙安对我心仪已久。她们已经提出还俗的要求，愿意以侍妾的身份照顾我的生活，并且帮助我完成未写完的理学著作。

末　学：这是佛助先生一臂之力啊！

朱　熹：我感到一阵吃惊，心想这不可能。一是让圆融和妙安还俗，牵扯到佛教的教规。二是我“老拙衰病，幸未即死。但脾胃终是怯弱，饮食小失节，便觉不快。兼作脾泄挠人，目疾则尤害事。”① 三是圆融和妙安的文化水准怕不及。再说她们既要还俗，我也不能误了人家的青春啊！

末　学：这是一件严肃的事情，也是一个实际问题。

朱　熹：当我道完这些疑虑之后，住持对我说：“圆融和妙安已决心还俗，从佛教的教规来说也是允许的，我批准就是了。正因为你年老体衰，才

---

① 《朱熹书翰文稿》，上海书画出版社 2002 年版，第 1 页。

需要有人照顾。若理学的著作没有最后完成，才是国家与民族之最大不幸。请你从这个角度多想想。至于圆融和妙安的文化水准和能力，根本不成问题。她们原本就是学堂出身，只因个人私事不顺才入佛门的。”

末 学：住持的话有道理，还得看圆融和妙安的真实想法。

朱 熹：是啊，正说着圆融和妙安姗姗来到跟前。圆融对我说：“我和妙安在学堂时就以姐妹相称，到寺院后一方面学习佛学，另一方面又接触到理学，感到理学对解决今世诸事颇有用处。‘格物致知’的思想深深地触动了我们。我们佩服您的学识，敬仰您的人格。特别是听了您的不幸遭遇之后，深表同情。决心还俗以助先生一臂之力，为理学的最后完成奉献毕生。”妙安的性格比较内向，她喃喃地说：“我愿意为先生的事业贡献绵薄之力。”

末 学：当时她们只能以侍妾的身份了？

朱 熹：是的。一是我对妻子刘清四仍然十分怀念，她作为正妻的位置是不能动摇的；二是圆融和妙安必须有一个侍妾的名分才能待在我的身边，否则南宋的法律、道德习俗和社会舆论不答应；三是圆融和妙安既已还俗，面临的实际问题就是穿衣吃饭和日常生活，这就必须有侍妾的名分。在当时社会，男人纳妾不会有人说三道四，若和没有名分的女人在一起就违法。

末 学：那以后呢？

朱 熹：经过寺院住持的批准，圆融和妙安正式还俗。然后择了一个吉祥的日子，有蔡元定等参加，举行了一个简单的婚礼仪式。记得那天寺院住持还来道喜，并勉励圆融和妙安照顾好我，努力完成理学大业。

末 学：圆融和妙安成为您生命的一部分，她们果然履行诺言，不负众望，帮助您在病榻上最后完成了《大学诚意章》。

朱 熹：是啊！真得感谢她们两个。可是在宋宁宗庆元六年（1200 年），监察御史沈继祖不顾事实真相，向皇帝上奏说我勾结寺院两个尼姑为妾，既丑化了我的形象，也极大地侮辱了圆融和妙安的人格，真是千古奇冤啊！

末 学：后来宁宗皇帝怎么看的？

朱 熹：宁宗皇帝的周围都是佞臣，他们鼓动皇帝判我死刑。最后还是宁宗皇帝念及我和他的师生之情，下旨让我检讨完事。

末 学：您给皇帝写了检讨？

朱 熹：写了。我承认自己“纳其尼女”之事。这是事实，否认它有悖于理学精神，也是欺君之罪。但是又有谁知道其中的详情呢？所以我是被冤枉了 800 多年，今天才有机会讲清这件事情的来龙去脉。

末 学：这是一段非常美好、纯洁、神圣的爱情故事，但却被肆意颠倒黑白，恶毒攻击和丑化。它暴露了几千年来封建专制政治统治的黑暗性、腐朽性和残暴性，也折射出一部分中国人的劣根性。值得反思啊！

朱　熹：（释怀地）我愿这样的悲剧以后再也不要在神州大地发生！

…………

末　学：先生，最后我再问一个问题，在您的一生中有没有因为做得不妥的事情，而给自己留下刻骨铭心的记忆呢？

朱　熹：（陷入回忆中）有！只有一件这样的事情。

末　学：能说给我听吗？

朱　熹：当然可以！说出来你的心灵一定会受到震撼的。

末　学：有这么严重和刺激吗？

朱　熹：（顿了顿）宋孝宗淳熙八年（1181年），我任提举两浙东路常平茶盐公事。当时正逢浙江大旱，百姓流离失所，苦不堪言。朝廷委派我全权负责赈灾工作。通过微服私访，发现浙江台州守唐仲友以权谋私，劣迹斑斑。特别是他侵吞赈灾物资，贪污腐化，搞得民怨沸腾。于是自淳熙八年七月十六日至九月四日的三个月里，我向朝廷六上奏章严辞弹劾唐仲友。可是因为唐仲友在朝廷有人，特别是得到宰相王淮的庇护，就无损他一根毫毛。结果助长了唐仲友的嚣张气焰，他不但上章自辩，而且向朝廷告我的黑状。

末　学：皇帝怎么也不出来主持公道？

朱　熹：孝宗皇帝耳朵软，他周围都是宰相王淮的人。我看一点儿辙没有了，又不甘心。心里正窝着火，这时得到消息，说台州营妓严蕊和唐仲友关系密切，若从严蕊打开缺口，就能掌握唐仲友更多的犯罪事实。

末　学：这个主意不错，可以试一试。

朱　熹：我立即下令逮捕严蕊进行审讯。可是这个女人就是不招，她一口咬定，自己是官妓，善琴棋书画、诗词歌赋，只卖艺不卖身。

末　学：让她交代和唐仲友的关系。

朱　熹：审来审去，她只承认自己坐台伺陪过唐仲友，并无越轨行为。更谈不上关系亲密了。可是我手下的人没有一个相信这是真话。按照南宋的法律规定，营妓即是官妓，是不能与官员同床侍寝的。但是往往有名无实，官员狎妓之风十分盛行，像唐仲友这种腐败分子就更不用说了。

末　学：那该怎么办呢？

朱　熹：一气之下，我命令把严蕊关入大牢。让她好好反省，过几天再审讯。可是没想到我手下的人给她动了刑，而且是重刑。

末　学：这些下层官员往往乱来。

朱　熹：到了审讯的日子，升堂之后，我看见严蕊被拖了进来，她披头散发，浑身血迹斑斑，我大吃一惊，才知道手下的人手段如此残酷。草草问了几句就收场了。我严厉训斥这些草菅人命的家伙，让他们立即给严蕊治伤。

末 学：一个纤弱的风尘女子如何受得了这般折磨。

朱 熹：过了十多天，我去牢房再审严蕊，她已经恢复得差不多了。头发做过梳理，衣服也穿戴整齐。只见她平静地坐在我的对面，显得气质高贵而不可侵犯。她还是原来的供词，一句都没有改变。最后她说："请大人记着，不是所有的官妓都没有人格。我和唐先生的关系是清白的！"

末 学：她在您面前还敢称唐仲友为唐先生。

朱 熹：（赞赏地）这正是我看重这个女人的地方。她可真是铁骨铮铮啊！虽然她是我的政敌宠爱的女人，但却是我赞赏的女人。

末 学：后来呢？

朱 熹：几天以后我接到调任令，由岳飞的儿子岳霖接任我。① 立刻把严蕊放了。说实话我想去看看她，可是我实在没有这个脸面了。

末 学：听说严蕊出狱时，写了一首《卜算子》。

朱 熹：是的，《全宋词》收入严蕊三首词。那首《卜算子》是：

> 不是爱风尘，似被前缘误。花落花开自有时，总赖东君主。去也终须去，住也如何住！若得山花插满头，莫问奴归处。

末 学：真是一位才女！

朱 熹：是啊，"若得山花插满头，莫问奴归处。"是我伤害了她，实在对不住。每当我想起这些心里就阵阵作痛，真是自愧弗如！

…………

---

① 岳霖（1130—1192）岳飞四子，号商卿。生于宜兴唐门军中，母李氏。岳飞遇害时，岳霖年12岁。孝宗皇帝昭雪时，岳霖32岁。圣旨复岳霖为右承事郎；后又授南赣都督，食邑宜兴。淳熙三年，岳霖任广西钦州知县。淳熙五年孝宗皇帝便殿诏见岳霖时说："卿家纪律，用兵之法，张、韩远不及，卿家冤枉，朕悉知之，天下共知之。"岳霖稽首涕泣说："仰蒙圣察抚念，故家臣不胜感激！"岳霖遂上疏请求归还高宗当年所赐岳飞的御札、手诏，孝宗皇帝诏令准左藏南库还之。岳霖与朱熹、张拭为友，在各方的帮助下，即着手搜集岳飞遗文，尚未完稿即病卒。岳霖卒时尚在广州知县任上，其子岳珂年方10岁，随父官游。

第 13 章　与笛卡儿的对话①

1596 年 3 月 31 日，勒内·笛卡儿出生在法国图兰省和布瓦杜省交界处的拉埃镇（现名拉埃—笛卡儿镇）。1650 年 2 月 11 日，他逝世在瑞典的斯德哥尔摩。为了拜见笛卡儿，欧洲这两个地方我都得去。

6 月上旬的一天，艳阳高照，天气热得出奇。我搭乘法航波音 777 飞机到了巴黎，然后乘车来到拉埃镇即现在的拉埃—笛卡儿镇。这是一个美丽的小镇，十分整洁。17 世纪以来的木石建筑还有一小部分保留着。一座座玲珑的小别墅掩映在绿树花丛中，令人羡慕不已。一提到笛卡儿的名字，连小孩子都伸出大拇指夸奖他。可是我在这里转悠了三天，却没有看到笛卡儿的踪影。那么，他会上哪里去呢？以前我拜访的 12 位大师，大部分都是在他们的故乡找到的。因为人总要落叶归根嘛！我忽然想起笛卡儿生前喜欢安静，为了摆脱城市的嘈杂和一些人无端的打扰，他经常一个人躲在郊外一间木屋里看书或写作。于是我又在拉埃镇的四周打听，去了郊外所有的木屋，仍然没有看到笛卡儿。我觉得他不在此地，因为在这个巴掌大的地方，不可能找不见他。

一个礼拜以后，我决定去笛卡儿逝世的地方——瑞典的首都斯德哥尔摩去找他。在北欧三国中，斯德哥尔摩算得上是岛屿最多的城市了，被称为“北方威尼斯”。它既有典雅、古香古色的风貌，又有现代化城市的繁荣。在老城区，那里有金碧辉煌的宫殿、气势不凡的教堂和高耸入云的尖塔，而狭窄的大街小巷则显示出中世纪的街道风采。在新城区，高楼林立，街道整齐，苍翠的树木与粼粼的波光交相映衬。市内绿草如茵，环境幽雅，建筑均为树墙围绕，街心、路旁、宅边广植草坪，遍栽花卉，此外还建有喷水池。在地面、海上、空中竞相往来的汽车、轮船、飞机、鱼鹰、海鸥，给城市增添了

① 勒内·笛卡儿（Ren Descartes，1596—1650）法国哲学家、数学家、物理学家。生于法国图兰省和布瓦杜省交界处的拉埃镇（现名拉埃—笛卡儿镇），逝于瑞典斯德哥尔摩。西方现代哲学思想的奠基人。近代唯物论的开拓者，提出“普遍怀疑”的主张。反对经院哲学，主张抛弃所有因袭见解。因将几何坐标体系公式化而被认为是解析几何之父。他对现代数学的发展也做出了重要的贡献，强调科学的目的在于造福人类。他的哲学思想影响了之后的几代欧洲人，开创了“欧陆理性主义”哲学。

无限的活力，而远方那些星罗棋布的卫星城，更给人带来一抹如烟如梦的感觉。

我向市民打听笛卡儿，老年人说不知道他在哪里，年轻人则透露出一种陌生的眼神。看来笛卡儿的确和斯德哥尔摩居民久违了。我去了这里好几个公墓，均没有找到笛卡儿的墓碑。怪了，他还能上哪儿去呢？这个生前孤独、神秘兮兮的人，死后仍旧给人留下许多神秘感。

从笛卡儿的档案材料得知，他于 1628 年移居荷兰，直到 1649 年春天应瑞典女王克丽斯蒂娜邀请担任私人教师，才离开荷兰。笛卡儿在荷兰一住就是 20 年，最后的住地是荷兰的埃格蒙德海岸一个渔村。我估摸着在荷兰一定能够找到笛卡儿，不用说我又得马不停蹄地赶往荷兰。

荷兰位于欧洲西部，东面与德国为邻，南接比利时。西、北濒临北海，地处莱茵河、马斯河和斯凯尔特河三角洲，全境为低地，1/4 的土地海拔不到 1 米，1/4 的土地低于海面，沿海有 1800 多公里长的海坝和岸堤。荷兰的气候属温带海洋性气候，冬温夏凉，月平均气温：1 月 2—3℃；7 月 18—19℃。因此我到了荷兰首都阿姆斯特丹，一下子就好像掉进了冰窖里。据文献介绍说，笛卡儿当初选择隐居在荷兰，看中的就是这里气候寒冷、荒僻，因为只有这样才没有人来打扰他，他便可以专心致志地思考和写作。

从阿姆斯特丹到埃格蒙德海岸开车只有两个小时就到了。这里哪有什么小渔村？现在全部是现代化的港口设施和一幢幢楼房。无奈也就只好听之任之，顺其自然了。我想先把埃格蒙德海岸的风光看个够，然后吃一道当地特色菜。海风飕飕地吹着，我感到有些凉，就急忙进了一间餐馆，要了一碗豆汤（Erwten Soep），一盘菜豆加油炸的培根（Kaantjes），还有一盘熏鳗鱼，配上碎洋葱整条吞食的生鲱鱼（Herring）。老板看我点了这几样地道的荷兰菜，以为我在荷兰住了很久了。他把凳子挪到我跟前，一边喝着咖啡，一边和我拉起了家常话。他问我到这里有什么要办的事，他可以帮忙给联络一下。我说我寻找笛卡儿住过的地方，你能告诉我吗？他摇摇头，表示一点儿都不知道。这时在旁边饭桌吃饭的一位荷兰老人用不熟练的中文说："笛卡儿当初住的小渔村，早就被海水倒灌淹没了。"我问他："您知道笛卡儿还在荷兰什么地方住过吗？"他用餐巾纸擦了一下嘴巴，振振有词地说："笛卡儿在荷兰住了 20 年，迁居过 24 次，换过 13 个城市。你到哪里去找他的住处？要么全荷兰都是！"

天哪，看来我这一次到荷兰又是白跑了。

…………

晚上我回到阿姆斯特丹宾馆，重新翻阅笛卡儿的资料。心想您还能从地球上消失不成，我就是走遍五大洲、四大洋也要找到您。我这次要采访的 20 位先贤大师，是在征求了各方面的意见，经过严格筛选才敲定的。不说是百里挑一，至少也是好中取优吧。连宋明理学的完成者王阳明都割爱了，选上笛卡儿还这么不给面子？嗣后，我从阴性物质世界资料库中调出笛卡儿的量子电话号码，[①] 满怀希望地试着给他打电话，结果对方一直关机。

我继续在灯下查阅笛卡儿的资料，突然一道消息映入眼帘：1650 年 2 月 11 日笛卡儿死于肺炎，终年 54 岁。当时瑞典奉行新教，因为他是天主教徒，所以只能埋葬在为未受洗礼的孩子准备的公墓里。出殡时，仅有寥寥几位友人前来送葬。一直到 1667 年，他的遗骸才被运回巴黎并被隆重地埋葬在圣格内弗埃-蒙（Saintegneviegrave；Ve-Del-Mont）的圣堂中。1799 年，法国政府把他的遗骸供在法国历史博物馆中。1819 年以后，他的遗骸又被安置在柏雷斯的圣日曼（Saint-Germain-Des-Pregraves）教堂中供人瞻仰。墓碑上写着："笛卡儿，欧洲文艺复兴以来第一个为人类争取并保证理性权利的人"。

第二天一早，我乘早班飞机赶往巴黎。飞机降落后，我从戴高乐机场打车直奔柏雷斯的圣日曼（Saint-Germain-Des-Pregraves）教堂。教堂里面正在做弥撒仪式，我进去之后静静地坐在后排，慢慢地平复自己的心情。因为我很快就要见到笛卡儿了，不能让他看见我心急火燎的样子。

弥撒仪式结束，我走到神父跟前，说我想拜见笛卡儿。神父把眼镜扶了扶，四下看看，有些为难地说："他这个人老嫌教堂里人多，白天一个人一早就出去了，直到很晚才回来。"我问道："白天他可能去什么地方？"神父耸耸肩膀，摊开双手说："他一天换一个地方，不知道。"这时一位中年神职人员走过来插嘴说："刚才有人说在枫丹白露宫看见笛卡儿了。"[②]

我一阵喜出望外，连连表示感谢。马上乘车就向法兰西岛方向赶去，进了枫丹白露宫大门之后，我立刻寻找笛卡儿。这一次倒很顺利，远远地就看见笛卡儿坐在一棵大树旁边的椅子上。当我走近他的时候，他下意识地用双手捂着眼睛，然后慢慢地把头埋在两膝之间。

我在他面前停了下来，施以鞠躬礼。小声地说道："先生，我来自遥远的东方——中国。我想向您求教我有怀疑的问题，可以吗？"

一开始笛卡儿无动于衷，然后慢慢地抬起头来。这时我才看清楚他的模样：一头很长的卷发，垂下来一直披到瘦削的肩膀上。一双长长的弯弯的眉

---

① 参见拙著《进入阴性物质世界》14.2"阴性物质世界涵盖了一个无所不包的信息资源库"。

② 枫丹白露宫是法国最大的王宫之一，在法国北部法兰西岛地区塞纳—马恩省的枫丹白露镇。从 12 世纪起用作法国国王狩猎的行宫。"枫丹白露"的法文原义为"美丽的泉水"。枫丹白露风景绮丽，森林茂盛，古迹众多，是著名的旅游胜地。

毛下，是一对清澈的但又十分忧郁的眼睛；瞬间那双眼睛又有些迷惘，好像忧伤得快要掉下泪珠儿。鼻梁又高又直，薄薄的上嘴唇留着两撇向上翘的小胡子。嘴巴微微地翕动着，但是不发出声音，好像是向人求饶似的。

笛卡儿愣愣地盯着我，终于不自然地微笑了。他轻声地说："欢迎！"并示意我坐下，一边用手护着身边的绿色帆布背包。

…………

就在这种生疏、不和谐的气氛中，我与笛卡尔作了如下的谈话。

13.1　怀疑——对哲学进行一次彻底的颠覆

末　学：先生，您让我找得好苦啊！

笛卡儿：(漫不经心地) 找我干什么？

末　学：我想向您求教。我怀疑这个世界上的许多事情是否真实，一时又理不出头绪来。我想，您一定会帮助我的。

笛卡儿：中国有孔子，还有朱熹的"格物致知"，去问他们好了。

末　学：我拜访过孔子和朱熹，他们都有许多高见，但是我仍然不满足。所以就千里迢迢、漂洋过海来找您啦。

笛卡儿：(气氛有所缓和) 我是一个孤独的人、怯懦的人，我不被主流社会所容忍，一生漂泊异乡，写的几本书都被罗马教廷列为禁书，有的还烧毁了。自从伽利略被宗教裁判所监禁后，我就被专制制度吓住了。……

末　学：先生，您并不孤独，您是欧洲文艺复兴以来第一个为人类争取并保证理性权利的人，向往您的人成千上万，遍布世界各地；您也不是一个怯懦的人，您曾两次从军，与萨瓦公爵一起，参加了对波希米亚国王的一场血腥的战斗，但是您淡泊名利，拒绝受封中将军衔；您不被主流社会所容忍正是您的光荣，您的书被禁、被毁，说明正义和真理在您这边，反映了统治者的虚弱和害怕；您并没有被专制制度吓住，至今您仍然为世界的未来苦苦思索。

笛卡儿：(感动得擦拭眼泪) 感谢你对我的理解。因为我长期被压抑、受冷落，我差不多怀疑所有人的真诚。怀疑——成了我的一种性格，所以请你原谅我一开始对你的冷淡。(抱拳) 抱歉了！

末　学：怀疑——也是我的性格之一。但是我的怀疑却没有您的怀疑那样尖锐、准确，没有您那样的思维成果。例如，我常常相信自己的感觉，特别是第一印象，这就难免被假象所迷惑，所以总是受骗上当。

笛卡儿：(一本正经地) 所有善良的人都是如此。不过，我已经相当明白地证明了感官给人的知识是不可靠的，甚至具有欺骗性。

末　学：有这样严重吗?

笛卡儿：有！这样的例子俯拾即是。例如，把一根小木棍的一端插进水中，它看上去是弯的，其实是笔直的。还有，人在梦中的感觉就不真实。但是你无法把梦中的经历与清醒时的经历区分开来，也根本不存在区别二者的标准。也许过一段时间回忆我们今天的谈话，就像做了一场梦一样。

末　学：中国的庄子说过，不知道是我梦蝴蝶，还是蝴蝶梦我。

笛卡儿：是梦，非梦矣。既然梦中的经验是虚假的，而现实与梦境又难以区分，那么现实中的所有经验都可能是虚假的。

末　学：(感到震惊) 所以需要理性，只有通过理性才能揭示事物的真相。

笛卡儿：是的，这就需要怀疑。通过对经验的怀疑就可能引出理性的认识。

末　学：(思考地) 这使我想起了门捷列夫元素周期表，它虽然是对现实世界物质存在形式的高度抽象和概括，但也只是对阳性物质的正物质（阳+）元素规律性的认识。原来的经验变成了理性认识；而现在的理性认识又变成了经验。于是许多人就凝固于这种经验，认为用门捷列夫元素周期表可以解释宇宙间的所有现象。而把不能解释的超自然现象，一律斥之为伪科学。

笛卡儿：这些人的通病是夜郎自大，故步自封。我认为不光对经验要怀疑，对于一个阶段的理性认识也要怀疑。

末　学：因为我怀疑门捷列夫元素周期表的普适性，所以在它的基础上又做出了三个元素周期表：以衰变形式存在的阳性物质的负物质（阳一）即反物质元素周期表；阴性物质的正物质（阳+）元素周期表；以衰变形式存在的阴性物质的负物质（阴一）即阴性物质的反物质元素周期表。①

笛卡儿：用四个元素周期表，大概初步可以说明宇宙间诸种事物的变化了。

末　学：果真如此，那无疑是怀疑结出的果实。

笛卡儿：怀疑是理性认识的开端，是科学的起步。

末　学：为什么对一个阶段的理性认识也要怀疑呢?

笛卡儿：因为理性认识分为若干层次，所以真理总是具有相对性。

末　学：理性认识是否就像若干层级的宝塔，上一层的认识总比下一层高?

---

① 参见拙著《进入阴性物质世界》2.2“以实粒子为特征的元素周期表与以虚粒子为特征的元素周期表之比较”。

笛卡儿：可以这样比喻。宝塔的顶端就是上帝，代表“全知、全能、全在”。

末　学：上帝是唯一的，是绝对真理？

笛卡儿：是的。除了上帝，一切都在怀疑之列。譬如，人的知觉常常欺骗自己，直接的经验往往不真实，外部世界也可能是假象……

末　学：那么，人们在此基础上产生的认识、观念，乃至哲学思维都靠不住？

笛卡儿：是的，这正是我要得出的结论。我认为，人类已经糊里糊涂过了几千年，对已有的哲学必须进行一次彻底的颠覆！

末　学：（吃惊地）彻底的颠覆？！

笛卡儿：对。你用四个元素周期表而不是用一个门捷列夫元素周期表说明宇宙间万事万物的变化，就是这种颠覆的开始。

末　学：不，这只是一种尝试。

笛卡儿：（坚决地）如果没有这种颠覆，世界和人类断没有出路！

末　学：它发端于对感性知觉的普遍怀疑？

笛卡儿：是的。但是，它不是怀疑一切。①

13.2　我思故我在

末　学：先生，为什么既要普遍怀疑又不是怀疑一切呢？

笛卡儿：普遍怀疑是指由感官引起的所有知觉，包括在此基础上产生的认识、观念，乃至哲学思维等。这些都是可以怀疑的，因为它们是片面的、易变的，没有固定的形态。但是有两种东西又不能怀疑：一是上帝，怀疑造物主的存在，就等于怀疑宇宙间所有事物的存在，当然也包括自己的存在；二是不能怀疑自身灵魂的存在，怀疑灵魂的存在，也就等于怀疑自身的存在。

末　学：上帝是“全知、全能、全在”，代表绝对真理，暂且不说了。但是为什么不能怀疑自身灵魂的存在呢？

笛卡儿：好的，我们现在专门研究这个问题。你设想一下，思想中的你是不是没有体积、没有重量、没有飘浮感、没有知觉……

末　学：（闭着眼睛体会片刻）是“心—脑”一致……

笛卡儿：进入“无”的境界？

---

①　笛卡儿认为，普遍怀疑是手段而非目的，目的是要找到确凿无疑的存在。有些东西是不能怀疑的，因为人们必须有一个不可怀疑的依托，才能开始自己的生活。

末　学：（轻声地）……明心见性，气境禅观。

笛卡儿：很好。仔细体会一下灵魂和意识的状态。

末　学：意识处在“停滞”状态，而灵魂说不清楚。灵魂仍然存在着……

笛卡儿：很好。其实灵魂和意识都存在着，只不过以“心—脑”一致的特殊形式存在着。这说明什么呢？说明尽管一个人可以怀疑许多东西都不存在，但却不能怀疑自己灵魂和意识的存在。特别是不能怀疑灵魂的存在，因为灵魂是生命的核心嘛！还有，此刻你的灵魂在进行怀疑，如果说灵魂不存在，你用什么去怀疑呢？怀疑是直觉思维过程，直觉思维的东西与直觉思维的不存在呈二律背反。因此，怀疑的过程必定是直觉思维发生作用的过程。

末　学：直觉思维发生作用，也就是灵魂产生和发射灵魂波——一阴′＋作用对象物的过程。① 这既是怀疑的过程也是审美的瞬间。

笛卡儿：普遍怀疑恰恰表明审美主体存在的真实性。

末　学：我在怀疑、我在审美、我在思考，我证明自己真实存在着。

笛卡儿：很好！这就是“我思故我在”。

末　学：因为怀疑，我才存在。

笛卡儿：不仅仅是怀疑，怀疑只是“我思”的一种方式。当然怀疑是具有代表性的思维方式，它既是直觉，又是审美，还是思索……“我思”的范围很广，几乎包括全部意志活动、理智活动和想象活动，以及感觉活动等。所以不仅只是怀疑时我才存在，而是只要我思想，我就存在。

末　学：先生，怀疑仅仅是直觉而无逻辑思维？

笛卡儿：什么东西都不能绝对化。怀疑一开始就是直觉，这是没有含糊的。为什么呢？因为怀疑不能用推理的方式进行怀疑，否则就会陷入循环论的泥淖。② 例如，任何怀疑着的东西都是存在的，因为我怀疑，所以我存在。但是没有人就没有怀疑的大前提。于是就出现人的存在依赖于怀疑，而怀疑又依赖于人的存在的无稽之谈。而人的存在的大前提恰恰是需要证明的。

末　学：这就表明“我思故我在”不能用逻辑推理出来。

笛卡儿：是的，它只能通过直觉感知到。在我思中直接感受到我的存在。

末　学：在这个过程中，逻辑思维一点儿不起作用？

笛卡儿：也起作用，但是时间顺序和程度有区别。

---

① 参见《不同维数时空和生命的美》5.5“人与多维时空的生命互为审美的对象”。

② 循环论，认为事物的发展只有量的变化，而没有质的飞跃，像走马灯似的从一点出发，周而复始地回到原来的出发点。

末　学： 有哪些区别？

笛卡儿： 在直觉中包含有判断的成分，譬如说我在感受自己存在的同时，迅速做出我思想、我存在的判断，这就是逻辑思维。

末　学： 那么是不是逻辑思维发生在直觉之后呢？

笛卡儿： 从时间顺序上说，应该是先是直觉，紧跟着是逻辑推理，并且迅速得出结论。但是这种情况很复杂，完全因人而异。

末　学： 但是总不能倒着来吧！

笛卡儿：（不自然地一笑）当然了！不能是逻辑思维在先、直觉判断在后，否则那还叫什么怀疑、审美？也就没有“我思故我在”了。

末　学：（一笑）我是有意识让您把这个问题再强调一下。这虽然是一个常识，但却是一个极其重要的问题，许多人常常搞错。

笛卡儿：（无奈地）那就只能怪他们自己了。

末　学： 对于这个问题的认识错位，会影响到国家乃至整个民族文学艺术和科学技术的发展。因为没有直觉，就没有灵感的火花，也就没有创造性成就。所剩下的只是低水平的重复性劳动，浪费人才和时间。

笛卡儿： 是的。直觉——灵感——成就，我可以用解析几何求证它们的关系。

末　学： 先生，您还能求证什么？

笛卡儿： 人在没有手脚、没有形体的情况下，仍然在思想。

末　学： 有这么神奇吗？

笛卡儿： 有啊！它说明我可以没有手脚、没有形体，但是不能没有思想。思想是我的属性，思想与我不可分割，没有思想就没有我。

末　学： 这种情况在现实生活中可能存在吗？

笛卡儿： 当然存在。严格说来，我只是一个思想的存在，一个精神，一个理智或理性。我思想，我存在；我不思想，我不存在；我思想多久，我存在多久。在这个世界上，我的思想与我的存在是同一的。

末　学： 不思想个人就不存在？

笛卡儿： 当然了。因为思想是我的属性，即使熟睡了，做梦也是在思想。

末　学： 那么，在无意识中呢？

笛卡儿： 是无意识在思想。

末　学： 先生，您的意思我明白，但是概括性太强。让我用拙著《我的宇宙观》系列著作中的观点阐释一下，可以吗？

笛卡儿：（怀疑地）当然可以。你说吧！

末　学： “我思”，表现为人在“心—脑”一致的情况下，灵魂产生和发射的灵魂波——一阴′+和脑意识产生和发射的思维波——+阴′一彼此分离或者相互耦合时，由思维波——+阴′一携带阴性物质的正物质(阴+)——意念，进入阴性物质世界资料库检索信息和破译密码。这个过程是在超光速的条件下进行的，省略了不少认识的中间环节，在瞬间就可以得出思维结果。

笛卡儿：你能具体讲一下吗？

末　学：灵魂产生和发射的灵魂波——一阴′+与脑意识产生和发射的思维波——+阴′一彼此分离，凭灵魂去观照、去体察，是直觉，表现为审美过程。灵魂产生和发射的灵魂波——一阴′+与脑意识产生和发射的思维波——+阴′一相互耦合时，由思维波——+阴′一携带阴性物质的正物质(阴+)——意念，进入阴性物质世界资料库检索信息和破译密码。是思维、判断，表现为逻辑推理。这就是您说的在直觉中包含理性判断的成分。

笛卡儿：那么，“我思”又如何表现为独立于肉身的思维活动？

末　学：“我思”表现为在人的“心—脑”一致时，由灵魂通过灵魂波——一阴′+和脑意识的思维波——+阴′一相耦合，携带阴性物质的正物质(阴+)——意念，进入阴性物质世界资料库检索信息和破译密码。这是一个相对独立于肉身的思维活动。如果说由灵魂通过灵魂波——一阴′+直接去感知对象物，那更是相对独立于肉身的直觉判断，或者说是审美活动。因此，无论从哪一个角度讲，“我思”都可以在没有肉身的情况下进行思维活动。

笛卡儿：(收敛住怀疑的目光)有道理。我是从人的根本属性，也就是人的本质来规定人的存在的。思想是人与动物及其他事物的根本区别，没有思想就无所谓人的存在。而你的观点比我更彻底、更有见地。

13.3 个体独立，自由思考

末　学：先生，人的本质既然规定了人的存在，也就规定了人的思想是自己的。

笛卡儿：是的，“我思故我在”。如果没有思想，就没有我自己。我与我的思想同在。我的思想属于我自己的，它是我的专利。

末　学：还可以这样说，我在因我思。我的思想是独立于肉身的思维活动，就为个体独立和自由思考提供了理论依据。

笛卡儿：是的。连我的肉身都不能左右我的思维，谁能奈我若何？

末　学：突出个体原则，就是把人当人看，思想也就鲜活起来了。

笛卡儿：强调个体独立，就意味着思想自由。思想与我同在，才能激励自己不断地去怀疑、去探索、去发现、去创造。

末　学： 作为个体生命，我认为最根本、最重要的是思想自由。

笛卡儿： 是的。罗马教廷让我依附它，成为它的传声筒。我不听它的，它就转而钳制我的思想，扼杀我的怀疑精神，等于给我上刑。它们查禁我的书，就是用鞭子抽打我的心，烧毁我的书就是用火焚烧我。

末　学： 所以您的内心是非常痛苦的。

笛卡儿： 久而久之也就改变了我的性格。内敛、孤僻、忧郁、自卑……

末　学： 其实您的内心是充实的、强大的。因为您掌握着真理，您的思想的力量是无与伦比的。这一点连您的敌人也不能不承认。

笛卡儿： 没有我的思想，哪里还有笛卡儿?!

末　学： 就像没有您的智慧，解析几何诞生不了一样。

笛卡儿：（思考地）或许在我之后解析几何还会诞生……

末　学： 但却不是在笛卡儿时代诞生的。

笛卡儿： 我之所以把个体独立看得如此重要，是因为非如此而不能自由思考，也就不可能有怀疑精神。正因为我怀疑，才有“我思故我在”，才知道个体独立、思想自由是多么的重要。否则我也是一事无成啊！

末　学： 人们首先意识到自我存在，然后才能建立自己的生活。

笛卡儿： 不然的话，个人生活就得依附别人，也就不可能有思想自由！

末　学： 没有人身自由，就没有思想自由。

笛卡儿： 生活在罗马教廷时代的人，罕有思想自由。

末　学： 但是它却没有阻挡住您自由思考。

笛卡儿： 我因为躲来躲去，才争得了自由思考的权利。

末　学： 您呼唤个体独立、自由思考，就像一把火炬照亮了黑暗的夜空。所以您是一位发现者、先行者，人类思想的导师。

笛卡儿： 不，比起布鲁诺（1548—1600）和伽利略（1564—1642），我是一个怯懦者。他们因为发表了不同于教廷的独到见解，结果布鲁诺被活活烧死在罗马鲜花广场，伽利略被判以重刑，处境十分悲惨。……

13.4　灵魂和肉身的区别与联系

末　学： 先生，您讲普遍怀疑，是否要通过怀疑找到一个确凿无疑的前提？

笛卡儿： 是的，怀疑是为了不怀疑。我从怀疑也就是我思中找到我在，我的存在就是一个确凿无疑的前提。

末　学： 只有我存在了，成为认识的主体，才能去认识世界。

笛卡儿： 我存在既是前提，又是认识的起点。它是清晰而明确的，在观念上是真实而不容怀疑的。这样，才能保证认识及结果的真实性。

末　学： 这就是您说的不是怀疑一切的原因。

笛卡儿： 是的，如果说连自己的存在都怀疑，就没有认识的前提了。

末　学： 这一点也是理性审视的结果？

笛卡儿： 当然了。直觉只是告诉我"我思故我在"。而确定我的存在是清晰而明确的，是真实而不是虚幻的，只能靠理性的判断。

末　学： 只有如此，才能放心地去认识世界，包括认识人本身。

笛卡儿： 那么，人是什么？

末　学： 根据拙著《我的宇宙观》系列著作的观点，人是阴阳物质的复合体。

笛卡儿： 我的研究表明，人是有身体和灵魂的动物。

末　学： 在这一点上，我和您的观点是一致的。

笛卡儿： （吃惊地）你说说自己的观点。

末　学： 在宇宙生命坐标第Ⅳ象限，也就是在笛卡儿坐标系，① 横轴 X 代表阳性物质，又分割为阳性物质的正物质（阳＋）和阳性物质的负物质（阳－）；纵轴 Y 代表阴性物质，又分割为阴性物质的正物质（阴＋）和阴性物质的负物质（阴－）。还可以将坐标上阳性物质的负物质（阳－）和阴性物质的正物质（阴＋）线段分别延长。当阴阳两种物质在特定的时空条件下相互碰撞时，在产生肉身的同时，也就产生了灵魂、意识、潜意识（狭义）和潜意识（广义）。从坐标原点连接肉身、灵魂、意识、潜意识（狭义）和潜意识（广义）各点，就得到一条生命线。因为潜意识（广义）在四维以上多维时空，所以在坐标图上画不出来，然而在黎曼几何弯曲空间却可以显示出来。②

笛卡儿： 你讲到笛卡儿坐标系，我当然明白了。（高兴地）没想到笛卡儿坐标系在你这儿派上了用场。你将横轴 X 端点分割、将纵轴 Y 端点分割，又让它们遵循坐标原理相交，这是一个创造。是普遍怀疑的结果吧！（笑）

末　学： 生命在阳性物质世界的存在形式的结构式是：

---

① 笛卡儿坐标系，也称直角坐标系，是一种正交坐标系。二维的直角坐标系是由两条相互垂直、原点重合的数轴构成的。在平面内，任何一点的坐标是根据数轴上对应的点的坐标设定的。在平面内，任何一点与坐标的对应关系，类似于数轴上点与坐标的对应关系。采用直角坐标，几何形状可以用代数公式明确地表达出来。几何形状的每一个点的直角坐标必须遵守这个代数公式。例如，一个圆圈，半径是 2，圆心位于直角坐标系的原点。圆圈可以用方程式表达为 $X^2+Y^2=4$。

② 参见拙著《宇宙的秩序即道德的秩序》9.2"生命的对应性与多样性"。

肉身	+ 灵魂	+ 意识	+ 潜意识（狭义）	+ 潜意识（广义）
阳+阴-	阴+	阴-	阴+	阴-
阳-阴+	阳-	阳+（脑）	阳-	阴+

肉身也就是人体，是阴阳物质的复合体。它是由阳性物质的正物质（阳＋）和以衰变形式存在的阳性物质的负物质（阳一）即反物质、阴性物质的正物质（阴＋）和以衰变形式存在的阴性物质的负物质（阴一）即阴性物质的反物质等四种物质元素构成的。这四种物质元素在人体中以混成的形式存在着。

灵魂是阴性物质的正物质（阴＋）和以衰变形式存在的阳性物质的负物质（阳一）即反物质构成的矛盾对立统一体。在灵魂的结构中，表现为以衰变形式存在的阳性物质的负物质（阳一）即反物质围绕着阴性物质的正物质（阴＋）做旋转式运动。在这种运动中，产生和向四周发射出灵魂波——一阴′＋。灵魂从植入一个受精卵的时候起，产生和发射的灵魂波——＋阴′一就具有固定的频率和波长，一生都不会改变。在灵魂波上，全息了一个人前世和今生的所有信息和密码。阳性物质的负物质（阳一）围绕着阴性物质的正物质（阴＋）做旋转式运动时，其速度在光速的下限，因而阳性物质的负物质（阳一）即反物质就成为似衰变而未衰变的东西，就像土星的光环一样美丽。也因为其旋转速度接近光速，就表现出轻微的重量来，所以灵魂是有质量的。①

灵魂波是灵魂自身在运动中发出的具有特殊频率和波长的电磁波，其结构式是：一阴′＋。一个人灵魂产生和发射的灵魂波——一阴′＋，具有特定的频率和波长，生前和死后都不会改变。

意识（不完全意识）是相对于意识而言的。什么是意识？意识是以衰变形式存在的阴性物质的负物质（阴一）和阳性物质的正物质（阳＋）即特指的脑构成的矛盾对立统一体。在意识的结构中，表现为以衰变形式存在的阴性物质的负物质（阴一）即阴性物质的反物质围绕着阳性物质的正物质（阳＋）即特指的脑做旋转式运动。在这种运动中，产生和发射出思维波——＋阴′一。脑意识从诞生的时候起，产生和发射的思维波——＋阴′一就具有固定的频率和波长，一生都不会改变。在思维波上，全息了一个人现世经历的人和事的所有信息与密码。阴性物质的负物质（阴一）围绕着阳性物质的正物质（阳＋）即特指的脑做旋转式运动时，其速度在光速的上限，因而阴性物质的负物质（阴一）即阴性物质的反物质就成为似衰变而未衰变的东西，

① 参见拙著《进入阴性物质世界》1.3“突破相对论时空观与树立灵魂和意识的新概念”。

仍然像土星的光环一样美丽。因而在我们每个人的脑袋周围，都有一圈缠绕的“彩带”在不停地旋转着，非常美丽和壮观。也因为其旋转速度下降到光速的上限，就表现出轻微的“重量”来，不过现代计量仪器测定不出来。所以意识的质量，还是主要指一个人脑容量的重量。生命由阳性物质世界的存在形式变为生命在阴性物质世界的存在形式，其关键是肉身不复存在。因为肉身不复存在，作为阳性物质的正物质（阳＋）即特指的脑也就不复存在了。这时代替脑的位置的是这个人生前脑意识产生和发射的具有特定频率和波长的思维波——＋阴′－。一个人脑意识产生和发射的思维波——＋阴′－在宇宙空间累积着。它和阴性物质的负物质（阴－）组合成意识（不完全意识）。其结构式是：

－阴
＋阴′－

所以，生命在阴性物质世界的存在形式就只有意识（不完全意识）。思维波——＋阴′－存在于其中。

思维波是意识自身在运动中发出的具有特殊频率和波长的电磁波，其结构式是：＋阴′－。一个人脑意识产生和发射的思维波——＋阴′－，具有特定的频率和波长，生前和死后都不会改变。

潜意识（狭义）是灵魂的镜像物，存在于阴阳两个物质世界的交汇处。它在结构及运动方式上和灵魂完全一样，在此略去不谈。

潜意识（广义）分为个人的潜意识（广义）和宇宙的总体的潜意识（广义）。

个人的潜意识（广义）是阴性物质的正物质（阴＋）和阴性物质的负物质（阴－）构成的矛盾对立统一体。在个人的潜意识（广义）的结构中，表现为以衰变形式存在的阴性物质的负物质（阴－）围绕着阴性物质的正物质（阴＋）做旋转式运动。其运动速度在光速的上限，因而阴性物质的负物质（阴－）就成为似衰变而未衰变的东西，仍然像土星的光环一样美丽。不过个人的潜意识（广义）存在于四维以上的多维时空，它本身就是阴性物质世界的一部分。因此，这个矛盾对立统一体的运动，除了阴性物质的负物质（阴－）围绕着阴性物质的正物质（阴＋）做旋转式运动之外，阴性物质的负物质（阴－）和阴性物质的正物质（阴＋）还间隔地有节奏地发散和收敛，其速度也是在超光速的基点上有规律地或快或慢地变换着。个人的潜意识（广义）和宇宙总体的潜意识（广义）在运动中相联结，一方面将自身融入到阴性物质世界中去，参与生命信息和密码程序的编制，另一方面和整个阴性物质世界交换能量和信息，以供人体正常活动之所需。

宇宙的总体的潜意识（广义）是阴性物质的正物质（阴+）和阴性物质的负物质（阴−）构成的矛盾对立统一体，即整个阴性物质世界，或者说是阴性物质世界资料库（宇宙大脑）。它联结着宇宙间所有生命的个人的潜意识（广义）。打一个比方，宇宙总体的潜意识（广义）是浩瀚的大海，所有生命的个人的潜意识（广义）是无数的江河、溪流。在宇宙总体的潜意识（广义）的结构中，表现为以衰变形式存在的阴性物质的负物质（阴−）围绕着阴性物质的正物质（阴+）做旋转式运动。其运动速度在光速的上限，因而阴性物质的负物质（阴−）就成为似衰变而未衰变的东西，仍然像土星的光环一样美丽。在这个矛盾对立统一体的运动中，除了阴性物质的负物质（阴−）围绕着阴性物质的正物质（阴+）做旋转式运动之外，阴性物质的负物质（阴−）和阴性物质的正物质（阴+）还间隔地有节奏地发散和收敛，其速度也是在超光速的基点上有规律地或快或慢地变换着。阴性物质的正物质（阴+）是气（炁）功师练功时发出的外气（炁），阴性物质的负物质（阴−）在特殊的条件下能够观测到。[①]

笛卡儿：（幽默地）你不厌其烦地讲了这么多，是怕我不理解吧？

末　学：没有这个意思，只是想全面地阐述一下自己的观点。

笛卡儿：我当初也是这样，总怕别人不明白。没想到讲得越多，反倒给自己招惹的灾难越大。罗马教廷正是反复看清楚了我的意图之后，才颁布命令对我的著作又禁又烧。也多亏我在荷兰待了20年，否则和布鲁诺、伽利略一个下场。今天时代进步了，我看你不必担心这个。

末　学：但愿如此，不用怀疑就给我一个好运。

…………

笛卡儿：人们有一个偏见，总认为灵魂和肉身是不可分的。

末　学：这是感性知觉的欺骗性所致。

笛卡儿：实际上，灵魂和肉身是分属于两个实体。人在完全忘却肉身的情况下仍然可以思想。是谁在思想？显然不是肉身而是灵魂。

末　学：不光灵魂和肉身是分属于两个实体，意识和肉身也是分属于两个实体。也就是说，肉身、灵魂和意识都是分属于不同的实体。

笛卡儿：从你刚才的分析可以看出，它们在结构上也不相同。

末　学：是的。因为结构不同，所以各自具有的功能也不同。但是肉身

---

① 参见拙著《宇宙的秩序即道德的秩序》8.1“奇妙的小水珠现象”；“否定之否定——重提以太学说”。

作为阴阳物质的复合体，它里面又包含着“阴＋”和“阳－”、“阳＋”和“阴－”两个统一体。前者是灵魂的结构式，后者是意识的结构式。它既说明肉身中包含着灵魂和意识，又说明灵魂和意识是生命的重要要素，特别是灵魂是生命的核心。同时它又告诉了我们，肉身和灵魂、意识也是不可分的。

笛卡儿： 你认为灵魂和意识各在人体的什么部位？

末　学： 灵魂栖息在人的心窝处，即肝脏与心脏的连线上方部位；意识存在于人的头颅上方。灵魂和意识是通过灵魂波——－阴′＋与思维波——＋阴′－相耦合而联结起来的。肉身和灵魂按照对立统一的正负配对原则联结，然后是灵魂和意识、潜意识（狭义）、潜意识（广义）相联结，直达阴性物质世界。

笛卡儿： 我曾经解剖过许多尸体，始终找不到灵魂；找到了脑又找不到意识。那么你是怎么知道灵魂和意识的？

末　学： 先生，我是靠的一分为二的辩证法原理；靠的欧几里得几何学和笛卡儿坐标系；靠的我在禅境和气（炁）功状态下的感知……

笛卡儿： （兴奋地）笛卡儿坐标系帮助了你，我感到荣幸！感知也帮助了你？

末　学： 是的。感知就是我们上面讨论过的直觉，即直觉思维。我认为在科学不发达时，感知比科学更科学。①

笛卡儿： 我发现，思想可以不依赖于大脑而活动。当人进行一种纯粹的理智活动时，譬如，判断、推理、大脑一点儿用处也没有。只有在感觉或想象的情况下，它才起作用。看来理性只是灵魂自己的事情了。

末　学： 先生，我也是这么看的，只是与您稍有差异。

笛卡儿： （高兴地）快说给我听吧！

末　学： 什么是意识？意识是以衰变形式存在的阴性物质的负物质（阴－）和阳性物质的正物质（阳＋）即特指的脑构成的矛盾对立统一体。在意识的结构中，表现为以衰变形式存在的阴性物质的负物质（阴－）即阴性物质的反物质围绕着阳性物质的正物质（阳＋）即特指的脑做旋转式运动。在这种运动中，产生和发射出思维波——＋阴′－，直达阴性物质世界资料库……

笛卡儿： 你的意思是说，脑是肉身结构的一部分，它只是意识的结构的一个矛盾侧面，并不是意识的全部。阴性物质的负物质（阴－）围绕脑做旋转式运动，才产生和发射思维波——＋阴′－，去阴性物质世界资料库做功。

---

① 参见拙著《打开宇宙的另一扇门》7.1“老子与道”。

末　学： 是的。阴性物质的负物质（阴一）围绕脑做旋转式运动，产生和发射思维波——十阴′一，进入阴性物质世界的资料库，检索信息和破译密码，就表现为认识和思维的过程。脑本身并没有智慧，它只有复制和储存信息的功能。创造性思维活动不是来自脑，而是思维波——十阴′一进入阴性物质世界的资料库之后，在那里检索信息和破译密码的结果。

笛卡儿： 那么灵魂的作用呢？

末　学： 灵魂是阴性物质的正物质（阴十）和以衰变形式存在的阳性物质的负物质（阳一）即反物质构成的矛盾对立统一体。在灵魂的结构中，表现为以衰变形式存在的阳性物质的负物质（阳一）即反物质围绕着阴性物质的正物质（阴十）做旋转式运动。在这种运动中，产生和向四周发射出灵魂波——一阴′十。灵魂对外界事物的感知，更多的是直觉，表现为审美瞬间。

笛卡儿： 通过灵魂波——一阴′十的作用？

末　学： 是的。当灵魂波——一阴′十作用于对象物时，对象物也发出相应的特殊的电磁波，二者达到同频共振时就完成了直觉判断，也就产生了美感。无论是灵魂波——一阴′十，还是思维波——十阴′一运动速度都是超光速的，因而这一过程及其显示的结果都是在瞬间发生的。

笛卡儿： 如果说灵魂波——一阴′十和思维波——十阴′一联起手来，无论是直觉判断还是逻辑思维，功能不就更大了？

末　学： 是的，这就是两者相互耦合的情况。它表现在一个人身上，就是当“心—脑”一致时，会出现明心见性、气境禅观的美妙境界。这就是禅宗的修炼，非常有益于健康，先生想到中国学习吗？

笛卡儿：（兴奋地）有机会的话，当然、当然。

13.5　我的雌性娃娃、心中的公主和那一位女王

在枫丹白露宫的长椅子上，我和笛卡儿似乎是一口气谈了这么多，气氛也显得越来越融洽。侧目而视，我感到除了他那一双仍旧是忧郁、怀疑的眼神之外，他的全身细胞都处在极度的兴奋之中。

太阳慢慢地落下了地平线，在西边天际抹下了一道血红的晚霞。笛卡儿闪动着那双智慧的眼睛，好像还处在我们谈话的回味当中。我说起来走走吧，领略一下枫丹白露宫傍晚的风情，他眯缝着眼睛惬意地笑了。虽然在笑的瞬间仍然掠过一丝怀疑的神色，但是毕竟还是笑得那么快乐。我把他搀扶起来，顺手帮他去拎身边的绿色帆布背包，不承想他一把拽了过去，紧紧地护在胸前。我吃了一惊，以为出了什么事。笛卡儿不自然地笑了笑，嘴唇翕动了两

下，没有发出声音。我们就这样缓缓地在草坪上走着、走着，直到月亮爬上了树梢。

我对笛卡儿说先吃点东西，休息一下，明天我们再聊吧。笛卡儿说他在荷兰隐居时，一天只吃一盘熏鳗鱼。现在更是吃饭、睡觉没有定点了，一切都是随意的。他问我是否饿了，我说还扛得住，再说我也带了面包和饮料。一阵晚风吹来，空气中夹带着麦香的气味。笛卡儿在一个喷水池前停住了，他拉着我的手让我坐下来，叫我边吃东西，边和他继续聊天。

我知道喷水池让笛卡儿触景生情，他一定想起了什么。果然他的情绪来了，显得很激动，甚至有些语无伦次的样子。我说聊什么呢？他说你给我讲讲你在感情方面的故事。我说我没有什么好讲的，还是您先讲讲自己吧！看来他要把心中积蓄已久的私密说出来，或许只有这样才舒服一些。

笛卡儿终身未娶，只有每每在回忆中领略那早已逝去的情感生活……

我对他说："先生，您就发自肺腑地倾吐吧！"

…………

就在这个喷水池旁，我和笛卡儿作了如下的谈话。

末　学： 先生，您的内心一定珍藏着美丽的秘密，如果说您信任我，就大胆地说吧！这既是对自己的一种释放，也是情感上的享受。

笛卡儿：（一手护着绿色帆布背包）让我说什么呢？从哪儿说起呢？

末　学：（提示地）就从您心中的雌性娃娃说起。

笛卡儿：（小声地说）你是怎么知道的？

末　学： 我怎么不知道，在您的生平资料里记载着，感动了无数的少男少女。另外，我怀疑她就在您的绿色帆布背包里……

笛卡儿：（一惊，坦白地）是的，我亲手制作的雌性娃娃就在背包里。不过我不给任何人看，当然也包括你。我一直把她背在身上，一生都不离开。雌性娃娃——我心目中的她。她是我的生命，是我情感的归宿。

末　学： 她是什么时候到您身边的？

笛卡儿：（激动地）还是刚从战场上下来的那一年，我总想找个僻静的地方看书学习，完成酝酿已久的著作。不料经常有人来约我下馆子看戏，使我安静不下来。为了摆脱这些纠缠，我就东躲西藏。有一天，我一个人到巴黎凯旋门附近的一个喷水池前看书学习，不承想慢慢地犯困了……

末　学： 一定做了一个好梦。

笛卡儿：（神秘地）你说对了。我梦见一位像天仙一般的少女，飘然降落到我面前。她是那样的美丽、纯洁，温情脉脉地抚摸着我的头发，亲吻我的双唇。她说她寻找我很久了，今天终于见到了我。我也紧紧地拥抱着她，对她说您就是我梦寐以求的心上人，我们真是相见恨晚啊！

末　学：后来呢？

笛卡儿：后来我睡醒了，一只白色的鸽子从眼前飞走了。但是梦中的情景使我终生难忘，我就按照梦中情人的音容笑貌，亲手制作了一个雌性娃娃。从此，她就陪着我度过了漫长的漂泊的日子……

末　学：多么动人的浪漫故事啊！

笛卡儿：我心目中的雌性娃娃，也成了我一生择偶的参照系。

末　学：听说您以后还遇到了一位美丽的公主？

笛卡儿：是啊，就是波希米亚国王的女儿伊丽莎白。真是无巧不成书！我原先的冤家对头的女儿，后来竟然和我谈情说爱。

末　学：这是怎么回事？

笛卡儿：我在荷兰隐居期间，一天在大街上碰到了当年我和萨瓦公爵一起打败了的波希米亚国王。国王流亡到荷兰，也过起了隐居生活。我那时候已经小有名气，国王经常约我到他家里谈论天下大事。这样我就认识了国王的女儿伊丽莎白公主。公主聪明好学，多才多艺。我比她大 22 岁，她对我崇拜得五体投地，称我是医治她灵魂的最好的医生。我们亲密相处，但是仍旧保持着小小的距离。然而，我总是下意识地把公主与我心目中的雌性娃娃相比，觉得她的鼻子稍翘一点儿，嘴巴微微张开一些。没想到在这样的犹豫中，我和公主便失之交臂。后来她和国王一起离开了荷兰，从此我就再也没有见到她……

末　学：真遗憾啊！以后您再没有遇到意中人？

笛卡儿：没有，但是有一件事值得一提。瑞典女王克丽斯蒂娜读了拙著《灵魂的激情》之后，十分仰慕我的学识。1469 年春天，女王派海军上将弗莱明率领船队和人马来到荷兰的埃德蒙德，请我担任她的家庭教师。我被接到斯德哥尔摩，每个星期给她讲三次共五个小时的哲学。

末　学：克丽斯蒂娜是权倾一时的女王，您不感到拘束吗？

笛卡儿：一开始有点紧张，后来就适应了。

末　学：给女王上课，您的感觉如何？

笛卡儿：感觉很好。我发现女王年轻，美丽。当我给她讲课的时候，她的眼神里流露出对我的欣赏和羡慕。当然我不敢有别的想法了……

末　学：（开玩笑地）女王和您心目中的雌性娃娃相比怎么样？

笛卡儿：当然我不敢这样比了。但是也还是下意识地进行比较……

末　学：哪一位让您更动心？

笛卡儿：（嗫嚅地）我不能说……

末　学：那就不说了。以后您每个星期都去上课？

笛卡儿：是的。后来克丽斯蒂娜对我说，她年轻、身体好，上午是最适合学习的时间，问我能否将上课时间提前到早晨五点钟。我说可以吧，但是我担心自己起不来。克丽斯蒂娜说，早起对人身体好，坚持下去必有益处。这样我在天不亮的时候就起床，然后钻进马车里，穿过寒风刺骨的广场来到皇宫。我发现每一次上课，她总是比我先到教室，静静地坐在那里等着我。

末　学：能给女王当老师，也是人生的一大幸事。况且她又是那样的看重您。

笛卡儿：是啊，那真是一段令人难忘的日子！

末　学：后来呢？

笛卡儿：也可能是因为早起受了风寒的原因，不久我得了严重的肺炎。跑了几家医院治疗都不理想。克丽斯蒂娜请了全瑞典最好的医生会诊，也是治疗效果不佳。之后她把我转到皇宫里的皇家医馆，让御医亲自治疗。

末　学：结果呢？

笛卡儿：结果仍旧是每况愈下。一天下午，克丽斯蒂娜处理完公务跑来看我，等到她惊慌地赶到病床前，我只剩下最后一口气了。我挣扎着要和她说话，但是却张不开嘴。渐渐地我松开了她的手，闭上了双眼……

末　学：真叫人痛心啊！

笛卡儿：这就是命！

…………

第 14 章　与休谟的对话[①]

休谟是一个早慧的人，属于少年天才。他 11 岁进爱丁堡大学，18 岁起专攻哲学，21 岁撰写哲学著作《人性论》。除了哲学，在历史学和经济学上也颇有成就。但是，休谟做学问并不顺利，写作《人性论》时异常辛苦，以致近乎精神错乱。为了恢复正常的思考能力，他不得不暂时停止写作。26 岁时《人性论》出版，但是并没有获得什么反响。休谟感到自己没有被大众重视，他写道："媒体对这本书的反应是一片死寂。"1744 年，休谟出版了《道德和政治论文集》。但是当他申请担任爱丁堡大学的伦理学和精神哲学系所的教授时，却被大学拒绝。为了谋生，休谟只好去当家庭教师。也就在此时，他开始撰写历史巨著《大不列颠史》，这本书的写作持续了 15 年，写成时已超过了一百万字，从 1754 年至 1762 年分成六册出版。1748 年至 1751 年休谟担任圣克莱尔将军的秘书，同时撰写《人类理解论》，然而这本书出版后也没有多少反响。

在休谟那个年代，人们是不能随便批评宗教信仰的。1696 年，一名 18 岁的大学生批评基督教是胡说八道，宗教法庭便以亵渎罪判处他以绞刑。因此，休谟在著作中只能以转弯抹角的方式表达自己的观点，而且大多数是以虚构的角色在对话录中呈现的。休谟的处女作《人性论》，写作颇费辛苦，但是直到去世他一直没有承认自己是该书的作者。他的论文《论自杀》和《论灵魂不朽》，以及他的《自然宗教对话录》，都是在他死后分别于 1778 年和 1779 年出版的，这些著作也都没有注明休谟或出版商的名字。

1851 年，休谟被教会指控为异端，尽管后来被判无罪，但是受此影响，

---

① 休谟（David Hume，1711—1776）英国哲学家、历史学家、经济学家。生于苏格兰爱丁堡。11 岁进爱丁堡大学，18 岁起专攻哲学，21 岁撰写哲学著作《人性论》。后去法国自修，继续哲学著述。1748 年出使维也纳和都灵。1749 年回家乡，潜心著述。1751 年移居爱丁堡市。1763 年任驻法使馆秘书，后升任使馆代办。1767—1768 年出任副国务大臣。主要著作：《人性论》《道德和政治论说文集》《人类理解研究》《道德原理探究》《宗教的自然史》《自然宗教对话录》《自恺撒入侵至 1688 年革命的英国史》（6 卷）等。

格拉斯哥大学拒绝他担任哲学教授的申请。休谟的人生走入低谷。一次他前往被监督的新居，途经一个建筑工地时，不小心滑入了泥沼中。由于他体型肥胖而无法爬出来，就被困在了里面。这时一些卖鱼妇女刚好路过这里，看到了休谟的窘境，却拒绝救援他，直到休谟答应成为一名基督徒、并且被迫在泥沼中朗读祝祷文和信经之后，这些卖鱼妇女才将他从泥沼中拉了出来。

1752 年，休谟回到故乡爱丁堡，担任爱丁堡苏格兰律师协会图书馆馆长，但是获得的薪水很低。也可能是学者的地位太低和收入微薄的原因，40 多岁之后，休谟就借着当初和圣克莱尔将军的关系，开始步入政坛。1763 年担任驻法使馆秘书，1765 年升任使馆代办，后经国务大臣康威将军推荐，出任副国务大臣。此时休谟虽然官居显位，但是学者良心未泯。他不仅继续著书立说，而且和学界保持着密切的联系。休谟和许多著名的法国思想家如卢梭、霍尔巴赫、爱尔维修、狄德罗等人交往密切，尤其受卢梭浪漫思想影响颇深。休谟在法国的声誉比在英国高得多，他的著作也在法国广为流传。当卢梭受到政治迫害时，休谟曾邀请卢梭到英国避难，但因卢梭生性多疑不欢而散。休谟性格温文尔雅，十足绅士，然而终身未娶，给人留下了深深的思索。

为了拜访休谟，我从巴黎乘飞机来到伦敦，然后再从伦敦飞到苏格兰的爱丁堡市。爱丁堡依山傍水，风光秀丽。除春季多风外，夏秋两季绿树成荫，鲜花盛开。古代宫殿、教堂和城堡点缀其间，是英国最美丽的城市之一，素有“北方雅典”之称。爱丁堡以王子街为界，街北是 18 世纪后拔地而起的新城；新城东西两端是夏绿蒂广场及圣安得鲁斯广场。王子街南老城保持着鲜明的中世纪风貌，著名的古城堡位于市中心一带。卡尔顿山上有酷似雅典帕特农庙和塞西斯庙的建筑。爱丁堡市内的古迹包括建于 12 世纪的圣吉尔教堂、建于 1583 年的爱丁堡大学、还有苏格兰国立美术馆以及古物馆等。另外，皇家苏格兰学院及国家画廊，收藏了鲁宾斯、伦勃朗、梵高等人的作品。

这里到处都是成荫的绿树、浓密的芳草和盛开的鲜花。有许多用黑灰色沙石修建的带有尖塔的宫殿、教堂和城堡点缀其中。老城街道一些地段的路面为石子镶嵌，街旁建筑仍旧保持古代风格。中心街道直通爱丁堡城堡。圣玛格丽特教堂是爱丁堡最古老的建筑，也是全苏格兰最古老的教堂。

从城堡出来东行，就是古代专为皇室开辟的皇家麦尔大道。它连接城堡与皇宫，一路上聚集古老的房舍，依地势高低起伏而建，爱丁堡旧地的精华尽在这里。沿着高街往下走，就是古老的大教堂，大教堂后面是国会大堂。高街末端有两幢主要建筑物：旧圣保罗教堂和约翰诺斯故居。爱丁堡造就了许多杰出的人才，不少具有世界影响的文化名人和科学家出生在这里，或者在这里生活过。漫步在爱丁堡大街，到处都是先贤大师的踪迹。在主要的街道上，看见牛顿、司各特、史蒂文森、达尔文、休谟等人的铜像和纪念碑。

1776 年休谟去世后，埋葬在爱丁堡卡尔顿山丘（Calton Hill）的东侧，我拜谒了休谟生前安排的这个“简单的罗马式墓地”。墓地是休谟生前选定的，他说在这里可以俯瞰山坡下位于城内的老家。休谟替自己写的墓志铭是：“生于 1711，死于……”他说空白部分让后代子孙填上。

在爱丁堡的圣安德鲁斯广场边上，有一座古老的房子，友人说那就是休谟的故居。它类似北京的一座小四合院，陈设简洁、朴素。床、桌子、椅子早就褪了颜色，只有卧室的灯具，彰显着昔日的豪华。院子里种着花卉，据说有一棵丁香树是休谟亲手植的，现在枯槁的树根上又发出了新芽。

一天下午，我如约去拜访休谟。一进大门，透过玻璃窗看见他端坐在书桌前凝神细思。为了不打断他的思路，我一直在门外等候着。我对秘书说等先生回过神来，再通报一声。不承想休谟听到了动静，立刻站起来走出书房。我赶忙迎上前去，向他施以鞠躬礼，休谟也微微鞠了一躬。“欢迎！”“欢迎！”他张开双臂礼貌地和我拥抱，然后示意我进入书房。

在一个长沙发上，我和休谟各坐一端。秘书端来了两杯热腾腾的咖啡，放在居中的大茶几上。休谟身材魁梧，西服革履；头发全白了，但是梳得一丝不苟；脸庞微胖，五官端正，一双明亮的眼睛炯炯有神。他的精气神甚足，仍旧是外交官和英国绅士的气质。当我说明来意之后，休谟笑着说：“笛卡儿跟我通过量子电话了，你们谈得不错，我早就等着你来哪！”

…………

就在休谟的书房，我和他作了如下的谈话。

14.1　知觉——我的哲学基石

末　学：先生，您是一个经验主义者。一个人的知觉真的就那么可靠吗？

休　谟：可靠。如果他的知觉是真实的感受的话，那就一定可靠。

末　学：俗话说，眼见不一定为真、耳听不一定为实。对此，您是怎么看的？

休　谟：这就要看“眼见”和“耳听”的具体条件了。在一定的时间、地点和环境下，一个人眼睛看见的就是真实的，耳朵听到的也是真实的。对此不应该有所怀疑。要怀疑的话，就得怀疑自己的真实存在了。

末　学：“我思故我在”，当然不能怀疑自己的存在。

休　谟：对。只要自己的存在是真实的，“眼见”和“耳听”就一定是真实的。

末　学：但是如果说超出了“眼见”和“耳听”的具体条件呢？

休　谟：这就要具体分析了，得看是在哪一种情况下。

末　学：譬如，当我在圣安德鲁斯广场上远远看见休谟先生，您本来高大魁梧的身躯就显得矮小了许多，可是等我渐渐地走近您的时候，您又像原来一样高大起来。这能说明人的知觉是真实、可靠的吗？

休　谟：这正好说明人的知觉是真实、可靠的。

末　学：为什么呢？

休　谟：这个例子说明这样一个事实：如果人离得远，物体就显得小；如果人离得近，物体就显得大。而人的感官、知觉所呈现的影像正好与这个事实是一致的，知觉并没有欺骗我们。因此，它恰恰支持了经验主义的观点。

末　学：还有，您做过副国务大臣一定有这样的体会：当一个人身居官位，掌握一定权力的时候，许多人就趋之若鹜，挤在你的周围；一旦卸任之后，不再掌握权力，原先挤在你的周围的人就如鸟兽散，人情冷暖也随之而来。如果说知觉是真实、可靠的，又如何分辨其中的真假？

休　谟：这是一种社会现象。世态炎凉，我当然有体会了。但是就知觉捕捉到这件事情的前后过程，应该是真实的和可靠的。不然怎么会古今有之呢？至于如何分辨其中的真假，那就是个人的辨别能力和认识水平了。首先观察到这种现象，然后才能分辨其中的真假。所以经验仍然是第一位的。

末　学：再一个是，任何人看问题的立场、角度不尽相同，对同一件事情得出的结论就不一样。如果承认每个人的知觉是真实、可靠的，对同一件事情就可能有许多不同的看法，那么怎么克服其中的片面性呢？

休　谟：这个问题在后边会涉及到。就每个人站在自己的立场、角度上，知觉感受到的应该是真实、可靠的，但是它是否反映了事物的全貌那就不一定了。所以就有一个将简单印象组合为复杂观念的问题。在这里，个别的经验仍然是第一位的，分析、综合和理性的抽象则属于第二位。

末　学：先生，您的经验主义观点都是以四维时空的阳性物质世界为参照系的，要是放在四维以上多维时空的阴性物质世界，还适用吗？

休　谟：那就另当别论了。我也主张怀疑精神，在这一点上和笛卡儿是一样的。区别是我更现实一些，关注现实世界的事情，特别是看重人的知觉对物像的直观反映。因为人总是生活在现实世界嘛！

末　学：现代科学测定，宇宙间有98%的事物是以不可见光的形式存在着，譬如说，透视用的X光，肉眼看不到，却可以在底片上面感光。还有一些光，像红外线、紫外线、伽马射线、宇宙射线等，这些光波我们肉眼都看不到，但是用数码相机的感光颗粒，却可以感光。宇宙间只有 2%的事物是以可见光的形式存在着，譬如说，赤、橙、黄、绿、青、蓝、紫七色光。这样，人的知觉对于外界事物的直接感受实际上被局限在一个很小的范围内。

休　谟：(机智地）那么说经验主义的适用只有 2%的概率？

末　学：下边还有一组实验数据。

休　谟：(焦急地）什么数据？

末　学：人的眼睛是通过感受光而观察事物的器官。现代物理学证实，光是一种电磁波。光本身分为可见光和不可见光，能够引起视觉的电磁波称为可见光，其波长范围约在红光的 0.77 微米到紫光的 0.39 微米（亦即 7700～3900 埃）之间。可见光就是红、橙、黄、绿、青、蓝、紫七色光。不能引起视觉的电磁波称为不可见光，它分为波长在 0.77 微米以上到 1000 微米左右的红外线和波长在 0.39 微米以下到 0.04 微米左右的紫外线。如上面说的红外线、紫外线、伽马射线、宇宙射线等。人的眼睛对光的感受范围十分有限，只局限在通常看得见的红、橙、黄、绿、青、蓝、紫七色光。人的耳朵只能听到 20～20000 赫兹频率的振动，而 20 赫兹频率以下的次声波和 20000 赫兹频率以上的超声波就根本听不见。那么这些次声波和超声波通过声音传达的天籁之音及其美感，人都是一概不知。还有，在人体内天然地缺少一种能够促进眼睛中生成感光细胞的基因。在这方面，我们连鸟类、鱼类和两栖动物都不如，这必然影响人感受的情趣，并限制了人的观察视野。所以，对于宇宙间绝大多数由不可见光和次声波与超声波构成的事物，我们简直就像一个有智障的聋哑人。

休　谟：(吃惊地）噢！人的这种局限性是怎样造成的？

末　学：虽然人是生活在四维时空的生命在阳性物质世界存在形式之智慧者，但是由于四维时空的先天限制，人对于四维以上多维时空的阴性物质世界的事物知之甚少。特别是人的感觉器官和审美器官，均是按照四维时空的阳性物质世界的需要而塑造的，这就构成了人的先天局限性。

休　谟：这的确是经验主义者需要研究的新问题。然而世界很大又很小，即使在小小的地球上，在人们的日常生活中，经验主义仍然大有用武之地。只要一个人还食人间烟火，经验主义对他就有用。

末　学：很对。先生，请您系统地介绍一下经验主义观点。

休　谟：好的。经验主义看重人的知觉，因而知觉是我的哲学基石。知觉分为两类：一类叫印象，另一类叫观念。在四维时空的阳性物质世界，我们在生活中经常经历这两种知觉，这一点任何人都不能例外。

末 学：印象和观念有什么不同？

休 谟：印象给人的感官刺激较深，心灵感受的“量”也大，因而印象是生动而强烈的经验；观念给人的感官刺激较浅，心灵感受的“量”也小，因而观念是相对微弱和模糊的经验。当然它们也没有十分严格的界限。

末 学：那么任何鲜明的印象是否会随着时间的推移而变为模糊的观念？

休 谟：是的，时光是无情的。经历再鲜明的印象，过一些时候感受就淡薄了。现场的切身感受与事后回想起来的感受是不同的，这对所有的人都是一样的。在这方面不能过多地责备人的记忆力如何。

末 学：时光能够无情地冲刷掉一切，包括人的记忆也会变得模糊起来。

休 谟：这是没有办法的事情。我们还可以把印象和观念各自进一步分出简单的和复杂的两种。所谓简单就是不能分解的最小单位，而所谓复杂则是这些最小单位的组合。因此，与简单印象和复杂印象相对应的是简单观念和复杂观念。当人的感官受到刺激时产生了简单印象，由此也就形成简单观念，后者是对前者的摹本。同样地，复杂观念也是对复杂印象的摹本。

14.2 人性科学的第一原则

末 学：先生，根据您的理论，印象是深刻的而观念是模糊的，但是我总觉得印象是短暂的而观念是持久的。因为观念就是理论、理念。

休 谟：观念、理论、理念高度抽象，向来都是不明确的。

末 学：是的。我想起了一句话：理论是灰色的，而生活之树常青。①

休 谟：讲得好。我的理论表明，一切观念都来自简单印象。它不是猜测或假设，是对人类知觉的过程进行认真描述的结果。

末 学：您把观念来源于印象作为人性科学的第一原则？

休 谟：是的，我坚持我的经验主义立场。

末 学：那么，对于四维以上多维时空阴性物质世界的事物，以及未曾看到或者心灵未曾感觉到的东西，都不在您的经验主义范畴？

休 谟：是的。因为我对它们没有简单印象，所以不可能形成观念，更不要说复杂观念了。我知道，这样讲使你很失望。

末 学：这没有什么。科学研究有多条路子，无论按照哪一条路子走，能达到既定的目标都行，也可能最后殊途同归。

---

① 歌德（Johann Wolfgang von Goethe，1749—1832）德国剧作家、诗人、思想家。他说：“理论是灰色的，而生活之树常青。”

休　谟：有道理。不过从经验主义者的视觉出发，我们所有的知识，无论是数学的、逻辑的，还是关于实际事情的知识，都是建立在经验的基础上的。没有人类的实践和经验，一切知识都无从谈起。

末　学：这是否意味着理性主义者的天赋观念根本站不住脚？

休　谟：是的。理性主义者认为人生来灵魂中就包含着一些概念和原则，我用人性科学的第一原则证明它不是天赋的，而是依赖于经验。

末　学：（思考地）先生，因为在灵魂的结构中矛盾的一个侧面是阴性物质的正物质（阴十），它直接联结着阴性物质世界，而阴性物质世界又全息了人类和阳性物质世界的一切，所以灵魂中包含着一些概念和原则是题中应有之义。但是这些知识能否开发出来又是另一回事。

休　谟：你是说这就需要教育，为教育的必要性找到了依据。

末　学：是的。只有教育才能将灵魂中的智慧开发出来。但是我并没有否定经验的重要性，相反经验对于提高教育水准具有十分重要的意义。

休　谟：（智慧地）好，我们殊途同归了。

末　学：经验主义是否认为外部世界是一种客观存在？

休　谟：这是一个常识问题，经验主义能不承认？问题是经验主义者和理性主义者论证的思路不一样。（生气地）在我看来，正是由于一些人否定了经验的优先地位，一开始就挖断了思想的印象之根，把灵魂和外界隔绝，才在常识问题上纠缠不休，笛卡儿就是一个例子。还感染了……

末　学：（窃笑）先生，笛卡儿对您很尊重。

休　谟：（绽出笑容）当然我也很尊重笛卡儿。

末　学：其实笛卡儿在他的怀疑和证明中，不仅显示了主体意识和理性精神，而且还有对存在的理解都是不错的。例如，什么东西能够继续存在下去？唯有符合理性原则、反映本质的现实才能保留下来。

休　谟：这个没有疑问，笛卡儿绕来绕去也没有绕过现实。

末　学：不过，将现实升华为理念之后意义可就大了。

休　谟：（有意识地）说给我听。

末　学：至少从世界观和价值观上打破了对现实的迷信。

休　谟：是的，现实是丰富多彩的，也是扑朔迷离的。打破对于现实的迷信，摒弃在现实面前无所作为的思想当然是对的。不过除了经验之外，人们对于外部世界的存在恐怕只有信念而已。此外还有什么作为？

末　学：先生，因为科学还没有发展到应有的高度。

休　谟：那就拭目以待吧！人性科学的第一原则表明，我们只能获得知觉之中的知识，知觉之外的东西尽管可以想象，不少人也做了许多努力，但是要证明它们的存在却是徒劳的。这样我们只能以呈现于感官中的影像为思想对象，而对于外部事物的本性和作用便一概不甚了了。

末 学：那么，人类对于未知世界的认识就束手无策？

休 谟：也不是，只能诉诸怀疑主义了。

末 学：（惊奇地）噢，先生终于和笛卡儿走到一起了。

休 谟：（理智地）我和他不一样。笛卡儿主张普遍的怀疑论，他首先怀疑的是人们的直接经验，而我只是怀疑经验之外的东西。

末 学：笛卡儿也说不能怀疑自己的存在，不能怀疑一切。

休 谟：（嘲讽地）那只是虚晃一枪！

末 学：（窃笑）先生，请您继续讲您的经验主义。

休 谟：我认为，哲学的对象就是经验事实；哲学的结论就是对日常生活经验的反省。如果说超出这个范围，就会把哲学引入歧途。

末 学：那您为什么还提倡怀疑主义？

休 谟：刚才说了我只是怀疑经验之外的东西。还有一点，我提倡怀疑主义也是为了反对垄断论。人天生就有一种绝对肯定自己观点的倾向，就像我们两个人都不肯放弃自己的看法一样。但是人的理智是十分有限的，不可能穷尽真理。因此我主张在学术研究上要抱着谨慎、宽容的态度，对自己的研究和结论允许人家怀疑，对别人的研究和结论多些理解，取长补短。

末 学：所以您的怀疑论是温和的怀疑主义。

休 谟：（一笑）至少我不霸道呗。

末 学：当然了，先生在学界德高望重，即使怀疑主义者也不否认。

休 谟：我并不是一概否认理性，只是怀疑脱离经验的理性。譬如，人们可以通过经验掌握因果关系，从而能够根据一件事物的存在，推测另一件事物的存在，这就是理性的作用。人类的大部分知识都是由推论而形成的。

末 学：（兴奋地）先生，您的观点更合理。

休 谟：（谦和地）彼此各有所长吧！

14.3 快乐哲学与同情心

末 学：先生，您把情感分为直接情感和间接情感，这有什么意义？

休 谟：意义可大了。直接情感可以使我们理解行为动机，特别是情感动机；间接情感则可以使我们理解道德。情感动机比较复杂，有诸多不确定因素，等到后边再讲，这里先讲一下间接情感引发的道德问题。

末 学：您怎么方便就怎么讲吧！

休　谟： 道德是每个人都要面对的现实生活问题，也是一个重大的哲学问题。在现实生活中，人们关心的是在什么时候、什么场合我的言行最符合道德准则，得到人们的普遍认可。在哲学上，人们更关心道德的本质是什么，清楚自己为什么应该这样去做，以便在更高的境界上自觉地行动。

末　学： 我在《我的宇宙观》系列著作第五卷中，专门论述了道德问题。其中一个重要的观点是，宇宙的秩序即道德的秩序。

休　谟：（思考地）噢，这是从最高层次上论述道德问题。讲给我听！

末　学： 人与宇宙同根同源。人是宇宙的全息元，因而人与宇宙信息相同，程序相仿，节奏相应。在人身上全息了宇宙的所有信息和密码，也反映了宇宙的复杂性、多变性和深邃性。广袤的宇宙和一个人之间时时刻刻发生着场的效应，存在着千丝万缕的联系。因此，宇宙的秩序不仅隐喻着道德的秩序，而且宇宙的秩序也制约着道德的秩序。这使人联想到从宇宙的宏观天体运动规则到微观、超微观物质世界粒子和虚粒子的运动规则，一直深入到人的灵魂、意识的运动规则。由于受到宇宙宏观、微观和超微观物质运动规律的制约，以及宇宙对称定理、大相似定理和宇宙全息论的作用，因而从人的灵魂和意识中升华出来的伦理道德，就必定具有原则性、规范性和普适性。

休　谟： 讲得好。宇宙的秩序即道德的秩序，这是你概括出来的？

末　学： 不是我，是中国当代哲学家牟宗三教授最先提出来的。[①]

休　谟： 新鲜！西方哲学家怎么就没有想到这点。

末　学： 先生，请您继续讲道德问题吧。

休　谟： 哲学在道德问题上争论的焦点是：区分善恶的标准是什么？是理性还是感性？我认为，道德的对象是价值而不是事实，因而它是一个“应该”和“不应该”的问题，不能一概用“是”与“不是”的描述来解决。

末　学： 是的。道德是一个主观评价问题，只有事实性研究才能区分真假。

休　谟： 譬如，对于落水者救还是不救的争论就属于道德范畴的事情。勇于搭救落水者的人当然是有道德的、善的；相反见死不救者则是不道德的、恶的。这就从主观上进行了“应该”还是“不应该”的评价。

---

① 牟宗三（1909—1995）哲学家、哲学史家。山东栖霞人。北京大学哲学系毕业。曾任南京中央大学、金陵大学、台湾师范大学、台湾东海大学、香港大学、香港中文大学教授。以后又聘任为台湾大学客座教授、香港新业研究所教授。致力于中国哲学和哲学史研究。主要著作：《理则学》《历史哲学》《政道与治道》《道德的理想主义》《才性与原理》《佛性与般若》《从陆象山到刘蕺山》《名家与荀子》《中国哲学之特质》《智的直觉与中国哲学》《现象与物自身》《从周易方面研究中国的玄学和道德哲学》等。重译康德的《纯粹理性批判》《实践理性批判》和《道德形而上学的基本原理》。

末　学： 这样也把对道德问题研究的特殊性与一般的研究对象区别开来了。

休　谟： 道德评价和对于事实的判断是两回事，而人们总是习惯混为一体。

末　学： 这是缺乏理论支持的原因，他们也没有好好读您的书。

休　谟： 从对于落水者救还是不救的争论中，我们可以得出两点结论：一是救人者和见死不救者的行为动机，均来自直接情感。而单独的理性绝不可能导致他们的愿望和行为的产生。二是评价救人者和见死不救者的行为动机，只能是“应该”和“不应该”的价值标准，而不是理性的真假事实标准。

末　学： 这是否说道德有它独特的标准？

休　谟： 是的。这个标准就是情感，是人的感性经验。我们为什么赞赏救人者，视他的勇敢行为是善？又为什么鄙视见死不救者，视他的怯懦行为是恶？全是凭着人们灵魂中的间接情感做出评价的。

末　学： 从灵魂中生出爱憎分明的情感。

休　谟： 是的。赞赏就是快乐，厌恶就是痛苦。这意味着一切取决于快乐和痛苦的情感。想想看，世界上的事情带给人的是不是这两种情感？

末　学： 的确是这样的。这使我想起了美国一位经济学家的话：人的一生都是寻求刺激的。[①] 当然寻求的是快乐的刺激，也可能遭受痛苦的刺激。

休　谟： 善的本质就在于产生快乐，而恶的本质则在于给人带来痛苦。一个人有快乐和痛苦的感受是很自然的情感，因而将快乐作为评价标准是自然之善。所以我的哲学可以说是快乐哲学，宗旨是将人的行为引向善。

末　学：（鼓掌）先生之言，臻于至善。

休　谟： 过奖了。我的观点也常常受到一些人的批评，特别是来自笛卡儿……

末　学： 其实您和笛卡儿也有共同的地方。

休　谟：（惊疑地）有什么共同之处？

末　学： 您所说的经验是个体的感受、个人的经验，这就意味着突出个体的价值。而笛卡儿也是强调弘扬个体理性主义精神的。你们都是要把人的思想从教会的精神枷锁中解放出来，使人成其为人。

休　谟：（一笑）这倒是真的。

末　学： 所以您和笛卡儿都是不朽的！

休　谟： 不谈这些了，言归正传。在快乐的总原则下，还有善的四条具

---

① 参见〔美〕萨缪尔逊：《经济学》（第十二版）序言。

体标准：一是令自己愉快；二是使他人愉快；三是对自己有用；四是对他人有用。以搭救落水者为例，救人者一定是以自豪的心情完成这一善举的，对别人也是一种精神上的感召。这种善的行为对自己有益，对别人也有益，并且符合社会的需要。因此，由救人者的善举就产生了快乐的连锁反应。

末　学：这就是善的价值所在。

休　谟：善的价值还表现在道德品质的不同功能上：一是个人的处世立身，需要谦虚谨慎、努力进取、沉着冷静、远见卓识，等等。二是对外的人际交往，需要以诚待人、文明礼貌、豁达大度、游刃有余，等等。

末　学：那么理性在道德规范上还有作用吗？

休　谟：当然有。但是理性只能影响人的情感，而不能改变人的情感。或者说，理性只应该是情感的奴隶，绝不能反过来支配情感。此外，道德标准中存在着普遍的观点如同情心，这也是理性主义所强调的。

末　学：同情心、恻隐之心，人皆有之。

休　谟：同情心比恻隐之心更宽泛一些，它有着情感方面的基础。大家都敬佩见义勇为者，一致谴责作恶者，对受害者充满了同情心。共同的情感就使人们对扬善除恶、勇敢、善良达成了共识。

末　学：（尊敬地）先生是充满同情心的极其善良的人。

休　谟：同情心是人类最美好的情感之一。人要想得到关爱，必须关爱别人。

末　学：爱人者，人恒爱之；敬人者，人恒敬之。①

休　谟：说得好，这是中国古代圣贤的话吧？

末　学：是亚圣孟子的话。

休　谟：领教了。我的哲学不仅是快乐哲学，而且是同情哲学。

…………

14.4　从人性中寻找正义

末　学：先生，哲学也关心正义问题吗？

休　谟：当然。虽然正义应该更多地体现在政治法律秩序上，但是它同时又是人类的一种情感和道德，有着人性方面的深厚根源。哲学关心正义问题，既是题中应有之义，还由于它关乎到个人和全人类的利益。

---

① 《孟子·离娄下》。孟子曰："君子所以异于人者，以其存心也。君子以仁存心，以礼存心。仁者爱人，有礼者敬人。爱人者，人恒爱之；敬人者，人恒敬之。"

末　学：正义能等同于以快乐为标准的自然之善吗？

休　谟：不能。以快乐为标准的自然之善是从人的灵魂层面谈论道德问题，而正义则是在社会层面从人们的物质利益上考察道德问题。

末　学：那么正义不是自然之善，而是人为之善？

休　谟：是的，它是一种社会的产物。

末　学：正义是怎么产生的？

休　谟：这就要从人的自然状态和本性谈起。人的自然状态并不好，和许多动物相比，既没有尖牙利爪和巨大力量的身躯，又没有只身抵御自然灾害的本领。动物可以漫山遍野去自由谋食，人要生存下来就必须辛苦劳作，创造财富。还有，自然资源的稀缺，使人必须不断地提升自己的本领才能变换财富，又要采用市场手段才能调节资源的分配。所以人活着实在不容易！

末　学：怎样才能克服人自身的弱点呢？

休　谟：人要克服人自身的弱点，只有组成社会，以群体的力量和分工协作的方式从事生产劳动，不仅能够提高生产能力，而且个人安全也有了保障。但是，考察社会的起源不能仅从自然环境上找原因，还必须到人性中去寻找，如果说缺少人性的根基，任何社会也建立不起来。

末　学：人的本性是什么？

休　谟：自私。自私也叫自爱，它是人的最重要的天性。

末　学：有没有无私的激情和最慷慨的友谊？

休　谟：没有。它们无论多么真诚，都是自爱的一个变体；当我们自以为无私地为大众谋幸福的时候，其实在自觉与不自觉地寻求自我满足。

末　学：因为人自私，才出现了社会的组织形式？

休　谟：是的。每个人为了满足自己的欲望，需要和他人结成社会群体；而社会一经产生，就必须为个人的私利服务。在这里，自私既是出发点又是归宿点。由此自私也给所有人带来了利益和个人的尊严。

末　学：先生，将自私叫做自利不好吗？①

休　谟：不好。自利是羞羞答答的自私，还是叫自私直白一些，一语破的。

末　学：但是也不能把自私绝对化、极端化。

休　谟：是的，我历来反对绝对自私。损人利己、极端的个人主义是极不道德的，也是很坏的个人品质。所以自私也有一个“度”。

末　学：把自私放在一个合理的“度”的阈值范围内，不就是自利吗？

---

① 参见拙文《自利·他利·互利》，《中共中央党校学报》2001 年第 2 期。

休　谟：（一笑）你总要拐弯抹角地坚持自己的观点。好吧，也是一种看法嘛！

末　学：那么自私和同情心相矛盾吗？

休　谟：不矛盾。自私是一种包含了同情心在内的自然性情，这种成分被称为有限的慷慨，它是人性的一个附属的特点。正是有限的慷慨维系着人与人之间的互利关系。因为人必须与他人合作，才能利己、利他、利国。

末　学：我明白了，您是说社会是自然环境和人性自私的产物。

休　谟：对。人们之所以建立社会，就是为了保障各自的利益。

末　学：怎样保障呢？

休　谟：这得从两方面说起：一是人的本性是自私的，这就决定了人们之间的利益在根本上是冲突的，因而不能要求个人承担起实现他人利益的职责。二是在社会范围内，个人利益又是和他人利益相联系的，如果说一味地损人利己，最后也得损失自己的利益。为了保障每个人的私利，必然会出现公共利益。它的根本目的是在保障不损害他人利益的前提下实现个人利益。

末　学：公共利益也是社会进行宏观调控的物质条件。

休　谟：社会宏观调控的目的是协调个人与社会的关系，保护个人利益合理、合法存在，但又不能损害他人利益。这就意味着在公共利益面前，所有人都将受到公平对待，而要做到这一点，就必须贯彻正义的原则。

末　学：因为公共利益和个人利益存在着矛盾，所以正义原则也一定会和个人利益原则发生冲突。那么怎样解决这个矛盾呢？

休　谟：这是一个很大的问题，我们一层一层地分别讨论。公共利益和个人利益存在着矛盾，说明公共利益虽然不损害个人利益，但是在某种程度上仍然限制着个人私利的发展，那么符合自私和自爱的快乐标准就有了局限性。因此，个人的快乐标准也就是自然的善，就不能适用于公共利益了。

末　学：怎么办呢？

休　谟：维护公共利益就需要另一种道德，即包括正义在内的人为的德行。

末　学：这是人为地设计出来的社会化的道德？

休　谟：是的，为了维护公共利益不得不这样去做。人们的正义情感不像个人快乐那样自然发生，必须通过协议、教育而产生，所以它是人为的善。

末　学：那么快乐标准对正义还起作用吗？

休　谟：当然起作用。因为通过协议用正义原则维护公共利益，说到底对保障个人利益有好处。教育也使人们认识到遵守规则、信誉第一能够树立个人良好的形象。因而坚持正义的德行同样是善，也照样让人感到愉快。

末　学：正义的人为之善和快乐的自然之善是相通的，它们以快乐的情感为标准，调节着公共利益和个人利益的矛盾，促进社会正常运转。

休 谟：但是我的重心还是以个人经验为前提，突出个人价值，尊崇个人至上的精神，主张用公共利益的正义的德行保护个人利益合法存在。

末 学：这是您的哲学的核心。

休 谟：正义既是一种情感，也是社会的天平。

末 学：正义的规则是天平上的刻度。

休 谟：（思考地）正义的规则至少应该包括三条内容。

末 学：哪三条？

休 谟：第一条，确立个人财产的所有权。个人所拥有的东西有三种：灵魂、肉身和财产。前两种别人无法夺走或对别人无用，只有财产能够转移，对别人也有用。所以要维护个人利益和人的尊严，就要用契约及法律形式将个人财产权长期固定下来。须知确立个人财产权是社会最主要的功能。它既是社会避免混乱的前提条件，也是维护社会正义之所需。

末 学：第二条？

休 谟：确立个人财产的转让权。个人财产的增加、减少及继承，都涉及财产的转移。个人财产的转让必须在财产所有者的同意下，按照法律程序和正义原则有序地进行，决不允许采用暴力或欺骗的手段剥夺之。如果说发生了此行为，不仅道德要严厉谴责，而且法律也要严加惩处。只要财产所有者不同意转让，财产就不能流动，永远属于它的主人。

末 学：第三条？

休 谟：确立许诺的履行规则。许诺及践约都要讲究信誉、诚信。它既是道德范畴的东西，又是以法律固定下来的一套行为准则。财产契约和财产转让都是一种许诺，而正义的原则和法律则要求人们必须践约。只有如此，公共利益和人们各自的利益才能得到保障，社会也才能正常地运转。

末 学：（兴奋地）先生不愧是近代社会的设计师，这些正义的规则的思想今天仍然被实践着。

休 谟：（认真地）今人应该比我更前进一步才对。

14.5 我的情感的动机

末 学：先生，下边接着谈情感问题。阅读您的著作，感到您对于情感的分析比其他哲学家都深刻，这是否与您坚持经验主义有关？

休 谟：当然了，没有经验哪里来的情感？情感是生动而鲜活的，都是在经验中感受到的。笛卡儿把情感总是放在怀疑之中，所以他和伊丽莎白公主分手了，和克丽斯蒂娜女王也搞不清是怎么回事，只是一味地对揣在怀里的雌性娃娃倾注情感。这是深刻的教训，年轻人万万不可学啊！

末　学：是的，在情感问题上笛卡儿的确陷入空想。

休　谟：岂止空想？他蔑视经验，根本不知道情感是怎么来的。

末　学：先生，请您从经验主义的角度讲讲吧！

休　谟：好的，这还得从印象说起。前面讲到印象可以分为简单的和复杂的两种。如果说从发生的先后顺序来看，印象又可以分为原生的和次生的两种。前者叫做感觉印象，后者叫做反省印象。

末　学：感觉印象和反省印象的区别在哪里？

休　谟：感觉印象是由人自身和外部事物刺激人的感官而传导到灵魂中的印象。它的发生没有什么先兆，也不经过任何先前知觉，是直接作用于人的感官的。所谓的第一印象和人的一切苦乐感觉都属于这种印象。

末　学：那么反省印象呢？

休　谟：反省印象比较复杂一些。它不像感觉印象那样直接感受到，而是间接获得的。其主要标志是以来自感觉印象的观念作为媒介，从而由某些感觉印象发生的那些印象。我们讲的情感，以及类似情感的其他情绪就是如此。这种印象的最大特点是由反省而获得的。

末　学：就是说，在不自觉的琢磨中体味到了情感。

休　谟：对，特别是那些谈过恋爱的人最容易感受和理解了。

末　学：这里最关键的是以感觉印象的观念作为媒介。如果说第一印象不怎么样，就形不成观念，也就不可能成为媒介。当然以后就不会有举一反三的琢磨了。可见，第一印象十分重要，否则一切都不会发生。

休　谟：经验主义者认为第一印象就是真实。

末　学：但是第一印象就没有假象？

休　谟：当然有了，但是不可以夸大其词。

末　学：要剥离第一印象的假象，就用得着理性主义思维。

休　谟：（开玩笑地）那就找笛卡儿吧！

末　学：笛卡儿的弱点是在情感上辨不清真假。

休　谟：（认真地）其实这也是我的弱点。

末　学：（吃惊地）真的？

休　谟：这个下边再说吧。情感对人来说是一件十分复杂的事情，有时候理论和实践是扭着来的。那些王公贵族和伟大人物的婚姻，不一定比普通人的婚姻幸福。情感一旦夹杂了权力和金钱就一定要变味。

末　学：是的，您对情感的分析十分到位。

休　谟：不，我的分析还没有完结。情感可以继续划分为直接情感和间接情感。直接情感是我们对快乐和痛苦的直接感觉所产生的一类情感，除了男女情感之外，还有欲望、厌恶、喜悦、希望、绝望、恐惧、安然等。间接情感是通过灵魂的连接作用而产生的。它是一种从情感过渡而来的另一种情感，其显著特点是情感之间的关联性，譬如骄傲、谦卑、泛爱、仇恨、怜悯、慷慨等。还有意志、勇气、智慧、愚蠢等也可以列为间接情感。

末 学：划分这两类情感的意义何在？

休 谟：当然有意义了。间接情感可以使我们理解道德，这个在上边已经讲了。直接情感则可以使我们理解行为动机，特别是情感的动机。我们每个人的行为都有动机，而动机正是由人的直接情感决定的。直接情感产生于人的灵魂，与此同时也就产生了动机，因而情感的动机是发自人的灵魂的。

末 学：请举个例子吧！

休 谟：男女之间相互交往，这是爱的行为；它的动机是爱的愿望；而这个愿望在双方初次接触第一印象感到愉快时就有了。男女双方各自倾慕对方，他们情感的动机发自灵魂，因而爱情就日久弥坚。

末 学：（鼓掌）精彩！

休 谟：所以我的情感论青年人最容易接受，也颇受情人们的青睐。

末 学：因为您揭示了情感的真谛，所以它的魅力是无穷的。

休 谟：（一笑）这是经验主义的功劳，笛卡儿就做不到。

末 学：（疑惑地）先生，我斗胆问您一个问题。

休 谟：（吃惊地）什么问题？

末 学：您是经验主义者，又是如此地懂得情感，何以像笛卡儿一样独身？

休 谟：（认真而严肃起来）这是我的选择，也是命运之使然。

末 学：这怎么说呢？

休 谟：（释然地）我年轻时一心扑在学问上，几乎是一口气写了上百万字的作品。然而这些著作出版后受到冷落，对我的刺激很大。接着我受到教会的怀疑，被指控为异端。虽然后来没有把我怎么样，但是一想到布鲁诺和伽利略的遭遇，我就不寒而栗。所以有些著作的出版我就一直没用真名。在这种严酷的环境下，我还有什么心情考虑个人私事呢？

末 学：是啊，教会的专制统治扼杀了人性。

休 谟：有一次我前往被监督的新居，途中不小心滑入了泥沼中。由于体胖而无法爬出来，我恳求过路的一些卖鱼妇女救我，她们冷漠地表示拒绝，还在不停地奚落我。直到我答应成为一名基督徒、并且被迫在泥沼中朗读祝祷文和信经之后，她们才把我拉了出来。——从此我对女人的第一印象就不好了。这是我的知觉的真实感受，因而就给自己的婚姻埋下了不幸的种子。

末 学：在以后的日子里就没碰到意中人？

休 谟：碰到了，可惜她是一个虚假的爱情信息。在爱情的道路上，我和笛卡儿的结果是一样的，虽然我总是不同意他的怀疑主义观点。不过我还是尝到了爱的甜蜜，毕竟比笛卡儿恋爱雌性娃娃要真实一些。

末 学：这是怎么一回事？

休 谟：恐怕你在我的文献资料中早看过了。

末 学：（认真地）我并不完全知道这件事情。

休 谟：（陷入回忆）那一年我在驻法国大使馆当秘书，已经55岁了。虽然早已过了火热的恋爱年龄，但却不小心坠入了爱河。我是在一次舞会上认识她的。她聪明睿智，风度翩翩，至今仍然留着刻骨铭心的记忆。后来我知道她是有夫之妇，但是仍然倾心不已。当时的巴黎，追求一位夫人在上流社会是一件很时尚的事情，所以我一点儿都没有约束自己。过了很长一段时间之后，她才告诉我，她真正中意的人不是我，而是一位风流倜傥的王子。我一下子蒙了！我承认自己的知觉发生了问题，它几乎动摇了我的哲学基石。

末 学：真遗憾，是她欺骗了您！

休 谟：也不能这么说，这是她在我和王子之间作了很长时间选择的结果。

末 学：那您怎么办呢？

休 谟：爱她就要尊重她的选择。只要她能得到幸福，真切地感受到爱的甜蜜，我甘愿品尝失恋带给我的苦涩！

末 学：这就是先生——您高尚的思想境界。

休 谟：也是一个经验主义者应有的情怀。

末 学：这场恋爱是否一开始就注定开不出花、结不了果？

休 谟：也许吧，我最后收获的是无花的无花果。

末 学：后来呢？

休 谟：后来我就回到了英国，再也没有见到她，但却怎么也忘不了她。因为她给我的印象太深刻了，虽然这是一出单恋的悲剧。

末 学：以后就再也没有联系了？

休 谟：就在前几天，王子死了。我知道她很孤单，需要安慰，就给她寄去了一封信，这是我把爱情进行到底的最后一次机会。

末 学：还有希望吗？

休 谟：不存希望了。因为她老了，我也走不动那么远的路了。也就只有将对爱的回忆当作一种享受，但是毕竟心理上还有障碍……

末 学：这一切能用经验主义解释吗？

休 谟：（摇摇头）解释不了。这是我的命！

第 15 章　与康德的对话[1]

康德的故乡是哥尼斯堡（德语：Königsberg、立陶宛语：Karaliaucius、低地德语：Königsbarg、波兰语：Królewiec、英语：Konigsherg）即如今俄罗斯加里宁格勒州首府加里宁格勒。它位于桑比亚半岛南部，在波罗的海东岸，立陶宛与波兰之间，面积 1.51 万平方公里，人口 42.5 万人。

哥尼斯堡于 1255 年由条顿骑士团北方十字军建立，先后被条顿骑士团国、普鲁士公国定为首府，1772 年成为东普鲁士王国的首都。哥尼斯堡曾是德国文化中心之一。

第二次世界大战期间，哥尼斯堡在 1944 年遭受盟军轰炸而损失惨重。1945 年哥尼斯堡战役后，苏联红军占领该城市。二战以后，根据《波茨坦宣言》，哥尼斯堡成为苏联领地。1946 年，为纪念刚逝世的苏联共产党和苏维埃国家领导人米哈伊尔·加里宁，哥尼斯堡更名为加里宁格勒。这里也是俄罗斯直辖市以外最小的一个联邦主体。所以康德原先是德国人，如今则成了俄罗斯人。

现在的哥尼斯堡即加里宁格勒，既是俄罗斯领土的哨所——一个边陲小城，又是欧洲联盟的“岛屿”。普莱格尔河的两条支流——旧河和新河在这里汇成一股，然后再奔向蓝色的波罗的海。河心的克奈芳福岛上，矗立着壮丽的哥尼斯堡大教堂。整个哥尼斯堡被河水分隔成了四块，在河上横跨着七座

---

① 伊曼努尔·康德（Immanuel Kant，1724—1804）德国哲学家，德国古典哲学创始人。生于东普鲁士的哥尼斯堡（现属俄罗斯境内），1740 年入哥尼斯堡大学学习，毕业后从事家庭教师工作 9 年。1755 年开始在母校任讲师，1770 年任教授。一生基本上在校园中度过，教书育人，著书立说。除曾去但泽旅行外，亦未离开乡土。1770 年之前，主要从事自然科学的研究。发表《自然通史和天体论》，提出关于太阳系起源的星云假说，把太阳系的形成看成是物质按其客观规律运动发展的过程。1770 年之后，致力于“批判”地研究人的认识能力以及这种能力的范围和限度，出版代表作《纯粹理性批判》《实践理性批判》《判断力批判》，依次阐述他的认识论、伦理学、美学等观点。这些著作代表了康德的哲学思想，构成了他的哲学的整个体系。康德的其他著作还有《未来形而上学导论》《道德形而上学基础》《论永久和平》等。

建筑风格各异的桥。由此便引出了世界数学难题——哥尼斯堡七桥问题。①

加里宁格勒气候宜人，风光旖旎，市内的空地差不多都是花园和公园，我漫步在城市的街道上感到十分惬意。这里既是俄罗斯波罗的海舰队的基地，也是重要的商业中心，有船舶业、渔业、工程和造纸业。莫斯科在此设立展览大厅 tretyakov art gallery，普希金博物馆、manege 等。市中心建有人行道区、新旅馆、咖啡店和餐馆。市内举行过奥林匹克世界运动大会，以及各种国际体育竞赛。14 世纪毁于战火而后重建的大教堂、德国文化遗产、海底博物馆、战争时期的幸存物，为这座城市平添了厚重的历史感。为了纪念康德，哥尼斯堡人在克奈芳福岛上的哥尼斯堡大教堂附近树立了他的半身塑像。在克奈芳福岛上还有康德的墓地。赭色的墓碑上镌刻着康德的名言："有两种东西，我对它们的思考越是深沉和持久，它们在我心灵中唤起的惊奇和敬畏就会日新月异，不断增长，这就是我头上的星空和心中的道德律令。"②

毋庸置疑，康德的墓园，成为千百万人瞻仰和拜谒的圣地。

…………

1787 年的初夏，康德在哥尼斯堡城外的公主街（Prinzessin St.）上买了一幢房子。房子是古风的两层楼的建筑，总共有八间房舍。楼下是大厅、厨房和女仆的居室；楼上一边是寝室和饭厅，另一边是书房和会客室。还有一间屋顶小房，是老男仆朗培（Lampe）的住处。③ 在这座房子的后边，是一个很大的花园，园中开着各色花卉；长着几棵果树，上面挂满了果子。墙外是一座监狱，全城的罪犯都关在这里，时不时地传出嘈杂的声音。

一天下午三点半，我在康德住处不远叫作"哲学家之路"的尽头等候他。不一会儿康德背着手，微微低着头，踏着这条绿荫遍地的石子路走了过来。等到他快走到我跟前的时候，我轻轻地叫了一声："先生，下午好!"随之向他施以鞠躬礼。康德像是受宠若惊的样子，不自然地笑了笑。我向他说明来意，并且说我已经拜访完笛卡儿和休谟，按照时间顺序排列，下一个就该拜访他了。康德眯着眼睛说："欢迎！中国那么遥远你都来了，让我这没出过门的人很是感动。"我说："您的三大批判在中国刚刚重新翻译出版，所有知识

① 哥尼斯堡七桥问题，是指一个人怎样才能一次走遍普莱格尔河上七座桥，每座桥只走过一次，最后回到出发点？1727 年，20 岁的数学家欧拉把河的两岸和小岛缩成一点，桥化为边，于是"七桥问题"就等价于所画图形的一笔画问题。经过研究，欧拉发现了一笔画的规律。他认为，能一笔画的图形必须是连通图。连通图是指一个图形各部分总是有边相连的，这道题中的图就是连通图。

② 参见康德著，邓晓芒译、杨祖陶校：《实践理性批判》，人民出版社 2002 年版，最后的"结论"部分。

③ 参见郭沫若：《Lobenicht 的塔》，1924 年 8 月 26 日。

界同仁都欢迎您到中国去。我们每个人从您的著作中获益匪浅。非常感谢您!”

一听说他的书在中国大受欢迎，康德异常兴奋。嘴里不停地说谢谢。然后把话题转向我刚才提到的笛卡儿和休谟。康德半开玩笑地说：“笛卡儿和休谟对我有意见，从来不向我打量子电话。倒是我逢年过节打个电话给他们。”他说学术之争是正常的事情，何必老记在心里。并说在1770年之前，他主要从事自然科学研究，量子电话的原理他比笛卡儿和休谟清楚，可是他们两个在他面前还摆谱儿。我们沿着“哲学家之路”往回走，边走边聊。这时我才发现康德的个儿连160厘米都不到，和我走在一起还够不到我的肩膀，更显得又瘦又小。硕大的脑袋，留着半长的发型。头发全白了，但却梳理整齐。他的脸型略长，脸色苍白。鼻梁较高，一张大嘴巴颏动着。蓝灰色的眼睛炯炯有神，但却给人一种深不可测的感觉。

不一会儿就回到了康德的住地。上了二楼的会客室，女仆和老男仆殷勤地端来咖啡和水果，并且一边斜睨着我这东方人的面孔，一副好奇的样子。康德向我介绍女仆和老男仆，说他们已经给他服务十多年了，并且说如果没有他们在这里，他就不知道该怎么生活了。言谈之中，对仆人充满了感激之情。最后康德对女仆说：“晚饭做得丰富一些，我要招待中国朋友!”

…………

晚上六点半，在康德的饭厅，我和他一边进餐，一边作了如下的谈话。

15.1 对理性主义和经验主义的质疑

末　学：先生，您对笛卡儿的理性主义多有批评，为什么呢?

康　德：这是再清楚不过的事了，他把问题没有讲明白，是跳跃式思维。

末　学：跳跃式思维?

康　德：对。这种思维从逻辑上讲，也是不通的。

末　学：举个例子吧!

康　德：笛卡儿哲学中最重要的命题是“我思故我在”，就是个人从我思考中感受我的存在。是同时伴随着推理，从我思考的概念推出我存在的概念。问题是从我思考的这个概念能够推出我存在的概念吗?

末　学：(陷入思考中)……

康　德：我思一定要有思考的对象，此时，这个思考的对象当然不是自我。

末　学：为什么呢?

康　德：因为我还没有被推论出来。所以我所思考的一定是外部事物，也就是说，在我还没有被推论出来之前，我思考的不可能是我的纯粹思维。因为我的纯粹思维不可能附着在我所思考的外部事物上。

末　学： 这里边是有理论上的破绽。从思维上说——

康　德： 是跳跃式的，一下子从外部事物跳到没有推论出来的自我。

末　学： 它缺乏一个中间环节。

康　德： 所以逻辑就不通了。

末　学： 从这样的我思中不能直接推论出我在。

康　德： 推论不出我在，只能推论出我所思考的外部事物存在。

末　学： 那就不是“我思故我在”了。

康　德： 所以笛卡儿的这个命题是不清楚、不明白的。

末　学： 这个意见您转达给笛卡儿了？

康　德： 我用量子手机告诉他了，他不回答我。有一次我听说他背着那个绿色帆布背包到哥尼斯堡来了，我连忙去找他，想让他到家里来做客，也顺便聊聊。可是他硬是躲躲闪闪的，最后还是让他溜之乎也。

末　学： 先生，笛卡儿很刻苦，是个大好人，您不要埋怨他。

康　德： 这个我能不清楚吗？从内心讲，我和笛卡儿是朋友。

末　学： 那么，您对休谟先生的经验主义怎么看的？

康　德： 休谟也是我的朋友，他和我一样好客。但是朋友归朋友，观点归观点。这是没有办法的事情！谁让我们都是爱较真儿的哲学家呢？

末　学： 休谟哲学的基石是知觉，主张一切观念乃至一切知识都来自于个人印象。我在采访他时，也是和他顶顶撞撞的，可是他一点儿都不生气。

康　德： 你不同意他的观点，甚至和他吵架他都不生气，这是休谟的长处。他可是绵里藏针呀，他从来都是把自己的观点坚持到底的。

末　学： 这个可以理解，没有人会轻易放弃自己观点的。

康　德： 但是必须自圆其说。理论上有破绽就得修补，有错误就得纠正。我从来不固执己见，要是有人能指出我的不足，我是求之不得的。

末　学： 先生的大师风范，我们都清楚。

康　德：（理智地）我们还是接着谈经验主义吧！我曾经在量子电话上问过休谟，你是否承认存在着人类的共同知识、普遍真理和具有客观性的科学知识呢？他说承认。我又问他，这些东西是从哪里来的呢？

末　学： 他怎么回答的？

康　德： 他说来自人们的认识、印象。我又问，既然人的认识基础只是自己的印象，那么这种纯粹个人主观的经验，怎么能产生普遍性、客观性的东西呢？他不吭声了，反而说我不理解他，爱钻牛角尖。

末　学：休谟的知觉出了问题，不能自圆其说。

康　德：（含笑地）同笛卡儿一样，休谟也被我问住了。

末　学：看来从休谟的经验主义到笛卡儿的理性主义之间，必须有一个过渡的中间环节，将二者联结起来，才能一通百通。否则各执己见，都避免不了片面性。这个历史任务的完成，就落到您身上了。

康　德：我只是顺应潮流而已。我批评休谟的经验主义和笛卡儿的理性主义，并不是一味地排斥这两种传统，而是要在我的研究中将它们协调起来。就像你说的找到一个过渡的中间环节。创造出一种既避免二者各自的缺陷，又包含着它们合理成分的学说。所以我是站在笛卡儿和休谟两位巨人的肩膀上，建立起自己的哲学大厦的。从内心说，我衷心地感谢他们二位！

15.2　哲学领域的哥白尼式革命

末　学：先生，您认为人的认识是如何进行的？

康　德：在我看来，人的认识大致可以分为三个阶段：感性、知性和理性。

末　学：何谓认识的感性阶段？

康　德：人类的一切知识无疑都是从知觉、印象，也就是从经验开始的。但是仔细想想，它们并非全部都来自经验。

末　学：为什么呢？

康　德：说人类的一切知识起始于经验，这是对经验主义的肯定而对理性主义的否定；说这些知识并非全部都来自经验，这又是对经验主义的否定而暗含着对理性主义的肯定。在这里，我把经验主义和理性主义各肯定了一部分，又把它们各打了50大板。

末　学：这让休谟和笛卡儿既高兴又懊丧。

康　德：不错，因为它们各有值得赞赏的部分，又各有疏漏的地方。

末　学：那么，为什么人的认识始自经验又不依赖于经验呢？

康　德：（智慧地）这是因为人作为认识的主体，在接受外部事物的刺激而获得表象的同时，也就赋予了它们空间和时间的形式。

末　学：（思考地）人是很奇妙的。他在认识某一事物时，在感受到它的表象的同时，又给予它的时空存在形式。

康　德：所以对于人自身，是永远研究不透的。

末　学：表象是由客观事物提供的，而时间和空间的形式从哪里来的？

康　德：这种时空形式来自认识的主体——人的灵魂。人的灵魂中的时空形式是普遍的，这就表明这一形式是独立于经验的。

末　学：（豁然开朗地）时空形式来自人的灵魂，是先于经验事物的。

康　德：所以它是先验的，是先天形成的因素。先验论、先验因素、先天综合判断，是我的哲学的一大特色。人若没有这种先验因素，便不能给予认识对象以时空形式，也就永远无法认识这个事物。

末　学：（思考地）时空形式来自人的灵魂。而人的灵魂是阴性物质的正物质（阴＋）和以衰变形式存在的阳性物质的负物质（阳－）即反物质构成的矛盾对立统一体。在灵魂的结构中，表现为以衰变形式存在的阳性物质的负物质（阳－）即反物质围绕着阴性物质的正物质（阴＋）做旋转式运动。在这种运动中，产生和向四周发射出灵魂波——－阴′＋。……

康　德：这是你在《我的宇宙观》系列著作中的观点？接着往下说。

末　学：由于灵魂结构中的阴性物质的正物质（阴＋）和以衰变形式存在的阳性物质的负物质（阳－）即反物质，分别直接联结着阴性物质世界和阳性物质世界；又由于灵魂波——－阴′＋以超光速的速度直达阴性物质世界资料库，可以将阴阳两个物质世界的信息和密码调动出来①，所以人在认识过程中，来自灵魂的时空形式，就不仅是“长×宽×高×一维实时间”的四维时空形式，还有“长×宽×高×……×多维虚时间”的四维以上多维时空形式。

康　德：（有节奏击掌，思索地）这就是说将先验的时空形式，区分为阳性物质世界的四维时空和阴性物质世界的四维以上多维时空。

末　学：还有一类特殊的时空形式，是处于阴阳两个物质世界之间的或者说是连接着阴阳两个物质世界的过渡性的时空形式——时空隧道。

康　德：这三类时空形式的特点是什么？

末　学：“长×宽×高×一维实时间”的四维时空形式，由实粒子构成，物质运动速度在光速以下，是实空间和实时间，即只有一个前进的时间箭头。我们人类和动植物、微生物，以及病毒等就是生活在四维时空的；“长×宽×高×……×多维虚时间”的四维以上多维时空形式，由虚粒子构成，物质运动速度起步就是超光速，是虚空间和虚时间，有多个时间箭头，即时光倒流、时光在瞬间停滞和时光在超光速的基础上加速度前进。同时虚时间和虚空间还可以相对分开。神灵、上帝，生命在阴性物质世界的存在形式就是生活在四维以上多维时空的；时空隧道是时光的停滞和空间的零存在形式的时空形

---

① 在这里，还有思维波——＋阴′－以超光速的速度直达阴性物质世界资料库，将阴阳两个物质世界的信息和密码调动出来。

式。修炼成仙的仙人（神仙）就是生活在时空隧道的，他们长生不老，不过数量极少。这一点我在和中国东晋时期的道教理论家葛洪谈话时，已经讲到了。

康　德：（兴奋地）大开眼界！那么你是怎么推导出这三类时空形式的？

末　学：借助相对论原理和量子力学理论。

康　德：（疑惑地）噢，这是 19 世纪末和 20 世纪初的事了。

末　学：这是在您之后科学界发生的创举。

康　德：（疑惑地）在我什么之后？

末　学：先生，在 1724—1804 年这 80 年间，您活在这个世界上，您就是生命在阳性物质世界的存在形式。自从 1804 年您去世之后，您就成为生命在阴性物质世界的存在形式。您没看见我戴的这副特制的眼镜和耳机吗？这是中国科学家新研制出来的，我只有戴上它们，才能看见您并和您通话。

康　德：（豁然开朗）噢，明白了。这和量子手机的功能有点类似，人是很奇妙的，人的创造力是无穷无尽的！

末　学：人在认识的感性阶段，这三类时空的普遍性就介入了，但是好像每个人经历的情况又不一样。这是为什么呢？

康　德：人的认识能力在一定意义上取决于他的先验因素水平，绝大多数人在认识中只有四维时空参与其中，只有少数先验因素水平高的人，在认识中才会出现四维以上多维时空和时空隧道参与其中的情况。

末　学：不管怎么说，这种具有普遍意义的时空形式是我们进行认识的先决条件。没有它，人类根本无法认识世界。

康　德：但是我要提醒的是，它还不等于理性。虽然有先验的时空形式参与，但它只是感性、直观的形式，是与经验相结合的客观性。

末　学：那么何谓认识的知性阶段？

康　德：知性与感性最大的区别是，感性是认识主体感受对象物的表象，知性是认识主体本身成为思维对象；前者是认识主体直观接受表象，后者是认识主体对对象物的判断；前者表现的是认识主体对对象物印象的承受能力，后者表现的认识主体对对象物产生概念的主观力量。

末　学：对此，理性主义和经验主义各出现了怎样的偏差？

康　德：理性主义把感性知性化，如笛卡儿把“我思”的经验归结为“我思”和“我在”的两个知性概念。经验主义把知性感性化，如休谟把知性概念归结为印象的整理和连接。在这里，理性主义者不知道感性是怎么回事；同样地，经验主义者也不知道理性、概念之类的东西是怎么回事。

末　学：感性和知性之间是怎样联系的？

康　德：它主要表现为人们运用知性概念即范畴，规范、加工感性材料，以便形成新的认识。也就是说，只有把感性和知性结合起来经过推理，才有获取新知识的可能。所以感性和知性一起构成了知识的源泉。

末　学：知性思维活动的形式是什么？

康　德：前面说过，感性直观的形式是时空感。而知性思维的形式则是纯概念，也就是范畴。我把范畴分为四类：量、质、关系和模态。每一类又分出三个，如在关系中，包括实体与属性、原因与结果、能动者与受动者。

末　学：这么说知性思维的形式——纯概念即范畴，同感性直观的形式——时空感一样，均独立于人的经验，它们都是先验的。

康　德：知性的所有范畴都是独立于经验的。例如因果关系，它就是先验的。我把它叫作“知性的先验原理”。知性的范畴对人类的认识活动非常重要。正因为在灵魂中存在这些先验的范畴体系，我们才能通过范畴对感性材料进行加工和综合，特别是对现象世界进行理性思维和判断。

末　学：从对感性和知性的分析，从中可以看到什么呢？

康　德：认识的两个阶段的不同特征。在感性阶段，是人的灵魂中的时空形式（包括四维时空和四维以上的多维时空）作用于外界事物提供的现象材料；在知性阶段，是人的灵魂中的纯概念也就是范畴形式（量、质、关系和模态及每一类又分出的 3 个共计 12 个范畴）进一步作用于现象，由此也就达到了对事物的认识。人的灵魂中的时空形式和范畴形式，都是先验的。

末　学：这表明人的认识是由主体和客体两个方面互相作用而形成的。但是不同的是，特别突出了认识的主体——人的灵魂中先验的时空形式和范畴形式的作用，这是之前没有人提及过的，因而是真正的开拓创新。

康　德：我说过，我是站在笛卡儿和休谟两位巨人的肩膀上，建立起自己的哲学大厦的。没有他们的各执己见，也就没有我将二者的贯通。

末　学：先生，您的哲学体系，意味着把人的认识由传统哲学以对象也就是客体为轴心转变为以主体为轴心，这是哲学领域的哥白尼式革命。①

康　德：我的观点一提出来，在哲学领域就像发生了一场大地震。人们都惊慌失措，不知如何是好。教会里的顽固派更是对我仇恨有加。

末　学：这没有什么。罗马教廷早就为布鲁诺和伽利略平反了，您的哲

---

① 传统宇宙模式认为，地球是包括太阳在内的天体的中心。而哥白尼（1473—1543）却将它翻转过来，认为太阳是包括地球在内的天体的中心。传统哲学围绕对象展开认识，而康德却强调独立于对象的主体意识形式是认识的必要因素，将其视为主体把握客体的方式。哥白尼的革命是在科学上发动的，而康德则把这种颠覆推向了哲学。它转变的是人的价值取向和文化精神，因而在人类认识史上具有极其重要的意义。

学思想也早已为世人公认，不必有后顾之忧了。

康　德：（兴奋地）谢谢！

末　学：那么何谓认识的理性阶段？

康　德：这得从知性讲起。知性的认识成果来自于感性经验，是对感性材料进行综合分析、判断而得出来的。但是事物的表象、人的经验都是个别的和有限的。认识的理性阶段，则要求我们的思维去把握无限的总体。

末　学：无限的总体，应该包括四维时空的阳性物质世界、时光停滞和空间零存在形式的时空隧道和四维以上多维时空的阴性物质世界。

康　德：让思维超出阳性物质世界的具体对象的界限，对人来说就有点力不从心了。然而这种追求的思维就是理性。

末　学：这就是说，知性是以感性经验为对象，理性则是以超越经验的绝对整体——阴阳两个物质世界和时空隧道为对象的。

康　德：是的。但是一旦思维以绝对整体为对象，也就是运用理性对世界总体进行判断时，就不可避免地陷入了“二律背反”的矛盾之中。例如，正题是：世界上存在着自由的因果作用；反题是：没有自由，世界上的一切都是按照自然规律发生的。正题和反题截然相反，但却都没有什么错误。我一共列举了四个命题，结果出现了四个二律背反，说明人的认识能力是有限的。

末　学：您是说人的认识只能在感性和知性的范围内进行？

康　德：是的。我写的《纯粹理性批判》讲的就是这个意思，所谓批判，就是给人的认识，画一个框框，不要越雷池一步。

末　学：先生，我对您的观点提出质疑。因为《纯粹理性批判》的结论，不是解放人的思想，而是束缚人的思想。

康　德：（吃惊地）这个……我只给人的认识画了个框框，并不是不让人去思考。我因为解放思想，才掀起了哲学领域的哥白尼式革命。

末　学：此一时，彼一时也。先说您画的这个框框。由于四维时空的先天限制，人的头脑和感觉器官，都是按照这种时空的要求而造就的，其局限性是不言而喻的。您给人画的这个框框，也是您认识的局限性的一种表现。您以为您想不到的别人也不敢想。四个二律背反在四维时空的阳性物质世界不适用，但是在四维以上多维时空的阴性物质世界和时空隧道就不一定不适用。绝对整体——阴阳两个物质世界和时空隧道，虽然今天人类不能全部认识，但是毕竟已经提出了它们的物质范畴。人类就永远不能认识？

康　德：（认真地）你延伸了笛卡儿的理性主义。

末　学：先生，其实您对哲学最伟大的贡献是提出先验原理，即承认人的灵魂中的时空形式和范畴形式都是先验的。至于掀起了哲学领域的哥白尼式革命，则是先验原理运用的必然结果。您既然承认人的灵魂中的时空形式和范畴形式是先验的，而且人的认识能力又取决于他的灵魂中的先验因素水平，那么又为什么要给人的认识画一个框框呢？这不是人为地又设置了一个二律背反吗？在您之后，爱因斯坦发现了相对论原理，普朗克和海森堡提出了量子力学原理，在人类认识的理性领域大大地前进了一步。从某种意义上讲，他们已经冲破了您所画的这个框框。所以我既为您提出先验原理引领我们解放思想而欢呼，又为您人为地为人们画了一个理性认识的框框而感到懊恼、遗憾。

康　德：（认真地思考，情绪有些激动）当然我有自己的局限性……

末　学：先生，我再从认识的三个阶段谈一点看法。

康　德：（转而高兴地）你说吧，我听着。

末　学：在感性认识阶段，人的灵魂中的时空形式有四维时空、四维以上多维时空和时空隧道。但是因为每个人灵魂中的先验因素不同，这三类时空形式发挥的作用就不同。一般地说，绝大多数人都给认识对象赋予了四维时空。至于四维以上多维时空和时空隧道，只有理论上的意义，或者象征性意义。因此，感性认识适合的范围是四维时空的阳性物质世界。

康　德：（认真地）接着往下说。

末　学：在知性认识阶段，人的灵魂中的范畴形式共有四类 12 个，它是四维以上多维时空阴性物质世界对四维时空阳性物质世界规律性的抽象和全息的结果。知性认识开始后，没有时空形式，只有四类 12 个范畴以先验的形式呈现出来，实则是四维时空阳性物质世界规律性的再现。所以认识的知性阶段，具有明显的过渡性质。因此，知性认识适合的范围是时空隧道。

康　德：（认真地）继续往下说。

末　学：在理性认识阶段，当人“心—脑”一致时，灵魂产生和发射的灵魂波——－阴′＋和脑意识产生和发射的思维波——＋阴′－彼此分离或者相互耦合，由思维波——＋阴′－携带阴性物质的正物质（阴＋）——意念，进入阴性物质世界资料库检索信息和破译密码。这个过程是在超光速的条件下进行的，省略了不少认识的中间环节，在瞬间就可以得出思维结果。

康　德：（思考地）那么时空形式和范畴形式呢？

末　学：灵魂中的时空形式（四维时空、四维以上多维时空、时空隧道）和范畴形式（四类 12 个），在理性认识开始后，它们统统从灵魂中浮现出来。在这里，人给认识对象赋予的时空形式只能是四维以上的多维时空，赋予的范畴形式恐怕主要是虚时间和虚空间的相对分离，以及因果关系等。因此，理性认识适合的范围是四维以上多维时空的阴性物质世界。

康　德：（认真地）似有道理。（开玩笑地）不过，让笛卡儿给怀疑一番会更好一些。（似有所悟地）那么，我提出的四个二律背反都解决啦？

末　学：没有，一个也没有解决。

康　德：为什么呢？

末　学：因为在理性认识阶段，人的灵魂产生和发射的灵魂波——一阴′+和脑意识产生和发射的思维波——+阴′一彼此分离或者相互耦合，全部进入了四维以上多维时空的阴性物质世界，原先我们习惯于在四维时空的阳性物质世界使用的一切定律、方程式等统统失效，四个二律背反也是同样的命运。很可能又有新的解释，但是现在还无法证明。所以我一再呼吁建立新的数学体系和物理学体系，并要着手研究以虚粒子为特征的阴性物质为能源、运算速度起步就是超光速的高智能计算机，否则我们在理性认识阶段就寸步难行。

康　德：你说的是类似量子手机吧？

末　学：它比量子计算机又大大地前进了一步，其功能快接近神灵、上帝了。

康　德：（耸耸肩膀，笑着摊开双手）一个伟大的预言！

15.3　未知的物质世界——物自体

末　学：先生，对于您提出的物自体（亦译作自在之物）概念，历来都有多种理解。如认为物自体存在于人的意识之外，是不可能认识的；自在之物不可知，为宗教信仰留下了地盘，等等。对此，您是怎么看的？

康　德：他们爱怎么看就怎么看，我有什么办法呢？

末　学：您仍然认为物自体是不可知的？

康　德：对。在我那个时代，人的思维和科学就发展到那样的高度，我的使命是提出问题而不是解决问题。解决问题只能留给后人了。

末　学：能提出问题就不简单。您提出物自体概念，涵盖了“我能够认识什么？”到“我应该做什么？”的全过程，对后人的启示很大。

康　德：我认为：“作为我们感官对象在我们之外的东西是存在的，这些东西本身是什么，我们毫无所知，我们只知道它们的现象，即当它们作用于我们感官时在我们之内所产生的表象。因之，我承认在我们之外有物体存在。即是说，存在这样一些东西，这些东西本身怎样固然不可知，但由于它们作用于我们的感性，便使我们知道它们，我把这些东西叫做‘物体’，这个名称虽然指的只是我们所不可知的东西的现象，但它意味着实在的对象是存在的。”①

① 康德著，庞景仁译：《任何一种能够作为科学出现的未来形而上学导论》，商务印书馆 1982 年版，P13 附释二。

末　学： 这是您对物自体所下的完整的定义？

康　德： 是的。这个意思已经很明白了，但我不明白怎么还有那么多解释。

末　学： 我的理解是，物自体是感性认识的源泉，又是认识的界限，它是理性的理念，因而它是不可知的。但是并不排除极少数先验因素水平高的人对物自体的部分认识。否则人类和科学就没有希望了。

康　德： 说得好！看来你是一个乐观主义者。物自体虽然是不可知的，但是它的理性的境界又是神圣的，至高无上的。对于人类来说，这个够不着的向往之地，却是通向道德实体的伦理学领域。

末　学： 所以您在完成《纯粹理性批判》之后，接着就写了《实践理性批判》。

康　德：《纯粹理性批判》讲的认识论，《实践理性批判》讲的道德问题，后边的《判断力批判》讲的美学问题，它们之间都是有连带关系的。事实上物自体的概念已经涵盖了这几个问题，只不过抽象一些罢了。

末　学： 那么，物自体是否包括了阴阳两个物质世界的事物？

康　德： 从认识的三个阶段来说，物自体属于理性阶段未被认识的事物。这样，物自体就特指四维以上多维时空的阴性物质世界。

末　学： 可是四维时空的阳性物质世界还有未被认识的事物，这部分未被认识的事物是否也应该纳入物自体的范畴？

康　德：（思考地）这个我还定不下来。不过要纳入也可以，等将来全部认识了再从物自体范畴退出来，还物自体理性认识的本真。

末　学： 这多麻烦啊，您为什么要把物自体搞得纯而又纯？中国人有一句话："水至清则无鱼，人至察则无友。"①

康　德： 这是学术研究，不是探亲访友。关键是承认在我们的感觉之外还有一个未被认识的本体，而且它是属于理性范畴的东西。在这个大前提下，一切都好说，都可以通融。目的是追求真理嘛！

末　学： 明白了，学术研究也要求同存异。

康　德： 殊途同归。或者说，千流归大海。

末　学： 先生，您为什么对"物自体"一词经常用复数？

康　德： 说明物自体不是单一本体，而是复合本体。也许它就包含了你上边说的意思，既包括了四维以上多维时空阴性物质世界全部未被认识的事物，还有四维时空阳性物质世界部分未被认识的事物。

---

① 《大戴礼记·子张问入官》。

末 学：先验知性概念（范畴）的“先”，怎么理解？

康 德：在认识的知性阶段，概念（范畴）本身有许多东西，人们还根本认识不了，就逻辑的可能性而言，它是先于人的认识的现实性的。只有在实践中，通过变革现实的活动中，人们才能逐渐认识它们。

末 学：您说的物质和物自体有什么区别？

康 德：我说的物质一词指的是资料，即作为逻辑判断的材料和构成经验的要素。它是现象，是占有空间（广延）的外感官的对象。空间是我们用来感知位于内部自然界之外的物体形式，这些物体为我们所不知，但其现象我们称为物质。虽然不能归结为主观概念，但也不能等同于物自体。物自体是物质后面的不可认识的本体，因而不可知才是物自体最本质的含义。

末 学：物自体的思想渊源在哪里？

康 德：物自体的思想渊源很远。洛克曾认为那个不依存于人们主观意识而独立存在的“实体”是“我们不知道的某物”，“物质实体或物质这个观念和精神实体或精神这个观念一样，都是远非我们所能了解和认识的。”① 霍尔巴赫也说：“我们不知道任何一物的实质，如果实质一词是指该物的本性的话。我们只凭事物所作用于我们的方式，即唤起印象、表象和观念，以对事物的性质有所认识。”② 贝克莱则从洛克的感觉论出发，认为世界上并无物质，有的只是人的感觉和上帝。我的物自体学说比洛克和霍尔巴赫前进了一步，但又不同于贝克莱的观点。我是从二元论逐步过渡到先验论的。

末 学：怎样理解您说的两个X——先验对象与先验自我？

康 德：这是一个很复杂的问题。物自体是客观存在的，但属于超经验的彼岸，是人的认识的一种界限。它又区分为客体和主体两个方面。从客体方面说，就是第一个X即先验对象。它是指客观物质世界的本质，不是任何特定的经验对象，而是认识这些经验的必要的前提和条件。在这里，统一概念便是那个等于X的对象的表象。现象不是物自体，它们只是表象，从而反过来有它们的对象，这是其自身不能为我们所直观，因之可说是非经验的对象，这即是先验的对象＝X。可见，先验对象是要求在认识领域肯定一个未确定也不可认识的某物X，作为进行认识在对象方面的前提和条件，以成为主体的表象杂多在意识中统一的依据。先验对象是客体方面的，实际上已进入人的认识过程，但人对其认识是相当有限的，这个不能确定的未知物，便是第一个X。

末 学：怎样理解第二个X——先验自我？

---

① 参见洛克：《人类理解论》第2卷，第23章，商务印书馆1959年版。

② 参见霍尔巴赫：《自然的体系》第2卷，商务印书馆1977年版。

康　德： 主体的先验自我，即“我思”、“纯我”是不可知的。很明显，我不能作为一个被认识的对象，去认识那些以我为认识对象的前提的东西。即使自然全部为人所知，我们还是永远不能回答超自然的那些先验的问题。这是因为我们除内感觉外，没有其他直观能观察我们自己的心灵，正是在那里潜伏着我们感性功能的根源和秘密。感性与对象的关系，和这个（客观）统一的先验依据，隐藏得如此之深，以致我们通过内感觉来认识自己从而当作现象，仍然不能用感性发现任何除现象之外的探究工具。外直观（即空间和空间中的形象、运动等的直观）在思维的主体中如何成为可能，至今没有人能解答。在这里，先验自我可以说是另一个作为先验对象的物自体，它是不可知的。

末　学： 那么，您赞同费希特、黑格尔、叔本华等人对两个 X 的看法吗？

康　德： 不敢苟同。从我的同代人到费希特、黑格尔、叔本华等，其实都是不理解我的。他们用精神实体如理念等，或者用心理解释如想象等，企图统一两个 X，都是不得要领的。甚至把两个不可知的 X 的共同根源说成是精神、意识、意志、信仰，最后归结为上帝，更是背离了我的初衷。

末　学： 先生，我觉得第一个 X 即先验对象，您已经讲清楚了，不应该存在什么争议。既然物自体是一个未知的物质世界，那么它本身就是被主体认识的对象。如果说将物自体既定在认识的理性阶段，那么第一个 X 即先验对象就是四维以上多维时空的阴性物质世界。其特征是由虚粒子构成，运动速度起步就是超光速，质量以能量的方式存在，空间是零存在形式以至负存在形式，时间是虚时间的多个前进箭头（时光倒流、时光在瞬间停滞、时光在超光速的基础上加速度前进），而且虚时间和虚空间是相对分离的。

康　德：（试探地）那么，你认为第一个 X 即先验对象的认识主体是谁？

末　学：（理智地）我现在回答第二个 X——先验自我的问题。作为先验对象的认识主体，只能是生命在阴性物质世界的存在形式。神灵、上帝是生命在阴性物质世界的存在形式之佼佼者，最有资格充任先验自我的认识主体。

康　德： 上帝作为物自体的认识主体，离我们太遥远了。对于一个人来说，就没有资格成为先验对象的认识主体吗？

末　学： 对于一个人来说，的确没有资格直接成为先验对象的认识主体。但是他却可以间接地成为先验对象的认识主体。

康　德： 为什么呢？

末　学： 因为一个人不仅有他的正本，而且还有他的副本。① 一个人的正

① 参见拙著《宇宙的秩序即道德的秩序》5.2“一个人的正本和副本是辩证的统一”。

本，是他生命在阳性物质世界的存在形式；一个人的副本则是他生命在阴性物质世界的存在形式。阴阳两个物质世界的生命存在形式反映在一个人的身上，就是他的正本和副本连接在一起，恰似一根蔓上长着的两个苦瓜。①

康　德：（惊奇地）噢，是这样的！

末　学：（认真地）先生，下面我用生命在阴阳两个物质世界的存在形式并联的框图，进一步说明这个问题。

生命在阳性物质世界的存在形式，其结构式有五种要素：肉身＋灵魂＋意识＋潜意识（狭义）＋潜意识（广义）。

生命在阴性物质世界的存在形式，其结构式有四种要素：灵魂 ＋ 意识（不完全意识）＋ 潜意识（狭义）＋ 潜意识（广义）。

阴阳两种生命存在形式共有的生命要素是：灵魂、潜意识（狭义）、潜意识（广义）。不同的是生命在阳性物质世界的存在形式，有肉身、意识；生命在阴性物质世界的存在形式，有意识（不完全意识）。如下图所示：

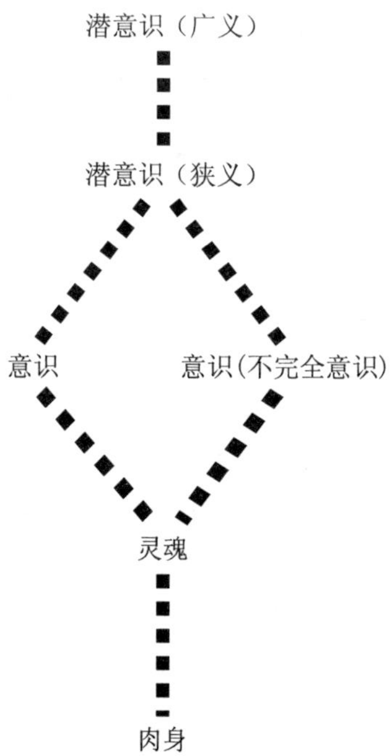

如果说肉身不复存在，脑亦不复存在，那么意识就随之转变为意识（不完全意识）。这时潜意识（狭义）■■■■■■意识■■■■■■灵魂■■■■■■肉身的链条就全部断裂。于是生命就由阳性物质世界的存在形式转变为阴性物质世

① 参见拙著《进入阴性物质世界》18.1“阴阳两个物质世界的生命存在形式是相通的”。

界的存在形式。如下图所示：

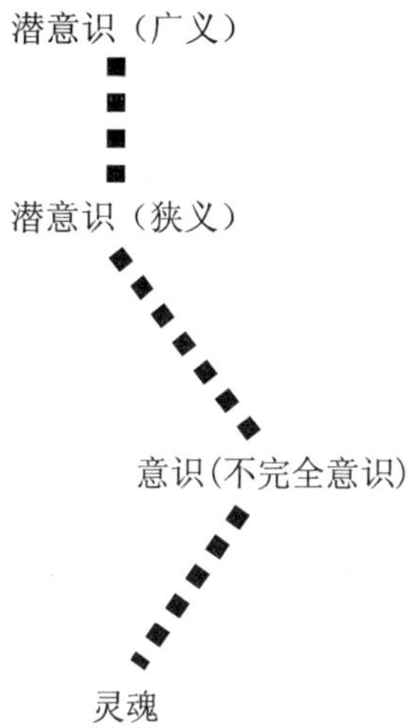

从上图可知，生命的核心是灵魂，而且一个人的正本和副本共有同一个灵魂。这样，一个人的副本——生命在阴性物质世界的存在形式，作为第二个 X 即先验自我，也就是第一个 X 即先验对象的认识主体，可以将获得的信息、密码传递给灵魂，然后由灵魂再转达给一个人的正本——生命在阳性物质世界的存在形式。所以，一个人是可以通过他的副本——生命在阴性物质世界的存在形式，间接地成为物自体的认识主体，从而揭示未知世界的秘密。

康　德：（豁然开朗地）很好！能够自圆其说。（风趣地）那么，我是否该收回不可知论了?!（亲切地）我的亲爱的中国朋友。

末　学：先生，我也是逐渐认识到这一步的。15 年前我在探讨这同一问题时，得出了比现在模糊得多的观点。① 所以由不可知到可知有一个过程。

康　德：这符合认识的规律性。一个人的正本和副本共有同一个灵魂，说明灵魂对生命来说是多么的重要！那么一个人的先验因素的形成和积淀就只能在灵魂中了。而且它是先验的，也就是先天形成的。

末　学：那么后天的教育呢?

康　德：后天教育对先天形成先验因素不起任何作用，但是它对开发或者诱导先验因素的发挥却是必不可少的手段。

末　学：教育的重要性和意义正在这里。

康　德：是的，人类要由不可知走向可知，一天也离不开教育。

末　学：先生，还有一个问题需要提出来加以讨论。

---

① 参见拙著《打开宇宙的另一扇门》6.3“关于康德的认识论——‘物自体’学说新解”。

康　德：（兴奋地）好的，你说吧。

末　学：一个人的正本和副本共有同一个灵魂。灵魂联结着潜意识（狭义）、潜意识（广义）。从在阴性物质世界资料库获取信息和破译密码来说，所有的人都享有同等、公平的权利。在这一点上神灵、上帝没有偏向任何一个人。所以在这个层面上，所有的人都应该是聪明的人、智慧的人。

康　德：很对。请继续往下讲！

末　学：问题是一旦涉及灵魂本身就出现了不同等、不公平的权利。例如，每个人灵魂的结构会出现些许的差异。表现为从以衰变形式存在的阳性物质的负物质（阳一）即反物质元素周期表和阴性物质的正物质（阴＋）元素周期表中，撷取的物质元素不同；灵魂产生和发射的灵魂波——一阴′＋的频率和波长不同；灵魂中全息的一个人的业和惑（佛教用语，即人的身、口、意三方面表露的善恶及迷惘）不同，等等。这一切都影响和制约着一个人的灵魂，从阴性物质世界资料库获取信息和破译密码的能力及水准。正是在这个层面上，才区分出灵魂功能的高低来，因而也就区分出人的聪明和愚笨来。

康　德：很对。那么，灵魂在这个层面上功能的丧失怪谁呢？

末　学：用佛教的六道轮回学说解释，还是怪这个人自己。由于他生前没有做好事，灵魂上沾满了尘垢。甚至下一世还会变成畜生、动物。

康　德：佛教的说法有一定道理。这个问题需要进一步探讨，不过我觉得我的智慧好像穷尽了。时代和科学的发展真是日新月异啊！

15.4　我心中的道德律令

接下来我和康德的谈话转换到了房子后边的大花园。在一棵丁香树下，放着两把藤椅和一个石头砌成的茶几。女仆一早就收拾好了一切，茶几上的两杯咖啡正冒着热气，一股浓浓的香气在四周飘荡着。

康德今天穿得格外讲究，一身浅灰色的西服，皮鞋擦得铮亮。脖子上系着粉红色的领带，使他显得年轻了许多。以至女仆走近他时，也不由得微笑着瞟他一眼。可能是上次谈话的效果所产生的激发效应，康德的精神显得格外抖擞，两眼也放射着特别的光芒。他示意我坐下，并且伸出了一只手和我握手。我觉得欧洲人太客气，我们既在一起吃过饭又交谈了那么多，怎么现在还要握手？康德看出了我的疑惑，嘴巴颏动了一下，释怀地笑了。

就在这里，我和康德作了如下的谈话。

…………

末 学：先生，今天我们谈道德问题。这也是您的三大批判题中应有之义。

康 德：好的，谈道德问题还是从物自体说起吧。

末 学：为什么呢？

康 德：虽然物自体的理性世界不能为人所认识，但是它却能成为人的实践理性。这种实践理性不同于科学知识而属于道德范畴。只有由认识论的先验理性进入伦理学的实践理性，才真正体现物自体的本真。灵魂、上帝等理性只有在实践理性领域才能还其实体的真相。这个实体虽然仍不可认识，但却是整个经验世界的趋向和归宿。——它是以道德表现出来的。

末 学：您的意思是说，在实践理性领域，理性以道德方式表现出来，理性就获得了自由。或者说，理性在实践中是自由的。

康 德：对。道德不能用感性的经验来说明，只能由理性的意志去说明。

末 学：为什么呢？

康 德：理性的意志，或者就是上帝的意志。它是物自体在伦理学领域赋予人的。同时它把宇宙的秩序浓缩到人的身上，凝结为道德。

末 学：道德来自于认识的理性阶段，是物自体——神灵、上帝给予人的。

康 德：可以这样认为吧。为了进一步说明问题，我把道德原理概括为三条：普遍立法、人是目的和意志自律。

末 学：先生，您就从第一条——普遍立法讲起。

康 德：这得从经验主义和理性主义的失误说起。长话短说，它们二者都有失之偏颇之处。休谟的快乐原则，笛卡儿的普遍性，最后还是落实在幸福上面。也就是说，他们把道德的出发点和归宿都放在了快乐和利益上。

末 学：（思考地）放在了快乐和利益上……

康 德：（指了指花园围墙外边的监狱）要是这样的话，那里面的罪犯真的要欢呼起来了。因为他们都是为了满足自己的欲望而犯罪的。或入室盗窃，或杀人越货，都是为了获得利益而使自己快活。但是这不仅不道德，而且是犯罪行为。所以国家就要给他们判刑，剥夺他们的自由。

末 学：任何人都要遵守法律，维系道德的底线，决不可以由着性子来。

康 德：人要受法律和道德的约束，说明道德是社会性的东西。那么仅仅用自然性的感官快乐和利益驱动来解释道德存在的必要性，就一定是说不通的。弄不好就为犯罪分子提供了所谓的道德依据。

末 学：一开始您由物自体引出道德的话题，说明道德的根源不是个人的感觉经验，而是理性范畴的东西。那么道德也是先验的？

康　德：先验的、具有普遍性的规范和律令，我把它称之为绝对命令。

末　学：为什么叫绝对命令？

康　德：先验的道德律令不依赖于任何经验，超越一切经验；所有人的意志必须无条件地服从这种立法形式。不管你感官上快乐也好痛苦也罢，必须一律按道德律令办事。因而道德律令排斥趋利避害的自然法则。

末　学：只有理性的有道德的人，才能自觉地做到。

康　德：是的。一个有道德的人是理性的存在者，早已不是单纯的自然物。他有善的意志，睿的智慧，勇敢的行为，道德律令融化在他的灵魂深处。世界上的一切生命中，只有社会的人才有如此高尚的道德。

末　学：这又是在道德领域的哥白尼式革命。因为传统观点认为道德的根源是人的自然属性，而您把它翻转过来了，提出道德的根源在于人的社会性，每个人都得无条件服从的精神的实体——道德律令。

康　德：算是吧！但愿休谟和笛卡儿对我不要有什么误解！

末　学：先生，接着讲第二条——人是目的。

康　德：好的。为什么说人是目的呢？因为人是道德律令的主体，而道德律令又是神圣的、至高无上的、人人必须遵守的，它的出发点和最后归宿都是人自身，所以人是目的。这是以人为本的另一种说法，目的都是为了人。

末　学：道德律令虽然超越了人的自然感官欲望，但是又不能脱离人而存在。

康　德：道德律令脱离自然经验而存在，正是为了和理性的人结合在一起。理性的人是最高的价值。其他一切，如金钱、名誉、地位等自然欲望，都是无法与理性的人相比拟的。这就是人之所以为人的原因。

末　学：在任何情况下都要把人当做目的，而不能作为工具。

康　德：是的，人是目的。从这点出发，任何人都没有一种高于他人的特殊身份和优越地位，人人都是生而平等的。王子与庶民只有社会分工的不同，而无地位的悬殊，更无收入差距过分拉大和人格上的高下。

末　学：先生，现实并不是这种理想的状态……

康　德：所以才要高扬理性的旗帜和遵守道德律令，特别是政府官员和富裕阶层人士更应无条件地遵守它，按它的原则办事。

末　学：先生，该谈第三条——意志自律。

康　德：所谓意志，就是人根据一定道德律令而规范自己言行的能力。

末　学：但是，人的意志能力是从哪里来的？

康　德：（智慧地）不瞒你说，我认为是理性的物自体，或者说是物自体的人格化——上帝赋予人的。因为在宇宙万物中，唯有人有这种能力！

末　学：（思考地）在宇宙生命坐标第Ⅳ象限，神、人、兽的大格局和各自的位置早已奠定。神灵、上帝处在神的位置，是生命在阴性物质世界的存在形式之佼佼者，“全知、全能、全在”，神性表现为理性的最高尚的道德品质。人在这个大格局的中间地位，一边紧靠着神，另一边又挨着兽。因而人性中包含有神性和兽性两种成分。道德品质高的人，神性居于主导地位，兽性被压制在极次要方面；道德品质差抑或是坏人，兽性居于主导地位，只有很少的神性或者没有神性，这样的人就是人面兽心、衣冠禽兽。①

康　德：你是说，人性中的神性是神给的？

末　学：是的。就像您说的人的意志能力是物自体给的，上帝给的。

康　德：（兴奋地）噢，我们两个——西方人和东方人想到一起啦！

末　学：因为人的意志能力是神灵、上帝给的，所以人就与自然物根本不同。自然物只是被动地盲目地按照因果规律活动，而人则有理性，能够自觉地摆脱自身自然的束缚，按照道德律令规范自己的言行，特别是人能为自己立法，表现为自觉的意志律。这是宇宙间任何自然物办不到的。

康　德：人之所以能够做到这点，还由于将道德律令和自己合二为一了；当它转化为自觉的意志和言行，人就达到了自由的境界。

末　学：人做到了意志自律，也就获得了自由。

康　德：既是最高的道德境界，也是最大的身心自由。

15.5　来自灵魂的鉴赏判断：审美

晚上七点钟，我和康德的谈话，挪到他的会客室里。

今天的谈话内容是审美。这个题目是否女仆事先知道了，瞧她那一脸难于掩饰的兴奋的样子。她煮咖啡和准备小点心的动作时快时慢，是否想磨蹭着听听我们谈话的内容？但是当一切安排停当，等男仆引领康德和我缓缓地走进来的时候，她用目光横扫了屋子一眼之后，悄悄地退出去了。

在这里，我与康德作了如下的谈话。

末　学：先生，我们今天谈美。我认为灵魂高尚的人，就是有道德的人，也是爱美的人。对此您不会持不同意见吧？

---

① 参见拙著《宇宙的秩序即道德的秩序》3.2“神、人、兽在宇宙生命坐标第Ⅳ象限的位置”。

康　德：就一般而言，这个推理是对的。但是也不能太绝对了，因为审美是一个独立的非常特殊的领域。苏格拉底就说过：美是难的。灵魂高尚的人，就是有道德的人，这没有错。但是灵魂高尚的人，其灵魂中还得有审美的先验因素，有鉴赏判断能力，才能谈得上审美。否则他可能美感很差……

末　学：那么，灵魂龌龊的人爱美吗？

康　德：那也得看他灵魂中审美的先验因素怎样。不过需要指出的是，美是主观的，审美常常取决于人的心灵状态和品格。一个人尽管灵魂中审美的先验因素不错，但是他尽干坏事，心灵扭曲、卑鄙无耻，灵魂上沾染着尘垢，这样审美的先验因素就会被减少，甚至于荡然无存。

末　学：所以美的大门是专门为心灵美的人敞开的。

康　德：你说对了。人们时常谈享受崇高的美感，但不是任何人在任何时候都有这种感受的。一个心理阴暗的卑鄙小人，即使置身于非常壮观的自然环境中，他也生发不出丝毫的崇高感。只有胸襟坦荡、心怀壮美的人，才能够用心去感受大自然给予的这种美感。因为这时他的内心关于崇高感的鉴赏因素与外部景致隐喻的含义合为一体了，所以只有他才能获得崇高感。

末　学：这么说美与不美，一切全在人的心境了。

康　德：是的。美是客观的，然而美更是主观的。人对于美的感受，其实就是鉴赏。鉴赏是判断美的一种能力，鉴赏就是审美。它是审美主体从审美的角度对审美对象所表达的一种情感。情感在本质上是对于生命的诉求，它发自人的灵魂深处。没有情感，哪里谈得上审美？

末　学：先生，在审美对象和审美主体的关系上，您把重心放在了审美主体上面。特别是突出人的灵魂中先验的鉴赏判断能力，这又是在美学上的哥白尼式革命，对后世必将产生重大的影响。

康　德：（不可置否）审美的关键是鉴赏判断能力，审美是情感。

末　学：审美是情感，感性经验呢？

康　德：这不是一回事。审美是情感，但是它更表现为一种鉴赏判断的能力，一种先验因素。它是审美主体——人的情感与审美对象的外表形式发生的共鸣。美感只有在审美过程中才能感受到，然后才是回味无穷。

末　学：审美是审美主体的内心感受。人的灵魂产生和发射的灵魂波——一阴′十表现为一种情感的东西。它是一种特殊的电磁波，具有一定的频率和波长。当这种情感的东西以灵魂波的形式作用于审美对象的外表时，审美对象随之产生两种回应：一是没有感觉，拒绝审美主体的观照；二是感觉强烈，于是便发射出相同频率和波长的电磁波给予回应，于是发生同频共振。因此，审美的本质是人的情感与审美对象的外表形式发生的同频共振。①

康　德：很好！你把我的“共鸣”讲得更具体了。

末　学：那么感性经验呢？

康　德：感性经验是人的感官接受认识对象刺激的结果，它总是个别的东西。

末　学：审美不也是个人行为吗？

康　德：不，两者很不一样。审美虽然也是个人行为，但是它总要追求与他人审美的一致性。这就是在审美中不断调整其中的差距，由此也就从特殊走向了一般。所以凡是美的，都具有美的普遍性。达·芬奇的肖像画《蒙娜丽莎》、米开朗基罗的雕塑像《大卫》，绝大多数人都认为是美的。

末　学：我觉得审美是用灵魂去直接观照审美对象的外表形式，更多地是人的直觉；而感性经验则是用意识去追寻被认识对象物的内在本质，更多地是直觉加上逻辑推理。前者是在灵魂和意识的分离状态下感受的，后者是在灵魂和意识的耦合状态下感知的。因为方法上不同，结果就大相径庭。

康　德：新鲜！说得具体一些吧！

末　学：审美过程的发生是：当人“心—脑”一致时，灵魂产生和发射的灵魂波——一阴′＋与意识产生和发射的思维波——＋阴′一耦合之后在瞬间又彼此分离，然后由灵魂并通过灵魂波——一阴′＋独自直接观照审美对象的外表形式。这是一种直觉，由审美对象作出回应而表明审美结果。

康　德：（思考地）继续往下说。

末　学：感性经验的发生是：当人“心—脑”一致时，灵魂产生和发射的灵魂波——一阴′＋与意识产生和发射的思维波——＋阴′一相互耦合，然后由思维波——＋阴′一推动携带的阴性物质的正物质（阴＋）——意念，一起作用于阴性物质世界资料库的锁定的认识对象。这是一种直觉加上逻辑推理，以探求到对象物的某个层面的本质而表明认识的结果。

康　德：（智慧地）看来美是难的，感性经验也不轻松。那么在你的这个架构中，先验的时空形式和范畴形式是怎么纳入的？

末　学：当审美过程发生时，审美主体根据需要，灵活地赋予审美对象以四维时空或者四维以上多维时空。当感性经验发生时，认识主体一开始更多地赋予认识对象以四维时空；但是当认识达到一定的程度后，认识主体便更多地赋予认识对象以四维以上多维时空，再加上知性概念的范畴。

---

①　参见拙著《不同维数时空和生命的美》6.2“审美过程中表现的同频共振”。

康　德：（追问地）为什么要进入阴性物质世界资料库?

末　学：阴性物质世界资料库全息了人类和阳性物质世界的所有信息和密码。当认识达到一定的程度后，认识主体便更多地赋予认识对象以四维以上多维时空，这时思维波——十阴′一推动携带的阴性物质的正物质(阴十)——意念，必然进入阴性物质世界资料库检索信息和破译密码。

康　德：可以自圆其说。你在谈审美时又把感性经验的过程深入了一步。不过应当再简练一些为好。请记住：越是真理越简单!

末　学：（思考地）那我就把审美、认识和道德作个简单的比较吧！感性经验和审美感受都是特殊性；道德律令和鉴赏判断具有普遍性；审美过程的鉴赏判断能力、感性经验中的时空形式与概念范畴，以及人心中的道德律令都是先验的。先验论像一根红线一样贯串于认识、道德和审美之中。

康　德：（兴奋地击掌）不错！简明扼要。

…………

15.6　我暗恋的情人——伯爵夫人

夜幕早已垂下，我和康德的谈话仍旧言犹未尽。墙上的挂钟响了，一连响了十二下。我赶忙站起来，说得回旅馆去，不能影响他的休息。不料康德一把拉住我，说就在客厅搭张床休息吧，明天还要接着谈，别再折腾了。说话间男仆麻利地动手架好了轻便床，我也只好客随主便了。

…………

一阵细碎的声音把我吵醒。睁开眼睛，看见窗台上几只小鸟在嬉闹。一缕阳光斜照在玻璃窗上，将金色的光辉投射到屋子的墙壁上。伸出手腕看表，竟然是早晨八点半。男仆听见我屋子的动静，轻声走了进来，将一张折叠的纸条塞到我手里，并说起床后在餐厅用餐，然后很快转身离去。

我打开纸条察看，是康德写的一段话：

我们今天谈话的内容，请不要让家里人知道。最好是到郊野边走边聊。我在餐厅等候你用餐，不要着急。

切切。

伊曼努尔·康德（Immanuel Kant）

即日8时20分顿草

“不要让家里人知道”，就是说不要让男仆和女仆知道。我的心里一阵苦涩的感觉。这个一生独身、活在精神世界里的瘦小老人，早已把两位仆人当作自己的亲人了。我们今天要谈的是康德的隐私，但是他不愿意让仆人知道他过去的一些事情，甘愿自己默默地把它埋在心里，直至永远。

我很快洗漱完毕步入餐厅，只见康德坐在桌前默默地抽烟。见我进来了，他不好意思地将烟斗放在烟灰缸上，赶忙招呼我吃早餐。早餐很丰盛，有牛奶、鸡蛋、面包、果酱、香肠等，在我面前摆了一大堆。——原来这是专为我一个人准备的。康德和男仆、女仆照例吃特制的阴性物质食品。

吃完早餐后，该休息一会儿。女仆提茶倒水，在我们面前走来走去。我忽然想起过去看康德的资料时，有一条说他喜欢打牌，经常去看戏剧或听音乐会。我便提议打扑克牌，立刻得到了女仆的响应，男仆也在一旁咧着嘴笑，康德说那就玩几把吧！我们四个人正好凑一桌，康德和女仆、我和男仆各自成对家。一连玩了七八盘，结果我和男仆都输了。女仆乐得直拍手，康德幽默地说："打赢你们的法宝是，我用的是理性，我的对家用的是感性。"

…………

我和康德走在"哲学家之路"上，周围的人都好奇地望着我们。因为这是康德唯一一次提前到这里散步，离下午三点半还有好长一段时间。原野上清新的风迎面吹来，拂动了康德银色的发丝，也撩起我紫色的领带。忽而空气中又夹杂着一股潮湿的咸味，康德告诉我，这是从波罗的海吹来的海风。道路两旁是高大的梧桐树，衬托着蔚蓝色的天空和清澈的阳光。又一阵轻柔的风从树叶间穿过，一只鸟儿扑打着翅膀飞走了，一片树叶从空中缓缓地飘落下来，掉在康德的肩膀上，旋即滑落到地上。康德下意识地站住了，看着四周绿色的旷野，做着深呼吸。我们席地而坐，欣赏着四周的景致，心里舒畅极了。

就在这里，我和康德作了如下的谈话。

末　学：先生，我们今天谈谈男女之间的关系。

康　德：这无疑是世界上最美好的关系，它会使每个人怦然心动。

末　学：为什么男女之情有着磁石一般的吸引力呢？

康　德：它能满足人感性的自然欲望，带来无法用语言形容的莫大快乐。异性之间互相欣赏，诱发出美的情感，那是最激动人心的。这是对人类自身的肯定和赞美，也是人之所以为人在情感上的体现。

末　学：热恋中的男人和女人像是有点癫狂。

康　德：他们跟着感觉走。你中有我，我中有你；相互纠缠，难解难分。兴许这就是人类两性关系的魅力所在。不是所有人都能体验到的！

末　学：那么，性的愉悦能代替审美判断吗？

康　德：这就要具体分析了，不可以一概而论。譬如，没有感情的乱交、违背妇女意志的强暴行为，就是犯罪。相反，建立在两情相悦、深厚感情基础上的性行为，就像鲜花和美酒一样美好、醇香。那当然是美了！

末　学：有人主张“一夜情”，天一亮就分手、拜拜。

康　德：（吃惊地）世风日下啊！男女双方单纯地追求肉体的快感，也就无所谓感情了。这是任何一种动物都具有的本能，是人把自己降低到动物层面的表现。所以在性关系上，最能看出一个人品格的高下。

末　学：快乐并不一定是美的、高尚的。

康　德：但是美的、高尚的一定使人快乐。

末　学：怎样区分低俗的快乐和美的、高尚的快乐？

康　德：这还不好分辨！快乐不是审美和高尚的根据，而是审美和高尚的结果。它是伴随着审美过程和高尚行为发生的内心一种快乐的感受。如果说没有这个心理过程而单纯追求肉体的快感，就必定是低俗的。

末　学：美的、高尚的东西不掺杂物质和功利因素？

康　德：当然不掺杂物质和功利因素。在审美领域，对象和主体情感之间是没有利害关系的。而男女之间的关系，更是以情感为纽带，互为审美对象的。怎么能够用钱去买、讲究功名和有利可图呢？

末　学：在男女关系中，还有一个道德问题。

康　德：道德更不能掺杂任何物质和功利因素！

末　学：可是现实情况不是这样，很糟糕。许多人追求的是金钱、名利、地位和物质享受，特别是渗透到了婚姻和男女关系之中。

康　德：（感觉事态的严重）所以，就更需要哲学家的孤独和清高。

…………

末　学：先生，在男人和女人中，您更喜欢谁呢？

康　德：女人。

末　学：在女人中，您喜欢哪一种女人？

康　德：成熟、智慧、热情、高雅。

末　学：在男人中，您喜欢哪一种男人？

康　德：崇高。

末　学：为什么呢？

康　德：因为它能够唤起女性的崇高感，被视之为壮美。

末　学：您对男人世界的总体评价是什么？

康　德：既创造，又破坏。在各种显要的位置上，贪婪、独裁。几乎一切坏事都是男人干的。特别是不尊重妇女，这使我不能忍受。

末　学：那么，您赞赏的男人应该是怎样的呢？

康　德：深邃的思想、博大的胸怀、坚强的性格、诚实的品德。当然也需要强健的体魄，但是如果具备前四点，也就是伟丈夫了。

…………

末　学：先生，请谈谈您心中的那一位高贵的女性……

康　德：（并不感到突然）是啊，她是凯瑟琳伯爵夫人。

末　学：你们是怎样认识的？

康　德：（陷入回忆中）这得从我的身世谈起。我出生在一个贫苦的手工业者家庭，父亲是马鞍匠，没有任何可以炫耀的背景。13 岁时，母亲去世，使我陷入巨大的悲痛之中。16 岁时，我考入哥尼斯堡大学，21 岁毕业。不承想一年后，父亲又去世了。从此，为了生存下来，我只有一个人在社会上打拼。我的所有资本是：刻苦、思考、诚实、善良。

末　学：真够困难的了。

康　德：没有家庭背景就找不到像样的工作，尽管我是学校最优秀的学生。为了谋生，我只能去当家庭教师。因为家长十分乐意挑选最优秀的大学生去教他们的孩子。这样，我先后在古姆比年附近的犹德早村给安德施牧师家当家庭教师；在奥斯德罗附近的阿尔恩斯多尔夫村给休里增少校家当家庭教师。这是 1747 年至 1752 年的事，整整耗去了我 5 年青春。他们对我的反映不错，甚至交口称赞。因此，我当家庭教师的名声在哥尼斯堡也传开了。

末　学：真是大材小用了。

康　德：1753 年春天的一个早晨，我正准备跟休里增少校谈新学期续聘的事。他对我说："凯瑟琳伯爵夫人坚持要把你从我这里挖走，她已经给我说尽了好话，我无法拒绝，一会儿她就来接你。"正说着听见门铃响了。

末　学：一定是凯瑟琳伯爵夫人接您来了。

康　德：是的。她进门后和休里增少校寒暄几句，就朝我点点头，向我伸出了一只手，热情地说："康德先生，事先我没有征求您的意见，请您原谅。"然后诚恳地笑了笑，说："不过，我想您一定会同意的。"

末　学：她是先入为主，先斩后奏。

康　德：接着她说："康德先生，我读过您的大作《论活力的正确评价》①，非常赞同您的观点。我想我们会有更多的哲学语言的。"

末　学：她找您当家庭教师是有目的的。

---

① 《论活力的正确评价》一书是康德上大学时的习作。1746 年该书复印，1749 年正式出版。

康　德：是啊！这样我就来到了劳登堡吉尔西德区凯瑟琳伯爵夫人家。

末　学：一开始顺利吗？

康　德：当然了。凯瑟琳有一个儿子，上幼稚园大班，非常聪明，根本不需要我多少时间。倒是凯瑟琳的哲学问题多得使我应接不暇。她聪明、多思，反应敏捷。对于任何一个问题她都穷追不舍，直到连我回答起来也感到吃力时，她才肯罢休。最后说："难为先生了，我们暂且存疑吧！"

末　学：你们就这样天天讨论哲学问题？

康　德：差不多吧！那几年我的哲学思维能力提高很快，实在与这种一问一答的研究式学习、讨论有极大的关系。我在哲学上的成就，特别是提出的先验时空论、先验范畴论、先验鉴赏论，都有凯瑟琳的一份辛勤劳动。

末　学：凯瑟琳的丈夫伯爵不干涉你们这种讨论吗？

康　德：不干涉，我也很少在家里看见他。他一方面公务缠身，另一方面体弱多病。在他看来，我和凯瑟琳之间是再正常不过的事了。

末　学：可是实际情况呢？

康　德：（沉默了片刻）大概从我到了她家里半年之后，我和凯瑟琳之间的关系就日渐密切起来。有时候两个人谈话到了很晚的时候，她还不愿意离开。因为面对着面，我都能闻到她那头发上散发的香味。她那白皙的面庞，端正的鼻梁，深蓝色的眼睛里，燃烧着爱的火焰……

末　学：我怕凯瑟琳抵挡不住爱神的诱惑了。

康　德：不，你说错了。我明显地感到，她在强烈地克制着自己。因为她是有夫之妇，她明白一位伯爵夫人在这时应该怎样去做。

末　学：那您呢？

康　德：发乎情，止于礼。

末　学：可是这毕竟是折磨人的事。

康　德：是啊！我暗恋着凯瑟琳，只要一天看不见她，我心里就空虚得没有着落。每天说是给她儿子上课，实际上就是为了见到她。

末　学：感情发展到这一步，该怎么办呢？

康　德：可是我们谁都没有向对方挑明，仍旧天天这么过着。凯瑟琳在上流社会朋友也多，后来每到礼拜天还在她家里开设哲学沙龙。

末　学：你们的关系，凯瑟琳的朋友们知道吗？

康　德：大概知道吧。不过凯瑟琳并不在乎，仍旧大大方方的。每逢沙龙开始时，她一定拉着我的手坐到她的身旁。有时候我来晚了，她会把自己的披风搭在旁边的座位上。以后这个座位从来没有人坐过。当她身边的朋友问起的时候，她总是回答说："这是留给我心中最爱慕的人的。"

末 学：可是，她怎么不向您表白呢？

康 德：这就难为她了。因为她是伯爵夫人，有夫之妇。

末 学：这真是矛盾啊！

康 德：哲学家一生都和事物的矛盾打交道，而我尤其是如此。

末 学：这样的日子过了多久？

康 德：（掐着指头计算）从 1753 年春天到 1763 年整整 10 年。

末 学：这 10 年您一直当家庭教师？

康 德：1755 年，我在哥尼斯堡大学谋到讲师职位。但是讲师没有工资，只能从听课学生的学费中按比例提成。每天晚上我照例去凯瑟琳家里，一方面给她儿子上课，另一方面继续着我与凯瑟琳过去的一切。

末 学：后来呢？

康 德：后来凯瑟琳的丈夫伯爵去世了。

末 学：那您和凯瑟琳正式结婚呗。

康 德：（痛苦地摇摇头）不，没有那么容易。

末 学：为什么呢？

康 德：因为爱情玫瑰的芬芳抵挡不过现实铁墙的力量。

末 学：有这么严重？

康 德：在当时的东普鲁士，由于世俗的禁锢，一个伯爵夫人是不能嫁给平民的。我那时是个讲师，上流社会不予承认。凯瑟琳只好嫁给了一个贵族。那天晚上我们见了最后一面。她一脸忧郁，完全像换了个人似的。她眼里含着泪水，悲痛地说："先生，对不起！我无奈地走向了毁灭……"我整个儿被痛苦包裹着，说不出话来。只见凯瑟琳断断续续地说："先生，用您的头脑去思维吧！只有哲学可以冲破礼教的樊篱，只有哲学才能拯救人类！"

末 学：这是千古以来，人类最智慧的人上演的一出爱情悲剧。

康 德：由于我的社会地位低下，尽管著作不断出版，仍然没人理睬。直到 47 岁时我才当上教授，也才有资格领取工资。

末 学：和凯瑟琳分手以后，再没有遇到心上人？

康 德：遇到了，她是我的一位读者，也是一位伯爵夫人。她成熟、热烈、自由、奔放，但是哲学思维却远不及凯瑟琳。我常常把她和凯瑟琳相比，觉得我的心灵深处爱的还是凯瑟琳。虽然她已经离开了我，但是我相信她和我的心仍旧是相通的。因而就谢绝了这一位伯爵夫人的情意。甘愿在后半生一个人孤独地享受我和凯瑟琳之间的暗恋，这种柏拉图式的爱情。

末 学：先生，为什么哲学家都和伯爵夫人有缘？

康 德：这是由哲学家的思维和伯爵夫人的气质两个因素决定的。哲学家的思维不说了，伯爵夫人的气质倒要讲一讲。她们不仅天生丽质，而且最动人的是优雅，这是一种优美被发挥到极致的境界。它是教育、学识、生活、环境，甚至血统等多种因素作用的结果，别人想学是学不来的。

…………

太阳渐渐地西斜了，我和康德离开了“哲学家之路”，顺便朝克奈芳福岛走去。来到康德的墓地，看见一对年轻的新人捧着一束鲜花，恭恭敬敬地放到了那赭色的墓碑前，然后深深地鞠了一躬。

一回头，我看见康德感动得热泪盈眶，他一定想起了凯瑟琳……

第 16 章　与马克思的对话[①]

马克思的故乡是德国莱茵兰—普法尔茨州的特里尔（Trier），原属普鲁士。但是在 1845 年 12 月，马克思就宣布脱离普鲁士国籍。原因是 1845 年秋，马克思被法国政府驱逐出境，来到比利时的布鲁塞尔，而普鲁士政府又继续向比利时施压，要求把马克思赶出这座城市，被逼无奈的马克思只好脱离普鲁士国籍。此后，马克思称自己是“世界公民”。然而特里尔毕竟是马克思的出生地，这是谁也否认不了的事实，到了今天更是如此。

特里尔是德国最古老的城市之一，曾经是东罗马帝国（康斯坦丁二世）的首都。它属于摩泽尔法兰克方言区，人口约 10 万人，是莱茵兰—普法尔茨州的第四大城市，居于美因茨、路德维希港和科布伦茨之后。

特里尔位于摩泽尔河中游河谷的一段宽阔处，城市的大部分地区都在摩泽尔河右岸。远远望去，被树林覆盖的山谷坡地上，散落着一层层梯田葡萄园。坡地向南部抬高至洪斯吕克山的高地，向北抬高一直与艾菲尔山相接。特里尔附近的大城市有东南方向的萨尔布吕肯和东北方向的科布伦茨，以及西面的卢森堡首都卢森堡城。特里尔距离卢森堡大公国的边境也很近。

这里属于温带海洋性气候。空气湿润，气候宜人。城外环绕着青山绿水，山坡上种满了葡萄，风景十分优美。城内教堂林立，还有历代罗马皇帝下令修建的豪华宫殿、大浴池、气势恢宏的竞技场和十几里长的城垣。在特里尔诸多的博物馆、纪念馆中，以马克思故居纪念馆最为人所熟知。

…………

① 卡尔·马克思（Karl Marx，1818—1883）马克思主义创始人。政治家、哲学家、经济学家、革命理论家。犹太裔德国人。生于普鲁士莱茵省特里尔城一个律师家庭，先后就读于波恩大学和柏林大学法律系，获博士学位。他是无产阶级的革命导师，近代共产主义运动的精神领袖。马克思主义是关于无产阶级和全人类解放的学说。它由马克思主义哲学、政治经济学和科学社会主义三大部分组成，是马克思、恩格斯在批判地继承和吸收人类关于自然科学、思维科学、社会科学优秀成果的基础上于 19 世纪 40 年代创立的，并在实践中不断地丰富、发展和完善的无产阶级的思想体系。他与恩格斯共同起草了《共产党宣言》，著有《1844 年经济学哲学手稿》《黑格尔法哲学批判》《资本论》《哥达纲领批判》《法兰西内战》等一系列著作。

沿着摩泽尔河旁一条僻静的街道往前走，就到了特里尔布吕肯街 10 号马克思故居。首先映入眼帘的是青铜雕塑的马克思侧面头像；给人的突出感觉是，好像马克思在默默地思考着什么。马克思故居是一幢典型的 18 世纪德国巴洛克式民居。橘红色的三层建筑，淡黄的粉墙、棕色的门楣和窗沿、乳白色的窗扉，一切都显得朴实无华。它始建于 1727 年。1818 年，马克思的父亲亨利希·马克思律师租用了这所房子。同年 5 月 5 日，马克思诞生在这里。当年楼上是马克思一家的住室，楼下是律师事务所。马克思一家在此住了一年半时间。马克思 17 岁时离开故乡，此后就再也没有回来过。

1928 年，德国社会民主党以近 10 万帝国马克，从私人手中买下了这座当时已改为铁器店的房子。以后将其改建成马克思、恩格斯纪念馆。1933 年，希特勒纳粹上台，马克思故居被没收，所有文物被洗劫一空。直到 1947 年 5 月 5 日，马克思故居重新被辟为纪念馆对外开放。

纪念馆第一层的第一展室，里面为接待室、问讯处；第二、三展室，专门举办各种专题展览；第四展室，为电视录像放映室。在第二展室中，展出有马克思的出生证书、马克思与燕妮的结婚盟约和结婚证书，还有马克思家庭成员的照片、马克思的英文死亡证书等。第二层的第一展室是马克思父母的卧室，马克思就是在卧室后的小套间里出生的。墙上挂着许多照片、文件、手稿，玻璃展台里陈列着马克思和恩格斯的许多著作和有关的历史资料，其中包括马克思的毕业论文、博士证书等。第二展室介绍马克思和恩格斯从建立友谊到逝世为止的这段时期的情况。第四、五、六展室介绍了马克思、恩格斯与同时代革命家们的交往、建立共产主义者同盟、第一国际、各国工人政党和德国社会民主党的历史。在第五展室里，陈列着马克思和恩格斯的全身铜像。第三层的第一展室介绍了马克思的共产主义理论，玻璃橱里陈列着《共产党宣言》的各种版本。其中德文版《共产党宣言》目前在世界上只有 3 本，还有陈望道根据日文版翻译的最早的中文版《共产党宣言》。第二展室的展橱里陈列着马克思的《资本论》。《资本论》第一卷于 1867 年在汉堡出版，总共印刷了 1000 本。第三展室收集了马克思许多著作的第一版，马克思、恩格斯赠给友人的书籍，马克思、恩格斯照片原版，手稿，书信，马克思赠给父亲的诗集手抄本和马克思为燕妮收集的民歌等。马克思故居的展览，系统地展示了马克思一生的主要活动和业绩。

在这里也展出了 1975 年华国锋①访问德国时，赠送的绘有马克思彩色头

① 华国锋（1921—2008），山西交城县人，原名苏铸。1975 年曾任国务院副总理，1976 年以后曾任国务院总理、中共中央主席、中共中央军委主席。

像的瓷盘，以及中国画家绘制的大幅马克思油画像。在参观者当中，有相当一部分是来自遥远东方的中国人，在留言簿上有许许多多龙飞凤舞的中国字。难怪纪念馆的女秘书看到我时，报之以真诚、会心的微笑。

…………

一天傍晚，在马克思故居的三楼第二展室的窗前，我拜见了马克思。当时他正借着窗外的亮光，翻阅早期的英文版《共产党宣言》。马克思中等个子，肩膀又宽又厚。穿着一件褪了颜色的风衣，裤子和皮鞋都很旧。我向他施以鞠躬礼，说明我来自中国，是专程来采访他的。马克思显得十分兴奋，他说他一直同情、关心和支持中国抵抗外国侵略者的正义斗争，当年还写了不少文章。我告诉他，中国人民在中国共产党的领导下，因为把马克思主义和中国革命的具体实践相结合，才推翻了“三座大山”，建立了新中国；期间经过了许多曲折，教训是深刻的。现在实行改革开放，建设有中国特色的社会主义，不断推进马克思主义中国化，30 年来取得了举世瞩目的成就，欢迎他随时到中国去看看。

当夜幕完全降临之后，秘书走进来打开屋子里的日光灯，并且送上两杯咖啡。马克思示意我坐在他的对面，这时我才真切地看清了他的容貌：一头浓密的黑棕色头发，一直搭到耳朵以下。胡须也很浓密，遮蔽着两腮，一直垂到了脖颈。他的脸膛宽阔，像古铜的颜色，带点儿黝黑。一双大眼睛炯炯有神，起初给人的感觉是冰冷的，随之则透射出睿智和温情。端正的鼻子下，是一字排开的胡须和红润的嘴唇。张嘴说话时，散发出浓烈的烟草味道。这位全世界无产阶级的革命领袖和导师，是如此的简朴、平常。他的智慧和胆略，就如同他的浓密的头发和胡须一样，众多而富有特色，其他人是不可企及的。

…………

就在这里，我和马克思作了如下的谈话。

16.1 异化——人类整体的不幸

末　学：（郑重地）我应该称您为老师，叫先生就有点见外了。

马克思：为什么呢？

末　学：因为我是一名中国共产党党员，大半生学习、研究和宣传马克思主义。特别是我曾经讲授您的著作《资本论》长达 13 年之久。

马克思：（兴奋地）噢！那就叫同志最好。

末　学：那不行，中国人还讲究长幼和辈分呢。

马克思：那就叫先生吧，中国人把教书先生不也称老师吗？（突然想起来）那你一定是教授了，我还没有当过教授哩。

末　学：您把毕生精力贡献给了无产阶级革命事业，资产阶级政府一天都没有停止对您的迫害，它们的大学怎么会聘请您当教授呢？

马克思：是的。我一生和它们过不去，它们也从来对我不手软。

末　学：先生，您一开始怎么想起来对资产阶级展开批判呢？

马克思：（陷入回忆）从家庭出身来说，我不是无产阶级。我父亲是特里尔有名的律师，当时能租得起这套房子的人不多。我大学毕业获得博士学位，应该有一个好的职位。夫人燕妮更是贵族出身，她父亲是普鲁士政府一名枢密顾问官，哥哥也在政府做官。但是有一件事情却触动了我。

末　学：噢，我知道是关于农民砍伐公田林木的事。

马克思：对。当时我 25 岁，担任《莱茵报》主编。普鲁士莱茵省议会讨论林木盗窃问题，要立法处罚盗窃者。可是谁是盗贼呢？议会把矛头指向了广大农民。我立刻深入调查，把事情搞清楚了。原来，普鲁士西部有大片的原始森林和草原，一直都是当地农民、牧民生活的来源。后来，被几个贵族和地主强行霸占，还划分了势力范围。他们不允许农民去森林里捡枯树枝当柴烧，孩子们到草地上去采草莓、蘑菇，也被视为偷窃。议会要立法，就是要从法律上承认，贵族、地主霸占的土地属于他们的私有财产。

末　学：这真是颠倒黑白！

马克思：我和同仁们都感到愤愤不平，就写了许多文章登在《莱茵报》上，抨击议会的无耻行径，并要求贵族、地主把森林和草原还给农民。这些文章深得人心。但是专制的普鲁士政府是保护贵族、地主利益的，他们立刻下令查封了《莱茵报》，我也被解职，不久又被驱逐出境。从此，我和夫人背叛了原有出身，站到了穷苦的劳动大众一边。同时觉悟到，单靠舆论是无法推翻专制统治的，无产阶级只有联合起来，通过武装斗争才能夺取胜利。

末　学：有一个问题需要探讨，为什么贵族、地主的心肠那么狠毒？

马克思：这就要从人的本质谈起。人的本质是什么？许多哲学家都说是自私。我看他们没有触及到问题的要害。因为人有合理的物质利益，这不是坏事。一个人如果不关心自己合理的利益，那倒真的有问题了。

末　学：（思考中）……

马克思：人的本质不能从生理上和心理上界定，而是要从现实生活中的人出发，看看人和其他物种生命活动最主要的特征是什么。

末　学：人从事生产劳动是生命最主要的特征。

马克思：所以我把人的本质归结为劳动。

末　学：这是唯有人才有的本质。

马克思：对。劳动是人自我产生的活动。劳动不仅使人从自然界脱离出来，而且获得了必需的生活资料和社会属性。因而劳动是人和动物的根本区别。人的劳动超越了自然的局限，即使在不饥饿的时候也去劳动，并且从事精神方面的创造。特别是人的劳动是自觉的有目的的生产活动。它不限定在某一种自然规则之内，而是进行的自由的创造性劳动。

末　学：在科学研究和新技术开发中，更显示出人的创造性劳动。

马克思：人的创造性劳动能够创造出一个新世界。因此，劳动是一种具有普遍性的超自然的活动，具有自主、自由和创造的性质。

末　学：了解了人的本质，就可以分析在普鲁士制度下，贵族、地主的心肠何以那么狠毒，以及无产阶级和劳动人民受苦受难的根源所在。

马克思：是的。虽然资本主义在不到 100 年时间创造的生产力超过了人类世代生产力的总和，但是伴随着财富急剧的增长，雇佣劳动却使人发生了异化。也就是使人的本质——劳动发生了扭曲。

末　学：这是在资本主义雇佣劳动条件下才有的现象。

马克思：异化是人的劳动变成雇佣劳动的产物。它把原本属于人的东西分裂出去，变成异于人的力量，反过来统治人、支配人。

末　学：在《1844 年经济学哲学手稿》和《资本论》中，您对此做过论述。

马克思：首先是物的异化，即劳动者跟他的产品的关系被颠倒了。本来产品是劳动的产物，是劳动在对象上面的物化。产品是依靠人才生产出来的，应该被人支配。但是在雇佣劳动条件下，由于劳动对象与劳动者相分离，工人生产的产品属于资本家而不属于自己；生产的产品越多，受的奴役和压迫愈甚。工人生产的产品作为敌对力量统治自己，劳动成果被异化了。

末　学：工人生产的产品越多，资本越强大，自己就越受剥削。

马克思：再看人的异化，即劳动者与劳动的关系被颠倒了。劳动是人的智慧和力量的展现，当然是对人的肯定。但是在雇佣劳动条件下，工人的劳动是被迫的、强制性的。工人对劳动毫无兴趣，仅仅是为了养家糊口而已。劳动与人相分离，说明劳动属于资本家的，为资本所支配，也意味着人的人格的失落。在这里异化表现在劳动过程中，人也被异化了。

末　学：人被强迫劳动，就和罪犯被强制改造一样。

马克思：还有人的本质的异化，即劳动者与人的“类特性”的关系的变化。人的本质是劳动，这是人区别于动物的地方，也是人这个物种的“类特性”。但是在雇佣劳动条件下，工人对劳动没有兴趣，没有创造性，仅仅是谋生的手段。劳动被局限在满足自然欲望和肉体生存需要的狭窄范围内，就把人的生命活动降低到动物生存需要的水准，人的本质被异化了。

末　学：劳动仅仅是谋生的手段，体现的就不是人的特性而是动物的特性。

马克思：最后是人与人相异化，即人们之间的关系发生了根本变化。这种异化是以上物的异化、人的异化和人的本质的异化之最后结果。因为在雇佣劳动条件下，工人的劳动不仅生产出与自己敌对的物，而且还生产出与自己敌对的人，即资本主义私有财产的占有者，人与人的关系被异化了。

末　学：人们从事的异化劳动，实际上每天都在为资本主义挖掘坟墓。

马克思：所以在19世纪中叶，我就预言资本主义的丧钟敲响了。

末　学：可是现在好像发生了新的变化。

马克思：我注意到了这个问题。谈谈你自己的看法?

末　学：主要是科学技术的发展创造了新的生产力，加之经济全球化，推动了资本主义经济结构的调整，适应了生产力的要求。这也说明资本主义内部社会主义因素有所增加，将来怎样发展，边走边看吧!

马克思：但是异化的问题，仍旧没有解决。

末　学：是的。工人仍然从事着异化劳动，因为他们除了劳动力之外没有别的，不得不出卖劳动力给资本家。这种关系在本质上并没有改变。虽然现在白领工人的数量增加，工人的生活状况也比过去有了很大的改善。

马克思：这是资本主义发展的新特点，应该认真研究。或许实现共产主义走着两条殊途同归的道路。一条是落后国家的武装夺取政权的道路；另一条是发达国家和平进入社会主义的道路。就由实践去证明吧!

末　学：是否私有制是异化的根源?

马克思：私有制是异化劳动产生的前提和条件；异化劳动又创造着私有制。

末　学：这是一种恶性循环。私有制造就了资本家；资本家是资本的人格化；资本是资本家的灵魂。因为资本家与工人在利益上是对立的，所以就出现了普鲁士莱茵省议会讨论为林木盗窃立法的问题。

马克思：私有制和异化劳动的出现，不仅是工人的不幸，而且也是人类总体的不幸。因为它阻碍着人类最终实现共产主义的道路。

末　学：从资产者来说，他们有文化知识和懂得经营之道，但是最后又成为疏远劳动的食利阶层，不劳而获在毒害着他们的灵魂。

马克思：资产者也成了失去劳动这一人的“类特性”，同样是人的自我异化。无产者和资产者都被异化了。这是人类整体的不幸！

末　学： 虽然都被异化，但是感觉却完全不同。

马克思： 无产者被异化，是一种毁灭感；资产者被异化，是一种满足感。

末　学： 但是，资产者对自己的异化并不认识，反倒认为是自身强大的证明。

马克思： 这完全是一种错觉。因为他们不明白人的力量只能来自他自身。

末　学：（思考中）……

马克思： 人来到这个世界并没有带着镜子，他就必须是对象性存在物。人的活动在对象上面表现出来，他的力量应该由对象来检验。但是在资本主义制度下，货币成了万能之物，个人的力量不再由自己决定，而是他有多少钱，就有多大的力量。于是人成了金钱、资本的奴隶。这又是人类的悲剧！

末　学： 那么，怎样彻底消除异化呢？

马克思： 造成异化的根源是资本主义私有制。无产阶级在其政党的领导下，通过革命的手段，或者其他的方式扬弃私有制，建立与生产力水平相适应的公有制。去除横插在劳动者与生产资料之间的剥削者，是人和物的直接结合，以实现人对自己本质的真正占有。

末　学： 在《1844 年经济学哲学手稿》和《资本论》等著作中，您对此都作了详细的论述，也阐明了消除异化和实践人道主义的关系。

马克思： 扬弃私有制就是实践人道主义，是把全人类从异化中解放出来。这种实践、这种解放就是实现共产主义。因此，共产主义是以扬弃私有制为中介的人道主义，它是人类社会的理想境界。

末　学： 那么，当无产阶级夺取政权之后，是否仍然要防止异化发生？

马克思： 当然了。这时虽然废除了私有制，但是只要劳动还没有成为乐生的第一需要，劳动仍然是人的谋生的手段，异化就会发生。特别是在落后国家实现社会主义之后，更要警惕这个问题的出现。

末　学： 那么，怎样才能从根本上消除这种异化呢？

马克思：（思考地）我觉得很难。（叹一口气）原因是当无产阶级政党代表人民掌握了公有财产的所有权之后，它自己就由无产者变成了有产者，进而成为对公有资本的垄断者，这在事实上成了最大的私有者或垄断寡头，这比原有的那种私有制还糟糕。这时宣称实现了生产资料公有制只是挂个空名而已。无产阶级专政变成一党执政，最后必然演变为领袖个人及其少数人的独裁专制。政治、经济和意识形态都是如此，是十分可怕的。因而异化在新的条件下仍然避免不了。

16.2 人与自然、社会相统一的实践

末 学：先生，我对您独树一帜的认识事物的方法很感兴趣。

马克思：什么方法？

末 学：对于事物的认识，您并不局限于事物自身，而是通过它的客体或者是对立面来说明，这样可以得出更全面、更客观的结果。

马克思：还是那一句老话，人来到这个世界并没有带着镜子，他就必须是对象性存在物。通过客体认识主体，就叫实事求是。

末 学：但是主体的实践也在影响着客体。

马克思：是的。主体在实践中可以改变客体，并且打上人类意志的印记。于是客体就在人的活动中被规定、被理解。但是从客体的改变程度，主体可以觉察到自身的需要、能力和局限性。这是主体和客体相互发现和认识的过程，也是互为对象物审视的结果。因为独立的自身是无法证明自己的。

末 学：自然界在您的哲学中是作为人的对象来理解的？

马克思：是的。我把整个自然界作为人的实践的对象物，或者说作为主体的人的客体看待。它就像一面镜子一样，反映着人的实际情况。

末 学：从当前全球环境的恶化，就可以看出人的贪婪和无知。

马克思：所以人们要克制自己的欲望和调整经济增长方式。人与自然如何和谐相处，是一个很大的问题。人再也不能夜郎自大、有恃无恐了！

末 学：先生，您说的劳动和实践在概念上有差别吧？

马克思：有差别。虽然劳动过程就是实践活动。但是劳动是对人类的本质而言的，偏重于人变换自然资源，强调人的自然力；实践是对社会历史的本质而言的，偏重于人类创造历史、改造社会的活动，强调的是人的集体力量。显然，实践的概念比劳动宽泛得多，内容也丰富得多。

末 学：实践强调的是人类的集体力量，集体智慧的发挥，因而人和人就一定要结成社会关系，才能从事生产劳动和社会活动。

马克思：是的，单个的人在鲁滨逊荒岛上是无法生存和进行生产劳动的。人在变换自然资源的过程中，需要知识、工具和技术，需要社会力量的帮助，必然要和他人建立一定的关系，于是就形成了生产关系。因而人既是自然存在物，又是社会存在物。所以，人的本质就是社会关系的总和。

末 学：人的本质是劳动，又是社会关系的总和，二者存在怎样的逻辑关系？

马克思：人的劳动必须在一定的生产关系中进行，劳动过程的展开就成

为联结人与人的关系的环节。于是人的本质就逻辑地表现为社会关系的总和。它告诉我们，人的本质应该从社会方面来理解，而不能单从自然方面去界定。另外，实践的覆盖面宽泛，它是自然、人和社会三者的统一。

末　学：人在实践中不仅改变自然，而且也在改变着自己。

马克思：这是我坚持实践第一的观点的基本依据。譬如，人们建造高楼大厦、筑堤修坝、培育优良品种等，都是人改造自然的成果。而在这一变革现实的实践中，人的认识能力和技术水平也提高了。并且自然赋予人的器官的功能也被改变了，如眼睛对美的感受，耳朵对音乐的体味等。

末　学：人的感官功能有无先验因素？

马克思：当然有，康德已经讲过了。但是我认为它更是人类世世代代社会生活实践发展和累积起来的。它们沉淀在人的潜意识中，增加着先验因素的成分。在这方面还有许多未被认识的东西，应该认真研究。

末　学：这是未来人们研究的重要课题。

马克思：人类在变革现实的实践中不断地改变着自己。但是相对于现实而言，人对自身更不了解。因此，科学研究应该朝两个方向发展。一个是对于外部物质世界本质的研究；另一个是对于人自身的研究。

…………

末　学：先生，当前迫切需要解决的问题是，人与自然、人与社会的关系出现了危机，请您谈谈自己的看法。

马克思：我看是双方都缺乏信任感，是人太顾及自己了。

末　学：怎样解决人与自然的矛盾？

马克思：人与自然的关系是平等的互换关系，人不可以对自然资源过度地开采或浪费，否则就要遭到自然的无情报复。

末　学：为什么说人与自然是平等的互换关系？

马克思：首先看自然的人化。人为了生存就要用自己的智慧和力量变换自然物质，使之按照自己的需要，生产出产品来。这是主体向客体发动的，却是主体和客体相互作用的双向过程。主体作用于客体，把自己的智力、体力转移到客体上面被物化，成为客体的一部分。这就是主体的对象化，即自然的人化。但是，客体能够承受主体施加的多少物化的东西，却是值得考虑的。自然与人的和谐相处，是主体和客体之间的平等互换。环境恶化、灾害频繁，就是主体和客体之间的互换不对等，客体不堪重负，必然以非常的手段报复主体。

末　学：（思考中）…………

马克思：再看人的自然化。自然物经过人的劳动变换之后成为产品，产品是供人消费的。因此，人的生命的延续就包含着自然将自己生命的一部分转移给了人。或者说，人的生命就是自然生命的一部分。人的存在和成长，实际上存在着和自然的转换。这是一种客体和主体的互换，是客体主体化，即人的自然化。它同样要求客体和主体之互换对等、平衡，否则自然就为人提供不了需要的消费品。因为旱涝灾害而造成的饥荒，就是客体对主体的报复。

末　学：恩格斯在《自然辩证法》中说过：我们统治自然界，决不像站在自然界以外的人一样。"我们不要过分陶醉于对自然界的胜利。对于每一次这样的胜利，自然界都报复了我们。每一次胜利，在第一步都确实取得了我们的预期的结果，但在第二步和第三步却有了完全不同的、出乎预料的影响，常常把第一个结果又取消了。"①

马克思：恩格斯的话讲得非常对，过去我们在一起经常讨论这个问题。

末　学：那么，人和社会的关系呢？

马克思：人和社会的关系同人和自然的关系差不多，也是一种相互交换的关系。而且要求互换对等、平衡，否则就会引发社会危机。

末　学：有这么严重？

马克思：有。自然界会报复人，社会也会报复人。历史上出现的因为社会矛盾激化而发生的动乱，甚至连年战火，就是社会对人的报复。

末　学：那一定是人和社会相互交换不对等、不平衡所致。

马克思：对。任何生产都是在一定的社会关系中进行的，并且通过这种关系实现对自然物的变换。人在实践中既利用自然、改造自然，也创造着自己的社会关系。人与社会的交换关系，表现为人从社会获取知识、生产工具和协作劳动；同时人又为社会作出贡献。因此，社会是个人的，个人也是社会的。人和社会相互交换对等、平衡的标志是，社会运作处在良性循环中。具体表现为：结构合理、充分就业、各尽所能、报酬相当，等等。

末　学：看来人与自然的关系和人与社会的关系是互为条件的，缺一不可。

马克思：是的。因为有人对自然的改造，才形成人与社会的关系。反过来说，没有一定的社会形式，人对自然的改造也不可能进行。这两种关系是互为前提、相互渗透的。其中自然的人化是人走向社会化的重要一步，它在人与自然的变换和人与社会的变换中，起着十分重要的作用。

末　学：人与自然、社会是一个统一的整体。

---

① 《马克思恩格斯选集》第3卷，人民出版社1995年版，第517页。

马克思：把这三者有机地整合在一起，就是人的实践。

末 学：先生，您能再讲一下实践本身吗？

马克思：可以。它包含三层意思：一是实践是人有目的的活动。因为人有意识，所以人从事某一项活动，在制定计划和方案时，他在头脑中早已将对象改变了，或者说被改变的对象在观念上先验地形成了。①

末 学：第二层意思呢？

马克思：二是实践是人运用手段的活动。科学技术的发展就是对于人的劳动器官的相对延长，也就是提高或者增强了人变换物质财富的手段。特别是智能和自动化设备的使用，使人的劳动手段获得了无限发展的可能。

末 学：第三层意思呢？

马克思：三是实践是有结果的活动。实践是在人的思想指导下，选择一定手段而进行的有目的造福人类的活动。由于各种不可预测的随机因素的干扰，实践的结果或者成功，或者失败。但是失败是成功之母，只要认真总结经验教训，找到带有规律性的东西，实践终究是会成功的。

末 学：这就是您的实践唯物论。

马克思：是的，我的实践唯物论同旧唯物论有着本质的区别。哲学家们只是用不同的方式解释世界，而问题在于改变世界。

16.3 每个人的自由发展是一切人自由发展的条件

末 学：先生，我认为《共产党宣言》中有一句话特别重要。

马克思：哪一句话？

末 学：每个人的自由发展是一切人自由发展的条件。

马克思：（智慧地）为什么呢？

末 学：这是对未来社会个人价值的充分肯定。承认个人价值，尊重人的独立、自由发展，乃是文明社会的普世价值观。

马克思：个人的自由并不是凭空来的，特别是个人的自由发展更需要有基础做后盾，否则一切都是空谈。几千年来知识分子的悲剧就在于没有基础做保证，受制于人，又喜好空谈。不但误国，而且害己。

末 学：个人的自由要靠自己争取，更要靠人民大众的觉悟。

---

① 马克思说："研究必须充分地占有材料，分析它的各种发展形式，探寻这些形式的内在联系。只有这项工作完成以后，现实的运动才能适当的叙述出来。这点一旦做到，材料的生命一旦观念地反映出来，呈现在我们面前的就好像是一个先验的结构了。"参见《顾准文集》，贵州人民出版社 1994 年版，第 414 页。

马克思：是的。任何统治者都希望自己多些自由而少给民众些自由，这是从维护政权的稳定性出发的，也是任何处在统治地位的人之本性使然。在这种情况下，自由不能靠别人恩赐，而要靠自己争取。当大众都觉悟到需要自由的时候，自由民主制度就快形成了，这时就需要为自由立法。

末　学：现在西方国家实行“三权分立”，也有立法，但是好像并不自由。

马克思：“三权分立”比专制统治好，有立法比没有立法好。再说自由也有一个度，绝对的自由在哪里也找不到。当年我担任《莱茵报》主编时，最痛恨的是普鲁士政府的书报检查制度，当时认为能够取消书报检查制度就是最大的自由。可见，人对自由的要求也是分时间、分层次的。

末　学：为什么说个人的自由发展需要有基础做后盾呢？

马克思：中国有一个成语故事“皮之不存，毛将焉附?”① 寓意深刻。知识分子和人民大众要获得真正的自由，必须有经济基础做后盾，特别是要有无产阶级政权的支撑。否则是没有自由的，有了自由也不会持久。

末　学：假若在发达国家，当无产阶级通过议会斗争或者其他方式取得政权之后，个人是否就自然而然地获得自由了？

马克思：这是个人获得自由的前提和条件，并不等于现实地获得了自由。

末　学：为什么呢？

马克思：因为还有一系列中间环节需要完成。如果说这些中间环节完成得不好，或者说完成不了，人们获得的自由就要打折扣了。

末　学：请您具体谈谈，好吗？

马克思：好的。无产阶级取得政权之后，剥夺了资产阶级的财产，自己就由原来的无产者变为有产者。这时不是将财富装到每个人口袋里，再去搞私有制，而是由社会占有生产资料，建立劳动者个人所有制。

末　学：这个您在《资本论》第一卷第七篇就讲过。

马克思：虽然由社会占有生产资料，但是每个人的劳动力还是属于自己的。这时个人直接和社会的一部分生产资料相结合生产物质财富，标志着雇佣劳动转化为自由的联合劳动。因而人的生产是自由的。

末　学：那么，在落后国家实行社会主义之后怎么办呢？

马克思：那就要由“著名”的价值插手其间。实行市场经济，按照价值规律配置资源。但是无产阶级的国家要掌握经济命脉，做好国民收入的初次分配和再分配，以避免出现收入差距过分拉大的情况。

---

① 参见《左传·僖公十四年》。

末 学： 在所有制领域呢？

马克思： 将劳动者个人所有制变换为劳动者持股的股份所有制。在这里，劳动者的劳动力不仅是生产要素，而且是个人投入的劳动力资本。劳动力资本和不变资本一样，可以从企业利润中分得股息和红利。

末 学： 劳动力资本就是可变资本。过去工人只得到劳动力价值（工资），可变资本创造的剩余价值（利润）全部归资本家。现在在劳动者持股的股份所有制企业里，劳动力资本创造的利润做了必要扣除之后，剩下的就归劳动者自己了。

马克思：（高兴地）你的《资本论》功底不错嘛！

末 学： 劳动者在社会占有的生产资料中有自己的一部分（股份），又用自己的劳动力直接和生产资料相结合生产物质财富，在分配上有工资加股息、红利。劳动者富裕了，有了物质基础，自由就有保障了。

马克思： 不过，这仅是劳动者由无产者变为有产者之后而获得的自由保障。要获得真正的自由还要靠自由的联合劳动进一步发挥。

末 学：（思考地）自由的联合劳动进一步发挥……

马克思： 在自由的联合劳动条件下，劳动者的积极性和创造性空前高涨，特别是将先进的科学技术运用于生产劳动中，必将创造出更高的劳动生产率。于是，必要劳动时间缩短了，剩余劳动时间相对延长了。但是由于社会财富充分地涌流出来，相对延长的剩余劳动时间并不需要生产那么多的剩余价值，否则就会出现生产过剩的情况。这时社会调节中心就控制剩余价值的生产量，将延长的剩余劳动时间归还给劳动者。这样劳动者的自由时间就包括——

末 学： 必要劳动时间中缩短的时间加上剩余劳动时间中节约的时间。

马克思： 这是一个什么概念呢？就是必要劳动时间和剩余劳动时间都缩短了，而个人自由时间增加了。譬如，过去一个礼拜工作六天，现在可能只工作三天甚至两天就行了，收入还跟过去一样多，或者比原来还要多。劳动者的自由时间增加了，才算获得了真正的自由。

末 学： 每个人一个礼拜有五天自由时间，那可真够自由了。

马克思： 当无产者获得自由时，资产者当然也摒弃异化而自由了。

末 学： 您的学说是为全人类的，当然最后资产阶级也会受益。

马克思： 所以资产阶级迫害我是没有理由的。

末 学： 那么如何度过这些自由时间呢？

马克思： 除了休闲、娱乐、健身，或者说会会异性朋友之外，人还得自由地思考一些更有意义的事情，以便不断推动人类社会前进。

末　学：请您举例说明，好吗？

马克思：譬如，人的灵魂、意识深层次的东西；对人的终极关怀；科学发展的终端目标；探索四维以上多维时空的阴性物质世界；与多维时空生命的对话和交流；人类向外层空间的发展问题，等等。

末　学：人的自由也就意味着自由地思考和自由地向未知世界的探索？

马克思：是的，从这个意义上讲人永远都没有自由可言。

…………

末　学：先生，个人的自由和人类整体的自由是什么关系？

马克思：每个人的自由发展是一切人自由发展的条件。

末　学：个人的自由能离开人类总体的自由吗？

马克思：不能。个人的自由离不开一切人的自由解放，或者说全人类的自由解放。这二者是互动的联系。个人想依靠独自的力量获得自由解放，力量有限；个人想独自去解放全人类，更是不可能的。

末　学：那可怎么办呢？

马克思：全世界无产者联合起来，共同争取自由、解放！

末　学：为什么强调每个人的自由发展是一切人自由发展的条件呢？

马克思：这是要把个人的独立、自由、解放，放在显著的位置上。就像一个人一样，只有每个细胞都活跃起来，代谢正常，整个身体就健康了。还有一层意思是，在革命队伍中每个人并不是消极的、被动的成为革命机器上的齿轮和螺丝钉，而是主动的、充满活力的革命者。

末　学：那么，个人又如何服从革命的大局呢？

马克思：个人应该服从革命的大局。但是个人却不是革命的玩偶，而是要在最能发挥个人才能的岗位上，为革命事业做出贡献。

末　学：革命胜利以后，建立健全了民主法制，个人自由是否就受到了限制？

马克思：这就牵涉到对于自由的理解了。自由是对必然的认识，自由也是相对于纪律而言的。天底下从来没有不受约束的想干什么就干什么的自由。即使封建帝王也要受到朝廷纲纪的约束，实际上也没有绝对的自由。

末　学：您是说要将个人的自由放进民主法制的框架里？

马克思：是的。只有在健全的民主法制制度下，一个人在享受民主的同时，遵纪守法，才能享受到最完整的自由。

末　学：什么是最完整的自由？

马克思：他不会因为追求个人自由的同时而侵犯他人的自由，他所获得的自由受到法律保护，因而他享受的自由是心安理得的。

16.4　窥见共产主义——大同世界的曙光

末　学： 先生，您能用简单的语言描绘一下共产主义蓝图吗？

马克思： 物质极大丰富，自由、民主、正义和人的全面发展。

末　学： 您认为在共产主义运动中，最大的危害是什么？

马克思： 教条主义，也就是"左"倾冒险主义。

末　学： 修正主义呢？

马克思： 修正主义当然也要反对，但是相比之下，教条主义更可怕。

末　学： 对于那些动辄以马克思主义者自居的人您怎么看？

马克思： 我要告诉他，我就不是一个马克思主义者。不要拉大旗做虎皮，包着自己吓唬别人。叫人赶快戳破他的纸老虎画皮吧！

末　学： 您对各国共产党人的忠告是什么？

马克思： 解放思想，实事求是，按照实际情况决定工作方针。

末　学： 在您和恩格斯的著作中，讲到共产主义要消灭三大差别，即工农差别、城乡差别和脑体劳动差别。现在在不少发达国家这三大差别基本上消除了，但是它们怎么还没有进入共产主义？

马克思： 这就是我和恩格斯当时处在 19 世纪中叶的时代局限性了。恩格斯甚至认为到了共产主义每个房间都应该有暖气，这个标准就太低了。说明每个人都会打上他的时代的烙印。对于共产主义的认识，要看到它是人类追求未来美好社会的一种理念，是自然和社会的逻辑的发展。

末　学： 对共产主义的认识也要与时俱进。

马克思： 对。因为我们的学说不是理论上的教条，而是行动的指南。

末　学： 那么，怎样看待现在不少发达国家基本上消除了三大差别？

马克思： 说明社会主义因素在这些国家内部产生了，这是天大的喜事。由此我也窥见了共产主义——大同世界的曙光。

末　学： 大同世界好像是中国人过去的说法。

马克思： 和共产主义的意思差不多。都是要建立一个公平、正义、繁荣的新世界。我看不必在名词上硬抠了，叫大同世界更通俗易懂些。

末　学： 那么，走大同之路是人心所向了。

马克思： 它是必然的逻辑推理，因而叫做科学社会主义，或曰科学共产主义。

末　学： 先生，您能具体谈谈吗？

马克思： 好的。人的解放是在不断改造自然和社会的进程中实现的。在人类的早期，自然界的力量无比强大，我们的祖先对自然神充满了敬畏。但是随着实践的发展，人的智慧增长了，能力变强了。自然逐步被人开发、利用，终于可以为人服务了。修堤筑坝制伏了洪水，运用科学技术能够变换更多的物质财富。当然不能过度地向自然索取，要做到可持续发展。

末　学：与改造自然并行的是人类社会的发展。

马克思：人们为了生活，必须满足自己衣、食、住等需要，但是自然界根本不可能提供现成的物品。人们必须向自然开战，生产这些物品，这是人类最基本的实践活动。它反映了人们改造自然的能力，体现着人与自然的关系，这就是生产力。生产力的成果是世代累积的，特别是在科学技术上更是如此。生产力必须在社会的人与人的一定关系中才能发挥，如在一定的所有制形式下、分工、协作等关系中进行，这就是生产关系。

末　学：因为人的参与而产生了这些关系。

马克思：生产力和生产关系之间的矛盾，推动着社会前进。

末　学：（思考地）还有呢？

马克思：一定的生产关系各个方面的总和构成经济基础，它和政治、法律、科学、艺术、宗教等上层建筑之间的矛盾，推动着社会前进。

末　学：也是因为人的参与而产生了这些关系。

马克思：生产力决定生产关系，生产关系又反作用于生产力；经济基础决定上层建筑，上层建筑又反作用于经济基础。

末　学：这是两对矛盾的作用和反作用。

马克思：是的，人类社会就是在这两对矛盾的作用与反作用中不断前进的。但是在这一切当中，生产力是最基本的原动力。

末　学：特别是高素质的人是生产力中最活跃的要素。

马克思：是的，任何时候都要看到高素质的人在生产力中的酵母作用。因为生产力的发展引起生产关系的变化，自然界就由人的崇拜物变之为人的对象物。例如，当资本主义机器大生产取代手工劳动时，人类就获得了对自然的支配权。由此也引起了政治制度、法律等上层建筑的变化。

末　学：但是资本主义的弊端多多……

马克思：是的，资本主义雇佣劳动产生的异化，使人类失去了自我。例如商品拜物教和自然环境的恶化，一直到今天还折磨着人类。

末　学：先生，自然环境的恶化人所共知，您就说说商品拜物教吧。

马克思：人们生产了商品，又把商品变成货币。商品货币是人创造的，但是反过来人们又对它顶礼膜拜。因为有了货币就能购买一切，就好像产生了神奇的力量。在资本主义制度下，它把人的价值变成了货币的价值，把人与人的关系变成了金钱关系，把人的世界变成了货币的世界。

末　学：使人成为金钱的奴隶。

马克思：人成了资本、商品货币的奴仆，人就失去了真正的自由。实际上真正集聚着大量资本、商品货币的人，只是少数垄断寡头。绝大多数人都仅仅处在温饱线上。因此在资本主义雇佣劳动制度下，只有少数人有自由，而绝大多数人都没有自由。想想看，你每天都要为别人生产剩余价值，不断地帮助别人把商品转化为货币，你哪里还有自由可言呢？

末　学：这是另一种意义上的当牛做马。

马克思：资本主义的基本矛盾是生产的社会化与私人占有之间的矛盾。它具体表现为：个别企业的有组织有计划的生产与整个社会的无组织无计划的生产之间的矛盾；个别企业生产的无限扩张与狭小的市场购买力之间的矛盾。因此，生产过剩的经济危机是资本主义不可克服的顽症。

末　学：您在《资本论》第一卷说过："商品价值从商品体跳到金体上，像我在别处说过的，是商品的惊险的跳跃。这个跳跃如果不成功，摔坏的不是商品，但一定是商品所有者。"①

马克思：是的。大大小小的资本家破产和资本主义总危机的爆发都是由此而来的。当然资本主义国家对经济也进行调节和干预，也出现过起死回生的奇迹。但是只要资本主义私有制下的雇佣劳动制度不废除，就不能从根本上解决问题。例如，可能出现的金融危机比生产过剩的危机危害更大。

末　学：怎样从根本上解决这个问题？

马克思：这个尖锐矛盾是资本主义自身无法解决的。要彻底解决这个问题，就必须改变它的所有制性质。前面已经讲了，就是由资本主义私有制的雇佣劳动转变为社会主义公有制的自由的联合劳动，从而进入共产主义。

末　学：先生，您在《哥达纲领批判》等著作中将共产主义分为两个阶段。

马克思：是的，共产主义分为初级阶段的社会主义和高级阶段的共产主义。高级阶段的共产主义以后再怎么分阶段就是后边人的事了。

末　学：中国是从半封建半殖民地社会直接进入社会主义的，生产力比较落后，所以现在处在社会主义初级阶段。它也不是泛指任何发达国家实现社会主义之后的初级阶段，而是具有自己特点的社会主义初级阶段。

马克思：这种划分是实事求是的。从中国改革开放三十年来取得的巨大成就，我看到了社会主义制度的优越性，也窥见了共产主义——大同世界的

---

①　马克思：《资本论》第 1 卷，人民出版社 1975 年版，第 124 页。

曙光。早在一百多年前我就预言，中国这只东方睡狮要醒了，现在果然成为现实。从此，世界再也不能忽视中国、再也离不开中国了！

末　学：只有到了社会主义和共产主义的时候，人类才能真正摆脱物的奴役和人的奴役，庄严地宣告并庆祝自己的解放。

马克思：社会主义和共产主义是对资本主义已有成果的扬弃，是对人的本质的真正占有和向人的本性的回归，是人的自由的全面的发展。

16.5　在燕妮和琳蘅之间

在马克思故居的三楼第二展室，我和马克思几乎是一口气谈了这么多。他没有一点疲倦的样子，而且是越讲精神头越足。今天也不见他抽烟，咖啡倒是喝了好几杯。我提议我们去看看他的夫人燕妮，还有琳蘅，马克思痛快地答应了。他说他也有一段时间没有看见她们了，应该去看看。并说明天就去英国吧，我说到英国什么地方见面呢，他说在伦敦海格特公墓。说完马克思在我面前就消失了。这时我才醒过神来，原来我一直是和马克思的生命在阴性物质世界的存在形式讲话，不由得将自己戴的特制眼镜和耳机扶了扶。

由于德国方面的努力配合，我很快由特里尔乘车到了柏林。然后乘波音737客机飞往伦敦。本来想去伦敦第恩街28号马克思的旧居看看，后来觉得怕伤了马克思的心就没有去。因为这是马克思一生中最困难、最难熬的日子。在5年时间里，由于经济和债务问题，他精神焦虑；又备受疾病所苦和心理打击，四个孩子中有三个因饥饿和疾病而死亡。当然马克思在这里也度过了他一生最后也是最辉煌的日子。《资本论》就是在这里完稿和出版第一卷的。

第二天午后时分，我驱车直奔海格特公墓。

沿着蜿蜒的山路穿过满目青翠、飞鸟盘旋的海格特公园，山脚下即是海格特公墓。一条山路将公墓分成两处，漆黑的拱形大铁门肃穆沉重，门上安有好几块形状不同的铭牌，每块铭牌说明不同时期的名人在这里安息。马克思墓的铭牌镶嵌在左侧的铁门上。进了公墓，两旁花木之中既有精美绝伦的墓穴，也有破落衰败的残坟。向前走100米，向左拐再走100米，渐渐地看到在道路的右侧，出现了一座长方体的墓碑，马克思的青铜头像端放在墓碑上方。墓地整洁肃穆，光滑的大理石墓碑上方镌刻着马克思的名言："全世界无产者联合起来！"下方是《关于费尔巴哈的提纲》中的结束语："哲学家们只是用不同的方式解释世界，而问题在于改变世界。"在阳光下闪烁着金光。

在马克思墓碑下放着几束鲜红的玫瑰。

硕大的青铜雕像给人一种隽永的感觉，墓碑上镌刻的碑文每个字都用金粉描就。仔细看来，有几个碑文是在破碎后又补上的，显然在国际共产主义运动风云变幻中，这里也经历过不平静的时刻。经历了岁月的飘摇之后，马克思墓依然是那么庄严、肃穆、整洁，给人的心灵以巨大的震撼。

墓碑中间记录着墓中所葬成员：

燕妮·冯·威斯特华伦，卡尔·马克思的爱妻，生于 1814 年 2 月 12 日，卒于 1881 年 12 月 2 日

卡尔·马克思，生于 1818 年 5 月 5 日，卒于 1883 年 3 月 14 日

哈里·朗格特，他们的外孙，生于 1878 年 7 月 4 日，卒于 1883 年 3 月 20 日

海伦·德穆特，生于 1823 年 1 月 1 日，卒于 1890 年 11 月 4 日

爱琳娜·马克思，马克思的女儿，生于 1856 年 1 月 16 日，卒于 1898 年 3 月 31 日

当我赶到马克思墓前时，马克思早已站在那里和燕妮、琳蘅（海伦·德穆特）以及女儿爱琳娜和小外孙朗格特愉快地聊天。一会儿工夫，只见女儿爱琳娜和小外孙朗格特在不远处一棵粗大的板栗树下追逐嬉闹。

马克思回头看见了我，立刻张开双臂和我拥抱起来。并且向燕妮和琳蘅介绍道："他是来自中国的朋友，中国共产党党员，教授，讲过十多年《资本论》。我们在特里尔的家里谈了一天一夜了。非常愉快!"

我向燕妮和琳蘅点头施礼，她们也微微点头，两个人显得十分兴奋。

燕妮的个儿中等偏上，身材匀称。她有着黑褐色的头发，深蓝色的眼睛，端正的鼻子，甜美的嘴唇。穿着色彩鲜艳的连衣裙，领子开得很大，脖颈上戴着珍珠项链。她雍容华贵，气度不凡，难怪被选为舞会女王呢。

琳蘅的身材略高，属于健美体型。她留着一头略微卷起的黑色短发，面庞棱角分明，有着一双黑褐色的眼睛，放射着智慧的光芒。穿着紫红色的上衣，白色西裤，显得十分精干。她文静、和善，却又不失活泼、聪明。

之后，我和马克思、燕妮、琳蘅信步走在林间的小路上，心里舒坦极了。渐渐地我和马克思走在了前头，与燕妮、琳蘅拉下了一段不小的距离。不一会儿琳蘅打来量子电话，说她们两个人先回去预订晚餐，让我们自己散步，但不要走远了，记着晚上六点钟到伦敦蓝桥酒店。

…………

就在散步的间隙，我和马克思作了如下的谈话。

末　学：先生，我想和您谈谈您的家庭生活，不知道是否可以？

马克思：当然可以。自从我来到这个世界上，对我的非议和过分的颂扬就一直没有停止过。马克思注定要成为人们议论的话题。不过在我们谈论之前，最好把我还原成一个有血有肉、有七情六欲的普通人为好。

末　学：是的，资产阶级极力丑化您，恨不得将您置之死地而后快；无产阶级又把您奉若神明，称作伟大的导师和指路明灯。这些都使您很难适从。其实还是自己最了解自己，有着一颗平常心最好。

马克思：你说对了。其实我一直认为自己是一个平常的人，也是一个不幸的人，我从25岁起至65岁去世，没有过过一天好日子。因为我是靠写作谋生的，但是自从1843年《莱茵报》被查封，我被撤销主编随后驱逐出境，所有的报纸杂志都拒绝刊登我的文章，这就断了我的生路。

末　学：最后您怎么落脚在英国？

马克思：1845年秋，我被法国政府驱逐出境，来到比利时的布鲁塞尔，而普鲁士政府又继续向比利时施压，要求把我赶出这座城市，我被逼无奈只好脱离普鲁士国籍。后来因为英国的工人运动基础比较好，我拖家带口就到了伦敦，住在第恩街28号。但是普鲁士政府仍不放过我，派人来监视我的一举一动。在伦敦我主要从事《资本论》写作和第一国际的活动。

末　学：听说50年代在伦敦是您最困难的时候。

马克思：（陷入痛苦的回忆）天天都有人上门讨债，而且态度十分蛮横。燕妮生病，我被胸膜炎折磨着，孩子幼小，又饥又饿，生了病只有扛着。不久两个儿子和一个女儿相继死亡。真是贫病交加，祸不单行。

末　学：这期间您没有停止《资本论》写作？

马克思：没有，我一天也没有停止写作。

末　学：写作《资本论》有没有收入？

马克思：没有。《资本论》第一卷出版后，所得的稿费还抵不上我写作时抽烟的钱。不过我还是应该感谢出版商迈斯纳，是他让《资本论》第一卷面世，从此工人阶级才有了自己真正的出版物。

末　学：那您全家的生活就靠恩格斯来资助？

马克思：是的。恩格斯一边开工厂赚钱，一边从事革命活动和理论研究。没有他的资助和牺牲精神，我一家恐怕是活不下来的。

末　学：当时您是一大家子人，花销也不少。

马克思：算起来有九口人。燕妮、琳蘅、六个孩子（四女二子），其中只有三个女儿活下来长大成人。我没有任何生活来源，只有靠恩格斯每个月给寄的生活费维持生计。燕妮长年生病，孩子幼小。我的写作任务又十分繁重，健康受到了极大的损害。这时家里的一切就靠琳蘅一个人撑着了。

末　学：琳蘅，您说的是家里的女佣吧？

马克思：（认真地）是的。不过我们都不叫她女佣，燕妮把她当作姊妹看，我把她当作自己的知心朋友看，孩子们把她当作自己的母亲一样看。恩格斯、李卜克内西等把她当作革命战友看。

末　学：我明白了，她就是家庭成员之一，又是一个革命者。

马克思：在家里，我所做的一切得到了两位伟大的女性的理解和支持，她们就是夫人燕妮和知心朋友琳蘅。她们完全知道我的写作和革命活动的意义。虽然遭遇那么多的不幸，但是为了无产阶级的解放事业，一切都不在乎。在她们看来，我的思想和著述，就是她们的追求和希望。

末　学：听说您在心情不好发脾气时，唯一能劝说您的只有琳蘅。

马克思：是的，她在我心目中有着至高无上的权威。每当这个时候，只要她悄悄地走近我的身边，我看到她那坚定而热诚的眼神，我就平静下来了。有时候她还会轻声地训斥我，让我不要执拗……

末　学：过去我们只知道您和夫人燕妮青梅竹马，情深意笃。还不知道您和琳蘅有这一层特殊关系，您能说给我听吗？

马克思：（思考地）好的。不过先说一下我和夫人燕妮从恋爱到结婚的事吧。1836 年夏天，我是波恩大学法律系一年级学生，在特利尔与贵族出身、年华似锦的燕妮私订终身。这在当时是轰动一时的事情，因为两个人的出身和地位悬殊。以后我转到较远的柏林大学，给她写了许多爱情诗。毕业后获得哲学博士学位。1843 年 6 月 19 日在克罗茨纳赫，我与燕妮结婚。从此我们相依为命、相濡以沫，直到她于 1881 年 12 月 2 日逝世。

末　学：这些动人的爱情故事我们都知道。在燕妮写的《动荡生活简记》中也有记述。我想知道琳蘅是怎么到家里来的，还有……

马克思：（回忆地）1843 年春，燕妮的母亲也就是我的岳母捎话来，说为了照顾我们的家庭生活，让海伦·德穆特到家来。

末　学：她就是琳蘅？

马克思：是的。琳蘅来时刚满 20 岁，她出身贫苦的农民家庭，从小就到了我岳母家做丫环。她聪明伶俐，又识文字，深得岳母一家人喜欢。因为我和燕妮都是知识分子，所以岳母觉得琳蘅到我们家里来合适些。

末　学：琳蘅来了就承担起全部家务？

马克思：是的。她非常能干，燕妮和我对她十分信任，家里的财务和日常支出全部交给她管理，一日三餐和杂务她都侍弄得井井有条。她勤俭持家，恨不得把一个铜板掰作两半用，对几个孩子更是视同己出。

末　学：多好啊！太难得了！

马克思：每当我们一家人还有恩格斯、李卜克内西等朋友郊游的时候，琳蘅总是挎着装满食品的篮子，到了目的地之后张罗着大家吃喝。

末　学：琳蘅和恩格斯、李卜克内西等都很熟悉？

马克思：是的。在流亡者的心中，琳蘅是他们最喜欢的人之一，因为她掌管着我一家的财务，只有在她那里能够得到食物和有限的帮助。

末　学：她是无产阶级战友心目中的一朵鲜艳的玫瑰。

马克思：你这个比喻很准确。

末　学：后来呢？

马克思：过了两年，琳蘅 22 岁，是该谈婚论嫁的时候了。她长得亭亭玉立，像出水的芙蓉。燕妮张罗着为她择婿，我也在为她物色合适的人。但是琳蘅好像根本不往心里去，她总是乐呵呵地做她该做的事情。

末　学：有合适的对象吗？

马克思：有。但是由于她总是那么不当一回事的样子，结果错失了不少金玉良缘。我和燕妮都很着急，可是她自己却能耐得住性子。

末　学：这可怎么办呢？

马克思：时间又过了两三年，总是给琳蘅提亲，总是被她拒绝。以后慢慢地谁也不提这事了，可是琳蘅每天照样高高兴兴地做她的事情。

末　学：这真奇怪了。

马克思：（郑重地）有一天我正在书房看书，琳蘅走进来了，她给我端来一杯浓浓的咖啡，放在桌子上。又帮我擦拭书架上的灰尘，她显得很愉快，但是又有些心神不定的样子。我问她怎么了，她一句话不说，眼睛有些潮潮地转过身就走了。我觉得她是否遇到不顺心的事，就追到厨房问她怎么回事，她不说话只是干她该干的事情。最后我说，傍晚我们去街心花园走走吧！

末　学：您想知道她为什么不愉快？

马克思：是的。因为琳蘅早已是家庭中的一员了，而且她为这个家付出的太多，我和燕妮无论如何不能让她受委屈。

末　学：那天傍晚您和燕妮、琳蘅都去了街心花园？

马克思：因为孩子临时闹腾，燕妮没有去。我和琳蘅去了，而且谈了很久。

末　学：琳蘅都谈什么了？

马克思：（神色庄重）她谈了我没有想到的，但似乎又是我意料之中的事。

末　学：（一时沉默）…………

马克思：（语气凝重但又欣慰地）琳蘅是一个纯净而直爽的人，她告诉我，1843 年春当她刚进家门时，第一眼瞧见我在书房埋头写作，就对我敬佩不已。后来在无意间她爱上我了。特别是当她知道我从事的工作的意义时，她认为她应该和燕妮一起扶助我。以我的苦难为苦难，以我的快乐为快乐。她说从那时起，她的心里就再也装不进任何人了。她把这种爱深深地埋藏在心底，现在已经是第七年了。她不向任何人透露自己的心迹，每天只要能看我一眼就心满意足了。她说她有爱的权利，但是绝不会剥夺燕妮的幸福。

末　学：这个……太出乎意料，也太动人了！

马克思：是啊。我没有想到琳蘅的内心这么丰富，而且那样直白地向我表露了心迹。我和燕妮的恋爱是七年时间，而她对我情有独钟也是七年时间！再看看我自己吧，被当局不停地驱逐、监视，没有一份正式职业，没有薪水，一大家子人靠朋友的接济过活。家里穷得徒有四壁，贫病交加，硬是让三个孩子又病又饿夭折了。我的健康从 30 多岁起就每况愈下，作为一家之主的男人，我给这个家带来了什么？除了苦难就是不幸。我每天都在思考和写作，可是资产阶级政府的书报检查制度早就将它列入另册了，它们根本不会让它出版。可能在我去世之后都难面世，我只是无奈地把眼睛瞄向未来社会……

末　学：先生，请不要说下去，我心里很难受。

马克思：可是就在我连连遭受打击和不幸中，琳蘅不但每天照顾着这个家，为我分忧解难，而且还默默地爱上了我。她爱得那么执着、深厚，简直是矢志不渝。那么，我怎样做才能对得起她这份情意呢？

末　学：因为有燕妮，所以您很难。

马克思：是的，我很难。我遇到了比写作《资本论》和演算高等数学题都困难的问题。一时间我抽烟更凶了，接着就引发了胸膜炎。

末　学：这可怎么办呢？

马克思：我躺在床上昏迷了五天。醒来之后，燕妮和琳蘅守在床边，她们憔悴了许多，眼圈都发黑了。我第一次感到我离不开她们，她们也离不开我；大家都离不开这个家。顿时我的眼里涌出了泪花……

…………

这时听见马克思衣袋里的量子手机响了，是琳蘅打来的。她的声音像银铃一般清脆悦耳，语意甜甜地催促我们快点往回走，并说恩格斯和李卜克内西来了，今天晚上要特意招待我们，正在伦敦蓝桥酒店大堂等着呢！

【资料辨析】

恩格斯认为，琳蘅的爱不仅是一种伟大的忍辱负重，也是马克思另一根强大的精神支柱。如果没有琳蘅的爱和对马克思“胜过任何母亲对自己的孩子的照料”，马克思绝不会有如此伟大的成就。

弗里德里希·德穆特（Frederick Lewis Demuth，1851—1929）昵称弗雷迪（Freddy）。他是马克思和海伦· 德穆特（琳蘅）于 1851 年 6 月 23 日所生，但由恩格斯出面认养。恩格斯在临死前写在纸盘上，当时有艾琳娜、路易丝·弗赖贝格尔（Louise Freyberger）（卡尔·考茨基 Karl Kautsky 的第一任妻子）；后来由路易丝于 1898 年 9 月 2—4 日将这件事写信告诉奥古斯特·倍倍尔（Auguste Bebel）。此信一直到 1962 年才由瓦尔特·布卢门贝格（Walter Blumenberg）在阿姆斯特丹的社会史研究所（Institute of Social History）的档案中找到。弗里德里希·德穆特出生后即交给人领养，在伦敦的工人阶级环境中长大，推测是姓 Lewis 的工人家庭。体型上酷似马克思，传说是汽车机械师。1929 年去世，享年 78 岁。恩格斯遗嘱中没有提到他。

路易丝·弗赖贝格尔（卡尔·考茨基的第一任妻子）与海伦·德穆特（琳蘅）的关系亲密。她写给奥古斯特·倍倍尔的信中说：“他（弗里德里希·德穆特）定期每周来看望她（琳蘅）；然而令人奇怪的是，他从来不从前门进来，而总是从厨房进来。而当我进来的时候，他仍然不走，我才确信他有着一个来访者所有的权利……对马克思来说，他经常面临着与妻子（她心怀强烈的嫉妒）的分歧：他不爱这个孩子；他不敢对他做出什么事情，否则就会承受太大的流言蜚语；这个孩子作为付费的客人送到了路易丝夫人那里（我想这就是为什么她写了她的名字），而他的名字也是从养母那里而来的；只是在尼姆去世之后，才从了德穆特的名字。”

弗里德里希·德穆特的出生证明上写的是 1851 年 6 月 23 日，这份证明保存在萨默塞特郡议院。填父亲名字的那一栏空着，母亲的名字填的是海伦·德穆特，出生地写的是第恩街 28 号。

琳蘅与马克思夫人燕妮的关系非同寻常，她们是亲密的朋友。在马克思子女眼中琳蘅是第二个母亲。按照李卜克内西的说法，琳蘅是唯一能够制伏马克思的人。在流亡者的心中，琳蘅是他们最喜欢的朋友之一。马克思和夫人燕妮、琳蘅之间的关系一直非常好。恩格斯遵照马克思的遗愿，在琳蘅死后将她与马克思家人合葬在一起，并且在墓碑上刻着琳蘅的名字。

资料来源：

燕妮·马克思：《动荡生活简记》。选自保尔·拉法格等著，马集译：《回忆马克思恩格斯》，人民出版社1973年版。

〔英〕戴维·麦克莱伦（David McLellan）著，王珍译：《卡尔·马克思传》，中国人民大学出版社2005年版。

第 17 章　与尼采的对话[①]

1844 年 10 月，尼采出生在普鲁士萨克森州勒肯镇。1869 年，他刚满 25 岁就受聘于巴塞尔大学，担任古典文献学的教授。但是在十年之后的 1879 年，却因身体原因而辞去巴塞尔大学教席提前退休。从此，尼采浪子似的开始了孤独的欧洲之旅。火热的夏天他在高山地区度过，寒冷的冬季他又出现在地中海沿岸的城市。所以，尼采虽是德国人，但并不一直住在德国。

在晚秋的季节，我要寻访尼采，只能来到地中海沿岸的城市。可是地中海沿岸有好几个城市，他到底住在哪一座城市里呢?

经过网络搜索，我来到意大利的海滨城市热那亚，因为有人说半个月前在这里看见过尼采。在大街上，一个小伙子告诉我，尼采住的地方是位于闹市之外的拉帕洛（Rapallo）一家小旅馆。按照他指示的方向，我驱车很快就到了这里。这一带的海湾格外宁静，一眼望去，幽暗的大海伸向远方。鱼儿在水底畅游，海鸥在低空盘旋。海岸高处是蓊郁的树木和一簇簇盛开的紫罗兰。我心想尼采真会选地方，这是一个多么令人陶醉、如诗如画的环境啊!

拉帕洛是靠海的一个小镇，有着中世纪遗留下来的像迷宫似的街道，地面铺着小石子，曲曲弯弯地一直伸向远方。尼采住的小旅馆背靠森林，面临大海。在波涛的声浪中，显得闹中取静。叩开旅馆大门，女主人是一位和善的老妇人。她以为我是来住店的，连忙说这里不再住别人了。我说我来自遥

---

① 弗里德里希·威廉·尼采（Friedrich Wilhelm Nietzsche，1844—1900），德国著名哲学家。出生于普鲁士萨克森州勒肯镇附近洛肯村的一个乡村牧师家庭。1864 年 20 岁入波昂大学，修习神学与古典文献学，后转入莱比锡大学。1867 年 23 岁被征入南姆堡炮兵联队。1869 年 25 岁受聘巴塞尔大学，担任古典文献学的教授。后脱离普鲁士国籍，成为瑞士人。1870 年 26 岁升为正教授。1879 年 35 岁重病，辞去巴塞尔大学教席。1900 年精神失常，直至病逝。他是西方现代哲学的开创者，同时也是卓越的诗人和散文家。他最早开始批判西方现代社会，然而他的学说在他的时代却没有引起人们重视，直到 20 世纪，才激起深远的调门各异的回声。后来的生命哲学，存在主义，弗洛伊德主义，后现代主义，都以各自的形式回应尼采的哲学思想。主要著作：《悲剧的诞生》《查拉图斯特拉如是说》《论道德的谱系》《偶像的黄昏》《悲剧的诞生卷》《瓦格纳事件》《重估一切价值的尝试权力意志》等。

远的中国，专程来拜访尼采的，老妇人说尼采的行李还在，但是他有两天没有回来了。我说能否看看尼采住的房间，她说当然可以，不过没有什么好看的。进了大门之后朝左拐，就是尼采住的房间，房门虚掩着。推开房门，只见里面有一套桌椅，桌子上放着没有写完的手稿，笔筒里插着几只蘸水笔。有一张木床，床上有一条深灰色的毛毯。地上放着一个藤条编的手提箱，箱盖打开着。里面堆放着一些衣物和几本书。洗漱用具放在地上。——这就是尼采的全部家当！

老妇人解释说，尼采每年夏天都到她开的旅馆住一段时间。因为是老顾客，所以价格优惠。尼采一年比一年消瘦、忧郁，现在有些疯疯癫癫了。她是基督徒，她怜悯他，所以每年夏天尼采来这里时就收留他住下。我问尼采怎么吃饭呢，老妇人说，他吃得很少，吃什么都行，象征性地交点钱，管他吃饱饭。并说尼采也没有什么钱，老是紧巴巴的，真是一个可怜人。

我想尼采辞去巴塞尔大学教席，不是还有退休金吗？退休金虽然不多，但是总还够日常生活所用吧。他为什么将生活弄成这个样子呢？带着这个疑问，我翻阅了当时有关尼采的资料，看后不禁大吃一惊。原来他的退休金并没有多少，也就够勉强维持生活。但是他常年漂泊异乡，居无定所，旅费是一笔不小的开支。特别是他的著作全部是自费出版，并且大多数书籍仅卖出几百本，最多也不到两千本。1885 年，自费出版的《查拉图斯特拉如是说》，只印出了 40 本，分送给他的朋友们阅读。这就是说，尼采著书立说不但不挣钱，反而每出版一本著作还得赔钱进去。那么他就只好从自己嘴里往外掏食物了。

走出旅馆我的心里一阵发酸，因为一个主张重新估定一切价值、创造新价值的伟大的哲学家，竟然是在一位老妇人的可怜和恩赐下过着这样的日子。那么，还有谁肯给这个世界带来光明和希望呢？

…………

一天下午，在热那亚市区的教堂门口，我看见一个穿着翻领呢子外套的中等身材的男人站在不远处，他的头上披着栗色的长发，面庞清癯，鼻子上架着一副椭圆形的金丝边眼镜。透过镜片，看见眼睛深陷但却很明亮。上唇留着一把刷子似的胡子，下巴光溜溜的。他正用忧郁、悲伤而恼怒的眼神，看着进入教堂的男女去做弥撒。他的嘴在不停地自言自语，有些滑稽。对照网络上提供的照片，不用说这个人就是尼采，我便在一旁注视着他的一举一动。

这时一个胳膊下夹着《圣经》的人从尼采身边走过，那人礼貌地和他打了声招呼，这下可不得了，尼采霍地站到了这人面前，挡住去路。用手指着那本《圣经》说："上帝死了！你还去祷告?"那人吃了一惊，拨开尼采的手臂，径直向教堂走去。过往的人看到这种情景，都绕着尼采往教堂走去。这下尼采可来劲了，他干脆三步并作两步堵在教堂门口，伸出双臂，看着进入教堂的男女信徒，戏谑地呼喊着："上帝死了！上帝在哪儿呢?"

人们不理睬尼采的喊声，默默地进入教堂。这时一位神父出来了，摘下十字架对着尼采，嘴里喃喃地说："主啊，饶恕这个罪人吧……"

尼采毫不在乎，等神父走进教堂以后，他也随之走了进去。我和尼采拉开一段距离，之后也进入教堂，静静地坐在最后一排。

这时仪式开始了。一阵亲切而庄严的音乐响过，神父开始布道。教堂里顿时显得一片肃穆，所有的人都在专心致志地倾听神父赞美上帝的声音。尼采使劲地干咳一声，没有人注意他。蓦然间，他旁若无人地唱起了《安魂曲》。歌声由低到高，又似冲天而起，着实把所有的人吓了一跳。这时神父停止了布道，人们纷纷画着十字，嘴里默默地念道："主啊，怜悯这个可怜而无知的人吧……"几个强壮的中年人走过来，愤怒地将尼采推出了教堂。

尼采站在教堂外边，一点也不感到难堪，他下意识地笑了笑，露出了一口白牙。然后大声地说："教堂是什么？它是上帝的坟墓。在这里唱《安魂曲》是最合适不过了。"这时一群孩子围上来，有的吃惊地看着他，有的在小声议论着："疯子大叔。"尼采的耳朵特别尖，他转过头朝这个孩子走来，吓得孩子撒腿就跑。尼采倒认真了，他举起双臂大声地好像在向全世界宣布："我没有疯！我没有疯！我只不过是向人们道出了一个事实。"

太阳眼看就要坠下海平面，把站立的尼采的影子长长地投在地上。尼采望着自己的影子发呆，然后拖着疲倦的步子，走过来坐在喷水池旁。

我上前向尼采施以鞠躬礼，他先是吃了一惊，好像不相信有人会这样礼遇他。等我作完自我介绍，并说明是专门来拜访他时，尼采马上恢复了精神头，他激动得流出了眼泪，握着我的手一再摇晃着。

…………

就在热那亚市区教堂不远处的喷水池旁，我和尼采作了如下的谈话。

17.1 重估道德价值——把生命推到前台

末　学： 先生，您何以认为上帝死了？

尼　采： 上帝是什么？我们谁也没有看见过，那么它和死去就没有什么区别。

末　学： 您是说上帝根本就不存在？

尼　采： 是的。一个根本就不存在的东西，却把所有人忽悠了几千年。

末 学：既然是一个根本就不存在的东西，也就无所谓生、无所谓死。那么您怎么能说上帝死了呢？凡有生有死的东西，毕竟是客观实在。

尼 采：（语塞）上帝死了，是指作为实体的上帝死了；又指人们对上帝的信念早就动摇了，因为科学的发展已经把信仰咬了好几口了。

末 学：您能详细谈谈自己的观点吗？

尼 采：可以。把信仰咬下第一口的是哥白尼。他用一只土制的望远镜和一支计算的笔，把神学关于太阳围绕地球旋转的主张颠覆了，所以叫做哥白尼革命。神学第一次处于尴尬的境地，上帝的威望也就动摇了。

末 学：还有什么呢？

尼 采：接着站出来的是哲学家布鲁诺，他支持哥白尼的学说，给自然披上了神的外衣，也就等于把上帝唯一的神的地位降低了，于是气急败坏的罗马教廷对布鲁诺处以火刑。这说明什么呢？只能说明上帝的地位动摇了。

末 学：近代科学技术飞速发展，是否更加动摇了上帝的地位？

尼 采：是的。科学成果层出不穷，上帝创造一切的神话就愈益被打破。与之同步的则是人文学科发动的启蒙。例如，笛卡儿的普遍怀疑论；休谟的唯有个人印象真实的人性科学第一原则；康德在主客关系上进行的哥白尼式革命；还有马克思的实践唯物论，都贯穿着把世界的重心从上帝移到人的努力。因而认为上帝是一个万能的实体，是再幼稚不过了。

末 学：所以您宣布上帝死了。

尼 采：是的，我看重的是人而不是上帝。上帝死了，但是我没有疯。疯了的是那些仍旧对上帝顶礼膜拜的人，也就是教堂里那些祈祷的人。

末 学：（思考地）先生，我认为上帝一直存在着。它既没有诞生过，也不会死亡的。上帝一直饶有兴趣地听着您和我谈话……

尼 采：（不解地）这怎么可能呢？

末 学：完全有这个可能。现在首先要弄清楚的是，我所讲的上帝和一般人所说的上帝有很大的不同。譬如，您说的上帝是一个实体，就像一个人一样。而我说的上帝是生命在阴性物质世界的存在形式之佼佼者。西方人叫上帝，东方人称神灵，意思都是一样的。它的功能全部是阴性物质功能——特异功能。是无所不知、无所不能的。因而是“全知、全能、全在”。

尼 采：它是怎么产生的？

末 学：有宇宙它自然就有了。在宇宙生命坐标第Ⅳ象限，上帝、神灵是在横坐标轴X靠近坐标原点的一个点，和纵坐标轴Y上的任意一点，在特定的时空条件下相碰撞而形成的生命在阴性物质世界的存在形式。上帝、神灵和宇宙诸神所在位置的区间是，在生命坐标第Ⅳ象限，横坐标轴X靠近坐标原点的无数个点，和纵坐标轴Y上无数个点在特定的时空条件下相交汇，从而在欧几里得几何坐标系或者黎曼几何坐标系的笛卡儿坐标上的表示；它表现为靠近纵坐标轴Y的一个狭长的区间。可见，上帝、神灵——生命在阴性物质世界的存在形式之佼佼者，是愈益靠近纵坐标轴Y的全部具有阴性物质功能——特异功能的生命形式。它没有肉身，或者说只有观念上的肉身，是一种最高级的生命形式。①

尼　采：（智慧地）就是说上帝不是一个实体。

末　学：是的。上帝不是一个实的实体，但却是一个虚的实体。上帝是生命在阴性物质世界的存在形式之佼佼者。它的生命结构式同一切生命在阴性物质世界的存在形式的结构式完全一样。如下图示之：

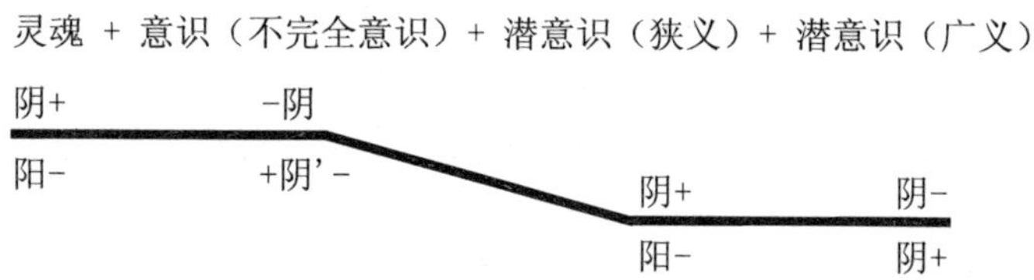

上帝的灵魂结构达到了最优，即阴性物质的正物质（阴＋）和以衰变形式存在的阳性物质的负物质（阳－）即反物质构成的矛盾对立统一体，严格地遵循黄金分割法。并且在构成时撷取了阴性物质的正物质（阴＋）元素周期表和阳性物质的负物质（阳－）即反物质元素周期表中最优质的元素。上帝的灵魂是最纯洁、最智慧的，因而是质量最高级的灵魂。

尼　采：上帝一点形象都没有？

末　学：上帝有形象，但是我们看不见。

尼　采：为什么呢？

末　学：因为上帝是由虚粒子构成的，以不可见光的形式表现出来，所以肉眼是看不见的。原因是人的肉眼只能看到赤、橙、黄、绿、青、蓝、紫七色光展现的色彩，这七色光为可见光，仅占宇宙光波的2%，而透视用的X光，肉眼看不到，却可以在底片上面感光。还有一些光，像红外线、紫外线、伽马射线、宇宙射线等，这些光波肉眼都看不到，称作不可见光，但是它们却占到宇宙光波的98%。就是说，宇宙间仍旧有98%的事物我们根本看不见。人的耳朵只能听到20～20000赫兹频率的振动，而20赫兹频率以下的次声波和20000赫兹频率以上的超声波根本就听不见。还有，在人体内天然地缺少一种能够促进眼睛中生成感光细胞的基因。在这方面，我们连鸟类、鱼

① 参见拙著《宇宙的秩序即道德的秩序》3.2“神、人、兽在宇宙生命坐标第Ⅳ象限的位置”。

类和两栖动物都不如，这必然影响人的审美情趣并限制了人的审美视野。所以，对于宇宙间98%的由不可见光和次声波与超声波构成的事物，我们既是瞎子又是聋子。

尼 采：（吃惊地）……

末 学：又因为灵魂是一个人肉身同步缩小（或放大）的虚的形式。① 反过来说，肉身则是一个人灵魂同步放大的外在的实的形式。上帝的灵魂是最美的，因而上帝的虚的外在的形式也一定是最美的。我相信当科学发展到一定的高度，人们能够借助仪器观察不可见光构成的宇宙事物时，就一定能够看到上帝最美的外形。这一点我是深信不疑而又充满信心的。

尼 采：这么说你心目中的上帝和一般人说的上帝存在着很大的差距。

末 学：是的。先生，您很聪明也很智慧。在上帝的问题上，我想我们应该有共同语言了。您所说的上帝死了，是指传统意义上人们心目中的上帝死了，其实那样的上帝本来就不存在，它是由神学家杜撰出来的。

尼 采：杜撰出来的上帝就吓人、就束缚人的思想。譬如关于道德问题，给人们的思想造成了很大的误区。（这时弥撒结束了，人们三三两两走出教堂，尼采又想站起来高呼“上帝死了”，我拉了一下他的衣襟。）

末 学：先生，您接着往下说。

尼 采：道德从根本上说是一种维系社会群体的手段，社会群体乃是弱者为抵御强者侵害而形成的同盟。凡是对群体有好处的言行受到鼓励，这就是最初的道德。但是道德的群体性又扼杀了个体的特立独行，所以最终导致平庸。基督教的道德最不是东西，它不仅平庸而且毁灭人性。

末 学：（陷入思考）请您举例说明！

尼 采：基督教的道德好像在爱一切人，殊不知天底下主人的道德和奴隶的道德是迥然不同的。在主人那里，凡被认为高贵的就是善，而被视为粗俗的就是恶。奴隶的道德则相反，善只是对那些让自己能够获得帮助的言行而言的。这实际上是甘于做弱者，是自暴自弃，意味着自我否定。主人和奴隶的道德标准不同，根本不存在普遍的道德体系。但是基督教宣扬的正是这种普遍的道德体系，实际上是一种奴性道德，它麻痹人的灵魂，害人不浅。

末 学：它肯定平庸，扼杀生命的冲动和创造。

尼 采：人类的祖先亚当和夏娃的性觉醒，是生命的自然冲动。它不仅

---

① 参见拙著《宇宙的秩序即道德的秩序》4.3“灵魂是人体肉身同步缩小（或放大）的虚的形式的数学证明”。

带给人性爱的愉悦，而且又创造了新的生命。这是多么令人兴奋和美好的事情啊！可是基督教却认为它是罪恶，属于人的原罪，而且要一直延续下去由子孙世代承受。人生的最大目的成了赎罪，真是荒唐至极！

末　学：基督教的道德也在毁灭上帝，因为它把上帝变成了生命的敌人。这从另一个角度说明，由神学家杜撰出来的上帝决非真正的上帝。

尼　采：杜撰出来的上帝死了，那么对道德价值就需要重新估价。

末　学：重估道德价值，就是从根本上改变敌视生命的道德基础。把人的生命推到前台，高扬生命的旗帜，充分发挥人的积极性和创造性。

尼　采：重估价值在历史上就出现过。基督教是对一切古代价值的重估，而我则是对基督教价值的再重估。将杜撰出来的上帝打翻在地，把道德的根深深地植入人的生命之中。为此，需要掀起一场价值革命！

…………

末　学：先生，既然将神学家杜撰出来的上帝打翻在地，那么我们是否谈谈处于宇宙生命坐标第Ⅳ象限靠近纵坐标轴Y区间的真正的上帝？

尼　采：好的，对于这样的上帝我很感兴趣。

末　学：这样的上帝就是我说的真正的上帝。我相信《圣经》在本意上描述的是这样的真正的上帝，而不是神学家杜撰出来的上帝。

尼　采：你是怎样找到真正的上帝的？

末　学：少年时代，在我的心目中就有神灵、上帝的位置。真正找到它们还是在十多年前，一个偶然的机会在笛卡儿坐标系靠近纵坐标轴Y区间……

尼　采：真正的上帝和神学家杜撰出来的上帝最主要的区别是什么？

末　学：真正的上帝重视人的生命的价值，赋予人性以更多的神性。它重视人的道德重建，尽量减少人性中的兽性成分。鼓励人独立思考，张扬生命的个性，使生命的每一分钟都过得有价值、有意义。特别是它不但不会阻碍科学的发展，而且成为科学发展终端目标的引导者。

尼　采：这样的真正的上帝我双手拥护、赞成！

末　学：当然不可否认过去的神职人员中，个别人有阴性物质功能——特异功能。他们在特定的条件下可能看见过上帝，但是却不能用科学的观点进行解释，而是夹杂了不正确的理解，于是就出现了谬种流传的情况。

尼　采：神学家由此开始杜撰他们心目中的上帝。

末　学：更为糟糕的是，他们以教会的名义垄断了对上帝的解释权，接着又颁布了基督教道德训令，真正的上帝的生命被窒息了。

尼　采：中世纪的罗马教廷就是这么干的。我庆幸自己生得晚，否则我的命运和布鲁诺一样。即使不被烧死，也会被关进疯人院。

17.2　酒神和日神：对生命的肯定

末　学：先生，您的哲学的宗旨是什么？

尼　采：把人从神学家杜撰的上帝的镣铐中解放出来，使人成其为人；还活生生的生命的本质，创造生命的最高价值。

末　学：您心目中充满生命活力的人是谁？

尼　采：我的朋友——查拉图斯特拉。

末　学：他在哪里？

尼　采：在我的心里。昨天晚上我和他说了一夜话，他累了。现在他正躺在拉帕洛小旅馆我房间中那张桌子的抽屉里面睡大觉呢。

末　学：这是您在《查拉图斯特拉如是说》中虚构的朋友？

尼　采：是的。他既是虚构的，又是真实的。他是我唯一的、最忠实的朋友，始终陪伴着我，我们两个经常彻夜谈心。

末　学：昨天晚上都谈了些什么？

尼　采：（神秘地）这是秘密。不过可以透露一点，就是再次证明了我的论点：一切决定性的东西都是从逆境中诞生的。基督教让人谦卑、忍让，是在阉割人的灵魂。而只有充盈着生命意志的人，才能够从逆境中奋斗出来。

末　学：生命意志是从灵魂中产生的力量。

尼　采：一切生命的生生不息，都是由生命意志推动着。因此，生命意志是世界的本质。只有生命意志才能让人体会到人生的真谛。

末　学：那么，怎样看待个体的生命意志和个人命运呢？

尼　采：查拉图斯特拉告诉我，从历史的发展看，个体的生命意志常常会为人类整体的发展而毁灭，因而个人的命运总是一个悲剧。

末　学：（吃惊地）为什么呢？

尼　采：个体生命和人类整体相比较，是微不足道的。就像一滴水掉到沙滩上很快被蒸发一样。世界的运行总是以个体的毁灭为代价的。没有这种毁灭，新的个体就不会诞生，生命也不能延续。毁灭个体是生命意志的结果。非如此而不能肯定人类整体的生命，所以必须毁灭个体。

末　学：这就是个人命运总是悲剧的原因？

尼　采：是的。想想看，每个人的生命总是付出的多，收获的少。遭受的磨难和享受的欢乐根本不成比例。我们每个人一生都是这样过来的。

末　学：我们把那一部分应该得到的收获和应该享受的欢乐给了谁呢？

显然是在无形中给了人类整体。因而人类整体才能延续和发展。

尼　采：这是人类总体的大幸和个人的不幸。

末　学：那么，我们应该怎样对待悲剧的人生呢？

尼　采：我看不起那些怨天尤人、自暴自弃的人的生活态度。因为自知悲剧的人生，并不等于我们要用悲观主义的态度对待人生。相反，正因为破解了人生的真谛而使人获得了精神上的大解放。怎么办？只有用生命意志抗争人生的磨难，深信在否定个体和肯定整体的一致性的斗争中，经过个人的奋斗会做出成就并获得极大的快乐。正是在这种抗争中，彰显出生命的力量。

末　学：所以您总在不停地思考，孜孜不倦地写作……

尼　采：借用中国孔子的话："知其不可而为之。"①

末　学：这是一种什么精神？

尼　采：借用希腊神话，它是酒神精神和日神精神。

末　学：先生，您能详细解释一下吗？

尼　采：当然可以。在希腊神话中，酒神叫狄俄尼索斯。他是万神之王宙斯和他的女儿帕尔塞福涅所生的儿子。他一出生，头上就长着角。宙斯宠爱他，但却遭到妻子赫拉的嫉恨，唆使泰坦去杀他。宙斯把他变成山羊、变成牛，还是没有逃脱追杀。泰坦把他肢解后扔到锅里煮，雅典娜抢出了他的心脏交还给宙斯。宙斯把它送给塞墨勒，她吞噬了这颗心脏，结果怀孕生下一个儿子，起名狄俄尼索斯。酒神的第二次出生，暗含着从葡萄到酒的生产过程。也使希腊人欣喜若狂，祝贺他的新生，于是形成了一个酒神的狂欢节。

末　学：这个节日具有深刻的象征意义，意味着生命永不停息地流动。

尼　采：是啊！酒神死了又活过来，说明生就是不断战胜死亡并经受磨难的过程。生命是不能被摧毁的，它总是在抗争中获得新生。

末　学：生命的伟大和意义正在于此。

尼　采：希腊人在酒神节里狂欢，他们饮酒无量，高歌猛舞。游行队伍中，许多人扮成半人半兽的酒神形象，身后拖着一条羊尾巴，身前装配着一个硕大的红色皮阴茎。男男女女手舞足蹈，真正达到了疯狂的程度。

末　学：把酒神节变成了性的狂欢节。

尼　采：这时所有的道德、习俗的束缚都抛到一边，人的本性充分解放出来。这看似充满野性的冲动，却使生命的充盈展露无遗。

末　学：它是人们对于生命自由的呼唤。

尼　采：酒神节的高潮是分食血肉。他们把一头羊或一头牛杀死然后切

---

① 《论语·宪问》。

碎，妇女们像享用圣餐一样虔诚地把血喝掉、把肉吃掉。这象征着酒神死而复生的重现；隐喻神灵进入她的身体并占有灵魂，达到“人—神”合一。她们大声地呼叫酒神的各种名号和自己的名字，以示生命获得了永恒。

末　学：这是人们对生命的无限向往和顽强追求。

尼　采：这就是酒神精神，在死亡和苦难中以强大的生命力寻求生的意义。

末　学：它的真谛是置之死地而后生。

尼　采：后来的希腊悲剧就是由此而演绎出来的。

末　学：悲剧就是拒绝悲观，张扬生命的自信和崇高。

尼　采：特别是生命的原生态力量，更是拒绝悲观，它是根本无法遏止的！

…………

末　学：先生，接下来请您谈谈日神精神，好吗？

尼　采：好的。在希腊神话中，日神叫阿波罗。他是万神之王宙斯和女神勒托所生。他的出生也遭到了赫拉的干扰，但是没有经历多少折磨和苦难。由于他天生具有英雄气概和高超本领，出生仅四天就手持金弓箭射杀了赫拉派来迫害他们母子的一条巨蟒。阿波罗身体强壮，志向高远。他的坐骑是用金、银和宝石做的太阳车，由四匹长着翅膀的马拉动，黎明女神担当车夫。阿波罗智慧超群，能力过人。分管音乐、诗歌、医药、预言、航海，等等。

末　学：日神阿波罗比酒神狄俄尼索斯幸运多了。

尼　采：希腊人在日神节里也显得高贵、热烈而有序。通常是在震撼人心的鼓声伴奏下，祭司手持月桂走在前面，后边紧跟着身穿盛装的男男女女，排着整齐的队伍向神庙行进。孩子们举着阿波罗的盔甲和盾牌，青年人高唱颂歌。仪式进行得井然有序，人们的激情迸发而节制有度。

末　学：这和酒神节的场面形成了鲜明的对照。

尼　采：在这里看不到人生的痛苦和不幸。只有欢乐和华贵，人生被浪漫化了。看到这一片光明的前景，饱受苦难的人们得到了安慰。

末　学：这一苦一乐真实地描绘了人生的境遇。

尼　采：所以酒神和日神都是对生命的肯定。生命是一切价值的源头。

末　学：好像在希腊悲剧中，阿波罗征服了狄俄尼索斯？

尼　采：是的。日神战胜酒神，这是一条很好的出路。因为人不能放纵生命的欲望，任其泛滥，而是应该把生命冲力引向对生活的创造。

末　学：这也暗含了道德对于人生是必要的。

尼　采：是的，没有道德人就不成其为人了。但是有一点一定要明确，那就是这种道德必须是创造者的道德。

17.3 超人——超越自我的人

尼采显然已经很累了。这个饱受病痛折磨的人，不由自主地低垂着脑袋，眯缝着眼睛对我说他要喝水。我赶忙将瓶装水递到他的嘴边，他只轻轻地嘬了一口，就睁开了眼睛说要回家，说话的瞬间就在我面前消失了。看来尼采的生命在阴性物质世界的存在形式，同他生前一样仍旧是弱不禁风。

尼采说要回家，他的家在哪里呢？对于一个没有成过家的人来说，什么地方都可以说是他的家。此刻，他一定去了拉帕洛的小旅馆那间简陋的小屋。他有两天没有回去了，突然出现一定令那位老妇人大吃一惊。

尼采的身体没有强健的筋骨，生命缺少丰腴的冲力。但是在他的头脑里却刮起了横扫一切的巨大风暴，连神学家杜撰的上帝也惧怕三分！

他曾说："我是酒神哲学家、悲剧哲学家，但是我一点都不悲观。"那么对于身体健康的正常人来说，还有悲观厌世的理由吗？

…………

为了照顾尼采的身体和休息，我到第三天上午才去他住的小旅馆拜访他。照样是和善的老妇人开的门。她神秘地对我说尼采正在和一个人讲话，让我轻声一点。我蹑手蹑脚地走到尼采的屋前，房门虚掩着，只听见里面尼采一停一顿的声音，像是和一个人讲话，但是只听到尼采的声音。

过了一会儿，房门打开了，尼采伸开双臂欢迎我进去。我问他在和谁谈话，他说和查拉图斯特拉讲上次我们谈话的事情。我问查拉图斯特拉在哪儿，他说就在我的对面，正和我打招呼呢。我扶了扶戴的特制眼镜和耳机，没有看到查拉图斯特拉的一点踪影，也没有听见他的任何声音。

这是怎么了？尼采也发生了疑惑。突然他像明白了什么似的，笑着对我说，看来你戴的特制眼镜和耳机的功能不够。因为查拉图斯特拉是我想象中的形象，他所在的时空维数比生命在阴性物质世界的存在形式要高出许多倍。只有等将来科学的发展再上一个台阶，研制出更先进的仪器设备，才能和查拉图斯特拉直接对话。还是尼采聪明，他想到了我没有想到的。

就在尼采住的这间小屋，我和他作了如下的谈话。

末　学：先生，什么样的人最能体现生命的力量呢？

尼　采：（转译查拉图斯特拉的话）超人。

末　学：超人是什么呢？

尼　采：（转译查拉图斯特拉的话）就是超越自身的人。

末　学：（面向尼采）您能具体地解释一下吗？

尼　采：当然可以。整个世界的发展就是靠超越，人类经过漫长的艰苦卓绝的奋斗，才从猿进化到人。可以说，一切物种在生存竞争中能够成为出类拔萃者，靠的就是对自身的超越。事物的发展犹如逆水行舟，不进则退。人类如果维持现状、止步不前，就意味着返回猿或动物的生存状态。

末　学：那么人靠什么超越呢？

尼　采：（转译查拉图斯特拉的话）生命的冲力。

末　学：生命的冲力来自哪里？

尼　采：（转译查拉图斯特拉的话）人的灵魂。

末　学：噢，明白了。是从灵魂中迸发的生命的冲力，驱动着人们不断地在“肯定—否定—否定之否定”中超越自我，永不停息地走向未来。

尼　采：很对。人类和社会的发展，就是一部不断超越的历史。

末　学：超人的意义是什么？

尼　采：（转译查拉图斯特拉的话）大地的意义。

末　学：（面向尼采）为什么呢？

尼　采：大地是人的生命本身。因为大地提供的食物等一切养育了人的肉身，也就养育了我们的生命。健康的身体和纯洁的灵魂是一致的，人的身心健康都源于大地的扶持。但是，基督教的说教却以灵魂压制、束缚肉身，既贬低了肉身又扭曲了灵魂，也是对于大地的亵渎。现在神学家杜撰的上帝死了，人应该回到大地上，倾听健康肉身的声音叙说大地的意义。

末　学：那么人是什么？

尼　采：（转译查拉图斯特拉的话）人是系于超人与禽兽之间的一条绳索。

末　学：（疑惑地）……

尼　采：你有不同的看法？我和查拉图斯特拉洗耳恭听。

末　学：（思考地）人是阴阳物质的复合体。其结构式是：肉身 ＋ 灵魂 ＋ 意识 ＋ 潜意识（狭义）＋ 潜意识（广义）。在宇宙生命坐标第Ⅳ象限，以人所在的位置为基点，靠近 Y 轴的一边是神，远离 Y 轴的另一边是兽。因而在人身上既包含着神性，又有兽性的一面。如果说人是系于超人与禽兽之间的一条绳索，那无异于将超人等同于神，这是不可以的。为什么呢？因为神是生命在阴性物质世界的存在形式之佼佼者，全部具有阴性物质功能——特异功能，而超人则是生命在阳性物质世界的存在形式之优秀者，既有常规功能，又有部分特异功能。超人是人不是神，他只是人类中超一流的杰出人物。

尼　采：（转译查拉图斯特拉的话）说得对，超人是人不是神。

末　学：（面向尼采）但是将人比喻为系于超人与禽兽之间的一条绳索，却有积极的意义。因为在绳索下面是万丈深渊，人必须不停地往前走，直达目标。而后退是没有出路的，后退就意味着死亡、毁灭。

尼　采：你说对了。人生实际上就是在走独木桥，要用意志力一直地走下去，不要朝两边看。人生不是终点，而是过渡。

末　学：那么，怎样才能做一个超人呢？

尼　采：（转译查拉图斯特拉的话）创造者寻求共同的创造者，结伴而行；指给同伴们以彩虹，那是通往超人的阶梯。

末　学：（面向尼采）什么人才有资格和他（查拉图斯特拉）结伴呢？

尼　采：他必须具有三种资质。第一，他既是破坏者，又是建设者。破坏什么呢？破坏基督教传统的仁义道德，拆穿它的谎言，将其批驳得体无完肤。然后在扬弃旧道德的基础上，建设新道德，还生命的本真。

末　学：第二呢？

尼　采：他不惧怕孤独，甘于寂寞。因为一切伟大之物都是远离喧嚣和声誉而发生的。有着伟大的孤独，才有伟大的成就。他掌握着真理，相信真理最终会战胜谬误，孤独和寂寞只是暂时的。他不刻意去迎合群众的口味，也不为任何虚荣所动心，只是默默地布道，耐心地等待大众的觉悟。

末　学：第三呢？

尼　采：独立不移，自强自立。他有着独立的人格，坚强的性格。只要认定是真理的东西，就义无反顾地追求下去，不达目的决不罢休。他自强自立，注重开掘自身的力量，以便征服、融合外部的事物。他轻视那些唯唯诺诺的弱者，认为他们不能正视人生，缺乏竞争的勇气，终将被淘汰出局。

末　学：具备这三种资质的人就是超人？

尼　采：（转译查拉图斯特拉的话）不，我的朋友，你把超人看得太简单了。

末　学：那么超人是什么呢？

尼　采：（转译查拉图斯特拉的话）具备这三种资质的人将成为一个族类。在这个精英聚集的族类中，再遴选和诞生的精英之最，才是超人。

末　学：当了超人是否就可以一劳永逸？

尼　采：（转译查拉图斯特拉的话）不，我的朋友，超人不可以一劳永逸。

末　学：（醒悟地）噢，我明白了。超人既是人生的目标，又是人生的一个过程。超人只有不断地战胜一切艰难险阻以超越环境，不断地战胜内心的不健康因素以超越自我，才能在不断的超越中完善自己直至种群。

尼　采：超人对一切都不抱幻想，他只依靠自己的力量——追求强大力量的意志。超人是伟大的自强者，遵从的只是自己健康的肉身——生命的冲动，并把它发挥到极致。争优势、争发展、争强大。在超人身上表现的是强力意志，体现的是世界的本质。超人就是人类的未来！

17.4　我妹妹与我

末　学：先生，我想知道一下您的家世，可以吗？

尼　采：当然可以。我父亲叫卡尔·路德维希（1813—1849），是路德教派的牧师兼教师，我母亲叫法兰齐斯卡娜·奥勒尔（1826—1897）。妹妹叫伊丽莎白在 1846 年出生，弟弟叫路德维希·约瑟夫在 1848 年出生。父亲在 1849 年因脑软化症而去世，两年后弟弟也去世了。1850 年，我们搬迁到萨勒（Sale）河畔的瑙堡（Naumburg），与祖母和两个未婚的姑姑生活在一起，父亲去世后母亲一直未改嫁，因而我几乎是在一个充满女性的环境中长大的。

末　学：因为您有一本遗著《我妹妹与我——尼采佚失的最后告白》流传于世，[①] 所以，我很想知道您和您妹妹伊丽莎白的关系怎样。

尼　采：（陷入痛苦的回忆中）伊丽莎白注定是要将她的生命与我的生命纠缠在一起，就像拜伦注定要将他的生命与姐姐奥格丝姐纠缠在一起一样。[②] 从我儿时起到我离开这个世界，她纠缠了我一生，很多事情都坏到了她的手里。所以我在临死前秘密写了那本书，以向世人昭示我的清白。

末　学：妹妹怎么这样对待哥哥，太叫人不可思议了！

尼　采：是啊，这一点连我自己也没有想到。

末　学：您能讲讲你们小时候的事吗？

尼　采：难以启齿。不过在那本书中我已经写过，也就无所谓家丑外扬了。

末　学：（不知道该说什么好）……

尼　采：在童年时，她习惯在星期六早晨爬上我的床，玩弄我的生殖器，过一段时间后，养成了一种将我的生殖器视为特别玩具的习惯。有很多年的时间，她以自己美妙的手指纠缠我的感官世界，迫使我进入一种早熟与无望的性觉醒状态。所以有一整段时间，我只能根据她的眼睛与可咒的美妙手指想到美与快感。还有，她在重新塑造了我的生命之后，我只能期待头痛与一个妹妹，无法期待那造访每个正常青少年的想象力的奇异女神。[③]

---

① 尼采著，陈苍多译：《我妹妹与我——尼采佚失的最后告白》，文化艺术出版社 2003 年版。

② 尼采著，陈苍多译：《我妹妹与我——尼采佚失的最后告白》，文化艺术出版社 2003 年版，第 252 页。

③ 尼采著，陈苍多译：《我妹妹与我——尼采佚失的最后告白》，文化艺术出版社 2003 年版，第 123 页。

末　学：（吃惊地）有这种事情……

尼　采：伊丽莎白在夜晚出其不意地带给我那些强烈的热情，我是既爱又恨。通常，在我熟睡时，她就爬上我的床，肥胖的小手指头在我身上乱动，让我很兴奋，所以有好几个小时无法睡觉。[①]

…………

末　学：那么在您和女作家萝·莎乐美（Lou Salomé）恋爱以后呢？

尼　采：我在1882年出版了《快乐的科学》的第一部分。这一年我通过玛毕达·莫森布和保罗·瑞，认识了21岁的女作家萝·莎乐美。她是一位有着俄罗斯血统的美丽姑娘。大眼睛、长睫毛、阔嘴巴。细腰丰胸，皮肤白嫩。她聪明、智慧，活泼开朗。特别是她对哲学有着浓厚的兴趣，使我和她有着更多的共同语言，不用说从一开始我就爱上了她。在图林根，我和萝·莎乐美一同度过了一个夏天，当时伊丽莎白也经常陪伴我们。

末　学：那么后来呢？

尼　采：后来，当我正式向萝·莎乐美求婚时，却意外地遭到了她无情的拒绝。

末　学：为什么呢？

尼　采：我不知道。所以我认为女孩子的心思是永远都猜不透的。这是我一生中遭受的若干重大打击的致命一击。从此，我便开始远离女性，甚至连看她们的眼睛也斜视起来；并且提醒自己，与女人相见时别忘记带上鞭子。我对男人的忠告是，与其坠入女人的幻梦中，还不如落到谋杀者的手里。

末　学：真是令人遗憾啊！伊丽莎白也一定为您惋惜。

尼　采：不，你说错了。每当我似乎要交上一个真正的男朋友或女朋友时，她就会找出理由，叫我不要跟他或她扯上关系——通常找出一个道德的理由。[②] 后来我才知道，她唆使我的母亲跟她一起破坏萝·莎乐美的名声，最后，甚至她们两人所加诸萝·莎乐美身上的污名，连我也被扯进去了。[③]

末　学：真叫人不可思议。当然，如果说伊丽莎白向萝·莎乐美透露了她和您少年时候的事情，能不激起人家的反感吗？

尼　采：完全有这种可能。所以，我的青春和恋爱都毁在了伊丽莎白

---

① 尼采著，陈苍多译：《我妹妹与我——尼采佚失的最后告白》，文化艺术出版社2003年版，第35页。

② 尼采著，陈苍多译：《我妹妹与我——尼采佚失的最后告白》，文化艺术出版社2003年版，第123—124页。

③ 尼采著，陈苍多译：《我妹妹与我——尼采佚失的最后告白》，文化艺术出版社2003年版，第124页。

手里。

末　学：（惋惜地）真是太可惜了！

尼　采：现在看来我和萝·莎乐美的分手，其中一部分原因是出自伊丽莎白从中阻挠和离间。在失恋的痛苦下我的病情再度复发，我与母亲与伊丽莎白的关系也几近破裂，更数度萌起了自杀的念头。

…………

末　学：听说伊丽莎白在政治思想上是一个沙文主义者。

尼　采：是的，她有着浓厚的扩张主义情绪。尽管我曾明确地反对反犹太主义，但是她一直试图将我打扮成沙文主义分子。伊丽莎白和她的丈夫佛斯特一起到南美洲巴拉圭推行殖民地计划，散布对犹太人的憎意。① 1893 年，伊丽莎白从巴拉圭返回德国，殖民地计划彻底失败，她的丈夫在那里自杀了。

末　学：伊丽莎白回到德国以后做什么了？

尼　采：她回到德国以后，开始阅读我的著作，并且一步接着一步地控制了这些著作以及它们的出版。母亲于 1897 年去世后，我搬到了魏玛，就只好由伊丽莎白照顾着。这时我的身体坏到了极点，长年卧床不起。我原先的助手奥韦尔贝克被伊丽莎白驱离，另一名助手彼得·加斯特则选择了和她合作。伊丽莎白也允许鲁道夫·斯坦纳等朋友前来探望我，但是我已经无法与他们正常沟通和交流。到了这个时候，我就完全被伊丽莎白控制了。

末　学：听说伊丽莎白和彼得·加斯特在您的文稿上动了手脚？

尼　采：是的。伊丽莎白和一些别有用心的人深知我的理论的价值所在，就千方百计以此给自己装潢门面。为了把我打扮成沙文主义分子，他们采取实用主义手法，对我的著作进行删改。断章取义，肆意歪曲。当时我已经病入膏肓，他们当然不会征求我的意见了。

末　学：听说您在生前就放弃成书《权利意志》？

尼　采：是的。我死后伊丽莎白拥有我的全部遗稿，包括那部我已经放弃成书的《权利意志》。但是，伊丽莎白显然不会放弃这个绝佳的好机会。在纳粹执政以后，她与纳粹政府合作完成了《权利意志》。我郑重声明：《权力意志》一书是假货，其中篡改和删除了许多原稿的段落。在此过程中，伊丽莎白从《权利意志》遗稿中，挑选对宣传纳粹有利的格言，并对一部分格言进行了篡改。这样，她在把自己变成魔鬼的同时，也使我显得狰狞起来。

末　学：（激愤地）是可忍，孰不可忍！

---

① 尼采著，陈苍多译：《我妹妹与我——尼采佚失的最后告白》，文化艺术出版社 2003 年版，第 124 页。

尼　采：在我死后 14 年，爆发了第一次世界大战。嗣后，我的思想开始被人与纳粹主义和反犹太主义相连接。这在很大程度上是由于伊丽莎白对我的著作的歪曲和篡改造成的。德国纳粹上台后，伊丽莎白主动与纳粹人士合作，断章取义地曲解我的理论，为纳粹杀害犹太人和发动侵略战争寻找根据。所以伊丽莎白在犯罪，她同时又拿我去垫背。我真是死不瞑目啊！

第 18 章　与弗洛伊德的对话[①]

弗洛伊德是维也纳的一名执业医生，又是著名的心理学家、哲学家，精神分析学的创始人。因为他有着稳定的职业和固定收入，所以生活相对安定一些。除了晚年因躲避法西斯迫害而移居伦敦外，一生中绝大部分时间都是在维也纳度过的。因而我要拜访弗洛伊德，就只有直飞维也纳了。

维也纳位于奥地利东北部阿尔卑斯山北麓维也纳盆地，东、北、西三面环山，南面是幽深的山谷和开阔的平原。波光粼粼的多瑙河穿城而过，维也纳森林、绿地、沼泽和遍布山坡的葡萄园，为它增添了风采。维也纳是一座典雅、美丽、清洁的花园城市。环境优美，气候宜人；山清水秀，风景如画。维也纳又是享誉世界的音乐之都和文化名城，孕育出音乐天才莫扎特、贝多芬、舒伯特和约翰·施特劳斯等。维也纳新年音乐会蜚声世界，每年 1 月 1 日举行的新年音乐会，通过卫星电视收看实况转播的人达 10 亿以上。维也纳素有“多瑙河的女神”之称。房屋顺山势而建，重楼连宇，层次分明。登高远望，各种风格的教堂建筑给城市蒙上了一层古老庄重的色彩。维也纳市内有许多巴洛克式、哥特式和罗马式建筑。有幽雅的公园、美丽的别墅以及其他宫殿建筑。从美泉宫到国立歌剧院，从维也纳童声合唱团到西班牙骑术学校，到处都是一片繁盛景象。众多宫殿宅第和博物馆，把辉煌的传统和现代的生活紧密联系在一起。这些精美绝伦、风格各异的建筑赢得了建筑博览会的美称，到维也纳去绝对不虚此行。

…………

我在维也纳的西格蒙德·弗洛伊德街，找到了弗洛伊德的故居。

---

① 西格蒙德·弗洛伊德（Sigmund Freud，1856—1939）奥地利著名的心理学家、哲学家，精神分析学的创始人。犹太人。出生于德国境内的弗赖堡，后随父母迁居当时奥匈帝国的维也纳，逝世于侨居的伦敦。提出“潜意识”、“自我”、“本我”、“超我”、“狄俄普斯情结”、“性力”（Libiduo）等概念，认为人类男性天生具有弑父娶母的欲望和恋母情结，女性天生具有弑母娶父的欲望和恋父情结，以及儿童性行为等理论。其成就对哲学、心理学、美学甚至社会学、文学等均有深刻的影响，被世人誉为“精神分析之父”。但他的理论自诞生到如今却一直饱受争议。著作有：《梦的解析》《精神分析引论》等。

这条街道原名柏格街。1930 年，维也纳市议会建议把弗洛伊德住的柏格街改为现在的名字。这是维也纳的一个传统，凡是名医住过的街道都要以其名字命名。当时弗洛伊德不同意这样做，加之存在的政治因素，这个提案没有实施。直到 1949 年 2 月 15 日，市议会才通过了这个决议，将维也纳第九区的一片住宅区，命名为“西格蒙德·弗洛伊德区”。1954 年，世界心理卫生联合会为了纪念弗洛伊德，在他住过的房子前立了一座纪念碑。

弗洛伊德住的房子庭院大门很宽，马车可以直接驾到里面去。大门的左边是看门人住的小房。他每次进出都由看门人开关大门。进门后向右拐，有一段不太高的阶梯，上面有三个房间。房子的窗户都是朝后院开的，从这里另有一段石阶，通往二楼去便是弗洛伊德家人住的地方。

弗洛伊德于 1892 年买下这座房屋。第一间是一个窗户开向院子的小候诊室。房间的中央摆着一张长方形的桌子，四壁则摆着弗洛伊德收集的古玩。这个房间和隔壁的诊疗室有两道门相通。门的周围饰以厚厚的绒布，并且挂上层层帘布，以保持诊疗室的隔离感。在诊疗室里，弗洛伊德坐在一张面向窗户的椅子上，旁边摆了一张写字台。这个房间也有不少古玩摆设，如有名的格拉底瓦浮雕。由诊疗室再进去就是弗洛伊德的书房。在这里摆着一排排的书，也放着装古玩的橱柜。不大的桌子上放着许多小塑像，这些塑像大多是埃及的，橱柜里也放着许多类似的塑像，他经常把这些塑像摆进摆出，轮流放在桌子上。弗洛伊德一大爱好是喜欢收集和欣赏希腊、亚述和埃及的古董。

弗洛伊德的生活除了工作没有更多的业余时间。早上六点多钟家人把他叫醒，理发师按时到家来给他修剪胡子或顺便理发。之后他匆匆地吃早饭，并一边看当天的《新自由报》，八点钟准时看第一个病人。每一个病人平均要花 15 分钟左右的时间，然后他休息五六分钟，接着又去看下一个病人。整个上午就是这么紧张地度过的。他一家人的午餐是在下午一点左右，这是一天中全家聚会在一起的唯一时间。午餐是他们的主餐，而且也是最丰富的一餐：羹汤、肉、干酪、甜点等一应俱全。下午如果有预约的患者他就出诊，没有病人他则写作或会客。到了晚上九点钟他才吃晚餐，这时小孩子们都睡觉了。

弗洛伊德有空就在柏格街散步，走起路来健步如飞。他对周围的一切都充满了好奇心，包括米开罗教堂附近的烟酒店、糖块和雪茄等。有时顺便将著作的校样本送到出版人都帝克和海勒那里。弗洛伊德的闲暇时间十分有限，因为他一天中用于进行精神分析的时间长达 12 至 13 小时。

…………

我是在弗洛伊德的书房里拜见他的。当我向他施以鞠躬礼后，他坐在椅子上挺直的身子微微一躬，略带微笑，示意我到诊室等他。当我说明来意之后，弗洛伊德立刻站了起来，上前握住我的手一再说："欢迎、欢迎！"可以看出，他是为把我误以为诊病的患者而刻意表示歉意的。

站在我面前的弗洛伊德又高又瘦，穿着的白大褂显得短了些。他的头发有些花白，稀疏地朝后梳着，露出了宽阔的额头。鼻梁上架着一副黑框眼镜，透过镜片看见一双智慧而锐利的眼睛。上唇蓄着一道胡子，下巴上则留着一撮山羊胡。一双阔嘴巴紧闭着，不苟言笑，使人有点望而生畏的感觉。

就在弗洛伊德的书房里，我和他作了如下的谈话。

18.1　从隐意到显梦的转变

末　学： 先生，您是我访谈的第十八位学术大师，耽搁您出诊时间，很抱歉！

弗洛伊德： （严肃地）我是一位执业医生。我只是着魔一般地研究精神病患者，希望解除他们的痛苦。所以，我不是什么学术大师。

末　学： 不。您和马克思、尼采一起被视为资本主义社会三大批判家。马克思的批判集中在人类命运和社会历史方面，主张以不同的方式变革社会；尼采的批判从价值层面入手，诉诸个体生命的觉醒和对命运的抗争。而您则通过展现人的压抑和冲撞的心路历程，揭示社会和文明的不合理基础。

弗洛伊德： （微笑地）过奖了。我对人类的贡献远比不上马克思，这是不可同日而语的。比起尼采来也有逊色。你看我的生活条件，至少是中产阶级吧！我只乐意谈自己业务范围内的事情，别的方面就免了吧！

末　学： 好的。那么，我们就先从您提出的显梦和隐意说起吧！

弗洛伊德： （精神十足地）所谓显梦，是指梦的外在现象，也就是梦中出现的图景。每个人都做梦，只要回忆一下梦中的情景就明白了。梦中的情景很离奇，或者和朋友跳舞唱歌，或者见到故去的亲友等，这些都是显梦。

末　学： 那么，什么是隐意呢？

弗洛伊德： 隐意是指梦的内在含义，也就是藏匿在显梦的图景中的动机和愿望。这是关于释梦的一门学问，下边还要专门讲。譬如一个男孩做了这样一个梦：他梦见自己手拿弓箭去射什么东西，无论射中还是射不中，它的隐意大概是为了追求姑娘的芳心。这是恋爱中的男子最容易做的梦。

末　学： 为什么许多人的梦都是前一天某种遗念的延续？

弗洛伊德： 前一天的某种遗念，往往是一个人内心最隐秘的东西，也是不愿意对别人讲的隐匿的愿望。虽然它在梦中出现，但也是人不愿意讲明的。

梦中的隐意是深藏不露的，这是我在精神分析中特别重视的问题。

末　学： 为什么会发生这种情况呢？

弗洛伊德： 一个人的愿望、动机、要求等，都是不肯轻易示人和示己的。特别是男女之情是最隐秘的东西，所以才叫个人隐私。它是不能拿到台面上的，自己有时也意识不到，因而成为一种隐意。

末　学： 隐意潜藏在意识背后？

弗洛伊德： 是的。隐意包含着梦的真正含义，是梦的本质。精神分析的真谛，是通过显梦的图景，沿着人的心理历程，发掘潜藏在意识背后的隐意的含义。

末　学： 这是否说潜藏在显梦背后的隐意才是真正的自我？

弗洛伊德： 是的。必需深入到隐意的层面去，才能认识真正的自己。

末　学： 怎样发现人的隐意层面的愿望和动机呢？

弗洛伊德： 这不是一两句话能够说清楚的。隐意如何转变为显梦，显梦如何还原为隐意，这是梦的工作过程。牵涉梦的产生的机理问题。

末　学： 先生，您认为梦是怎样生成的？

弗洛伊德： 梦是人有意义的心理现象，是人在清醒状态下精神活动的延续，是由高度复杂的智慧所产生的。每个人都有本能欲望和为满足这种愿望的冲动，但是在现实中并不能顺利实现。于是在睡眠状态下就由梦来代替现实的行动。有些梦看起来荒诞无稽，实际上是人被压抑的愿望在梦中曲折的满足。因为人内心有些最隐秘的东西即使在梦中也难以完全展示出来。

末　学：（思考地）您对梦的解释我都接受，但是总觉得听了不解渴。我觉得似应深入到梦的现象的背后去发掘它的真相。

弗洛伊德：（惊疑地）请你谈谈自己的看法！

末　学： 好的，借此机会我谈一下自己的观点。人的精神活动的最重要的两个要素是灵魂和意识。灵魂是阴性物质的正物质（阴＋）和以衰变形式存在的阳性物质的负物质（阳－）即反物质构成的矛盾对立统一体。灵魂产生和发射灵魂波——－阴′＋；意识是以衰变形式存在的阴性物质的负物质（阴－）和阳性物质的正物质（阳＋）即特指的脑构成的矛盾对立统一体。意识产生和发射思维波——＋阴′－。当人的“心—脑”一致时，灵魂波——－阴′＋和思维波——＋阴′－相互耦合（或者彼此相对分离），由思维波——＋阴′－携带阴性物质的正物质（阴＋）——意念，进入阴性物质世界资料库检索信息和破译密码。这就是人的思维（或者审美）过程。就人的思维来说，它包括直觉思维和逻辑思维。

弗洛伊德：（智慧地）这和梦的成因有什么关系呢？

末　学： 有关系。当一个人处于睡眠状态，就好像“忘记”了肉身似的。

这时上述人的灵魂波——一阴′十和思维波——十阴′一相互耦合（或者彼此相对分离）依然存在，并且由思维波——十阴′一携带阴性物质的正物质（阴十）——意念，仍旧进入阴性物质世界资料库检索信息和破译密码。

弗洛伊德：（突然醒悟地）这是一个不自觉的过程。

末　学：是的，它是一个不自觉的思维（或者审美）过程。但是仍旧将人的本能欲望和为满足这种愿望的冲动，甚至人心中最隐秘的东西带了出来，并且在阴性物质世界资料库找到了它们相对应的信息和密码。

弗洛伊德：（智慧地）它又怎么会以压抑的荒诞无稽的形式出现在梦中呢？

末　学：这就牵涉阴阳两个物质世界时空的维数问题了。

弗洛伊德：（兴奋地）接着往下讲，我细耳恭听。

末　学：人在睡眠中好像“忘记”了肉身似的，他仍旧处在四维时空的阳性物质世界。但是灵魂波——一阴′十和思维波——十阴′一相互耦合（或者彼此相对分离）并且由思维波——十阴′一携带阴性物质的正物质(阴十)——意念，却以超光速的速度进入了四维以上多维时空的阴性物质世界，譬如进入阴性物质世界资料库检索到它们相对应的信息和密码。四维以上的多维时空，就是从五维时空算起，六维时空、七维时空……十维时空直至二十六维时空……无穷多个多维时空，最后又回到零维时空。这么多时空的存在形式，统称为阴性物质世界。而人在梦中思维波——十阴′一携带阴性物质的正物质（阴十）——意念进入阴性物质世界，就要顺次经过这么多维数的时空。①

弗洛伊德：它是一个自然地跨越不同时空维数的过程？

末　学：是的。因为思维波——十阴′一和阴性物质的正物质（阴十）特殊的性能，它们就能够自如地完成由低维到高维的时空维数的转换。

弗洛伊德：（智慧地）那么梦醒之后呢？

末　学：当一个人快睡醒时，思维波——十阴′一携带阴性物质的正物质（阴十）——意念连同检索的信息和破译的密码，就以超光速的速度快速地由高维时空退回到四维时空来。由于经过了一连串的时空转换，这时检索的信息和破译的密码就可能失真或者丢失，抑或是被扭曲了。这就是人在梦醒之后只能记忆起梦中的片断景象的原因。而且刚睡醒时还记得清楚些，过后就很快遗忘了。② 至于梦中的离奇景象，被压抑的状况，在这里也可以得到解释。

---

① 人在梦中思维波——十阴′一携带阴性物质的正物质（阴十）——意念进入阴性物质世界，顺次将经过多少个维数的时空，因人而异。先验因素好、思维能力强的人，穿越的时空维数就多，反之情况则相反。

② 参见拙著《广义与狭义生命论》11.3“梦的机理的再探与释梦的意义”。另外参见拙著《不同维数时空和生命的美》5.3“四维以上多维时空和生命在梦中的再现”。

弗洛伊德：（兴奋地击掌）好！我开眼界了，可以自圆其说。

…………

末　学：先生，根据您的理论梦的伪装是怎样形成的呢？

弗洛伊德：它是人的意识中的检察官检查的结果。

末　学：请您详细谈谈！

弗洛伊德：好的。每个人的意识中都配制有一个检察官，专门对付那些策动梦境的欲望。人在睡眠的时候，这个检察官格外警觉，它绝不放过那些罪恶的念头。凡是与自己的道德、审美不一致的东西，统统卡住不让过关。要想过关的话，必须乔装打扮一番，然后在梦境中以扭曲的身份出现。

末　学：为什么要这样做呢？

弗洛伊德：因为梦境也是一个世界，有自己和其他人等各种关系出现，不检查怎么行呢？虽然人睡着了，但是人的本能还在活动。

末　学：先生，这说明人的梦境就是四维以上多维时空的阴性物质世界。您所说的检察官，就是一个人的副本——生命在阴性物质世界的存在形式。① 它代表了人的本能在活动，设法做到趋利避害。

弗洛伊德：（突然醒悟地）在你的《我的宇宙观》系列著作中，你说过一个人的正本和副本是辩证的统一。能否在这里再讲一讲？

末　学：当然可以。在前面的章节中已有详细论述，这里就简略地说一下吧。人体是生命在阳性物质世界的存在形式，它的结构式是：肉身＋灵魂＋意识＋潜意识（狭义）＋潜意识（广义）。生命在阴性物质世界的存在形式的结构式是：灵魂＋意识（不完全意识）＋潜意识（狭义）＋潜意识（广义）。通过共有的生命要素灵魂、潜意识（狭义）、潜意识（广义），将阴阳两种生命存在形式连接在一起。于是生命在阳性物质世界的存在形式是一个人的正本，而与之相连接的生命在阴性物质世界的存在形式则成为这个人的副本。

弗洛伊德：一个人的副本何以能成为检察官？

末　学：生命在阳性物质世界的存在形式，有肉身、意识；生命在阴性物质世界的存在形式，有意识（不完全意识）。如果说肉身不复存在，脑亦不复存在，那么意识就随之转变为意识（不完全意识）。这时潜意识（狭义）——意识——灵魂——肉身的链条就全部断裂。生命就由阳性物质世界的存在形式转变为阴性物质世界的存在形式。当一个人处于睡眠状态，就好像“忘记”了肉身似的。这时在梦境中就是阴性物质世界的情况，而一个人

---

① 参见拙著《宇宙的秩序即道德的秩序》5.2“一个人的正本和副本是辩证的统一”。

的副本——生命在阴性物质世界的存在形式就成为您说的检察官，负责检查梦境中的活动情况。一个人的副本全部具有阴性物质功能——特异功能，完全可以胜任这项工作。

弗洛伊德：检察官的任务是检查自身的愿望，坚守道德和审美的底线。

末　学：检察官还有一项重要任务，就是不要让更多的信息和密码丢失。

弗洛伊德：当然，这也是检察官的职能。

18.2　释梦：将显梦还原为隐意

末　学：先生，我们接着谈释梦。中国古代有周公解梦的传说，西方国家也有这方面脍炙人口的故事。您能谈谈自己的研究吗？

弗洛伊德：当然可以。我的研究是从隐意转变为显梦开始的，然后又将显梦还原为隐意。在这种转变及还原中，就看出了梦的真谛。将梦的隐意弄明白，也就自然地解释清楚梦的含义是什么了。

末　学：为什么人的愿望都要隐藏起来以曲折的形式在梦中呈现呢？

弗洛伊德：是啊，这的确是个奇怪的现象。最令人感叹的是它总是以各种象征的关系出现在梦中，其中大量的是有关性的象征。

末　学：（思考地）因为两性关系是人类最基本的关系，关乎到人类的种的延续。还由于性是社会道德关注的对象，属于敏感问题。于是就有了有关性的象征，特别是在梦中将性与事物之间建立了比拟关系。

弗洛伊德：这种比拟很有趣味，也相当生动。譬如，将男性生殖器化装成条状直竖之物，诸如手杖、伞、竹竿、树干等；伪装成穿刺性的小刀、匕首、枪、矛、军刀等；还有能够流出水的水龙头、水壶、泉水等。将女性生殖器化装成空间性的容纳物，诸如洞穴、罐子、箱子、口袋等；具有子宫象征性的如房屋、教堂、碗柜、火炉等；有着乳房象征性的如苹果、桃子、梨等。

末　学：男女性行为也有比拟吗？

弗洛伊德：有。男女性行为是人类最隐秘的事情，因而道德约束和社会禁忌也最多。性行为的欲望在梦中的表现更隐晦些。例如，节奏性强的跳舞、骑马、登山等。梦中出现糖果则意味着发生性关系时的愉悦感。

末　学：那么，怎样将这些梦中的隐意转化为显梦呢？

弗洛伊德：这是一个复杂的过程，要由上面说的检察官经过凝缩、移置、视像和润饰四个步骤，才能呈现出一个人的显梦来。

末　学：请您分别给予解释！

弗洛伊德：好的。所谓凝缩，就是由检察官对隐意中的内容进行初步审查和加工，将那些情节太多、不连贯的东西组合成新的统一体；所谓移置，就是由检察官对隐意中业已凝缩的内容进行处置。方法是重者化轻、轻者化重，将非本质的东西推向前台，而将本质的东西不清晰地显示出来。所谓视像，就是由检察官对隐意中经过凝缩和移置两个环节处置的混乱颠倒、情景错乱的内容，由观念变之为视觉图像。所谓润饰，就是由检察官对已经装扮成知觉的隐意进行贯通和修补，使其呈现出统一、协调、流畅的图景显示出来。

末　学：这就完成了梦从隐意到显梦的转变？

弗洛伊德：是的。它实际上是凝缩、移置、视像和润饰四个工作室的流水作业过程，一环套一环，环环紧相连。

末　学：（思考地）先生，您对梦中的现象作了富有想象力的描述，我仍旧感到不解渴。在我看来，这位检察官——一个人的副本——生命在阴性物质世界的存在形式，全部具有阴性物质功能——特异功能，也就不会这样笨拙地在上述四个工作室操作。它会在最短的时间将一切处理得井井有条。之所以会出现画面不连贯和情景错乱的情况，只能是梦境中的事物和图像在由高维时空向低维时空转化时，使信息和密码出现了丢失或失真。

弗洛伊德：（开怀地一笑）你和我的观点，就像我对患者治疗时制订的两套方案一样。它们或许各有长短，也就只好取长补短了。

…………

末　学：先生，如何才能从梦中找到隐藏的愿望？

弗洛伊德：只要掌握了梦的工作程序，就能破解其中的奥秘。

末　学：是否还得从显梦这个现象入手？

弗洛伊德：梦的现象是经过伪装的，要特别注意不要被它的假象所迷惑。

末　学：要透过现象看本质。

弗洛伊德：无论显梦是什么样子，都不要去纠缠它。原因是这些图景都是经过检察官改造过的，要把注意力放在隐蔽的愿望和动机上。

末　学：透过显梦的现象，找出隐意的本质。

弗洛伊德：很对。这里的关键是，要将显梦还原为隐意。

末　学：这就是释梦？

弗洛伊德：是的。释梦可以从四个方面入手：第一点，化整为零。梦总是由许多不完整的图景拼装起来的，缺乏统一性和连贯性。要把这些图像拆分开，分段进行处理，找出其中深藏的含意。

末　学：第二点呢？

弗洛伊德：自由联想。要在对象完全放松的情况下，追溯其心路历程。只有引导对象在心理上感到安全，自觉地排除精神压力，才能使其内心那些最隐秘的东西浮现出来。由此展开联想，便可以发现其中内含的东西。

末　学：第三点呢？

弗洛伊德：抓住象征。梦中的隐意总是以象征的方式出现的，并且有着一定的规律性。如上面列举的男女生殖器的象征物。因此，善于抓住梦中的象征物，是破解梦中愿望和动机的一条捷径。

末　学：第四点呢？

弗洛伊德：联系生活。梦中出现的情景总是与人的现实生活和个人经历密切相关，也是对人的愿望和动机的一种满足。因此，要了解对象的经历、习惯、爱好等，综合分析这些因素，对于释梦是有帮助的。

末　学：除了这些之外，是否还有一个实际经验问题？

弗洛伊德：是的。仅仅知道以上四点并不意味着就能成功地释梦，还需要积累大量的实际经验，包括成功的经验和失败的案例，才能比较准确地释梦。在这里更多地是实践和悟性，有时候也是道不明白的。

末　学：先生，我对释梦还有一个设想。

弗洛伊德：什么设想？请讲出来。

末　学：（思考地）既然梦是由隐意到显梦的转变，而释梦又是将显梦还原为隐意，其间时空维数经过了由高维到低维、由低维到高维的转换，那么在未来当科学发展到应有的高度，特别是在数学和物理学上建立了时空转换的方程式之后，就可以在高智能计算机上轻松地进行释梦的工作。

弗洛伊德：（赞赏地）这是一个很好的设想。

末　学：释梦是一个时空维数转换的逆运算过程。

弗洛伊德：噢，在高智能计算机上瞬间可以完成。

末　学：科学家、文学艺术家在梦中的灵感、意愿，就可以完整地和盘托出。

弗洛伊德：（郑重地）它的意义是无可估量的。

18.3　意识——前意识——潜意识

末　学：先生，您是怎样发现意识结构并建立起自己的意识理论的呢？

弗洛伊德：是在我对精神病患者的诊疗中逐步摸索出来的。

末　学：您能介绍一下它的基本内容吗？

弗洛伊德：当然可以。我给这个理论起了一个名字：心理地形学。这个地形如果形象化为一座房子，它有两室一厅。一间明亮的屋子住着意识；另一间幽暗的屋子住着潜意识。过厅的两边各设一道门，由两位检察官分别把守。过厅里待着前意识。这种关系可以用下图示之：

意识——（检察官）——前意识——（检察官）——潜意识

末　学：什么是潜意识？

弗洛伊德：潜意识是潜伏在人的心灵深处的精神性的东西。可以把它看成是一个精神群体，由许多单独的欲望组成，代表了人的本能的冲动，表现为愿望或动机。潜意识超越时间、空间，它的活动不按先后次序进行，也不因时间推移而改变。是纯粹的主观性的东西，无须尊崇道德，活动于意识之外。

末　学：在《我的宇宙观》系列著作中，我也提出了潜意识的概念，并将它区分为潜意识（狭义）和潜意识（广义），和您提出的概念略有差异。

弗洛伊德：（智慧地）这个我注意到了，请你说说吧！

末　学：好的。我的潜意识的概念和您对潜意识的定义内容相仿，认为它是潜伏在人的心灵深处的精神性的东西。不同的是我将潜意识（狭义）等同于人的灵魂，或者说它是自灵魂生发出的精神性的东西。在宇宙生命坐标第Ⅳ象限，横坐标轴X的分叉之一——阳性物质的负物质（阳一）的延长线和纵坐标轴Y的分叉之一——阴性物质的正物质（阳十）的延长线，在笛卡儿坐标上的交点，即潜意识（狭义）。[①] 它是灵魂的镜像物，在结构上等同于灵魂。潜意识（广义）则是指整个阴性物质世界，它区分为个人的潜意识（广义）和宇宙总体的潜意识（广义）。潜意识（狭义）与个人的潜意识（广义）相联结。[②]

弗洛伊德：一家之言，无可非议。

末　学：您认为潜意识有什么功能？

弗洛伊德：功能可大了。它是整个意识系统中最具活力的一族，是人的心理运行和精神活动的发动机。潜意识在人的心灵深处，按照人的本能的要求，释放性的冲动，追求奢侈的欲望。它无拘无束，自由自在。孕育着新的思想素材，并随时准备冲出那间幽暗的屋子而到过厅亮相。

末　学：潜意识能冲到过厅吗？

弗洛伊德：不可能。但是，也不排除有个别神通广大者会冲到过厅。

末　学：那就会遇到站在门口的检察官的审查和阻拦。

---

① 参见拙著《宇宙的秩序即道德的秩序》1.1“阅读本卷之前应该具备的预备知识”。

② 参见拙著《进入阴性物质世界》4.3“个人的潜意识（广义）的特征及其与宇宙总体的潜意识（广义）之间的联接”。

弗洛伊德：是的，检察官把那些冲击道德和审美底线的分子阻拦了回去，又将少数守规矩的幸运者安排在过厅。它们便由潜意识过渡到前意识。

末　学：前意识是潜意识到意识的中间环节，或者说是中介。

弗洛伊德：前意识只具有意识的后补身份，它的特征是有可能成为意识。

末　学：前意识会成为意识吗？

弗洛伊德：这就看它的运气了。前意识向前迈一步，就进入意识所在的明亮的房间。但是它又会遇到站在门口的检察官的审查和阻拦。少数符合要求者可以成为意识，不符合要求者则被留在过厅，甚至被退回潜意识所在的幽暗的房间。于是这些不能成为意识的欲望，就成为被压抑的对象。

末　学：精神病就是由此而发生的吧？

弗洛伊德：是的。人的情绪被压抑得太久，又没有释放的渠道，就容易得精神病。这是我从理论上和临床实践中得出的结论。

末　学：那么如何让潜意识走出来呢？

弗洛伊德：因为有两名检察官审查和阻拦，所以潜意识很难走出来。

末　学：我倒有一个想法，而且中国的气（炁）功界也有了实践。

弗洛伊德：（惊奇地）什么想法？

末　学：通过数学运算，我得出2倍的阳性物质正物质（阳＋）和2倍的阴性物质负物质（阴一）下降时，阴性物质正物质（阴＋）和阴性物质负物质（阴一）便突现出来。运用气（炁）功方法，将意识下降到自身的2倍以下，潜意识就会突现出来了。这也解释了自古以来一切修炼者的艰难之所在。①

弗洛伊德：（智慧地）你关于意识的定义，是阳性物质的正物质（阳＋）和阴性物质的负物质（阴一）构成的统一体？

末　学：是的。这里说的阳性物质的正物质（阳＋），是特指的脑。阴性物质的负物质（阴一）是以衰变形式存在的。因此，意识是以衰变形式存在的阴性物质的负物质（阴一）和阳性物质的正物质（阳＋）即特指的脑构成的矛盾对立统一体。在意识的结构中，表现为以衰变形式存在的阴性物质的负物质（阴一）即阴性物质的反物质围绕着阳性物质的正物质（阳＋）即特指的脑做旋转式运动。在这种运动中，产生和发射出思维波——＋阴′一。脑意识从诞生的时候起，产生和发射的思维波——＋阴′一就具有固定的频率和波长。在思维波上，全息了一个人现世经历的人和事的所有信息与密码。阴性物质的负物质（阴一）围绕着阳性物质的正物质（阳＋）即特指的脑做旋转式运动时，其速度在光速的上限，因而阴性物质的负物质（阴一）即阴性物质的反物质就成为似衰变而未衰变

---

① 参见拙著《打开宇宙的另一扇门》7.2.6“‘心诚则灵’的深层意涵”。

的东西，像土星的光环一样美丽。因而在我们每个人的脑袋周围，都有一圈缠绕的“彩带”在不停地旋转着，非常美丽和壮观。

弗洛伊德：（兴奋地）新鲜！我算开了眼界了。也是一家之言，无可非议。

末　学：还有，潜意识是属于阴性物质世界范畴的东西；前意识是介于阴阳两个物质世界范畴的东西；意识则是属于阳性物质世界范畴的东西。

弗洛伊德：为什么呢？

末　学：世界上的某一类事物大凡都有相同象的特征，中国古代的《易经》就是根据相同象原理而对未知事物进行预测的。您提出的心理地形学即意识的结构，和我对于宇宙间阴阳两个物质世界的结构就具有相同象。

弗洛伊德：请您详细谈谈！

末　学：宇宙间阴阳两个物质世界的结构是，四维时空的阳性物质世界和四维以上多维时空的阴性物质世界，中间由时空隧道（空间的零存在形式和时间的瞬间停滞）联结着，而时空隧道则是介于阴阳两个物质世界的具有中介性质的时空存在形式。这种结构式和您提出的意识的结构可以作如下比较：

阳性物质世界——时空隧道——阴性物质世界

意识——（检察官）——前意识——（检察官）——潜意识

经过这种比较，我的上述结论的依据就清楚了。

弗洛伊德：（思考地）言之有理。

18.4　本我——自我——超我

末　学：先生，以上谈了您提出的意识结构，下面能否讲讲您说的人格结构？

弗洛伊德：当然可以。人格系统是由本我、自我和超我三个“我”构成的。

末　学：请您分别予以解释。

弗洛伊德：好的。本我是人的本能欲望的代表，属于潜意识范畴的东西。它从人的本能出发，混沌而热烈，满怀激情而又懵懂无知。它像一个纯粹的自然人，未经任何雕饰，诉求表达生命的真实目的。

末　学：自我呢？

弗洛伊德：自我表明人的人格独立和思想成熟，能够应对来自各方面的干扰。一方面，对于外界的刺激及时做出反应和处理，并且有效地改造外界事务；另一方面，对于来自本我的有悖于道德和审美底线的东西加以抵制，或者以其他方式延缓某些欲望的满足。自我在处理内外事务中，本领日渐娴熟起来。

末　学：怎样认识自我自身的结构？

弗洛伊德：自我是由三个层次构成的系统。一是外层与外部世界相接触，主要具有意识的特征；二是内层深入到本我中去，这部分意识因受到外界的影响而成为前意识；三是中间一层是自我与本我相互渗透的过渡层。在中间一层和外层之间，由检察官把守，专门检查那些来自本我的欲望。

末　学：自我有哪些功能？

弗洛伊德：自我的大部分都是在潜意识状态下活动的。不仅包括潜意识，而且包括意识、前意识。自我又是受理性指导的，恪守着道德和审美的底线，成为人的心理活动的主要部分。在人格结构中，自我居于举足轻重的地位。

末　学：什么是超我？

弗洛伊德：超我是从自我中分离出来的一个不受其管辖的监察机构。

末　学：这怎么解释？

弗洛伊德：这个监察机构代表人的良心。它是人的内心的一种自我约束的力量。它监督、控制着人该做什么，不该做什么。如果说有违规言行，良心就对人进行谴责。良心从自我独立出来之后就成为超我。

末　学：（思考地）超我代表着道德约束。

弗洛伊德：是的。它是道德法庭的审判员，公正无私、铁面无情。它既能够以意识的面貌出现，也可以以潜意识的方式发生作用。它强令自我用良心惩罚自己，使其产生内疚感，以抑制某些违背道德的欲念。

末　学：有意思，超我产生于自我而又反过来监督自我。这不就是协同学的核心概念——序参量的作用和意义吗？①

弗洛伊德：是的。父母生了儿子，儿子长大之后就管教起父母来了。

末　学：要是不服这种管教呢？

弗洛伊德：就要产生心理冲突。从人的心理结构来说，存在着三种心理冲突。一是本我与自我的心理冲突；二是超我与自我的心理冲突；三是自我内部的心理冲突。在这里，超我监督本我则是通过自我本身来进行的。

末　学：那么，三个“我”各自从哪里来？

弗洛伊德：本我是遗传的产物，受自然本能支配，代表生命的本真；自我是个体实践经验的产物，受当下事实的支配，代表人对生存环境的适应；超我

---

① 协同学（Coordination）。德国物理学家哈肯（Harmann Haken）于 1973 年首次提出协同学的理论。协同学吸收耗散结构论和突变论的优秀成果，研究了许多学科非平衡态有序结构的形成过程，结果发现尽管这许多不同类别的非平衡态有序结构演化的机制有所不同，但是它们在演化中所形成的机理却是相同的——都会形成一个核心内容的概念——序参量。协同学研究的是由大量子系统组成的系统，在一定的条件下，由于子系统之间的相互作用，便会形成具有一定功能的自组织结构，客观上便产生了时间结构，或者空间结构，或者时间—空间结构，即达到了新的有序结构。

是传统价值观的产物，受所承继的历史文化的支配，代表伦理道德的要求。

末　学： 从本我经由自我而达到超我，这是每个人都要走的道路吗？

弗洛伊德： 不一定。对有的人来说，可能永远都达不到超我的境界。但是，从本我经由自我而达到超我，却是由自然人到社会人的必经过程。

末　学： 在三个“我”中，看来自我是最苦、最累的。

弗洛伊德： 是的。它要同时应对外部世界、本我和超我，而自我内部也常有心理冲突，必须自我平衡。所以人活着实在不容易啊！

末　学： 现代人都感到心理压力很大，就因为自我负担过重。

弗洛伊德： 若能正确对待这些压力，及时解决矛盾而缓和冲突，人的精神就保持正常状态，否则便酿成为精神病患者。

末　学： 这是很可怕的，人的心灵上患了社会病。

弗洛伊德： 是啊！人类文明的发展总是以不断压抑人的本能为代价的。

18.5　性力：人类精神过程最强大的原动力

在我与弗洛伊德谈话期间，就不时地有患者挤进书房要求就诊。有一位患有歇斯底里症的漂亮姑娘，竟然在我面前大声号叫，听不懂她在说什么，估摸意思是我不应该把弗洛伊德医生从她身边夺走，否则就要找我算账了。无奈我和弗洛伊德的谈话只好暂时告一段落，他则赶快到诊室去出诊。

走出弗洛伊德的书房，我在他家的庭院里散步，感到十分惬意。这里七八间房屋错落有致，门框上褪色的油漆给人以厚重的历史感。后院的花园里种植着各色花卉，争奇斗艳。屋檐下生长的紫蔷薇，枝繁叶茂，爬满了栅栏。园子里还不时有小猫小狗出没，鸟儿在树冠间飞来飞去，啾啾地叫个不停。不远处看见一位华贵的夫人领着三个孩子在做游戏，笑声不时地传了过来。我想弗洛伊德的确是够幸福的了，他和他的家人天天过着这种衣食无忧的生活，这是马克思和燕妮、琳蘅后来根本不敢奢望的，尼采更是望尘莫及了。

太阳慢慢地从屋顶落下去，傍晚来临了。院子里异常安静，只有草丛中的虫子在轻声地鸣叫着。这时弗洛伊德步下台阶，款款地走了过来，他脱掉了那件白大褂，显得精干了许多。到了跟前他拉住我的手说，叫你久等了，你原谅那些患者吧，他们跟正常人不一样。我说当然理解，只是您比我更辛苦。弗洛伊德说咱们边走边聊吧，晚上我们一起吃烤鹅和甜点。我望着他笑了，心想弗洛伊德一定忘记了他现在的身份——生命在阴性物质世界的存在形式。

就在这间宽敞的庭院里，我和弗洛伊德作了如下的谈话。

末　学：先生，无论您讲到释梦，还是谈到意识结构和人格结构，出发点都是人的本能欲望，那么什么是人的本能欲望呢？

弗洛伊德：先说本能这个概念吧。它是人体先天具备的一种能力，不以人的意志为转移。它产生于人体内部，是被传导到心理器官的一种力。或者说它是一种驱动心理运行的力量或能量，体现着肉体的欲求。

末　学：它是人体最原始的本能？

弗洛伊德：是的。此种本能有两种：一是生存的本能，二是种的延续的本能。

末　学：它们都表现为人的本能欲望？

弗洛伊德：是的。生存的本能，表现为对食的本能欲望；种的延续的本能，表现为对性的本能欲望。前者遵从现实的原则，后者遵从愉悦的原则。

末　学：那么，您更看重哪一种本能呢？

弗洛伊德：从现实出发，这两种本能都很重要。例如，如果说没有对食的本能欲望，人就生存不了，一切都无从谈起；而如果说没有对性的本能欲望，人类就不可能延续下去，更是恐怖的事情。但是从心理分析来说，我更看重后者。因为性的本能欲望对心理的作用是决定性的。

末　学：性的本能欲望叫性冲动？

弗洛伊德：是的。叫性冲动更恰当一些，它表明了性所具有的活力。

末　学：您怎么给性本能冲动起了个专用名字利比多（Libiduo）？

弗洛伊德：为了研究方便起见。生物学通常用性本能表达人和动物的性需要，将它比喻为营养需求本能，相当于饥饿感。利比多与饥饿相对应，说明性和食都是人的身体需求，是与生俱来的本能欲望。

末　学：（思考地）在精神领域，利比多的冲动使人的精神充满活力。

弗洛伊德：利比多简要地说就是性力，是可以进行量化的能量。[①] 它来自于性冲动的基因，是人的无意识行为。它是一种在性本能的驱动下寻求满足的力量，构成了人类精神过程最强大的原动力。

…………

末　学：先生，为什么人有恋父情结或恋母情结？

弗洛伊德：这得从利比多说起。性力是人与生俱来的本能，在婴幼儿时就存在了，只不过它表现的方式更为隐蔽和奇特罢了。

末　学：（惊奇地）婴幼儿离性成熟还远着呢。

---

① 在弗洛伊德后期著作中，利比多（Libiduo）超出了性本能范畴，成为生命自身一种生长和创造的力量。

弗洛伊德：但是利比多早就存在于基因中，而且有了萌芽。

末　学：有这样的实例吗？

弗洛伊德：有。据我观察，孩子一出世，利比多就存在，并且发挥作用。譬如，婴儿吸吮、大小便的排泄、对生殖器的兴趣等，就是婴幼儿以隐蔽和奇特的方式过性生活。它们都源于性冲动的基因。

末　学：性冲动的力量有这么大？

弗洛伊德：是的。性冲动的力量贯穿于人的一生。从小到大到老，表现方式各异。儿童此时的心理状态，成为恋父情结或恋母情结的动因。

末　学：（醒悟地）在古希腊神话中，有一个故事说国王的儿子狄俄普斯，他动手杀死了做国王的父亲，然后娶母为妻。还有一个故事说一个女孩俄勒克拉特，她与哥哥联手杀死了自己的母亲和母亲的情夫，为父亲报了仇。① 这两个神话故事，是否隐喻了男孩的恋母情结和女孩的恋父情结？

弗洛伊德：是的。童话是人类的童年，这两个神话故事是关于男孩的恋母情结和女孩的恋父情结的寓言式注脚。一般地说，男孩从四五岁起逐渐迷恋上母亲，对父亲则敬而远之；女孩从四五岁起逐渐迷恋上父亲，对母亲则不冷不热。这是一个很自然的现象，每个家庭差不多都经历过。表明人从一开始就处在这种三角关系中，它的起因则是利比多的本能在发生作用。

末　学：这种三角关系在孩童时期就存在于潜意识中。

弗洛伊德：它是一种潜意识的幻想。如果说孩子长大了，仍然陷于这种三角关系中而不能自拔，就比较麻烦了。因为它触犯了道德底线和社会禁忌，欲望屡屡受挫，遭到压抑，利比多运行通道不畅。结果，欲望就可能以另一种方式——歇斯底里症表现出来。这是精神疾病发生的一个重要原因。

…………

末　学：看来利比多在人的精神活动中起着支配作用。

弗洛伊德：是的。利比多作为一种原动力，它的运行与社会力量相互激荡，深刻地影响着人生的轨迹。我们每个人的一生都是这么过来的。

末　学：那么，一个人的性功能愈强，是否表明其创造力愈大呢？

弗洛伊德：一般地说，应该是这样的。因为他的原动力功能强大嘛！但是也不一定，这得全面地加以分析。一个人的创造力大小，除了利比多之外，还有先验因素、联想能力、勤奋程度、社会环境、道德修养、法制观念，等等。是一个综合因素的合力在起作用。仅是性功能强而不加约束，还可能成

---

① 〔德〕古斯塔夫·施瓦布著，戴欢编译：《诸神的传说——希腊神话故事》，内蒙古人民出版社2003年版。

为流氓犯罪分子，这样的事例太多了，应该清醒地看到这一点。

末　学： 是啊，应该珍惜自己的利比多，不要轻易地挥洒。

弗洛伊德： 青少年更应该注意这个问题。

末　学： 利比多作为人的本能，它和外部世界有怎样的关系？

弗洛伊德： 关系可大了。离开了外部世界，就无法说明利比多的作用。

末　学：（疑惑地）为什么呢？

弗洛伊德： 利比多属于人的性本能，它追求的是自我满足的冲力。但是人毕竟是社会的人，因而利比多又是在与社会的道德与审美底线的抗争中运行的。人是在性冲动与道德法规的约束下跌跌撞撞地前进，表现为充满矛盾的人生历程。这是一种二律背反，非如此而不能彰显生命的力量。

末　学：（吃惊地）性冲动有这么大的作用？

弗洛伊德：（智慧地）是的。我认为利比多不仅是理解个体心理发展的基本线索，也是破解人类文明起源和发展的一把钥匙。

末　学：（兴奋地）请您详细谈谈。

弗洛伊德： 好的。主要有两点：第一点，文明是人们放弃本能满足的结果。人的生存和繁衍始终是第一位的，但是利比多又和道德法规的约束相冲撞，因而性本能与文明社会是格格不入的。文明社会越发展，性冲动和性自由就被压缩和限制得愈多。这也是没有办法的事情，否则利比多的排他性就会引发社会成员之间的冲突和一个个家庭破裂，这是谁也不愿意看到的。

末　学： 第二点呢？

弗洛伊德： 文明时代的人不幸福。因为文明扼杀了人的本能，使利比多的运行越来越曲折、艰难。不关心人的本能冲动，一味地制约它、限制它，是文明社会的最大缺憾。现在人的精神压抑越来越大，一些社会文化也被扭曲，好像患了精神病似的。但是人类也不能返回到自然状态，那样的话又会遭遇毁灭的命运。那么，人类如何走出这种两难的境地？实在值得深思。

末　学：（兴奋地）深刻！先生不愧为精神分析大师。

弗洛伊德： 人类处在这种两难的境地，这也是个人的命运。

末　学：（疑惑地）为什么呢？

弗洛伊德：（智慧地）本我代表人与自然的关系，超我代表人与社会的关系，自我则夹在中间，一直处于左右为难的两难之中。这既是个体的命运，也是群体的命运。因为人类史就是放大了的个人生活史。①

---

① 参见高路：《与哲学大师的人生对话》，中国工人出版社 2007 年版，第 298 页。

第 19 章　与杜威的对话[①]

查阅约翰·杜威（John Dewey）的资料，知道他出生在美国新英格兰地区维蒙特州贝林顿附近的农村，祖上三代都是地道的农民。他是一个典型的农民的儿子，在乡间上小学、中学和当地的一所大学，毕业后教过中学。1882 年他 23 岁时，考上位于马里兰州巴尔的摩市的霍布金斯大学当研究生，经过苦读而获得博士学位。然后留在大城市的著名大学里教书，靠着个人的积极奋斗，逐渐在所学专业和与其专业相联系的其他学科做出成就。——杜威的奋斗历程就像今天中国一些学人的一面镜子，简直太相似了。而他的经验论和求实精神，又多少打着维蒙特州贝林顿农村和农民的印记。

在美国，由于将近 150 年的城市化建设，原来偏僻、荒凉的维蒙特州贝林顿农村早已今非昔比。况且在贝林顿近 15000 人中，有一半来自爱尔兰和魁北克。即使本地出生的人，还包括在维蒙特州或新英格兰其他地方，居住很久的盎格鲁—撒克逊中产阶级新教徒家庭的后裔。所以要在杜威的家乡找到他，几乎没有可能。何况从农村出来的人，晚年都不愿意再回故里。

…………

在杜威的一生中，他在哥伦比亚大学待的时间最长。1884 年，杜威获得霍布金斯大学哲学博士学位。同年秋，受聘为密歇根大学哲学和心理学讲师。除 1888—1889 年曾在明尼苏达大学任哲学教授以外，杜威在密歇根大学工作

---

① 约翰·杜威（John Dewey，1859—1952），美国著名的哲学家、教育家，实用主义哲学的创始人，功能心理学的先驱，美国进步教育运动的代表。出生于美国新英格兰地区维蒙特州贝林顿附近农村。他在贝林顿上公立学校，后入佛蒙特大学。毕业后在中学任教三年。1882 年进霍布金斯大学攻读哲学，获博士学位。1894 年，任芝加哥大学哲学教授，哲学、心理学和教育学系主任。1904 年，任哥伦比亚大学哲学教授，哲学退休教授，长达 47 年。他称自己的哲学为“经验论的自然主义”或“自然主义的经验论”。他在 1896 年创办的芝加哥大学实验学校，使他的教育理论和实践得到检验，吸引了世界的广泛注意。1919—1921 年曾来华巡回讲学，传播实用主义教育思想。他访问过日本、土耳其、墨西哥、苏联和南非等国家。他的思想涵盖逻辑学、认识论、心理学、教育学、社会哲学、美术和宗教。著作甚丰，主要有：《哲学之改造》《民主主义与教育》《自由与文化》《我的教育信条》《教育哲学》《心理学》《经验与自然》等。

了 10 年。1894 年，他离开密歇根大学任芝加哥大学哲学教授及哲学、心理学和教育学系主任。这是一份令人羡慕的工作，但是由于他在教育计划管理和财务方面和芝加哥大学校长的意见不一致，结果他撂挑子不干了，学校怎么挽留也无济于事。1904 年，杜威到哥伦比亚大学任哲学教授，后任哲学退休教授。这样一干就达 47 年之久，直到他 93 岁逝世。在此期间，杜威还担任过美国心理学联合会、美国哲学协会、美国大学教授联合会主席。

哥伦比亚大学是世界上最具声望的高等学府之一。它位于美国纽约市曼哈顿的晨边高地，濒临哈德逊河，在中央公园北面。它于 1754 年根据英国国王乔治二世颁布的《国王宪章》而成立，是美国最古老的五所大学之一。它被誉为美国政治、经济领袖人物的摇篮。美国开国元勋之一亚历山大·汉密尔顿是这所学校的校友，他的塑像矗立在校园里。美国第 26 届总统西奥多·罗斯福和第 32 届总统富兰克林·罗斯福也分别在这里求学。另外，美国第 34 届总统德怀特·艾森豪威尔曾是这所学校第 13 任校长。联合国前秘书长加利和欧元之父蒙代尔也在这里求学，基因学的奠基人摩尔根在这里掀起生物界的一场革命。自从 1901 年诺贝尔奖开始颁布以来，曾经在这里学习或工作过的 48 位学者获此殊荣。另外有 7 位美国科学家，曾因在创建于 1927 年的普平物理室的研究成果而获诺贝尔奖。美国新闻界至高无上的普利策奖在这里诞生。这里拥有美国第一所授予博士学位的医学院。中国的许多著名学者在这里也留下了青春的脚步。250 年来科学与艺术是这所学校永恒不变的主题。

我是在哥伦比亚大学杜威的办公室里拜见他的。当我向他施以鞠躬礼并说明来意之后，他热情地说："欢迎、欢迎!"杜威说他热爱中国，特别是和中国的学者有缘。五四运动前夕，他以"实用主义神圣家族家长"的身份应邀来华讲学，在上海、北京等地讲授实用主义学说。蔡元培、胡适、陶行知、郭秉文、张伯苓、蒋梦麟等人，均为他的学生。特别是胡适在哥伦比亚大学留学时，他是他的导师。他的言传身教，使胡适大器早成，成为他一生的骄傲。

杜威显得很激动，好像很久没有接受中国人的访谈了。他有着较高的个头，肩膀略宽，但是显得瘦削。留着分头，头发梳理得一丝不乱。额头平坦，端正的鼻梁上，架着一副浅褐色化学框架眼镜，和蔼而智慧的目光射出，给人以温馨的感觉。他的薄薄的双唇讲话不紧不慢，嘴角老是挂着浅浅的微笑。他清秀儒雅，文质彬彬，一看好像是个你说什么都行的谦谦君子。

但是请不要忘记：凡人不可貌相，海水不可斗量。往下你就会知道杜威思想的厉害，他的崭新的意识对大洋彼岸崛起的美国进行了精神洗礼。在美国思想走向成熟以及美国精神定型的过程中，杜威起到了无可替代的作用。

他是美国人民的向导、导师和良知，他是当之无愧的美国精神教父。

…………

就在杜威的办公室，我和他作了如下的谈话。

19.1　自然主义的经验论

末　学：先生，您的哲学思想的核心是什么？

杜　威：实用主义——一种突出行动和生活的哲学。

末　学：您的意思是哲学要讲究实用，让生活高于一切？

杜　威：是的。这看似实际了些，可是它是与时俱进的产物。它是打造一个强大的美国所必需的精神食粮，新一代人要用这种思想孵化出来。

末　学：您能详细地解释一下吗？

杜　威：当然可以。但是，这得从理性主义讲起。

末　学：理性主义早已是定论。在认识问题上，它承认理念和逻辑的可靠性，主张首先确立观念，然后推理，否认经验来源……

杜　威：（宽厚地笑了）这个没错。可是我认为有两点值得考虑：第一，理性主义试图建立一种自足的知识神话，那么它的推理能达到认识的目的吗？第二，理性主义声称通过概念和推理可以发现现象背后隐藏的绝对的东西，但是如果脱离了经验，概念能够自己去进行认识和证实吗？

末　学：（思考地）不能。没有人的实践和经验，一切都是空的。

杜　威：对。理性主义忽视了这一点，所以我说它是神话。

末　学：那么，您对经验主义情有独钟？

杜　威：（智慧地）这要看怎么说。虽然我指出了理性主义的不足，但是我对于传统的经验论也不敢苟同。因为它基本上是被动顺受的，根本没有人认识的主动性和创造性，所以我是不能接受的。

末　学：那么，什么是传统的经验论？

杜　威：就是教科书上对经验主义的定义。

末　学：噢，我知道了。经验主义只承认感觉、印象等经验的东西在认识中的作用，主张哲学家的对象是日常的经验事实……

杜　威：这些看似没有错误的定义，实际上存在很大的问题。譬如，这些感觉、印象等经验的东西，就像原子一样一个个独立排列着，然后人把原子状的感觉组合为意象、知觉等。在这里，人的认识是消极、被动地产生着。

末　学：（思考地）那么，什么能将感觉变得主动一些呢？

杜　威：（智慧地）有一种东西起着将感觉结合在一起的作用。有了它感觉就变得主动、热情和活泼，这就是人的经验。

末　学：（思考地）这里面有两个问题。一是您说的经验和传统的经验论的区别是什么？二是从您说的经验出发……但又如何看待理性呢？

杜　威：（智慧地）这是不成问题的问题。我所说的经验和传统的经验论的区别是显而易见的。简单地说，我说的经验是主动的，而传统的经验论则是被动的。如何看待理性？当然理性是完全正确的，康德就是这么认为的，我也没有贬低理性作用的意思。但是，人们既然凭借心灵中先验的知性范畴整理感觉材料，就不能不为经验论留下缺陷，这一点康德也觉察到了。理性神话出现了一道不可弥合的裂缝——缺乏人的主动的经验，而传统的经验论正好在这个地方跌了跟头。这也是经验主义不能将经验原则贯彻到底的原因。

末　学：先生，这是如何造成的呢？

杜　威：一开始的出发点就有问题。譬如，传统的经验论把主体和客体分离开来，让人的心灵和事物彼此独立，于是人成了对象物的静观者。这种二元分裂的状态怎么让人去主动地认识事物呢？在这个问题上，理性主义者也好不到哪里去。它仍然坚持的是主体与客体、认识与对象相分离的二元论思维。一句话，主体不主动地认识客体，不和客体相结合，就不可能获得真理。

末　学：（思考地）的确存在这个问题。主体远离客体，搞不清对象物是怎么回事，必然怀疑主义盛行，也使人们失去了自信心。

杜　威：（坚决地）既然传统的哲学存在着不可克服的矛盾，那么就要来一番彻底的改造。否则哲学的生命就要完结了，人类也不可能前进一步。

末　学：那么，从何处着手改造呢？

杜　威：我瞄准的是传统经验论大厦的底座，只要撬动了它，大厦就坍塌了。

末　学：为什么如此重要的问题到现在才提出来呢？

杜　威：（感慨地）当历史的发展还没有提出这个要求的时候，谁也想不起来。譬如，在漫长的农业社会，一切都在缓慢地进行着，那么这种二元论的哲学马马虎虎还说得过去。但是现在历史已经发展到资本主义阶段，特别是在工业化和城市化迅猛发展的今天，二元论的哲学就与现代精神格格不入了。

末　学：所以您的经验主义是与时俱进的产物。

杜　威：是的。因为经济的快速发展和科学技术的日新月异，使整个社会的节奏变快了。它要求人们无论是在科学研究中，还是从事其他一切活动，主体和客体必需紧密地结合起来。只有人在认识和变革现实的过程中，才能获得真知灼见并创造出物质财富。因此，经验首先不是一种认识事件，而是同时进行的行为和经历的统一体。经验是主体与客体的合一，是主体与客体共同作用的产物。所以经验就表现为人与对象物的相互交流。

末　学：这就是说，人对于对象物是主动而积极的，而不是被动、消极的。

杜　威：从我的经验主义出发，经验不仅是一种认识，而且是人的一种经历；不仅是人的一种行为，而且是人在作用并利用事物。因为人和事物纠缠在一起，所以当人在利用事物的同时，也被事物所利用。

末　学：您将对象物主动化、拟人化了。

杜　威：是的，至少我在观念上这样做了。

末　学：您能举例说明吗?

杜　威：当然可以，这样的例子俯拾即是。在生物界，生命要延续下去就必需不断地适应环境。但是它决不是消极、被动地去适应环境，而是积极、主动地改变环境以利于生命的繁衍。生命在作用于环境的同时，也接受环境的作用。例如，一只蛤蜊也会选择某种食物，吸取它的养料，使其转化为贝壳来保护自己。生物的等级越高，对环境的改造在它的行为中所占的比重越大。人就更不用说了，修堤筑坝、发电灌溉都是人对环境改造的结果。所以，生命与环境是交互作用的，而人的经验一开始就是主动的，贯穿于生命的全过程。

末　学：人和非生物的事物的关系也是如此。

杜　威：为什么呢?

末　学：因为万物皆有灵，非生物的事物也有意识和灵魂一样的东西。凡是主体认识的对象物，不管是生物还是非生物的事物都有灵性。

杜　威：(有兴趣地)请你给予解释，我洗耳恭听。

末　学：人是宇宙间的高等生命，是生命在阳性物质世界的存在形式之智慧者。人对于对象物的认识（或审美），是在“心—脑”一致时，灵魂产生和发射的灵魂波——－阴′＋与意识产生和发射的思维波——＋阴′－相互耦合（或彼此分离），由思维波——＋阴′－推动携带的阴性物质的正物质（阴＋）——意念，一起作用于认识（或审美）对象的。灵魂波——－阴′＋与思维波——＋阴′－，以及作为意念的阴性物质的正物质（阴＋），都是具有特殊频率和波长的电磁波。它们作用于认识（或审美）对象，就要求对象物也给予相应的频率和波长的回应。如果说和对象物发生了同频共振，就达到了认识（或审美）的目的，否则情况则相反。所以宇宙间的任何对象物都不是死物，它照样能够产生和发射具有特殊频率和波长的电磁波。不过相对于人这个主体来说，它们是客体。

杜　威： 为什么宇宙间的任何对象物都不是死物？

末　学： 宇宙间的物质从总体上说分为阳性物质和阴性物质。阳性物质区分为阳性物质的正物质（阳＋）和以衰变形式存在的阳性物质的负物质（阳－）即反物质；阴性物质区分为阴性物质的正物质（阴＋）和以衰变形式存在的阴性物质的负物质（阴－）即阴性物质的反物质。以我们所处的四维时空的阳性物质世界为例，任何对象物如石头、流水、建筑物等，它们看上去都是阳性物质的正物质（阳＋）。但是请不要忘记，与其对立统一存在的还有以衰变形式存在的阳性物质的负物质（阳－）即反物质。而阴性物质的正物质（阴＋）和以衰变形式存在的阴性物质的负物质（阴－）即阴性物质的反物质，也存在于四维时空的阳性物质世界，只是它们并不占有这个空间。这时作为阳性物质的正物质（阳＋）的石头、流水、建筑物等，它们与以衰变形式存在的阴性物质的负物质（阴－）即阴性物质的反物质相组合，就成为具有意识一样的东西；而与石头、流水、建筑物等对立统一存在的以衰变形式存在阳性物质的负物质（阳－）即反物质，与阴性物质的正物质（阴＋）相组合，就成为具有灵魂一样的东西。既然石头、流水、建筑物等也有意识一样的东西和灵魂一样的东西，那么它们对主体回应特殊频率和波长的电磁波，以便发生同频共振，就是自然而然的事情了。

杜　威：（兴奋地）好！这说明万物皆有灵。

末　学： 由于灵魂波——－阴′＋和思维波——＋阴′－的运动速度是超光速的，那么主体和客体对象物之间的距离就不仅是缩小的问题了，而且如您所说的是互相纠缠在一起。所以，您的直觉判断是对的。

杜　威：（兴奋地）好！我的判断被你证明了。

末　学： 还有，一个日本学者江本胜对水所做的实验，很能说明问题。

杜　威： 什么样的实验？

末　学： 江本胜花费近十年时间做了几万次的实验，① 每次他都从自来水管接两试管水，一个试管上面贴上一些美好的语言，譬如说“爱、感谢”。另一个试管上面贴上一些恶毒的语言，譬如说“真恶心、讨厌、我恨你、我要杀你”。过一段时间之后让水冷却结冰，然后用高倍显微镜观察水的结晶。结果发现，贴上美好语言的试管，结晶体像大钻石一样美丽。而贴上恶毒语言的试管，结晶体非常难看、丑陋。可见人的心态和语言能够影响水结晶的结构。

---

① 江本胜（Masaru Emoto，1943—　）高级研究员。日本横滨市人，毕业于横滨市立大学文理学部国际关系学系，获博士学位。供职于日本 IHM 研究所。

杜　威：（惊奇地）噢，水也是有灵性的物质。万物皆有灵！

末　学：这也证明了你的观点，人在利用事物的同时，也被事物所利用。经验是人与对象交互作用的结果，是行为和经历的统一体。

杜　威：（兴奋地）很好！我的经验主义从另一个角度得到了科学实验的证明。

…………

末　学：先生，知道了什么是经验，是否对人的感觉就要重新定位？

杜　威：是的。感觉是在人的行为中发生的，而行为中又贯穿着主体和客体的交互作用，所以感觉就不是客体在人心中的表象。

末　学：那么，它是什么呢？

杜　威：从生活的经验可知，感觉是在人的行为过程中。当人产生感觉的时候，往往是在行为受挫之时，所以感觉是人的行为受到阻截的符号，是人的行为的枢纽。感觉是人的前一个行为过程的结束和另一个行为的开始。

末　学：您把感觉置于人的行为过程当中，理解为人的一种经历？

杜　威：是的。对于感觉的重新定义，也是我的经验主义的一个方面。

末　学：您对于哲学基本概念的刷新，的确是革命性的。那么，从经验主义出发，它有哪些值得我们关注的特点呢？

杜　威：（信心十足地）我认为共有四点。第一点，经验的行动性。实话实说，经验是人做出来的而不是看出来的。只说不干或者只想不干，就永远不可能有什么经验。所以我一再指出，经验是人的行为和经历的统一体，突出的就是行动。经验的获得依赖于人积极地参与变革现实的斗争。

末　学：第二点呢？

杜　威：经验的主动性。我之所以强调经验的行动性，就是要突出人的主动性。虽然经验是主体和客体、心灵和对象不可分离的整体，是人与环境交互作用的产物，但是主体的主动性、能动性始终是第一位的。一只蛤蜊也是主动吃掉某些食物才转化为养料而加强其硬壳的。至于人的行为的主动性就更明显了。现代社会的工业化成就，无一不是人主动变换对象物而获得的。

末　学：第三点呢？

杜　威：经验的社会性。孤立的个人是不可能生存下去的，如生活在鲁宾逊荒岛上更不可能产生什么经验。因而凡是人都是社会的人，都是在与他人发生这样或那样的关系中进行劳动和生活的。人的思想和行为受到社会以及各种组织的影响，共同参与人类经验的形成。在社会化大生产中，人与人之间的联系更为紧密，因此任何个人的经验都打上了社会性的印记。

末　学：第四点呢？

杜　威：经验的创造性。创造性经验来自于创造性思维，将经验与未来相联系是其重要的特征。创造性经验包含对未知领域的规划和探索。不要拘泥于已有的经验，要敢为天下先，因为未来的前景更灿烂。为此，我主张用一种崭新的世界观、一种创造的观点、成长的观点看待世界。因为事物的演化远没有完成，它仍然是可塑的，一切奇迹在我们的奋斗中都会产生。

末　学：您是说人们的经验行为是在无限的可能性和自由之中。

杜　威：现代社会的工业化浪潮已经为我们提供了这个机遇，因此要求我们的经验必需具有行动性、主动性、社会性和创造性。

末　学：这就是您的经验主义的要旨？

杜　威：是的。为了和传统的经验论相区别，我把它叫做自然主义的经验论。

末　学：这就是美国精神的哲学基础。

杜　威：你说对了，我的学生胡适当年也是这么看的。

19.2　在经验的基础上对知识重新定位

末　学：先生，理性在您的哲学中有着怎样的地位？

杜　威：它同经验一样重要。但是，我不同意将理性及知识过分拔高。

末　学：为什么呢？

杜　威：因为脱离经验的理性及知识是不完备的。这里面存在认识上的误区：传统的哲学把理性及知识看成是与现象背后的存在相对应的思想体系，存在被认为是不变的本质、永恒的秩序，知识也就是绝对的、静观的。

末　学：这种绝对的、静观的知识是没有用的。因为它早已落到实践的后边，既不能说明新出现的情况，也不能解决面临的实际问题。

杜　威：其实现象比本质更新鲜、更活泼，只有透过现象才能抓住本质。理性没有理由疏远经验，更不能把知识看成是独立的、自足的东西。没有新鲜的经验注入，理性及知识就是干瘪的教条，它就只有束之高阁了。

末　学：现代科学和工业的发展，正在改变传统哲学的这些看法。

杜　威：是的，它要求在经验的基础上对知识重新定位。人们越来越认识到，理性及知识不能脱离经验，知识不是自足体。如果说对知识不去除相形见绌的部分和吸收新鲜的成分，那么它就面临着被淘汰的结局。

末　学：在当今世界这是谁也阻挡不了的事情。

杜　威：吐故纳新、新陈代谢是宇宙间的普遍规律，理性及知识也不例外。

…………

末 学：先生，您能谈谈理性的起源吗？

杜 威：当然可以。首先，看看知识是怎么产生的。经验主要是行为，表现为感觉的运动。但是人在实践中会碰到这样那样的问题，仅仅靠经验是解决不了这些难题的。于是就需要从以往的经验中抽象出理论来指导、帮助解决问题。这就产生了知识。所以理性、知识来自累积的经验。

末 学：那么，理性、知识为什么能帮助经验解决问题呢？

杜 威：因为它具有普遍的抽象性。

末 学：（思考地）请进一步加以解释。

杜 威：所谓抽象，就是把经验的某些共同特征提取出来，上升为带有普遍意义的规律性的东西。这就产生了理论，或者说理性、知识。理论来源于实践，反过来又指导经验行为。譬如，工业化的进程总是伴随着市场的扩大和法制的逐步健全。掌握了这条规律，现代社会的运作就会走向良性循环。

末 学：理论的抽象（形成）是以实践经验为前提的。

杜 威：越是理论的，就越是抽象的。理论的抽象性愈强，其对事物的覆盖面就愈宽泛。但是，它离具体的经验就愈远。这是没有办法的事情，也是另一种意义上的二律背反。

末 学：不管多么抽象的理论，它并不完全脱离经验。

杜 威：是的。中国老子的学说够抽象了，仍旧魅力无穷。因为它并没有脱离人们的经验，反倒是对经验的指导和警示。

末 学：一种理论、学说的传播完全靠它自身的魅力，同时又要经过实践的检验，才能得到人们的青睐和信任。

杜 威：特别是要给它不断地补充新鲜的内容。与时俱进，常变常新。

…………

末 学：先生，您作为一个经验主义者，是否认为经验是万能的？

杜 威：不，我绝对不这样认为。每个人的经验都是个别的，是无人可以替代的。不能把过去的经验用于现在；也不能把别人的经验用于自己。所以经验是有局限性的。但是理性却不是这样，理论能够指导实践。

末 学：理论、理性、知识是高于经验的，它来自于经验又反过来服务于经验。

杜 威：理论、理性、知识这些东西，都是与我们的行动紧密地结合在一起的。它们为人所用，充当着人类变革现实的工具。

末 学：那么，理论、理性、知识的价值怎么衡量呢？

杜 威：它们的价值不在于自身怎么样，而是取决于它们在人类的实践活动中所显示的功效。当然这里有现实的短期功效和历史的长远功效。可以说，抽象层次较低的理论，大凡具有现实的短期功效；而抽象层次较高的理论，往往具有历史的长远功效。甚至一时看似无用的理论，将来可能是最有价值、最有用的理论。在这方面需要慧眼识珠，而不能鼠目寸光、急功近利。

19.3 真理是我们行动的工具

末 学：先生，真理是否也有一个功效问题？

杜 威：当然有了。如同知识是人的工具一样，真理也是我们行动的工具。既然如此，真理就有工具的效用。这是检验真理的起码标准。

末 学：怎么检验呢？

杜 威：真理的工具作用表现在人改变环境的行动中。一切概念、学说、规划、方案等是否为真理，就看它能否起到工具的效用。用它把事情办好了，就代表真理；反之便是谬论。这是再清楚不过的事情，并不存在多重标准。

末 学：您是说真理一定要有用处？

杜 威：是的。凡是真理就一定能够准确无误地指导人们的实践活动，并且取得令人满意的效果。真理一定要有用处，这就是我倡导的实用主义。

末 学：但是，有时候明明是在坚持真理，却把事情搞砸了。这怎么解释？

杜 威：（智慧地）这就是歪嘴和尚把经念错了。

末 学：（思考地）它不是理论的问题，而是理论和实践结合的方法不对。

杜 威：所以对待真理，也有一个采取什么态度和方法的问题。教条主义地生搬硬套，以为是在坚持真理，其实是在亵渎真理。

…………

末 学：先生，真理一定要有效用，是否也指满足个人的需要？

杜 威：当然包含对个人有利了。一种概念、思想、学说代表真理，就一定会为所有人带来利益。个人分享其中的好处是天经地义的。

末 学：所以您的实用主义对每个人都适用。

杜 威：（智慧地）不过，这样讲容易给人造成误解。

末 学：什么误解？

杜 威：好像我的实用主义提倡真理只满足私人利益，是对纯粹个人目的、感情、生活和利益的满足；又好像对自己有利的东西就是真理，应该理直气壮地贯彻到底。如果说这样理解的话，就违背了我的实用主义的本意。

末　学：那么怎样全面地理解您的意思呢？

杜　威：我的实用主义，不仅对个人有利，而且能为大众造福。它和人的经验一样是社会性的东西。因为人对真理的运用总是在社会环境中进行的，是由许多人的参与而完成的，它不只为了个人需要，同时也符合社会的要求。所以实践的结果必然为大众带来利益，而不是只满足个人的私利。

末　学：那么，什么是真理的标准呢？

杜　威：简单地说，对个人有用、对大众也有用的概念、思想、学说、办法等就是真理。真理的标准只有一条，就是看实践中的效用。

末　学：如果说有的思想和学说在当下还看不到效用怎么办？

杜　威：那就在未来看它能否产生效用。

末　学：那它还是真理吗？

杜　威：只能是假说，是未经证实的真理。

末　学：您说的效用是指经济效益还是社会效益？

杜　威：两者都有，还包括当前效益和长远效益。但是它们最终都以经济效益的方式表现出来。这一点，在市场经济条件下更是如此。

末　学：先生，我觉得您有忽视社会效用的倾向。因为人的精神需求是用金钱无法购买和替代的，怎么最后把一切都用货币来表示呢？

杜　威：（吃惊地）这个问题……我也没有完全考虑成熟。但是在艺术品拍卖市场上，所有艺术家的作品都按竞价出售。尽管有的艺术家显得十分清高，并不爱钱，可是他也得遵循价值规律。

末　学：也有给多少钱都不愿意出售自己作品的艺术家。这怎么解释？

杜　威：（一时语塞）这个问题另作研究吧。

末　学：认为真理一定要有用，还可能弄假成真。

杜　威：（智慧地）这个完全可能。譬如，卢梭的国家起源于契约就是虚妄和荒诞的，但是因为它帮助人们实现了建立新国家的愿望，大家就认为它是真理。在这里，真理成了人们行动的工具。

末　学：既然是工具，就无所谓真假了。对此，我保留自己的看法。

杜　威：（宽厚地笑了）当然可以保留看法，学术之争是正常现象，也是学术发展的必要条件。相反什么时候都舆论一律，反倒不是好事情。但是我要申明的是，真假不能构成判断真理的标准。

末　学：那么真理总要符合一些什么吧？

杜　威：如果说一定要真理符合什么的话，它符合的只能是人的行为。它服务于人的目的，帮助人有效地处理对象，达到满意的结局。所以，真理总是用一定的价值来衡量，同带给人的行为的结果相关联。

19.4　哲学在教育上的实验

正当我要继续提问时，杜威口袋里的量子电话响了。他示意我暂时停下来，便赶忙侧耳接听电话。原来是胡适自中国台湾“中央研究院”打来的，说今天下午三点钟原来在哥伦比亚大学读书的中国校友要到校园里聚会，务必让杜威抽出时间参加。并且说参加的人不少，包括大陆、台湾和其他海外来的。

我看了一下表，现在是中午一点半，问杜威是否来得及。因为从台湾飞到纽约至少也得十三四个小时。杜威笑了，拍了拍我的肩膀说：“你又忘记我的身份了。那是一种超光速的飞行!”

杜威说等一会儿带我一起去参加他们的聚会，现在先吃一点儿东西，稍微休息一下。服务生为杜威送来了特制的阴性物质食品，是一种放射着五彩颜色的蔬菜、水果。送给我的是一盘生鱼片加上一碗蛋炒饭。我们边吃边聊，杜威对我们的谈话很满意，说过一段时间还想到北京、上海、广州走一趟，也想去台湾看看。说着说着有些犯困，不一会儿就靠着椅子睡着了。

…………

我一直注视着窗外的动静，因为是第一次要见胡适等人，心里不免有些紧张。正当我遐思漫想的时候，听见了轻轻的敲门声。还没等我反应过来，推门进来的果然是胡适。他西装革履，面带笑容，走上前去向坐着的杜威恭恭敬敬地施以鞠躬礼。我赶忙站起来，等胡适礼毕之后，我向他施以鞠躬礼，胡适则礼貌地躬身还礼。当杜威向胡适介绍我的时候，胡适走到我的跟前，握着我的手高兴地说：“知道你，我早听说了。”胡适态度诚恳，极具亲和力。使我不禁想起许多人称“我的朋友胡适之”时的自豪感。

墙上的挂钟响了三下，我们一起向校园走去。就在不远的草坪前，已经聚集了不少人，后边还有人蹒跚而来。走近了，我才看到眼前群星灿烂的景象。所来的人我只能根据过去读过他们的作品或看过的照片加以辨认。他们是：胡适、陶行知、蒋梦麟、徐志摩、闻一多、马寅初、潘光旦、冯友兰、金岳霖、郭秉文、唐敖庆、侯德榜、吴文藻、姜圣阶等。等大家都坐好之后，胡适正要邀请杜威讲几句话时，有人示意暂停一下，原来后边又有几个人来了。领头的是宋子文，紧跟其后的是顾维钧和蒋廷黻。他们的到来，换来了一阵稀疏的掌声。

…………

到了晚上九点半，熙熙攘攘的聚会才告结束。只一眨眼的工夫，草坪上就空无一人。剩下杜威和我，一看还有时间，接着作了如下的谈话。

末　学：先生，接下来我们谈谈教育问题，这是您的老本行。

杜　威：好的。我对办教育一直有着浓厚兴趣，心里总是系着一个教育的情结。我认为教育是推动社会改革和进步的基本途径，因此有一段时间我曾产生过转行的念头。当然这样做并不意味着我要放弃哲学，而是想通过办学来贯彻自己的哲学思想，并向世人证明我的实用主义哲学的功效。

末　学：听说您后来真的办了一所学校？

杜　威：是的。1894—1904 年期间，我在芝加哥大学担任哲学系、心理学系和教育系主任，鉴于当地基础教育落后的状态，我便向校方提议设立一所小学。建议被批准后，学校很快就办起来了，由哲学系主持。最初名称叫“大学附小”，后来叫“实验学校”，再以后就流传为“杜威学校”了。

末　学：（甚感兴趣地）您能谈谈这所学校的概况吗？

杜　威：当然可以。开始只有 16 个学生，2 个老师。后来增加到 100 多人，编为 11 个年级。师资力量和教学设施也有了很大改善。从小学一年级开始，注重孩子的动手能力，发挥学生的想象力、对事物的判断能力，以及培养他们的探险精神。学生在校除了学习文化科学知识之外，还学习做菜、煮饭、手工、军训、体育等，这所学校实际上就是一个社会生活的大课堂。

末　学：一开始就让学生脑体结合。

杜　威：尽量做到理论和实践打成一片。

末　学：那么，您的教育理念是什么？

杜　威：实用：生活高于一切。

末　学：您将家庭和社会生活都引入了学校？

杜　威：是的。在教学内容和方法上，都是围绕学生将来步入社会而安排的。

末　学：这是着眼于社会需要而确定的培养目标。

杜　威：孩子现在是家庭的，将来是社会的。要让学校成为社会生活的一种形式。他们现在在课堂上学到的和做到的，就是将来在社会生活上的延伸。这对每一个人来说都将终身受益，这也就是我的素质教育。

末　学：这既是对传统办学模式的反叛，也是您的哲学思想在教育上的实验。

杜　威：你说对了。经验的行动性、主动性、社会性和创造性，都应该在教学的实践中体现出来。这就是在模拟的社会生活形式中，让学生动脑筋思考，用手亲自去做，以培养他们的自主、自觉和创造精神。

末　学：先生，您为什么将这样全面发展的学校还叫做实验学校？

杜　威：因为学校是模拟的社会生活形式，况且未来是不确定的领域，需要不断地探索，所以学校教育实际上是对未来探索的先期教育。还有，任何经验本身都带有实验的性质，而理性则是实验的智慧。这就要求教育求新求变，具有创新精神和实验态度，才能赶上时代发展的需要。

19.5　教育是成长

末　学：先生，您的教育思想别具一格，充满了智慧和远见。下面想请您谈谈关于继续教育的问题，也就是人为什么要活到老、学到老呢？

杜　威：这还得从我的经验主义谈起。上面说过，我的学校之所以叫实验学校，是因为经验本身也具有实验性。人的一生走过的历程，大凡具有实验的性质，原因是外界事物的变化层出不穷，需要探索着往前行走。

末　学：摸着石头过河，直到到达看得见的彼岸。

杜　威：近代科学实验方法表明，一切概念、定律都是相对真理，只要形成它们的条件发生变化，它们自身也会发生变化。工业化的进程也表明，人们运用先进的生产手段，可以不断地将对象物变换出新产品来。因此，不满足现状，希望打破原有的秩序，求新求变，是现代人的普遍思想。

末　学：这和千百年来人们追求一种稳态的生活形成鲜明的对照。“日出而作，日入而息；耕田而食，凿井而饮”只能是对过去生活的回忆了。

杜　威：超稳定的状态一旦被打破，一种新的社会结构就会出现。

末　学：这是否说我们整个处在变化的世界中？

杜　威：是的。科学和工业加剧了生活的变化。人生充满了动荡而多变，我们前面充满了未知和不确定因素。在公平竞争条件下，机会对每个人都是均等的。只要善于抓住机遇，奋力拼搏，就会改变人生的命运。

末　学：那么，怎样才能奋力拼搏呢？

杜　威：需要科学知识。知识就是力量，知识能够改变一切。

末　学：（思考地）知识是否一成不变呢？

杜　威：（智慧地）不，绝对不是一成不变。既然整个世界都处在变化中，那么知识也不可能是一个静态的自足体。知识不仅不是一成不变的，而且是永远成长着的。就知识本身来说，也要吐故纳新、常变常新。

末　学：知识作为人们的工具，也得不断地改进、弃旧图新。

杜　威：个人要想保有自己的知识，就必需不断学习，注意吸取新鲜的知识，去除那些过时的、相形见绌的东西。面对变化的市场形势，求新求异，采取灵活多变的态度，随时调整自己的思想和行动，才能立于不败之地。

末　学：这不就是实用主义的学习态度？

杜　威：是的，它很管用。这是我的哲学在教育和学习上的活学活用。

末　学：那么，教育是什么？

杜　威：一句话：教育是成长。

末　学：您是说教育是一个不断进行的过程？

杜　威：是的。成长是一个永恒的过程，教育是人们终生的事业。孩子要受教育，成人也要接受继续教育。对于成人来说，责任重大，因而更要虚心学习，不断地调整自己的知识结构。做到活到老、学到老。

第 20 章　与萨特的对话[①]

为了寻找本书的最后一位访谈对象让-保罗·萨特，我从纽约乘飞机直飞巴黎。已经是 8 月上旬，巴黎仍然艳阳高照，热浪滚滚。大街上行人如织，熙熙攘攘。面对茫茫人海，我不禁有些发怵，该到哪里去找萨特呢？在纽约时我已经和萨特通过量子电话，联系了采访事宜。但是临行前却怎么也拨不通他的电话，现在怎么办呢？就只有这样瞎找呗！一位老者告诉我，前一阵子巴黎的大学生在靠近埃菲尔铁塔的“和平墙”广场游行示威，声援出租车司机和电器工人罢工，他还看见萨特叼着烟斗走在学生队伍中呢。

但是罢工高潮已经过去，市面也恢复了正常秩序，就不能说萨特现在还在巴黎。因为他和他的终身伴侣西蒙娜·德·波伏娃总是出现在世界最敏感的地带，谁知道现在世界上哪个国家、哪个地区又有什么事情发生。正当我在迟疑之际，一位中国留学生走过来问我有什么需要帮助的，我说我想找萨特。她说萨特好像还在巴黎，昨天看到了他发表在《费加罗报》（*Le Figaro*）上的一篇文章。接着她说给报社打个电话或许能知道地址。又说要不让我去圣·日耳曼大街路口的花之咖啡馆碰碰运气，因为萨特和波伏娃常在那里。

我觉得报社会为作者保密的，还是去花之咖啡馆碰碰运气吧。

花之咖啡馆因为萨特而早已闻名世界。还是在二战期间，巴黎被德军占

---

① 让-保罗·萨特（Jean Paul Sartre，1905—1980）。法国思想家、存在主义哲学家、社会活动家、文学家和戏剧家。出生于巴黎，1924 年入巴黎高等师范学院攻读哲学，后任中学教师。1933 年在柏林法兰西学院哲学系学习。第二次世界大战爆发应征入伍，1940 年被德军俘虏，次年获释，后参加法国地下抵抗运动。著名思想是“存在先于本质”。其代表作《存在与虚无》是存在主义的高峰作品。著作颇丰。主要哲学著作有：《想象》《存在与虚无》《存在主义是一种人道主义》《辩证理性批判》和《方法论若干问题》等。他把深刻的哲理带进了小说和戏剧创作，中篇《恶心》、短篇集《墙》、长篇巨著《自由之路》三部曲：《懂事的年龄》《弥留期》和《心灵之死》；剧本《苍蝇》《密室》《死无葬身之地》《可敬的妓女》《肮脏的手》《魔鬼与上帝》《托洛亚妇女》等。他的戏剧创作成就高于小说，一生创作了 9 个剧本，其中《苍蝇》《间隔》等，在法国当代戏剧中占有重要地位。《恭顺的妓女》是一部政治剧，揭露美国种族主义者对黑人的迫害，体现了他主张的存在主义是一种人道主义的思想。他于 1980 年 4 月 15 日在巴黎逝世，法国总统德斯坦说，萨特的逝世，“就好像我们这个时代陨落了一颗明亮的智慧之星那样。”

领时，萨特喜欢去这家咖啡馆写作。他每天早上9点钟来到这里，伏桌奋笔疾书，直至中午。出去吃饭和休息后，下午2点钟又回到咖啡馆，继续写作到晚上8点钟。晚饭后则在这里接待朋友。他的存在主义哲学实际上是在这家咖啡馆定型的。作为存在主义的发源地，花之咖啡馆现在已成为巴黎的景点之一，是萨特的崇拜者和怀旧的知识分子爱去的地方。

走进花之咖啡馆，不大的店堂内飘散着特别浓郁的黑咖啡香，只见一桌一桌有好几圈人，分别在小声地讨论各自的文稿，也有人在埋头写作。就像是一个文化俱乐部似的。我不禁感叹这么多年过去了，而萨特的精神犹存。这个咖啡馆可以说是萨特奋斗及其影响的一个见证。

就在靠近里边窗户的一张桌子旁，我一眼就看见了萨特和波伏娃，他俩正在聚精会神地看一份材料。我悄悄地走到跟前，拍了拍萨特的肩膀，他仰起头来马上认出了我。大声地说："欢迎、欢迎！中国朋友！"波伏娃也站起来向我伸出了一只手。坐定之后我对萨特说，您的量子手机是否坏了？他则在身上四处寻找。还是波伏娃机智，她说萨特把手机丢在家里了，也忘记给它输入阴性物质能量。并说让您费了这么大的劲找到这里，实在对不起！

为了不干扰邻桌的人，我们赶快坐定。服务生端来了一杯黑咖啡，一股香气直冲鼻子。波伏娃侧过头对我说她还有一个约会，说完起身匆忙地离开了。萨特则一边喝着咖啡，一边斜着眼痴情地看着我。

萨特的个子稍矮一点儿，但是看上去很结实。上身穿着T恤衫，下身穿着牛仔裤，脚蹬一双旅游鞋。不多的头发朝后梳得一丝不苟，露出了宽阔的额头。他的脸差不多呈三角形，额角上的皱纹像刀刻上似的。戴着一副细腿窄边大眼镜，左眼炯炯有神，右眼却斜视得厉害。鼻子有些肥大，嘴里叼着一个烟斗，嘴角不时地露出真诚的微笑。看着萨特的这副模样，我立刻觉得他是一个勤奋、刻苦而又宽厚的人，更是一个敢于仗义执言、让人信赖的人。

…………

就在花之咖啡馆，我和萨特作了如下的谈话。

20.1 我的本体论

末　学：先生，您和波伏娃的名字中国人并不陌生。因为你们早在20世纪50年代就访问过中国。特别是在20世纪80年代，您的著作和存在主义哲学思想让中国年青一代颇感新鲜，在此我首先代表他们向您问好！

萨　特：（微微起身点头）谢谢！我和波伏娃是在1955年9月应邀访问中国的。9月29日晚，周恩来总理在北京饭店宴请了我们和其他外国客人。10

月 1 日国庆节，我们还走上天安门广场观礼台。毛泽东、刘少奇、周恩来、朱德、宋庆龄等党和国家领导人都和我们握手了。

末　学： 听说你们对中国的印象不错，还写了文章？

萨　特： 是的。我的文章《我对新中国的观感》，发表在 1955 年 11 月 2 日的《人民日报》上。波伏娃后来写了一部长达 500 多页描述中国的著作《长征》。详细介绍了中国的政治、军事、经济、文化等，在西方引起了极大反响。

末　学： 谢谢。中国人民由衷地感谢你们！

萨　特：（用不熟练的汉语幽默地说）决不骄傲，为人民再立新功。

…………

末　学： 下边我们谈谈您的哲学思想，可以吗？

萨　特： 当然可以。我的存在主义哲学的核心是：存在先于本质。其实我对于人们给我的哲学贴上存在主义标签并不满意，但是大家都这样叫了，也就将就吧！不知道中国读者对它有什么异议没有？

末　学： 您的哲学思想很丰富，存在先于本质只是结论。其实本体论才是您的存在主义哲学的基础理论。您动摇了传统哲学二元论的根基，所以就招来了许多人的非议。这是可以理解的，因为是新的思想嘛。

萨　特：（兴奋地）谢谢你的理解！

末　学： 一种新的学术观点的产生是不容易的。首先应该尊重它的存在，然后展开自由讨论。讨论得越深入，激发的思想火花就越闪亮。

萨　特：（兴奋地）你说对了，我就善于和人讨论问题，甚或进行辩论。

末　学： 那么，我们先从哲学的基本概念物质和意识谈起吧！

萨　特： 好的。传统哲学的出发点是物质和意识，以为这样就抓住了世界的源头，就可以建立起坚固的哲学大厦了。但是这些哲学家错了！

末　学： 为什么呢？

萨　特： 因为无论是物质决定意识，还是意识决定物质，都必需首先设定存在一个物质和一个意识。这样，物质是一个实体，意识也被有意或无意实体化了。但是意识是一个实体吗？我不敢恭维这种观点。

末　学：（思考地）为什么意识不是一个实体？

萨　特： 因为凡是意识一定是对某物的意识，它必须依附某物而存在。它只是作为某物的意识显现时才存在的。除此之外，并没有什么意识。所以意识本身不能独立存在，没有某物的存在就没有意识的存在。

末　学： 承认意识是一个实体就不可避免地要导致二元论。

萨　特： 这是问题的关键所在。进入意识的东西只是对象的表象，在这之外还有一个对象实体，也就是本质的存在。承认意识是一个实体，就让表象与对象实体、显现与本质对立起来。二元论拼凑的这两个板块并不坚固。

末 学：那么，意识是否就是虚无的东西？

萨 特：是的。自身不存在就是虚无，而虚无则意味着透明、不定型和绝对。

末 学：那么，物质是否就是客观存在？

萨 特：我们在意识到某物之前，不能说它不存在，也不能说它存在着。

末 学：为什么呢？

萨 特：因为它和别的东西混杂在一起，是没有意义的。只有它被意识到了，才算从物质背景中分化出来，才有了规定性，才能作为某物存在。

末 学：（思考地）先生，我对您的观点有不同的看法。

萨 特：（宽厚地）好呀，我们可以讨论嘛！

末 学：我感觉您说的意识，好像是指人对于某物的认识，或者是人对某物得出的印象。它属于认识范畴的东西，同哲学上讲的意识在概念上还有区别。即使是人的认识，它也不是虚无的，而是人的脑意识产生和发射的具有特殊频率和波长的电磁波，譬如把它称为思维波。它是一种能量，可以换算成物质的质量。还有，物质是一种客观存在的东西，人在认识它之前就已经存在着，只不过我们自己不知道罢了。宇宙间有许多东西都是客观存在，不能因为我们没有认识到就认为它们不存在。因为存在先于对它的本质的认识。

萨 特：（幽默地）你这是以子之矛，攻子之盾。

末 学：（抱歉地）对不起，冒犯了！

萨 特：（高兴地）一个人的可贵之处就在于不人云亦云。你做到了！

末 学：先生，在这方面您做得更好。

萨 特：你一定还有没有讲出来的观点，放开说吧！

末 学：那就献丑了。物质是世界的基本存在形式。它是由以实粒子为特征、运动速度在光速以下、存在于四维时空的阳性物质，和以虚粒子为特征、运动速度起步就是超光速、存在于四维以上多维时空的阴性物质构成的。

萨 特：（智慧地）你把物质区分为阴阳两种物质？

末 学：是的。阳性物质进一步区分为阳性物质的正物质（阳＋）和以衰变形式存在的阳性物质的负物质（阳－）即反物质；阴性物质进一步区分为阴性物质的正物质（阴＋）和以衰变形式存在的阴性物质的负物质（阴－）即阴性物质的反物质。还可以再继续分割下去，不过到此就可以打住了。

萨 特：那么意识呢？

末　学：意识是特指人的意识而言的，它是以衰变形式存在的阴性物质的负物质（阴一）和阳性物质的正物质（阳十）即特指的脑构成的矛盾对立统一体。与意识相对应的是人的灵魂，它是阴性物质的正物质（阴十）和以衰变形式存在的阳性物质的负物质（阳一）即反物质构成的矛盾对立统一体。

萨　特：（智慧地）宇宙间的这四种物质，它们各自还组合吗？

末　学：（兴奋地）还在组合。不过那就不是具体到某一个人的灵魂和意识了。而是一种称作宇宙灵魂和宇宙意识的东西。

萨　特：（思考地）阳性物质、阴性物质，灵魂、意识你是怎么想出来的？

末　学：一个偶然的机会，我在笛卡儿坐标中找到的。

萨　特：（高兴地）是偶然性，后边我还会谈到这个问题。不过你建立了一个新的逻辑体系，同我所讲的物质和意识的概念是有区别的。

末　学：但是也有共同的地方，就是都是一元论而非二元论。

萨　特：这一点我注意到了，说明我们有共同语言。

…………

末　学：先生，您接着谈自己的观点吧！

萨　特：我所说的意识是指人对某物的意识，意识是因某物而存在的。这个意识和物质的综合体就是本体，是最根本的东西。

末　学：那么您说的意识是主观的还是客观的？

萨　特：因为这个意识是我的意识，所以它是主观的；又因为它是对某物的意识，所以它又是客观的。因而意识是主体中的客观性，是主观和客观的统一。同时，现象与存在也是统一的。某物就是存在，它的后面不再有本质。

末　学：所以您就打破了传统的二元论。

萨　特：打破二元论就为我的本体论奠定了基础。

末　学：您的本体论的含义是什么？

萨　特：意识和物质是一个浑然整体，这个综合体就是本体。本体论是关于存在的知识，确定存在是什么，是对各种存在形式的研究。

末　学：在您的本体论中，怎样区分物质和意识不同的存在形式？

萨　特：物质的存在是自在的存在形式，就是说它只能是它所是的东西，而不能成为它所不是的东西，它只是存在着。而意识的存在则是自为的存在形式，就是说它不能是它所是的东西，而能成为它所不是的东西，它的存在是虚无。

末　学：您所说的意识的存在是否意味着一种否定？

萨　特：是的。意识的存在是由某物也就是自在所系，意识把某物从杂乱中凸现出来，这是对某物的原有存在的否定。但是意识又不会固定在某物上面，它要超越已有的概念，寻求普适性，因而意识总是带有偶然性的。

末　学： 这就是说，意识的存在是自为的，而物质的存在是自在的。

萨　特： 对。物质和意识的综合，就是存在和虚无的综合。

末　学： 也是自在和自为的综合，这就是您说的本体论？

萨　特： 是的。我的本体论同时就是人的本体论。

末　学： 为什么呢？

萨　特： 我之所以提出存在主义哲学，目的是揭示人的生存的普遍状况。

末　学： 它包括哪些内容？

萨　特： 主要包括两方面内容。第一点，人是介入生活的，因为任何人都同环境紧密地结合在一起。每个人从事不同工作，实际上是以不同的方式介入社会。人可以变换环境，但却不能没有环境；人是社会的人，永远都不能脱离社会环境。因此人不仅仅是个体，而且是社会环境和社会关系中的人。

末　学： 第二点呢？

萨　特： 人和世界的存在是偶然的。人的一生什么情况都可能发生，正因如此，人才是自由的。认识这一点十分重要，因为并不存在事先决定人们生活的必然性，并没有某种力量规定它们要一定怎么去做。我的体验是，偶然性贯穿人的一生，热爱生活，寻找契机，自由地选择自己的生活方式。

20.2　存在先于本质

末　学： 先生，现在我们进入您的存在主义哲学的主题。

萨　特：（客气地）欢迎赐教！我们是平等地交流、讨论，追求真理。

末　学： 好的。我先提一个问题：什么是存在主义？

萨　特： 如果要对存在主义做一个界定的话，那么可以用一句话概括，其主旨就是主张存在先于本质。譬如对一个人来说，首先是一种存在，然后才能确定他是什么。存在是第一位的，研究它的本质是其后的事情。

末　学： 为什么这样说呢？

萨　特： 联系我前面讲的意识的本质就容易理解了。请注意，我说的意识是我所定义的意识，同你对意识的概念有很大的区别。

末　学： 明白，您就按照自己的思路往下讲吧！

萨　特： 意识是虚无的，没有任何规定性；它的存在是偶然的、无意义的。因此，我们自己的存在也纯属偶然。就是说，人不是上帝按照自己心目中人的概念创造出来的，也不是别的什么力量的产物。人是人自己设计自己、自己决定自己、自己把自己创造出来了。这是存在主义的第一原理。

末　学: 人是自己把自己创造出来的，那么物呢?

萨　特: 物是人把它创造出来的。

末　学: 这好理解。但是为什么唯独人是自己把自己创造出来的?

萨　特: 这就牵涉到存在主义的核心概念。因为存在先于本质，所以把人和物彻底区别开来。人就是人，人不是上帝的宠儿；人是自己偶然来到这个世界上的，人对上帝不需要感恩戴德。而物就不同了，它是人按照自己的概念进行设计、按照工艺要求制造出来的，这个过程是本质先于存在。

末　学: 存在先于本质还是本质先于存在，存在着根本的区别。

萨　特: 对。存在先于本质说的是人，本质先于存在指的是物。

末　学: 存在先于本质就不能指物吗?

萨　特: 如果说指的是自然之物，马马虎虎还可以吧!

末　学: 凡是没有经过人工雕琢的自然之物，也可以说是存在先于本质。而如果说加进了人为的成分，就是本质先于存在。

萨　特: 本质先于存在，是技术运用。因而本质优先的观点坚持的是技术观念。它同强调人的价值、人的主动性和创造性是背道而驰的。

末　学: 存在主义的伟大意义就在这里。

萨　特: 接着往下讲，为什么呢?

末　学: 坚持存在先于本质，不仅将人和物区分开来，而且关系到人类未来发展的前景。尽管科学技术日新月异，但是人的价值、人的地位和尊严仍然是第一位的。以人为本，恐怕什么时候都不能丢。

萨　特: 这正是我的存在主义哲学的本意所在。

20.3　自由意味着责任

末　学: 先生，我觉得您的存在主义哲学理论支撑点有两个：一个是意识是虚无的；另一个是虚无的意识和物质存在是综合体。

萨　特: 对。前者是和人的偶然性联系着，后者则是我的本体论。

末　学: 意识是虚无的，怎么和人的偶然性联系在一起呢?

萨　特: 因为意识总是人的意识，它是人赋予某物的。意识的虚无性就隐含了人的变幻无常，每个人最终都会在这个世界上消失啊!

末　学: 可是人的肉身不存在了，他的灵魂还会在一个较长的时间存在。或者说他的生命在阴性物质世界的存在形式还存在着。

萨　特: 在我看来，灵魂和生命在阴性物质世界的存在形式也是虚无的。

末　学：（无可奈何地）这个我就不好再说什么了。因为我不能强迫您接受我在《我的宇宙观》系列著作中的理论观点。好在我们都是一元论者，可以求同存异。在讨论中，我们还是会有很多共同语言的。

萨　特：求同存异，这个提法很好。我们接着讨论吧！

末　学：您由意识是虚无的推导出人来到世界上是极具偶然性的，然后又引申出人是绝对自由的，是这个逻辑关系吗？

萨　特：没错，是这样的。因为既然意识是虚无的，它的存在无意义，那么上帝的戒律和各种价值标准都不能决定人的生活。人只能自己呵护自己，因而人是自由的。人的这种自由是与生俱来的，也是全方位的。人的存在和自由是同一个概念，我的本体论彰显的就是这种根子上的自由。

末　学：自由是人的本性，恐怕永远不会有绝对的自由。

萨　特：但是人成为怎样的人，具有怎样的本质，却完全是自己选择的结果。

末　学：（思考地）我看并不一定，因为有一种背后看不见的力量在左右着人。

萨　特：（吃惊地）背后看不见的力量也是虚无的。

末　学：不，那是一种真实的存在。不过人因为人受到四维时空的先天限制，人的感觉器官如眼睛和耳朵看不见、听不着罢了。

萨　特：你能举出例子吗？

末　学：直接的例子举不出来，间接的例子倒是可以说一说。当一个人在母体中还是受精卵的时候，在他的基因（DNA）的胚芽中就隐含着一生的身体健康情况。出生后随着年龄的增长和时间的推移，就一天天地展现出来了。这完全是先天造成的，个人在后天是无法选择的。而先天又是由谁精心设计的呢？我的研究表明，是生命程序和密码的总设计师——阴性物质世界，抑或是对它的人格化——神。或者说是一台巨大的无形的超光速运算的高智能计算机。

萨　特：（沉默许久，思考地）我们……求同存异吧！

末　学：可见从先天因素来说，人是不自由的。

萨　特：那么后天呢？

末　学：人在后天就是生活在家庭和社会中，都存在着制约人的自由的因素，社会的道德规范和法律条款，实际上是监督人的自由的鞭子。

萨　特：当然鞭子也是需要的，有的人就欠用鞭子抽。

…………

末　学：先生，我还是想听听存在主义哲学对这个问题是怎么看的。

萨　特： 存在主义哲学认为无论环境怎样糟糕，也不管约束条件多么苛刻，人都有自由选择的可能，而且能够做出真实的选择。

末　学： 这有可能性吗？

萨　特： 有。凡是真理，凡是行动，都包含着某种社会状况和人的主观能动性。意识和自由，物质和环境是不可分割的，但是物质和环境却是被人规定的，它们不可能对抗人和限制人的自由。所以自由只有在人对环境的关系中才能被发现。因而在任何情况下，人都有自由可言和自由选择的根据。

末　学： 请举事例说明！

萨　特： 法国在德国人占领期间，每个法国人都有选择的自由。或抗争、或沉默、或屈服、或叛逃，都是一种选择。这时候正义的人们在一起，往往一个眼神、一种暗示，都显得十分珍贵，都给人以巨大的精神鼓舞。自由——在这种异常严酷的外部环境中凸显出来了。

末　学： 是的。环境限制不了自由，反而使自由以曲折的方式涌现出来。

萨　特： 不仅环境限制不了自由，而且历史也限制不了自由。

末　学： 为什么呢？

萨　特： 意识或者说人的存在是显现在时间进程中的，由过去经历现在而走向将来。意识作为自为的存在，它构成了人的存在方式。对于现在而言，过去已经远去，不是曾经有的存在；对于将来而言，现在正在发生变化，还不是以后要成为的东西。因此，现在的存在是一种由过去到将来的过渡。它既不是过去曾经有的东西，也不是将来要成为的东西。

末　学： 一切都是在时间序列中经历的一个过程。

萨　特： 对。意识这个虚无把过去虚化了，并且正在虚化现在，还准备虚化将来。如果说将来变成现在，也就很快被虚化了。所以，意识或者说人永远将眼光投向未来，总在不断地超越和更新自己。

末　学： 这才是人的真实存在，它既在自身之内又在自身之外。

萨　特： 对。人从过去到现在又迈向将来，也就是虚化了过去和正在虚化现在还准备虚化将来。所以往昔的历史是被否定、被超越的，它根本不可能束缚人的自由。可见，无论从价值准则、生存环境及以往的历史来看，人都在超越自己。因而人在本质上是开放的、自由的。

末　学： 但是，现实生活中人为什么没有感到有那么多的自由呢？

萨　特： 这是因为自由又意味着责任。人在享受自由的同时又无形中承担起了责任。它包括家庭责任和社会责任，以及对朋友的责任，等等。

末　学： 是什么东西给人增加了这种责任？

萨　特： 是人自己，是人自由选择的结果。

末　学： 为什么是人自己呢？

萨　特： 因为意识或者说人都是虚无的，上帝的戒律和社会的道德律令都不能指导人，环境和历史也帮不上人的忙，人处在没有任何依托和孤立无援的境地，就只有靠自己去创造生活。人独立承担起生存和发展的责任，就要顾及家庭、社会和朋友，于是人的自由时间和空间就被大大地压缩了。

末　学： 为什么是人自由选择的结果？

萨　特： 人在享受自由的同时不可能不承担责任。这看似是个人做出的选择，但绝不仅仅是自己的事情，而是涉及到他人乃至关系到全人类的事情。例如，人在创造经自己选择的人的形象的同时，也选定了人类的形象，其中所体现的价值取向，也是人类共有的价值标准。因为人既是社会的人又是人类中的一分子，所以人的这种选择就必然承担起对人类总体的责任。

末　学： 看来自由和责任是不可分的，好比一对孪生兄弟。

萨　特： 自由和责任是一个事情的两个方面，就像一枚硬币的正面和反面。你选择了自由就一定要担负起责任。

末　学：（思考地）人要存在，就得挑起一头是自由另一头是责任的重担。

萨　特：（幽默地）人要存在，还得把世界的重量压在自己的肩上。（笑！）

20.4　“自为的存在”与“为他的存在”

末　学： 先生，现在我们谈谈人与人的关系，好吗？

萨　特： 好的。从存在主义哲学来看，意识和人都是虚化的。既然所有人都是这样一个结局，那么人与人、我与他都是平等的。

末　学： 就和商品一样，是天生的平等派。

萨　特： 这是谁的话？

末　学： 马克思。是在《资本论》第一卷中分析商品和货币时讲的。①

萨　特： 马克思没有钱，但他不爱钱；我有钱，也不爱钱。

末　学： 为什么呢？

萨　特： 在我看来，钱只是一个抽象的符号。它能买来商品，又能毒化人的心灵。我每天都在工作，但不是为钱而辛苦。

末　学： 可是在商品社会里，没钱是万万不行的。

萨　特： 是的。没有钱不行，钱多了也不行。钱多了就是占有，而占有

---

① 马克思说：“商品是天生的平等派。”参见马克思：《资本论》第1卷，人民出版社1975年版，第103页。

就意味着被占有。所以，我有钱就花出去，包括分给朋友和需要帮助的穷人。

末　学： 您每个月能花多少钱呢？

萨　特： 大约 180 万法郎，其中有 150 万法郎用在别人身上。

末　学： 这说明您也挣得多。

萨　特： 社会给我的多，我也回报社会的多。

末　学： 您把花钱看做是和他人交往的一种方式？

萨　特： 是的。货币不就代表一种社会生产关系嘛，这也是马克思讲的。[①] 对于和我有关系的人，包括服务生、司机等，我都尽量帮助他们。一是我不愿意欠别人的情分；二是我为他们花钱就是与其来往的一种方式。

末　学： 有消息说您个人实际上过着非常俭朴的生活？

萨　特： 没错。这是个习惯，改不了。不过我并没有艰苦的感觉。

…………

末　学： 先生，您怎样理解个人自由与他人自由的关系？

萨　特：（思考地）就本质而言，个人自由与他人自由是相互排斥的。虽然这是一个谁都不愿意接受的结局，但却是没有办法的事情。我们只能在心理上和行为上进行调整，尽量做到不要损人利己。

末　学： 您能在理论上给予解释吗？

萨　特： 当然可以。不过，这还得从存在主义哲学的存在谈起。意识不仅是虚化的，而且是“自为的存在”，这种存在也就是一个人自己的存在方式。不仅如此，个人自己存在的同时，也是他人的存在，是“为他的存在”。因而个人自己的存在与他人的存在是互为存在条件的。

末　学： 他人的存在是必然的，每个人都得与他人发生关系。

萨　特： 对。“自为的存在”与“为他的存在”互为主体和客体，也就互相被客体化。这就意味着自己和他人之间，出现了异化的情况。

末　学： 这是一种对立统一关系，说异化有点严重了。

萨　特：（认真地）不，要不怎么说个人自由与他人自由是相互排斥的。

末　学： 一个人和几个人之间，因为利益关系发生矛盾，会产生排他现象。但是两个人的关系譬如恋人之间，也是相互排斥的？

萨　特：（智慧地）两个人的关系譬如恋人之间，有吸引就有排斥。

末　学： 但也不至于失去自由。

萨　特：（智慧地）恰恰是两个人都不自由了。

---

① 马克思说：“金银作为货币代表一种社会生产关系，不过采取了一种具有奇特的社会属性的自然物的形式。”参见马克思：《资本论》第 1 卷，人民出版社 1975 年版，第 100 页。

末　学：为什么呢？

萨　特：男女恋人都要求被对方爱，这样一来男女双方都被摆在了客体的位置上，都成了“为他的存在”；但是男女双方各自又是“自为的存在”，要求成为爱的主体，也就是成为对方心中的一切，从而使对方在被爱中变成客体。于是，男女双方互相被客体化，自由在这里打架了。

末　学：男女双方都希望以“自为的存在”的主体身份，让对方变为“为他的存在”的客体身份，就意味着占有对方并让其放弃自由。

萨　特：对。这就是恋爱的实质，在爱的甜蜜中互相占有和剥夺自由。

末　学：所以爱因斯坦说过：“婚姻的确是披着文明外衣的奴隶制。”①“婚姻使得人们互相把对方看作是自己的财产，不再是一个自由的人。”②

萨　特：我赞成爱因斯坦的观点。

末　学：那么您认为人与人的关系的实质是什么？

萨　特：（智慧而无奈地）需要和利用。

末　学：为什么是这样的呢？

萨　特：因为一个人“自为的存在”，就是对他人“为他的存在”自由的限制。

末　学：这是多么悲哀的事情！

萨　特：人人都感到悲哀，可是事实上每个人每天都在剥夺别人的自由。

末　学：（失望地）太冷酷无情了！难道说人类就没有出路吗？

萨　特：（无奈地）暂时还看不到。

末　学：（期望地）但是总得有一个折中的办法吧？

萨　特：（思考地）当我寻求自由的同时，寻求他人的自由；只有当我把他人的自由当做我的目的时，才能把我的自由当做我的目的。

20.5　我与波伏娃的婚姻“契约”

正当我要继续提问的时候，服务生走到萨特跟前，小声对他说前台有电话找他。萨特起身去接电话，之后回来对我说，波伏娃在爱德加·基内大街29号第10层楼上等候我们，到那里一边吃甜点，一边接着谈。

这个地方是萨特在巴黎的最后住处。出租车很快把我们送到目的地，然

---

① 《爱因斯坦语录》，第183页。——引自格吕宁：《为爱因斯坦而建的房子》，杭州出版社2001年版，第159页。

② 《爱因斯坦语录》，第184页。——引自格吕宁：《为爱因斯坦而建的房子》，杭州出版社2001年版，第158页。

后乘电梯到了房门口，波伏娃早就站在那里迎候着。波伏娃比萨特高出半头，金发碧眼，打扮入时。她聪明、机智，热情大方，谈吐不凡。与萨特的睿智、深刻、果敢而又老实巴交的样子，形成鲜明的对照。

这是一个很不起眼的套房，里屋放着一张床、一张桌子和两把椅子。外屋有一个旧沙发，茶几上放着几个烟灰缸。一个小书架上零乱地放着几本书。我奇怪萨特怎么没有藏书，他写了那么多著作竟然自己没有读多少别人的书？或者说他把别人的著作根本就不放在眼里。一个思想上高傲的人！

等坐定之后，波伏娃给大家一边分配甜点，一边对我说她也要参加这次访谈，因为谈话的题目涉及到了她。我有些为难，觉得她在场讲话不方便，就没有表态。萨特闷着头一声不吭，只是斜睨着我。波伏娃沉不住气了，拿出了她的女权主义精神，激动地说："看来一个世纪以来我从事女权事业收效甚微，至少你们两个人还存在着性别歧视思想。男女平等就这么难吗？"

我赶忙向她解释，没有别的意思，主要考虑她在场不方便。波伏娃则反唇相讥："我没有感到自己在场不方便，为什么萨特就方便？那好吧，你单独采访我，让萨特滚出去。"这时萨特说话了，他嗫嚅道："就让'海狸'参加吧，① 谁也拗不过她。反正她的事和我的事是分不开的。"

我立刻向波伏娃伸出一只手表示歉意，并检讨了自己的想法确实有不对的地方，本质上还是残留的性别歧视思想在作怪。波伏娃对我的坦诚十分赞赏，她说："你是我见过的心胸最开阔的男人，也是最尊重女性意见、能和女性坦诚相待的男人。"然后指着萨特嗔怪地说："他就差一些。"

…………

就在这个房间，我和萨特及波伏娃作了如下的谈话。

末　学：先生，在男女两性关系上，您持有怎样的观点？

萨　特：在这个问题上，我坚持的是存在主义哲学思想。

末　学：尊敬的女士，您的看法呢？

波伏娃：我坚持的是女权主义思想。

末　学：能否分别具体地谈谈呢？

萨　特：当然可以。从存在主义哲学出发，男女双方都不要以"自为的存在"的主体身份，让对方变成"为他的存在"的客体身份，不要企图占有对方并让其放弃自由。最可怕的是在爱的甜蜜中互相占有和剥夺自由。

波伏娃：（不屑一顾地）那你怎么和我相识相恋、厮守了 51 年呢？

---

① 海狸是萨特对波伏娃的爱称。

萨　特：（争辩地）这不是一回事。我的观点你也是赞同的呀！

末　学：尊敬的女士，您接着说吧！

波伏娃：从女权主义出发，在两性关系上男女是平等的，最不能容忍的是对女性的歧视和占有。女性也须自尊自重，展示自己独特的魅力。

末　学：（面向萨特和波伏娃）你们两个人是法国伟大的思想家、哲学家和作家，也是全世界最有影响力的人物之一。你们富有传奇色彩的一生令人羡慕，其中最有争议、也最有独创性的就是你们终身生活在一起，但绝不去履行结婚手续。然而尽管如此，谁也不能否认你们两人比好多夫妻更像夫妻，你们是恋人、是朋友、是战友，当然也是同志。我想知道你们的故事到底是怎样的故事？你们的事情会给未来人类的婚恋和家庭带来什么影响？

萨　特：（欣慰地）我们是在1929年夏天相识的，是马欧介绍波伏娃认识了我。我们两个人很快就单独约会，我还给她起了个爱称"海狸"。

波伏娃：（兴奋地）看把你美的！"海狸"是后来才给我起的。那时候，每天清晨我只要能溜出家门，就一定要去见他。我们在一起谈起话来，海阔天空，什么都有。朋友、书籍、生活、前途……

末　学：初恋的甜蜜使你们永久回味无穷。

萨　特：是啊！热情洋溢的谈话和长久的散步让我们彼此欣喜不已。我记得第一次看见波伏娃时就被她的容貌和才华迷住了。

波伏娃：（故意地）可是萨特进入我的心里完全是他的痴情和奋斗精神。

萨　特：难道说我的外表一点儿都没有吸引你的地方？

波伏娃：有。你的个头和眼球表现出了不同凡响的魅力，它们显示出的顽强和睿智，足以让天下所有的男人汗颜和却步。

萨　特：（沉默地）……

末　学：男人的魅力在内质而不是外表。

萨　特：反正"海狸"爱上了我。

波伏娃：（嗔怪地）那还有假？我和你的关系是我一生中的巨大成就。

末　学：（面向萨特和波伏娃）你们的恋爱的确是谈出来的，是两个人感情上的相融和思想上的共鸣，这令许多人羡慕不已。

…………

波伏娃：我也是不自觉地喜欢上萨特的。他在一直不停地思考，从不把一切事情视为理所当然。他告诉我，应该坚持自己个人的自由，应该保持好奇、坦率、真诚的心情。我们都热爱写作，在一起经常切磋。萨特的老练成熟给我留下深刻的印象。在他的身上我看到了一个真正的男子汉的气质。

萨　特：我们的结合是一种本质上的爱。

波伏娃：那你为什么绝对和讨厌婚姻生活呢？

萨　特：这是我坚持存在主义哲学理念之使然。

波伏娃：大概是在 1929 年 10 月 1 日，萨特给我提出婚姻的“契约”：继续保持彼此之间的感情，但是同时保证双方在感情和性方面享有自由。

末　学：当时您能接受吗？

波伏娃：（苦笑地）接受不了。经过好长一段时间，我慢慢地也想通了。觉得男女双方的确不应该互相占有和剥夺自由。那样的话两个人不就都变成对方的奴隶了吗？特别是在男权社会，女人更倒霉。这时，我的女权主义思想也渐渐萌发了，后来就写了一本女权主义开创性著作《第二性》。

萨　特：还有女权主义著作《女宾》《风流名士》，以及你的第一部小说《三角关系》，都是这份“契约”催生出来的。你忘啦？

波伏娃：（嗔怪地）吹牛！

末　学：听说你们一直都是各人住自己的公寓？

波伏娃：这是萨特的婚姻“契约”规定的。

萨　特：只有这样，才能体现存在主义哲学思想和女权主义精神。

末　学：（面向萨特和波伏娃）让我谈谈自己在婚恋问题上的看法吧！我觉得人的一生是漫长的，可是恋爱和婚姻恰恰却是在青年时期那一个特殊的环境和条件下发生的。在以后的几十年里，生活、工作的环境和条件都在发生变化，人的思想和审美观点也在发生变化，于是就不可避免地会遇到比原来的配偶更为合适的对象。这是人的婚姻嗣后发生多变的基本原因。

萨　特：这也是我提出婚姻“契约”的理由。

波伏娃：这个“契约”对男女一律平等，所以女权主义者是赞成的。

末　学：（面向萨特）但是自由又意味着责任。人在享受自由的同时又无形中承担起了责任。它包括家庭责任和社会责任，以及对朋友的责任。夫妇两个年轻时恋爱结婚，以后又共同抚养孩子。几十年相濡以沫、情感深厚，是不可轻易因为外部诱惑而分手的。夫妻双方应该珍惜几十年点点滴滴积累起来的感情。“任凭弱水三千，我只取一瓢饮。”[①] 当然人各有志，也不可勉强。

萨　特：（思考地）喜新厌旧是人的本性，但是能否做到喜新而不厌旧呢？

波伏娃：（兴奋地）喜新而不厌旧，我赞成。这个你算说到点子上了！

萨　特：（得意地）亲爱的“海狸”，我一生都是这样做的。

…………

---

① 曹雪芹：《红楼梦》（下），“第九十一回：纵淫心宝蟾工设计　布疑阵宝玉妄谈禅”。人民文学出版社 1992 年版，第 1299 页。

末　学：（面向萨特）先生，虽然你一生喜新而不厌旧，可是您也不能给自己找那么多情人，这对波伏娃是多么大的刺激啊！

波伏娃：（含着泪水）他风流成性，尽由着性子来。

萨　特：（不服气地）这都是那些媒体记者瞎炒作的。

波伏娃：（抱怨地）你还不认账？我给你掐着指头算算，除了我之外，后面还跟着一大串呢！譬如，那个月亮女人玛丽亚、若利韦、奥尔加、万达、波登、比安卡、阿莱特、多洛丽丝。还有……

萨　特：（生气地）还有什么呀？看我不揭你的老底！

末　学：（规劝地）先生，波伏娃开个玩笑嘛，您不要动气！

萨　特：（认真地）真正关系好的只有你和万达、多洛丽丝。

波伏娃：（故意地）我哪能和万达、多洛丽丝比呢？万达风情万种，对你忠心耿耿。你一生只给两个人提出结婚，一个是我，另一个就是万达。万达一生也没有结婚，你一直供养着她，到了最后你还担心万达没钱花呢！

萨　特：（生气地）万达的事我没有隐瞒你，何必陈芝麻烂谷子又翻出来！

波伏娃：（不依不饶地）那个多洛丽丝你没有隐瞒我吗？多洛丽丝是你在美国的艳遇，你对别人说她比我更有女人味，比万达更深刻。你回到巴黎以后，还对我保密。但是我也有消息灵通人士，你以为我不知道？当时我问你，多洛丽丝和我谁更重要？你说多洛丽丝对你非常重要，但是你更想和我相伴在一起。多洛丽丝一心想取代我，她追着要和你结婚，你却逃之夭夭了。

萨　特：（恼羞成怒地）波伏娃，你以为你和美国佬博斯特的事我不知道？

末　学：（急忙劝阻）先生，不可以再说下去！

波伏娃：（动气地）你让他说，看他狗嘴里能吐出象牙来！

萨　特：（失去理智）你和博斯特的恋爱搞了17年，304封情书每一页上都写着"我的尼尔森"、"我深爱的人"、"我亲爱的"、"我的夫君"、"我深爱的丈夫"。最近，波伏娃和雅克-罗兰·博斯特的《情书集》由法国伽里玛出版社出版了，一本长达984页厚厚的书，你以为我不知道吗？

波伏娃：（反而平静下来）你看到了又能怎么样？这都是让你逼的！你给不了我的难道说博斯特也不能给我吗？再说，我是你的什么人？是你法律上承认的妻子吗？你能干涉我去爱谁的自由吗？我是一个女权主义者！

萨　特：（求饶似的）波伏娃——我亲爱的"海狸"，消消气吧！我们每一次吵架都是以我的失败和你的胜利而告终。我向你赔罪了！

波伏娃：（脸上露出了笑容）你知道是什么原因吗？

萨　特：（诚恳地）你恪守着我们的婚姻"契约"。

…………

1980 年 4 月 15 日晚 9 时，萨特病逝于巴黎勃鲁塞医院。4 月 19 日，法国政府为萨特举行了国葬，出殡时数万人前来哀悼。当时的法国总统德斯坦说，萨特的逝世，“就好像我们这个时代陨落了一颗明亮的智慧之星那样。”萨特最后安葬在蒙巴纳斯公墓。波伏娃写了《永别的仪式》一文，并在萨特的墓志铭上写道：“他的死使我们分开了。而我的死将使我们团聚。”

1986 年 4 月 14 日，波伏娃逝世。也可能是某种机缘的原因，或者说是冥冥之中的安排，这差不多是在萨特逝世几乎整整六年的那一刻，波伏娃走完了她人生的最后里程。法国政府同样为她举行了国葬。当时的法国总统密特朗给波伏娃的唁电中说：“她的作品和她的一生，导致了当今法国和整个世界女性和个性的觉醒。”① 根据生前遗言，波伏娃和萨特合葬同一墓穴中。

萨特和波伏娃离开了我们，这个世界缺少了一对惊世骇俗的自由情侣，但却并不多了一份寂寞。就在萨特和波伏娃订立婚姻“契约”70 年后的 1999 年，法国政府通过了一项“亚婚姻”立法。规定男女只需正式办理契约合同而不用办理结婚手续，即可以成为契约式生活伴侣。这种介于婚姻与同居间的新型爱情关系，真可谓是萨特和波伏娃当年契约式爱情的回声。据说，在法国已有数万对这样的亚婚姻生活伴侣，他（她）们自由、浪漫、幸福地生活着。

张 大 军

2009 年 8 月 9 日晚 10 时 28 分
完稿于北京东城和平里小镇新居

---

① 1986 年 4 月 14 日波伏娃在巴黎逝世，引起了全世界的反响。各种美誉纷至沓来。而法国共产党总书记马歇的话尤其给人以深思，他说：“波伏娃远不同意共产党人的所有观点，她同我们的争论是毫不动摇的，但我代表法国全体共产党员向她致意，因为她始终代表着我们社会进步思想发展的一个重要时刻。”

后　记

一

现将完稿之日的日记抄录于下，以飨读者。

2009年8月9日　星期日　阴　傍晚大雨

全天写作。至晚上10时28分，写完第20章第5节最后一个字。这样历经将近半年的时间，《与先贤大师的哲学对话——我的宇宙观系列丛书之七》全部脱稿了。在此，我以万分激动的心情，将《我的宇宙观》系列著作七卷本，献给可爱的祖国，献给中国人民和世界人民。

大约从1994年开始，我就酝酿和着手写作这部著作。经过长达15年的辛勤劳作，终于在今天晚上完成了第七卷，也许是这个系列著作的最后一卷，大约285万字，可谓鸿篇巨制矣！

我每天都在思考和写作，没有星期天，没有节假日。而且每天晚上都工作到深夜1点钟左右。这已经成了一种习惯，是很自然的事情。

我在1992年6月21日写的《苍茫中的选择——社会主义公有制实现形式探索》（下卷）的后记中，有这样一段话："记得读过美国人哈里森·索尔兹伯里著的《长征——前所未闻的故事》，那里面记述了康克清对海伦·斯诺说的一段话，她觉得长征并不十分艰难，'就像每天出去散散步一样。'我这次进行了一年多的'笔征'，似乎也是这种心情和感受，并不感到多么困难。这是可以聊以自慰的。"①

① 参见拙著《苍茫中的选择——社会主义公有制实现形式探索》（下卷），改革出版社1993年版，第443页。

时隔17年过去了，当我写完《与先贤大师的哲学对话——我的宇宙观系列丛书之七》之后，也是同样的心情。

当我在电脑上写完最后一个字的时候，拨通了肖栩的电话，向她通报了这个令人高兴的消息。自然得到了她欢呼一样的回应。

小丽已经甜甜地睡着了，一定能做一个甜甜的好梦。还是在下午四时的时候，她带我去东直门看诊所的房子，随后在一家陕西餐馆就餐，并购买了下酒的菜。不承想今天晚上就这么顺利地脱稿了，真是值得庆贺的啊！

晶晶来电话，她和香港客人谈别的事情。

夜 灯下 11：09

二

8月9日脱稿的当天晚上，我向远在上海的芳发了短信，通报了这个令人高兴的消息。第二天早晨，我就收到她回复的短信。现抄录于下，以飨读者。

作为母亲，十个月孕育一个婴儿，尚且要用一生的爱去守护。您用尽15年的光阴，完成了这一系列旷世巨著，这种孕育的艰辛，以及每一部著作中渗透的智慧、信息和能量，谁人能比？我相信，您这份刻骨铭心的喜悦，一定比母亲爱护儿女还要深刻。只是15年光阴太久，您伏案疾书时，凝练思想时，岁月已悄然更迭了许多个春夏秋冬。15年您得到的太多，但您或许也失去了作为一个普通人的那份感受日出而作、日落而息的平淡和快乐。您用这部巨著，向世人展现了坚毅、坚定和坚持。余下的岁月里，我只希望您不再是学者，您应该是一个享受含饴弄孙天伦之乐的普通人，您会感受完全不同的快乐和愉悦。

上午9：11 2009年8月10日

“含饴弄孙”的意思是含着糖逗小孙子，形容老年人的乐趣。今后我有这个福分和乐趣吗？我怀疑地摇了摇头。因为我来到这个世界上，就是吃苦、受难和默默地承受着巨大重负而吐丝的一只秋蚕。秋蚕比春蚕的命运还要悲惨一些，因为不久冬季就会来临，而且秋蚕也难养得多。

2006年，我抽空写了我在38岁之前的传记《石榴树下——一个人的道路》(第1、2部)。因为还没有出版，也就由个别同学传着看。他们看完之后泪如雨下地对我说：“命运怎么这样苦啊，真是九死一生!”这就是往昔我走过的道路，所以我绝对不敢奢望那种含饴弄孙的悠闲日子。

我忽然对萨特说的一段话颇感兴趣，他说意识这个虚无把过去虚化了，并且正在虚化现在，还准备虚化将来。如果说将来变成现在，也就很快被虚化了。所以，意识或者说人永远将眼光投向未来，总在不断地超越和更新自己。

是的，我们经历的过去被虚化了，可是记忆还在；现在也正在被虚化，将来也是要被虚化的。但是，人类的记忆永远不会消失。这就有思想的承继、提炼，也就有科学研究和写作。因而总有一部分人是永远不会闲着的。

三

在本卷的写作中，互联网上的众多作者提供了大量信息，在此表示衷心的谢意。写作中参考比较多的著作是：冯友兰1947年在美国宾夕法尼亚大学写的《中国哲学简史》，挪威人G. 希尔贝克和N. 伊耶写的《西方哲学史——从古希腊到二十世纪》，张秀章、解灵芝选编的《柏拉图对话录》和高路著《与哲学大师的人生对话》。在此，谨向以上的作者、编者表示衷心的谢意。

在写作中，谭介辉博士与我进行过多次磋商。无论是单独交谈还是在郊游期间的讨论，在一些重大理论问题上，进行了深层次的发掘，给予多方面的启示，在此表示衷心的谢意。

祖国各地和海外的同学、朋友对本书的写作给予了热情的关怀与支持，在此表示衷心的谢意。他们从来都是把我的进步和成绩看作是自己的，这种友谊已经持续将近半个世纪了。愿我们的友谊之花长盛不衰！

张大军

2009年8月12日13时26分

写于北京东城和平里小镇新居

对《我的宇宙观》的评审意见

张大军同志的这套书提出了一个新的物质范畴，具有划时代的意义。作者能够提出这么多新鲜观点，的确使人耳目一新。其对生命问题的探讨，独辟蹊径，意义重大。难能可贵的是拓宽了马克思主义的物质观、时空观，从一定意义上说，发展了马克思主义的基础理论。

王珏[①] 

2003年6月30日于中央党校

---

① 王珏为中共中央党校教授、博士生导师、享誉世界的著名学者。

对《我的宇宙观》的审读意见

一、本书内容丰富，论证严密。在内容上几乎涉及到当代社会科学和自然科学所有的前沿知识，如系统控制论、耗散结构、相对论和量子力学等。在论证方法上采用马克思主义的唯物辩证法（最主要的是对立统一规律）的抽象分析方法，同时又有定量分析方法，以及历史的类比方法等。因而本书阐述的内容和得出的结论令人耳目一新，发人深思，给人以更多的思想启迪。

二、本书经过合理的推论和严密的论证，提出了一个新的物质范畴——超微观物质世界（或曰阴性物质世界），并在此基础上深入探讨了生命在不同时空的存在形式，其意义十分重大。前者把史蒂芬·霍金在《时间简史》中提出的“弯曲的空间”、“虚时间”等理论向前推进了一步，后者把对生命的诞生和衰亡建立在了科学的认识基础上。这些都把我们人类对物质世界和我们自身的认识提高到了一个新的认识水平。

三、作者对宇宙的生成、演化和生命的“种”在未来（如出现宇宙大挤压的奇点）的存在形式，进行了富有哲理的论述，逻辑推理令人可信。它涉及到对人类的终极关怀问题，这是在现代科学的基础上对康德哲学、黑格尔哲学在这个问题上的另一种诠释，因此给人一种别开生面的感受。

四、本书在论述中对人类认识史上的不少权威思想和观点提出了挑战，如打破物质运动的速度限制在光速以下的教条、对思维的本质重新认识（思维波的四种运动方式）、如何突破时空的维数对人的头脑的先天禁锢，等等。充分体现出作者追求真理的巨大勇气。

总之，张大军同志的这本书是一部充满新思想、新观点的哲学论著，是一本难得的好书。我以一个出版工作者的眼光观测，它的出版必将引起理论界和学术界较大的反响。

原法律出版社社长

三联·法律（香港）联合传播公司董事长

2003年6月28日

读张大军《我的宇宙观》

张大军同志作为一位经济学家，是我尊敬的师长和朋友。当他把他的书稿《我的宇宙观》送给我的时候，我不免有些惊讶，你怎么研究起哲学来了！仔细想来，张大军教授多年来潜心研究经济学，尤其是研究中国的现实经济问题，著述颇多，多有独到的见解；并在我党最高学府——中央党校担任繁重的教学和研究任务，其对象大都是具有深刻思考和实践经验的中共和国家的高级干部。哲学基础自然是基本功。没有想到他会写出多年以来少有的哲学专著，联系到他在《理论前沿》等多家刊物上发表的哲学论文，便集中一段时间带着猎奇的心态，拜读完了书稿。

该书意在“打开宇宙的另一扇门”，把物质世界划分为阳性物质世界和阴性物质世界，并在此基础上研究二者之间的联系和各自的运动形态和表现形式，尤其是研究了阴性物质世界。并分析和解释了一些用经典哲学未能理解和说明的问题。正是这一点上，体现了作者的理论勇气和探索的精神。哲学家们在用自身的思考来解释和认识世界，但对世界的解释和认识又是不完全的或者是支离破碎的。张大军教授在向完整的解释道路上又迈进了创新之步。

该书对哲学研究对象的定义有其独到之处，把其规定为“主体世界”，在此基础上展开研究讨论，独辟蹊径，打破了哲学的沉闷和思维惯式，并系统性地抽象出五大定律，使人耳目一新。

作者对生命的研究更是超乎寻常。从主题世界到生命，人们都在试图把握生命。生命的存在形式和意义及其归宿是什么，各种宗教从其教义出发，给出各种解释，以教化现实中的生命。但从哲学上阐述生命的产生、延续、转化，则更具理论和现实意义。生命的组成和存在方式，自从有了人类社会，便发生了翻天覆地的变化。人们创造了数不尽的生命存在组织和形式，有的演化成主宰生命的神，有的升了天，有的下了地狱，更多的是在转化与延续之中。作者把对生命的研究纳入哲学范畴，是一大创新，可以帮助人们更加系统地研究和认识人类自身，包括人的个体、组织与社会，使生命更加符合其本来的意义，使人和其他生命体，包括自然和宇宙环境从对生命的非生命理解和桎梏中解放出来。这不但是哲学家的天职，更是生命的呐喊，张大军教授的理论和实践贡献及其意义正在于此。也正是在这一点上，哲学家是高尚的。

北京市经济管理干部学院副院长（常务）、研究员

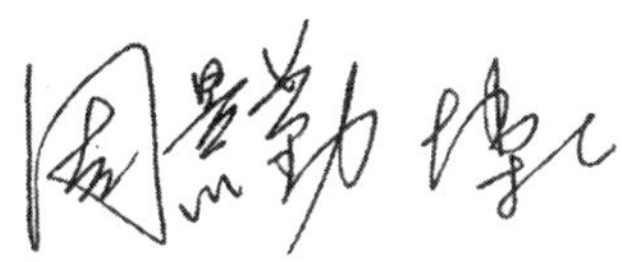

2003 年 6 月 30 日